PRAG

Michael Bussmann
Gabriele Tröger

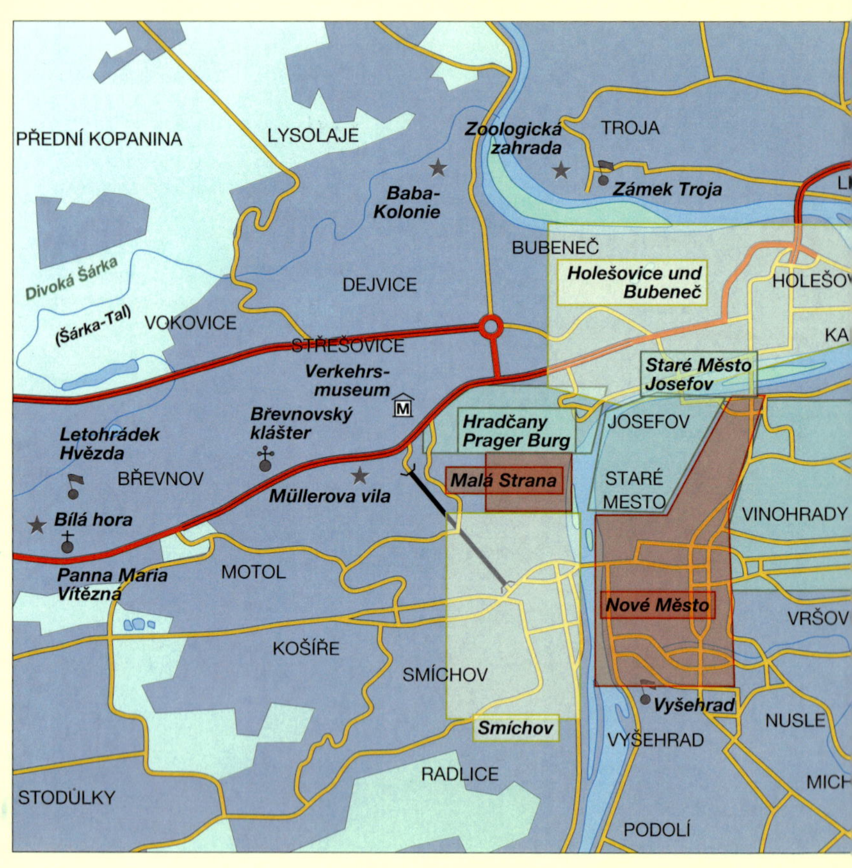
PŘEDNÍ KOPANINA
LYSOLAJE
Zoologická zahrada
TROJA
Baba-Kolonie
Zámek Troja
Divoká Šárka
(Šárka-Tal)
DEJVICE
BUBENEČ
Holešovice und Bubeneč
VOKOVICE
STŘEŠOVICE
Verkehrs-museum
Staré Město Josefov
Břevnovský klášter
Letohrádek Hvězda
Hradčany Prager Burg
JOSEFOV
BŘEVNOV
Malá Strana
STARÉ MESTO
Müllerova vila
Bílá hora
VINOHRADY
Panna Maria Vítězná
MOTOL
Nové Město
KOŠÍŘE
SMÍCHOV
Vyšehrad
Smíchov
NUSLE
VYŠEHRAD
RADLICE
STODŮLKY
PODOLÍ

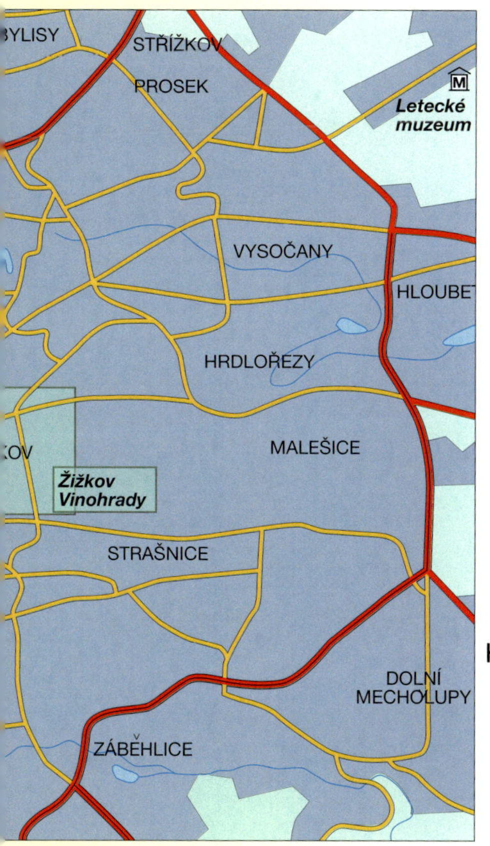
STŘÍŽKOV
PROSEK
Letecké muzeum
VYSOČANY
HRDLOŘEZY
MALEŠICE
Žižkov
Vinohrady
STRAŠNICE
DOLNÍ MECHOLUPY
ZÁBĚHLICE

Text und Recherche: Michael Bussmann und Gabriele Tröger

Lektorat: Angela Nitsche, Sabine Senftleben

Redaktion und Layout: Dirk Thomsen, Claudia Hutter

Fotos: Michael Bussmann, ausgenommen S. 70 (Fotoarchiv Obecní dům) und S. 96 (Prague Pill)

Titelfotos: oben: Karlsbrücke
unten: Am Altstädter Ring (beide Michael Bussmann)

Umschlaggestaltung: Karl Serwotka

Karten: Joachim Bode, Judit Ladik, Hana Gundel

Danksagungen

Ein herzlicher Dank für die wertvollen Hinweise gilt: Martin Preusker, Gerald Schubert, Marcus Hundt, Bernd Rudolf, Till Janzer und Christian Schaudwedt (alle wohnhaft in Prag).

Des Weiteren danken wir folgenden Lesern für ihre guten Tipps: Isabell Kalt, Anke Merker und Nicole Vieten, Sebastian Kufner (Neunkirchen), Ute Bäumken (Duisburg), Martin Pscherer (Nürnberg), Familie Vieider, Georg Quast (Hameln), Claudia Endler, Arnd Manegold (Konstanz), Alexandra Albers (Frankfurt/Main), Ralf Bomhauer (Kempen), Dr. Christian Herrmann, Birgitt Stach (Höchstadt), Barbara Lewicki (Seligenstadt), Daniela Röttcher (Braunschweig), Alfred Achatz (Nürnberg), Dr. H. Taylan Öney (Bremen), Ursula Lemmertz (Freiburg), Carolyn und Wolfgang Ohnesorge, Christa Welle (Freiburg).

ISBN 978-3-89953-480-1

 Printed by Wilhelm & Adam, Heusenstamm.

5. komplett aktualisierte Auflage 2009

INHALT

Prag – die Stadt

Prag – Wissenswertes

Stadttouren und Ausflüge		Karte

Alles im Kasten

PRAHA
VÁNOČNÍ POZDRAV
PRAHA
PRAGUE'S JEWISH TOWN
PRAHA ŽIDOVSKÉ MĚSTO
JOHN LENNON
KARLŮV MOST PRAHA CHARLES BRIDGE
PRAHA

MUSEUM
HAVELSKÁ

Prag – die Stadt

Über den Dächern von Prag

Prag

Um all die Facetten der tausendjährigen Stadt zu entdecken, bräuchte man Wochen. Um sie zu verstehen, Jahre. Genießen aber kann man Prag auf Anhieb.

Prag ist eine Stadt im Wandel, eine Stadt auf dem Weg zu einer neuen Identität im Herzen Europas und innerhalb der EU. Die Tristesse aus der Zeit des Sozialismus ist passee, das Grau der Fassaden übertüncht. Das Attribut „golden" trägt Prag wieder zu Recht. Farbenprächtig und lebensfroh präsentiert sich das Zentrum. Anteil daran haben auch die Millionen Besucher aus aller Welt.

Prag zeigt seine Reize freizügig: eine erhabene Burg, hundert Türme und Kuppeln, verschlungene Gassen und prächtige Straßenzüge mit Bauten aus der Gründerzeit. Die Schätze liegen nicht wie in anderen Metropolen in Museen versteckt. Zwei Weltkriege hat die Stadt dank der ausgebliebenen Bomber nahezu unbeschadet überstanden, das kommt ihr zugute. Aber nicht nur die Vergangenheit ist an allen Ecken lebendig, auch die Gegenwart. Als eine pulsierende, weltoffene Metropole präsentiert sich Prag, als eine Stadt, die voller Optimismus in die Zukunft blickt.

Ein Optimismus aber, den nicht alle Bewohner teilen: Während sich in trendigen Cocktailbars die neureiche Oberschicht zur Caipirinha trifft, hinter mondänen Glasfassaden die Weichen für das Prag des neuen Jahrtausends gestellt werden, in schicken Shoppingmalls die noch unentdeckten Karolína Kurkovás flanieren und in prächtigen Jugendstilcafés Touristen über Kafka und den Golem plaudern, sitzen die einfachen Arbeiter in den Eckkneipen am Stadtrand dicht gedrängt beim Pausenbier und studieren die Quoten der Fußballwetten. Ihre Frauen durchwühlen die Wäscheberge der Secondhandläden, von der glamourösen Hochglanzwelt können sie nur träumen. Auf den Straßen knattern Auspuffe, Presslufthämmer und Ampeln um die Wette. Am Gehweg daneben erledigt der humpelnde Rauhaardackel sein Geschäft. Sein verarmtes Frauchen – zum Zaungast im neuen Prag geworden – kramt in der Mülltonne. Nur eine überfüllte Straßenbahn schaut zu. Prag hat verschiedene Gesichter.

... zwischen Gotik und Moderne

Das historische Zentrum Prags präsentiert sich als einzigartiges Freilichtmuseum, nicht umsonst ist es Weltkulturerbe. Gotik, Barock, Jugendstil, Kubismus – die architektonische Vielfalt auf engem Raum ist überwältigend. Mehr als 2000 historische Gebäude auf einer Fläche von rund 860 ha. Die Synthese von „Moderne und koboldhafter Romantik" entdeckte schon Thomas Mann in der Moldaumetropole. Daran hat sich bis heute nichts geändert, als Beispiel sei nur Frank Owen Gehrys „Tanzendes Haus" genannt. Zudem besitzt Prag erstklassige Museen, allen voran der Veletržní palác, eine architektonische Meisterleistung der 1920er. Auf Kunstliebhaber warten ferner unzählige Galerien, über die ganze Stadt verteilt.

... zwischen Figaro und Fugazi

Klassische Konzerte, Ballett, Theater – jeden Abend stehen unzählige Veranstaltungen auf dem Programm. Sie haben die Qual der Wahl zwischen Aufführungen in prunkvollen Opernhäusern oder unter freiem Himmel in einem duftenden Rosengarten. Berühmt ist Prag aber auch für seine Jazzclubs, rockenden Revivalbands, Avantgarde-Sessions, Festivals, Lesungen und so fort – auf irgendeiner Bühne laufen die Verstärker immer heiß. Und wer es ganz anders mag: Blas- und Volksmusik zum Schunkeln auf Karel-Gott-Niveau servieren viele Touristenkneipen.

... zwischen Sonnenuntergang und Morgengrauen

In der Moldaumetropole steht dem Clubbing nichts im Weg. Aufgrund kurzer Distanzen kann man unkompliziert von Bar zu Club und von Club zu Bar ziehen und so die Nacht zum Tag machen. Viele Clubs haben bis zum Morgengrauen geöffnet, eine Sperrstunde gibt es nicht. Egal, ob man nun auf Punkrock, Modern Jazz, elektronische Beats oder afroamerikanische Rhythmen steht, Orte zum Feiern findet man genug.

... zwischen Staropramen und Budvar

Nicht nur Gotik und Barock haben Prag berühmt gemacht, auch die über 1000

Sommerkonzert auf der Burg

Schwanengesang

Pivnices. In diesen traditionsreichen, rustikalen und verrauchten Spelunken werden – so sagt man – die besten Biere der Welt gezapft. Dementsprechend fließt das *Pivo* in rauen Mengen. Dazu werden deftige Happen serviert. Das tschechische Grundnahrungsmittel Nr. 1 enthält übrigens weniger Alkohol als deutsches Bier – den bekannten Krug zu viel trinkt man dennoch. Wer nicht nur wissen will, wie das Bier ins Glas, sondern auch wie es ins Fass kommt, kann sich bei den Brauereien Staropramen und U Fleků darüber informieren. Und wer sich durch die gesamte tschechische Bierlandschaft trinken will, dem sei ein Ausflug in die Pivní Galerie nach Holešovice oder in den Pivovarský Klub nach Karlín empfohlen: Weit über 100 Biere stehen Ihnen in beiden Lokalen zur Auswahl.

... zwischen Rosenbeet und Himmelbett

Die verträumteste Hauptstadt Europas ist der Tipp für Flitterwöchner mit oder ohne Trauschein. Die schönsten Augenblicke für Verliebte versprechen der Frühling und der Sommer. Duftende Gärten und lauschige Parks laden dann zum Trödeln und Plaudern ein. Hand in Hand durch verwunschene Gassen spazieren oder auf der Moldau im Ruderboot Schwäne füttern – Prag kann verführerisch sein. Bei romantischem Kerzenlicht im „Pálffy palác“ dinieren oder Frühstücken in der Himmelbettsuite des „Nebozízek“ – träumen Sie nicht nur davon. Übrigens: Eine Münze, von der Karlsbrücke geworfen, besiegelt die ewige Liebe!

... für Kleine und Große

Familien mit Kindern können sich auf Prag freuen, jeder kommt auf seine Kosten. Die Kleinen bis 12 Jahre wohnen in vielen Hotels umsonst. Der mittelalterliche Stadtkern ist verkehrsberuhigt (wegen des Kopfsteinpflasters empfiehlt sich allerdings ein Buggy mit breiten Reifen). Gaukler und Straßenmusikanten begeistern Jung und Alt genauso wie eine Moldauschifffahrt. Abwechslung versprechen zudem der Besuch eines Marionettentheaters, das Spielzeugmuseum, das Museum der Schokoladenbilder, das Spiegellabyrinth oder der Zoo. Noch zwei Tipps zum Essengehen: In der Pizzeria Nuova gibt es Ballons und eine Spielecke für Kinder, und im Höhlenrestaurant Pravěk vertreiben Mammutköpfe und -zähne bestimmt jede Langeweile.

Prager Highlights

Zuallererst

Prager Burg → S. 187
Karlsbrücke → S. 146
Altstädter Ring mit Rathaus → S. 142
Pařížská (Pariser Straße) → S. 153
Wenzelsplatz → S. 122
Insel Kampa → S. 171

Museen

Bibliothek des Klosters Strahov → S. 184
Gemäldegalerie der Prager Burg → S. 193
Franz Kafka Museum → S. 172
Jüdisches Museum → S. 155
Kunstgewerbemuseum → S. 159
Lapidárium → S. 209
Messepalast → S. 208
Mucha-Museum → S. 123
Müllervilla → S. 236
Museum des tschech. Kubismus → S. 144
Museum Kampa → S. 171
Palais Lobkowitz → S. 199
Palais Sternberg → S. 181
Palais Schwarzenberg → S. 183
Sankt-Agnes-Kloster → S. 156
Technisches Nationalmuseum → S. 209

Kirchen

Abteikirche Mariä Himmelfahrt → S. 184
Georgsbasilika → S. 198
Klementinum → S. 148
Loreta → S. 183
Sankt-Nikolaus-Kirche → S. 169
Sankt-Thomas-Kirche → S. 168
Sankt-Veits-Dom → S. 193
Wallfahrtskirche Maria zum Siege → S. 173

Opern- und Theaterhäuser

Nationaltheater → S. 70/124
Obecní dům (Gemeindehaus) → S. 70/144
Rudolfinum → S. 68/159
Staatsoper → S. 71/128
Ständetheater → S. 70/138

Jüdisches Erbe

Alter Jüdischer Friedhof → S. 159
Altneusynagoge → S. 157
Jüdisches Rathaus → S. 154
Maiselsynagoge → S. 158
Neuer Jüdischer Friedhof → S. 129
Spanische Synagoge → S. 156
Jerusalemsynagoge → S. 128

Parks/Gärten

Gärten unter der Prager Burg → S. 169
Kampa-Park → S. 171
Königsgarten → S. 200
Letná-Park → S. 212
Petřín → S. 174
Stromovka-Park → S. 216
Vrtba-Garten → S. 170

Aussichtspunkte

Altstädter Rathausturm → S. 142
Altstädter Brückenturm → S. 146
Aussichtsturm auf dem Petřín → S. 175
Letná-Park → S. 212
Turm des Sankt-Veits-Doms → S. 194

Mit Kindern

Moldauschifffahrt → S. 24
Sea World → S. 211
Spiegellabyrinth → S. 176
Spielzeugmuseum → S. 199
Museum der Schokoladenbilder → S. 143
Technisches Nationalmuseum → S. 209
Zoo → S. 234

Außerhalb

Theresienstadt, zwar kein „Highlight", aber einen Ausflug wert → S. 248

Anreise

Seit dem Beitritt Tschechiens zum Schengenraum 2008 hat man freie Fahrt über die deutsch-tschechische und die österreichisch-tschechische Grenze. Dennoch kommt es häufig zu innerstaatlichen Zoll- und Polizeikontrollen im Grenzgebiet. Welche Papiere Sie mit sich führen müssen, erfahren Sie im Kapitel „Reisedokumente" (→ S. 42). Damit Sie die richtige Währung parat haben, lesen Sie das Kapitel „Geld und Geldwechsel" (→ S. 31). Und wie viele Zigaretten Sie bei der Ein- und Ausreise dabeihaben dürfen, steht im Kapitel „Zollbestimmungen" (→ S. 47).

Besondere Verkehrshinweise

Höchstgeschwindigkeit: für Pkws innerorts 50 km/h, außerorts 90 km/h und auf Autobahnen und Schnellstraßen 130 km/h. Fahrzeuge über 3,5 t und Gespanne dürfen außerorts nie schneller als 80 km/h fahren. Vor Bahnübergängen gilt ein Tempolimit von 30 km/h.

Straßenbahnen: Abbiegende Straßenbahnen haben grundsätzlich Vorfahrt.

Licht: Pkws und Motorräder müssen das ganze Jahr über auch tagsüber mit Licht fahren, andernfalls drohen 1000 Kč (ca. 42 €) Strafe. Zudem müssen Sie ein Set an Ersatzbirnen mit sich führen, die Polizei kontrolliert diesbezüglich gerne Ausländer. Wer die Birnen nicht vorweisen kann, sollte sich nicht mehr als 300 Kč (ca. 12,50 €) Strafe dafür abknöpfen lassen, und das auch nur mit Beleg.

Alkohol: Es gelten 0,0 Promille!

Kinder: bis 12 Jahre und kleiner als 1,50 m dürfen nur im Kindersitz mitreisen.

Mit dem Auto oder Motorrad

Mit mehreren Personen rechnet sich die Anfahrt mit dem eigenen Fahrzeug schnell. Nehmen Sie auf jeden Fall eine sichtbare Wegfahrsperre mit (z. B. Lenkradkralle) und parken Sie auf einem bewachten Parkplatz. Nahezu alle größeren Hotels und Pensionen verfügen über eigene sichere Parkplätze – entweder vor dem Haus oder sie haben in der nahen Umgebung sichere Parkplätze angemietet. In Prag werden jährlich tausende von Autos gestohlen oder aufgebrochen, die meisten davon mit ausländischen Kennzeichen! Daher verbieten viele international operierende Autoverleiher Fahrten nach Tschechien entweder grundsätzlich oder erlauben nur Fahrten mit Fahrzeugen der unteren Kategorien. Lassen Sie zudem niemals Wertsachen – egal ob sichtbar oder nicht – im Fahrzeug liegen.

Ein eigenes Fahrzeug in Prag ist nicht vonnöten. Das öffentliche Verkehrsnetz ist sehr gut ausgebaut und zudem preiswert (→ Unterwegs in Prag). Die Fahrt ins Zentrum ist bislang noch kostenfrei, es gibt jedoch Überlegungen, eine City-Maut ähnlich wie in London einzuführen, um das hohe Verkehrsaufkommen einzudämmen.

Entfernungen

Prag – München 365 km
Prag – Frankfurt 531 km
Prag – Hamburg 631 km
Prag – Berlin 348 km
Prag – Zürich 670 km
Prag – Wien 309 km

Autobahngebühren: Für tschechische Autobahnen und Schnellstraßen benötigen Sie eine **Vignette**. Diese ist an den Grenzübergängen und an vielen Tankstellen erhältlich. Sie bekommen sie zudem in allen tschechischen Postämtern. Für Kfz bis 3,5 t kostet der Aufkleber für ein Kalenderjahr umgerechnet 41 €, für 30 Tage (ab Stempelloch) 14,50 € und für 7 Tage (ab Stempelloch) 9 €. Für Fahrzeuge bis 12,5 t betragen die Gebühren 333 € bzw. 83 € bzw. 31,50 €.

Parken: → Wissenswertes von A bis Z/ Parken, S. 39.

Tanken: Viele Tankstellen haben rund um die Uhr geöffnet. Achten Sie auf die Oktanzahl: Bleifrei Natural 91 (Normal), Bleifrei Natural 95 (Super) Bleifrei Natural 98 (Super plus), Diesel heißt Nafta.

Pannenhilfe: leistet der Automobilclub **UAMK ČR**, ✆ 1230. Die Mitarbeiter am Telefon sprechen i. d. R. Deutsch. Auch der **ADAC** hat eine Vertretung in Prag, zu erreichen unter ✆ 261104351.

Unfall: Bei Schäden ab ungefähr 700 € muss die Polizei gerufen werden (Notruf ✆ 112 oder 158). Am Unfallort nichts verändern!

Mietwagen: → S. 38.

Papiere: → S. 42.

Mit dem Flugzeug

Maximal 1,5 Stunden dauert der Flug aus dem deutschsprachigen Raum. Egal ob Sie von Deutschland, Österreich oder aus der Schweiz nach Prag fliegen wollen, je nach Saison und Sondertarif müssen Sie bei den meisten Airlines mit Preisen zwischen 100 und 350 € für einen Hin- und Rückflug rechnen. Sie können natürlich auch viel mehr bezahlen (z. B. in der Business Class), aber auch viel weniger, z. B. mit Low-Cost-Airlines wie Germanwings von Köln/ Bonn, Berlin oder München und mit EasyJet von Dortmund. Wer bei Letzteren Glück hat, bekommt ein One-Way-Ticket schon ab rund 30 €. Zum Festpreis von 59 € (Stand November 2008) bietet zudem Czech Airlines (kurz ČSA) über die Webseite www.click4sky.com One-Way-Flüge innerhalb Europas inkl. aller Gebühren von und nach Prag an.

Prags internationaler Flughafen heißt **Letiště Ruzyně**. Er liegt etwa 20 km nordwestlich des Zentrums und besteht aus zwei miteinander verbundenen Terminals: Terminal 2 dient der Abfertigung von Maschinen, die aus Schengenstaaten ankommen bzw. dahin fliegen (u. a. Deutschland und Österreich), Terminal 1 für Maschinen aus der restlichen Welt (u. a. Schweiz, voraussichtlich auch noch nach dem Beitritt des Landes zum Schengenraum, da in Terminal 1 der Duty-Free-Verkauf platziert ist). Im Ankunftsbereich beider Terminals befinden sich eine Flughafen-Information, Taxi- und Minibusschalter (Cedaz) und Info-Schalter der Prager Verkehrsbetriebe. Terminal 1 beherbergt zudem mehrere Zimmervermittlungen, darunter auch einen Čedok-Schalter mit guten Hotelangeboten (🕐 tägl. 7–21 Uhr), des Weiteren eine Gepäckaufbewahrung (mit „Baggage Deposit" beschildert), Zweigstellen nationaler und internationaler Autoverleiher sowie Geldwechselmöglichkeiten (🕐 tägl. 7–23 Uhr). Bankomaten findet man im Terminal 1 zwischen Ankunfts- und Abflugsbereich.

Airlines im Internet

Austrian Airlines: www.aua.com
Czech Airlines: www.czech-airlines.com
EasyJet: www.easyjet.com
Germanwings: www.germanwings.com
Intersky: www.intersky.biz
Lufthansa: www.lufthansa.com
SkyEurope: www.skyeurope.com
Swiss: www.swiss.com

Transfer zwischen Flughafen und Zentrum

Öffentliche Verkehrsmittel: Der Prager Flughafen besitzt bislang noch keinen Metroanschluss – erst 2009 soll mit den Bauarbeiten begonnen werden. Die billigste Alternative, um ins Zentrum zu gelangen, ist von 4–24 Uhr der **Linienbus Nr. 119** (auf gelbe Schilder mit der Aufschrift „Bus MHD Centrum" achten). Der Bus fährt ca. alle 10 Min. bis zur Metrostation Dejvická, von dort sind es mit der Ⓜ A noch 4 Stationen bis zum Wenzelsplatz. Von der Metrostation Dejvická ist die Abfahrtsstelle des Busses mit „Airport bus" ausgeschildert.

Der Prager Hauptbahnhof wird derzeit umfangreich restauriert

Gesamtdauer ins Zentrum: ca. 45 Min. Achtung: keine Metro von 0–5 Uhr! Von 0–4 Uhr verkehrt dafür der Nachtbus 510 zur Metrostation I. P. Pavlova ca. alle 30 Min.

Tickets für die gesamte Strecke kosten 1,10 € (26 Kč, Stand 2008) und 0,55 € (13 Kč) extra für ein großes Gepäckstück. Die Busse halten bzw. starten vor Terminal 1 und Terminal 2, Fahrtdauer 30–45 Min.

Zudem gibt es den so genannten **Airport Express Bus (AE)**. Er fährt zwischen 5 und 21 Uhr ca. alle 30 Min. vom Flughafen über die Metrostation Dejvická (Ⓜ A) zum Bahnhof Holešovice (Nádraží Holešovice, dort Zusteigemöglichkeit auf die Ⓜ C). Tickets (Fahrpreis 1,90 €, 45 Kč) löst man im Bus beim Fahrer, die Fahrscheine der Prager Verkehrsbetriebe gelten hier nicht. Fahrtdauer ca. 40 Min.

Cedaz-Minibus-Shuttleservice: Von 7–22 Uhr fahren alle 30 Min. Minibusse der Firma Cedaz (www.cedaz.cz) von Terminal 1 und 2 (vor dem Ankunftsbereich) in die Straße V Celnici (Abfahrtstelle dort vor dem ČSA-Büro) nahe dem Náměstí Republiky und zurück. Preis pro Person 5 €. Wer direkt ins Hotel gebracht werden will oder von dort zum Flughafen will, bezahlt einen Pauschalpreis von 21 € (für weit außerhalb gelegene Hotels 41 €), egal ob für eine oder vier Personen.

Zur Orientierung

Zu fast allen Straßen, Plätzen und Sehenswürdigkeiten der Innenstadt existiert neben dem tschechischen Namen auch eine deutsche Bezeichnung. Im Buch werden beide angegeben

Taxis ins Zentrum (Prag 1) kosten ca. 21 €. Wer den Preis davor nicht aushandelt, glaubt manchmal, Prag sei größer als New York und ist Stunden unterwegs. Die Strecke zwischen Flughafen und Zentrum dauert ca. 30 Min., planen Sie zu den morgendlichen und abendlichen Stoßzeiten zur Sicherheit 1 Std. ein.

Stop-over Prag

Prag bietet sich nicht nur als Reiseziel an. Via Prag lässt sich auch die östliche Welt erobern und das für wenig Geld. Ein paar Preisbeispiele für eine einfache Bahnfahrt: Moskau ca. 100 €, Budapest oder Warschau ca. 45 €, Krakau 30 €.

Mit der Bahn

Die gemütlichste Anreisevariante. Zudem fahren von mehreren deutschen Städten und von Zürich Nachtzüge mit Liege- und Schlafwagen nach Prag. Prag hat mehrere Bahnhöfe. Die Züge aus Deutschland, Österreich und der Schweiz enden entweder am Hauptbahnhof (Hlavní nádraží) im Zentrum oder im Norden Prags am Bahnhof Holešovice (Nádraží Holešovice), der neuerdings auch Franz-Kafka-Bahnhof (Nádraží Franze Kafky) heißt. Ins Zentrum gelangt man von Letzterem mit der Ⓜ C, nach Mitternacht mit der Ⓢ 54. In beiden Bahnhöfen finden Sie eine rund um die Uhr geöffnete Gepäckaufbewahrung, Geldwechselmöglichkeiten und Zimmervermittlungen.

Information: im Internet unter www.bahn.de, www.sbb.ch, www.oebb.at oder www.cd.cz. Telefonisch erreichen Sie die Bahnauskunft in Prag unter ✆ 840112113. Mit etwas Glück hebt jemand ab, der Deutsch oder Englisch spricht.

Preisbeispiele: Über die diversen Sondertarife und Ermäßigungen informieren die Bahngesellschaften. Falls Sie den Normaltarif zahlen müssen, kommen Sie i. d. R. billiger, wenn Sie das Rückfahrtticket in Prag lösen: Dann bezahlen Sie für die einfache Fahrt nach Stuttgart ca. 72 €, nach Wien ca. 35 €, nach Hamburg 104 € und nach Zürich 99 €.

Mit dem Bus

Die preisgünstige Alternative zum Normaltarif der Bahn. Busverbindungen gibt es von vielen deutschen, österreichischen und Schweizer Städten nahezu täglich, i. d. R. fährt man über Nacht. Die meisten international verkehrenden Busse starten und enden am Busbahnhof Florenc; hier befindet sich auch die gleichnamige Metrostation (Ⓜ B, C).

Information und Fahrpläne der **Studentagency-Busse** unter www.studentagency.cz (in Prag in der Ječná 37, Nové Město, ✆ 224999666), der **Eurolines-Busse** unter www.touring.de (✆ 069-7903501), www.eurolines.at (✆ 01-7982900), www.alsa-eggmann.ch (✆ 041-434446520) und www.bei.cz (in Prag im Busbahnhof Florenc, Křižíkova 6, ✆ 245005245).

Preisbeispiele: je nach Saison (ohne Sondertarif) von Stuttgart ca. 96 €, von Hamburg ca. 108 €, von Wien ca. 37 €, von Bern ca. 160 sfr (jeweils Hin- und Rückfahrt).

Mitfahrzentralen

Mitfahrzentralen sind für Fahrer und Mitfahrer gleichermaßen interessant.

Information im Internet: Z. B. unter www.mitfahrzentrale.de, www.mfz.de, www.mitfahrzentrale.ch oder unter www.mitfahrzentrale.at. Des Weiteren ist die Adresse www.spolujizda.cz. (auch in Deutsch) zu empfehlen. Preisbeispiele nach Berlin 22 €, Stuttgart 31 €, Zürich 42 €, Wien 19 €.

Bahnhof auf dem Abstellgleis

Der *Masarykovo nádraží* im Herzen der Neustadt ist der älteste Prager Bahnhof. Erbaut wurde er in den Jahren 1844/45 im Empirestil, bis heute ist er in nahezu unveränderter Form erhalten geblieben. Für Reisende aus dem Ausland ist der Bahnhof uninteressant, für bis zu 30.000 Pendler täglich jedoch das Tor zur Stadt. Doch anstatt den Bahnhof zu restaurieren, droht ihm die Schließung, was jüngst zum Politikum wurde. „Kontraproduktiv" sagen die, die gerade die City-Maut einführen wollen, um das hohe Verkehrsaufkommen im Zentrum zu reduzieren. Die Gegenseite argumentiert, dass mit der Schließung des Bahnhofs dringend benötigtes, zentrales Bauland auf den alten Gleisanlagen entstünde. Im einstigen Lokomotivendepot auf dem Bahnhofsgelände will das Technische Nationalmuseum dann seine Sammlung historischer Züge zeigen.

Tschechien und Prag in Zahlen und Fakten

Geografie: Mit 78.866 km² ist Tschechien nur wenig größer als Bayern. Das Stadtgebiet von Prag beträgt 496 km² und ist in 22 Verwaltungsbezirke gegliedert. Prag liegt auf etwa 50°05'19" nördlicher Breite, d. h. ungefähr auf gleicher Höhe wie Frankfurt. Der höchste Punkt Tschechiens, der Gipfel der Schneekoppe (Sněžka), misst 1602 m über dem Meer, der niedrigste 115 m, die Daten für Prag lauten 399 m und 177 m.

Bevölkerung: Von den ca. 10,3 Mio. Einwohnern sind 81,2 % Böhmen, 13,7 % Mähren und 3,1 % Slowaken. Hinzu kommen eine Minderheit von Polen (0,6 %), Deutschen (0,3 %) und Roma (0,3 %). In Prag sind offiziell etwa 12 % aller Einwohner des Landes registriert, d. h. hier wohnen rund 1,2 Mio. Menschen. Es sind aber vermutlich erheblich mehr, denn viele Ausländer sind nicht registriert. Allein die Zahl der Ukrainer, die als Billigkräfte am Bau arbeiten, wird im ganzen Land auf rund 100.000 geschätzt. Prag 1, das touristische und historische Zentrum, zählt hingegen gerade 30.000 Einwohner.

Sprache: Landes- und Amtssprache ist Tschechisch, eine Minderheit spricht Slowakisch.

Religion: Tschechien ist das am stärksten säkularisierte Land des ehemaligen Ostblocks. Nach der letzten Volkszählung 2001 bekannten sich nur 30 % zum christlichen Glauben (v. a. dem der katholischen Kirche).

Wirtschaft: Die Wirtschaft des Landes boomt mit jährlichen Wachstumsraten von 3–7 %. Die Arbeitslosenquote ist in Tschechien regional extrem unterschiedlich, mancherorts sucht man händeringend Personal, andernorts ist nahezu ein Fünftel der Bevölkerung ohne Arbeit. Im Schnitt liegt die Arbeitslosenquote bei ca. 5 %, in Prag herrscht mit rund 3 % nahezu Vollbeschäftigung. Das Bruttoinlandsprodukt wird für 2009 auf 13.074 € pro Kopf geschätzt (2007 12.912 €). Rund 70 % des BIP werden in Prag erwirtschaftet. Zum BIP trägt die Industrie 39,3 % bei, 57,3 % der Dienstleistungssektor und nur 3,4 % die Landwirtschaft. Rund ein Viertel des BIP wird in Prag erwirtschaftet. Das durchschnittliche Monatseinkommen lag 2008 bei rund 950 €, der Mindestlohn bei 330 €. Die Löhne steigen jährlich je nach Branche um 3–10 %. Die Inflationsrate schwankte in den letzten Jahren zwischen 1 % und 7 %, für 2009 wurden 2–3 % prognostiziert. Die bedeutendsten Handelspartner sind die EU-Staaten, unter diesen steht Deutschland an erster Stelle. Rund ein Viertel der tschechischen Wirtschaft befindet sich auch in deutscher Hand.

Politisches System: Die Česká Republika ist eine parlamentarische Demokratie. Das Parlament besteht aus zwei Kammern, dem Abgeordnetenhaus (200 Mitglieder nach dem Verhältniswahlrecht auf 4 Jahre gewählt) und dem Senat (alle 2 Jahre wird ein Drittel der 81 Mitglieder für 6 Jahre per Mehrheitswahl bestimmt). Beide Kammern wählen gemeinsam das Staatsoberhaupt, seit 2003 Václav Klaus, dem max. 2 Amtsperioden à 5 Jahre erlaubt sind. Das Staatsoberhaupt besitzt ein aufschiebendes Vetorecht und ernennt den Ministerpräsidenten, der vom Abgeordnetenhaus gewählt wird. Dies ist seit September 2006 der ODS-Chef Mirek Topolánek. Seit den letzten Wahlen zum Abgeordnetenhaus 2006 sind im Parlament folgende Parteien vertreten: Občanská demokratická strana/ODS (Demokratische Bürgerpartei, 81 Sitze), Česká strana socialně demokratická/ČSSD (Sozialdemokraten, 74 Sitze), Komunistická strana Čech a Moravy/KSČM (Altkommunisten, 26 Sitze), KDU-ČSL (Christdemokraten, 13 Sitze) und die Strana zelených/SZ (Grüne, 6 Sitze). Oberbürgermeister von Prag ist der Arzt und Mount-Everest-Bezwinger Pavel Bém (ebenfalls ODS).

Tourismus: 6,7 Mio. ausländische Gäste besuchten Tschechien 2007, rund 60 % davon reisten direkt nach Prag. Die Deutschen machen darunter knapp ein Viertel aus. Die Besucherzahlen von Westeuropäern und Amerikanern gehen seit längerem peu à peu zurück, die von Russen und anderen Osteuropäern nehmen hingegen zu.

Musikantenstadl in der Straßenbahn

Unterwegs in Prag

Prag ist überschaubar. Die meisten Sehenswürdigkeiten befinden sich in den historischen Stadtteilen Hradčany, Malá Strana, Josefov, Staré Město und Nové Město, die man problemlos zu Fuß erkunden kann. Will man weiter außerhalb gelegene Viertel besuchen oder einfach schneller unterwegs sein, steht das gut ausgebaute öffentliche Verkehrsnetz der Stadt zur Verfügung. Metro, Straßenbahn und Busse sind zuverlässig und erreichen fast jeden Winkel Prags. Es lohnt sich, einen Stadtplan zu kaufen, auf dem alle Linien verzeichnet sind (→ „Literatur", S. 36). Das Auto lässt man besser stehen, will man sich nicht vom Stop-and-go-Verkehr nach Arbeitsschluss, von einem auf den ersten Blick undurchsichtigen Einbahnstraßensystem oder von nervtötender Parkplatzsucherei die Stimmung verderben lassen.

Nahverkehrstarife

Tickets: Fahrscheine, die für alle öffentlichen Verkehrsmittel – egal ob Metro, Straßenbahn, Bus, Standseilbahn oder Fähre – gültig sind, erhält man an den gelben Fahrkartenautomaten in den Metrostationen. Nur wenige Bus- und Straßenbahnhaltestellen haben Automaten! Informationen zum Fahrkartenkauf finden Sie an fast allen Automaten auch in deutscher Sprache. Auch Tabak- und Zeitungsläden verkaufen zuweilen Fahrscheine.

Preise: Mit eingeschränkten Tickets *(limitovaná)* zu 0,75 € (18 Kč; Stand November 2008) darf man in Straßenbahnen oder Bussen nicht länger als 20 Min. unterwegs sein, ein Umsteigen ist nicht erlaubt. In der Metro berechtigt das eingeschränkte Ticket für eine Fahrt von max. 5 Stationen innerhalb von 30 Min., umsteigen möglich.

Das normale Ticket *(základní)* zu 1,10 € (26 Kč) erlaubt Fahren und Umsteigen in allen Transportmitteln für 75 Min. Kinder *(dítě)* bis 6 Jahre fahren kostenlos, zwischen 6 und 15 Jahren bezahlen sie die Hälfte. Für größere Gepäckstücke müssen Extratickets zu 0,55 € (13 Kč) gelöst werden – wer jedoch im Besitz einer Tages- oder Mehrtageskarte ist, kann ein größeres Gepäckstück umsonst mitnehmen. Schwarzfahren lohnt nicht, Kontrollen sind häufig. Wer ohne Fahrkarte erwischt wird, bezahlt – sofern er sofort bezahlt – 29 € (700 Kč) Strafe.

Tages- und Mehrtageskarten gibt es am Flughafen (Schalter der Prager Verkehrsbetriebe in den Ankunftsbereichen beider Terminals) und an den Ticketschaltern der Metrostationen zu kaufen. Das 24-Stunden-Ticket kostet 4,20 € (100 Kč), das Dreitagesticket 13,80 € (330 Kč) und das Fünftagesticket 20,80 € (500 Kč). Es gibt für 27,90 € (670 Kč) auch eine übertragbare 30-Tages-Karte für Touristen, die kein Lichtbild erfordert, jedoch ist diese Karte aus unerklärlichen Gründen bei den meisten Verkaufsstellen nicht zu bekommen. Angeboten wird ferner die **Prague Card**. Mit ihr bekommt man ein Paket an Coupons für den kostenlosen oder ermäßigten Besuch von diversen Ausstellungen und Museen, (nicht enthalten sind die teuren Sehenswürdigkeiten in Josefov), und mit einem Aufschlag kann man auch zwei Tage alle öffentlichen Verkehrsmittel benutzen. Die Prague Card kostet 28 € ohne Transport bzw. 36 € mit Transport. Man bekommt sie u. a. am Flughafen, am Ticketschalter der Prager Burg und in diversen Infostellen. Weitere Infos unter www.praguecard.info.

Tipp: Kaufen Sie sich Tages- bzw. Mehrtageskarten, auch wenn Sie mit Einzelfahrscheinen vielleicht billiger wegkämen. Die Sucherei nach dem nötigen Kleingeld und dem nächsten Automaten erledigt sich damit.

Mit der Metro

Zwischen den Stadtteilen stellt sie die schnellste Verbindung dar. Das Netz ist klein und übersichtlich. Es besteht aus drei Linien, die mit Buchstaben und Farben A (Grün), B (Gelb) und C (Rot) unterschieden werden. Im Zentrum überschneiden sich die Linien. Die Metro fährt täglich von 5 Uhr morgens bis Mitternacht, zu Stoßzeiten alle 2–3 Min., in den verkehrsschwachen Zeiten alle 4–10 Min. Das Streckennetz wird laufend ausgebaut.

Die Metrostationen werden in den Zügen stets per Lautsprecher durchgesagt. Zuerst die, an der Sie gerade halten, und daraufhin die folgende.

Hinweis: Wegen Bauarbeiten wird die zentrale Metrostation **Národní třída** ab Frühjahr 2009 für voraussichtlich 16 Monate **geschlossen** bleiben – die nächsten Stationen sind dann Můstek und Karlovo náměstí.

Mit Straßenbahn und Bus

Das Straßenbahnnetz ist sehr dicht, und die meisten Linien sind auf die Minute pünktlich. Vor allem das Zentrum lässt sich besser mit der Straßenbahn als mit der Metro erkunden. Dafür sorgen holpernde, rot-beige Bahnen aus den 1960ern, die allmählich durch moderne, silberne, von Porsche designte Bahnen ersetzt werden. Straßenbahnen *(tramvaj)* fahren i. d. R. von 4.30–0.15 Uhr, werktags alle 8–10 Min., am Wochenende und an Feiertagen alle 8–15 Min. Danach sind Nachttrams im Abstand von etwa 30 Min. unterwegs, sie tragen 50er-Nummern und passieren das Stadtzentrum. Orientieren kann man sich an den Fahrplänen an jeder Haltestelle. Hängen für eine Straßenbahnlinie gelbe anstelle von weißen Plänen aus, fährt die Linie infolge von Bauarbeiten nicht die übliche Route. Umleitungen sind häufig, auch kommen hin und wieder neue Straßenbahnabschnitte und -linien hinzu. Achtung: In den Stoßzeiten am späten Nachmittag sind die Bahnen häufig restlos überfüllt, und Taschendiebe haben Hochkonjunktur.

Auch die Busse verkehren meist auf die Minute genau, jedoch fahren sie vorrangig die Prager Außenbezirke an. Es existieren auch Nachtbuslinien – sie tragen 500er–Nummern und verkehren im 40-Min.-Takt.

Mit dem Taxi oder Velotaxi

Lassen Sie sich von einem Taxifahrer nie irgendetwas empfehlen, sei es ein Hotel, ein Restaurant oder einen Nachtclub. Sie werden Stunden unterwegs sein und irgendwo in der Peripherie landen. Aufgrund der vielen Beschwerden über die dreisten Prager Taxifahrer unternahm gar schon Oberbürgermeister Pavel Bém, als italienischer Tourist verkleidet, eine Kontrollfahrt: Prompt wurde ihm der sechsfache (!) Betrag des üblichen Fahrpreises abgeknöpft. Das war 2006. Seitdem imitieren hin und wieder auch Redakteure der Prager Zeitungen den Verkleidungstrick und bringen dann Schlagzeilen wie: „Die Taxi-Mafia wütet weiter".

Es gibt keinen einheitlichen Taxitarif. Bei AAA (→ Kasten) kostet 1 km rund 1,30 € (28 Kč, Stand 2008), der Einstiegssatz beträgt 1,70 € (40 Kč) – eine Fahrt von der Burg zum Wenzelsplatz dürfte demnach nicht mehr als ca. 10,50 € (244 Kč) kosten. Quittungen müssen auf Verlangen ausgestellt werden. Falls Sie das Gefühl haben, bitterböse abgezockt zu werden, bestehen Sie auf eine Quittung, auf der Fahrtstrecke, Preis und Wagennummer vermerkt sind – ohne Quittung brauchen Sie nicht bezahlen.

Am besten fahren Sie mit **AAA-Taxis** (✆ 14014). Die seriöse Gesellschaft verfügt über eigene Taxistandplätze mit Preistafeln überall im Zentrum. Betrügerische Fahrer werden fristlos entlassen.

Weniger der alltäglichen Beförderung als den Sightseeing-Touren fußfauler Touristen durch die Innenstadt dienen die **Velototaxis**. Das sind windschnittige, von einem Elektromotor unterstützte Fahrradrikschas, die von Mai bis Oktober unterwegs sind. Abfahrtsstellen finden Sie u. a. am Altstädter Ring, am Wenzelsplatz und am Náměstí Republiky. Für eine 45-minütige Stadtrundfahrt müssen Sie mit rund 25 € rechnen, ein Kurztrip bis 15 Min. kostet ca. 8,50 €.

Sightseeing mit der Straßenbahn

Eine fast kostenlose Stadtrundfahrt lässt sich mit der **Linie 22** unternehmen, die die Schriftstellerin Libuše Moníková in ihrem Roman *Verklärte Nacht* als die schönste Straßenbahnstrecke der Welt bezeichnete. Am besten steigt man im Stadtteil Vinohrady am Náměstí Míru (zu erreichen mit Ⓜ A) Richtung Stadtmitte zu. Die Linie passiert von dort zunächst den Karlovo náměstí (Karlsplatz), dann die belebte Einkaufsstraße Národní třída. Vorbei am Nationaltheater geht es über die Most legií (Legionärsbrücke) hinein in die malerische Kleinseite. Danach folgt der schönste Streckenabschnitt auf der Serpentinenstraße Chotkova mit herrlichen Panoramablicken über Prag. Etwas später taucht links der Sankt-Veits-Dom auf. Bleibt man bis zur Endstation sitzen, kommt man an Prager Seiten vorbei, die den meisten Touristen verborgen bleiben.

Ein schönes, wenn auch klapprig-lautes und zugiges Erlebnis ist zudem eine Fahrt mit der **historischen Straßenbahnlinie Nr. 91**. Diese Bahn stammt aus dem Jahr 1928 und startet vom Ausstellungsgelände Výstaviště im Stadtteil Holešovice ihren Rundkurs durch die historischen Viertel. Zusteigen kann man u. a. am Wenzelsplatz oder am Nationaltheater. Die Tickets (35 Kč, etwa 1,45 €, Ermäßigungen nur für Tschechen) löst man direkt in der Bahn. Die Linie 91 verkehrt nur von Mitte März bis Mitte November an Wochenenden.

Mit dem Rad

Zu einer Stadterkundung mit dem Rad lädt Prag nicht ein. Radfahrer sind in erster Linie wagemutige Fahrradkuriere, die auch vor stark befahrenen Hauptstraßen und Straßenbahnschienen nicht zurückschrecken. Rücksicht im Straßenverkehr erfahren sie keine. Anders als in deutschen Großstädten sind Radwege weitestgehend Fehlanzeige. Durch die tschechische Hauptstadt führen lediglich ein paar Radwanderrouten, auf die mit kleinen gelben Hinweisschildern aufmerksam gemacht wird – man wird über Nebenstraßen und Parkanlagen durchs Zentrum geleitet. Wer dennoch die Metropole per Rad erkunden will, kann sich an folgende Adressen wenden:

City Bike, veranstaltet verschiedene geführte Touren durch die Stadt und die Umgebung (2½-stündige Tour 23 €, Tagestour mit Mittagessen 63 €). Verleiht aber auch Räder ohne Tourbuchung, für 2 Std. 13 €, für einen Tag 21 €. ✆ 776180284 (mobil), www.citybike-prague.com. Kralodvorská 5, Staré Město. Ⓜ B Náměstí Republiky.

Praha Bike Tours, ähnliches Programm. 2½-stündige geführte Touren durch die Stadt 21 €, geführte Tagestour nach Karlštejn 55 €, Leihräder kosten für 8 Std. ebenfalls 21 €. ✆ 732388880 (mobil), www.prahabike.cz. Dlouhá 24, Staré Město. Ⓜ B Náměstí Republiky.

Auf der Moldau unterwegs

Auf der Moldau

Eine alte Tradition wurde wieder belebt: der Personenfährbetrieb auf der Moldau, der in den 1950ern eingestellt worden war. 2007 startete man mit zwei Verbindungen, 2008 gab es bereits fünf Fährlinien, und da die Nachfrage groß ist (im Sommer zuweilen lange Warteschlangen, die Fährboote fassen nur 12–50 Personen) sollen weitere hinzukommen.

Die billigen, von der Stadt geförderten Personenfähren sind zu einer unliebsamen Konkurrenz der Anbieter von Boots- und Schiffsausflügen geworden – zumindest im Sommer, im Winter stellen die Personenfähren den Betrieb ein. Das Angebot an Boots- und Schiffsausflügen ist groß und variiert von Trips auf kleinen Tuckerbooten mit Platz für acht Leute über Touren auf Moldaudampfern mit Schaufelrad bis zu Nachtfahrten mit Diskobetrieb. Die meisten Boote dümpeln zwischen Nationaltheater und Burg Vyšehrad vor sich hin (eine Strecke, auf der auch die billige Personenfähre Nr. 4 verkehrt, s. u.). Wer längere Touren bucht, verbringt die halbe Zeit davon in Schleusen. Empfehlenswerter sind – sofern man ganz viel Zeit hat – ganztägige Ausflüge per Schiff, beispielsweise in die nördlich von Prag gelegene Weinstadt Mělník (→ S. 241) oder zum Stausee Slapy.

Personenfähren

Für Touristen ist vor allem die **Fährlinie Nr. 4** interessant, die zum Inselhopping auf der Moldau einlädt. Auf dieser fährt das kleine Schiff einen Zickzackkurs vom

Smetanovo nábřeží (Anlegestelle Höhe Galerie Hollar) zur Schützeninsel (Střelecky ostrov) und von dort weiter zur Slaweninsel (Slovanský ostrov) und zur Kinderinsel (Dětský ostrov). Das Boot der **Fährlinie Nr. 3** pendelt zwischen Lihovar (Stadtteil Smíchov am westlichen Moldauufer) und dem Strandbad Žluté Lázně auf der anderen Seite (Stadtteil Podolí). **Fährlinie Nr. 5** bedient die Route Jiráskovo náměstí (Neustadt) – Botel Admiral (Smíchov) – Cisařská louka (Moldauinsel auf der Smíchov-Seite) – Vyšehrad – Výtoň (Neustadt). Die restlichen Fährlinien sind für Touristen bislang nicht von Interesse. Im Einsatz sind die Schiffe i. d. R. von April bis Oktober alle 20 Min. zwischen 8 und 20 Uhr. Für eine Fahrt benötigt man die normalen Tickets zu 1,10 € (26 Kč) der Prager Verkehrsbetriebe. Infos unter www.prazskeprivozy.cz.

Ausflugsboote

Ein 1- bis 2-stündiger Ausflug kostet 8–15 €, wer Live-Musik und Essen dabeihaben will, muss mit etwa 28 € rechnen. Tagesausflüge kosten ab ca. 15 €.

Gesellschaften/Anlegestellen: **Evropská vodní doprava Praha**, Ablegestelle an der Čechův-Brücke (gegenüber Hotel Intercontinental), Josefov, ✆ 224810030, www.evd.cz. Bietet neben Kurztrips auch längere Fahrten mit Essen und Musik.

Pražská paroplavební společnost (Prager Dampfschifffahrtsgesellschaft), Rašínovo nábřeží (Nähe Palackého-Brücke), Nové Město, ✆ 224931013, www.paroplavba.cz. Neben Kurztrips auch Tagesausflüge nach Mělník (im Sommer jeden letzten So im Monat, Abfahrt 7 Uhr) und zum Stausee Slapy (im Sommer Sa/So und feiertags, Abfahrt 9 Uhr). Hier starten im Sommer Fr/Sa auch Discoboote.

Jazzboat (tägl. um 20.30 Uhr), Pier Nr. 5 unter der Čechův-Brücke, Josefov, ✆ 731183180 (mobil), www.jazzboat.cz. 25 € ohne Essen.

Kleine **Boote** legen auf der Kleinseite, rechts und links der Karlsbrücke, ab.

Bootsverleih

Tret- und Ruderboote werden südlich der Karlsbrücke am Altstadtufer und auf der Slovanský ostrov (Slaweninsel) vermietet.

Kutschfahrten

Wer will, kann mit der Kutsche eine Stadtrundfahrt unternehmen. Pferdekutschen stehen in den Sommermonaten am Staroměstské náměstí (Altstädter Ring) bereit. Die Preise sind Verhandlungssache.

Im Prager Underground

Prag – Wissenswertes

Wissenswertes von A bis Z

Ärztliche Versorgung

Für eine ärztliche Behandlung in Kliniken und Praxen, die dem staatlichen Versicherungssystem angeschlossen sind, benötigen Sie die Europäische Krankenversicherungskarte (EHIC). Darüber hinaus empfiehlt sich der Abschluss einer privaten Auslandskrankenversicherung, die einen Krankenrücktransport mit einschließt. Eine solche wird von diversen Versicherungen angeboten, Formulare dazu liegen z. B. in Banken aus. Der Preis dafür bewegt sich zwischen 10 und 20 € für ein Jahr.

Besondere Hinweise: Eine Impfung gegen Hepatitis A wird empfohlen! Personen mit Atemwegsproblemen sollten wegen des extrem hohen Schwefeldioxydgehalts der Luft Prag nicht in den Wintermonaten besuchen!

Apotheke heißt übrigens *Lekárna.* Medikamente sind in Tschechien deutlich billiger als im deutschsprachigen Raum.

Von der deutschen Botschaft empfohlene Ärzte und Krankenhäuser

Dr. Jiří Votruba, Arzt für Allgemeinmedizin, Lungenfacharzt, Asthmatologe und Immunologe (englischsprachig). Praktiziert im privaten Canadian Medical Care (CMC), Veleslavínská 1, ✆ 235360133, Ⓜ A Dejvická, weiter mit Ⓢ 8,36 Nádraží Veleslavín.

Medizinische Fakultät der Karlsuniversität, auf die Behandlung von Ausländern vorbereitet ist die III. Interna, Abt. C. Die Ärzte sind deutsch- oder englischsprachig. Die Aufnahme ist unkompliziert. EHIC wird akzeptiert. Zentral gelegen: U nemocnice 2 (Karlsplatz), ✆ 224961111, Ⓜ B Karlovo náměstí.

Krankenhaus Na Homolce, Roentgenova 2, Motol, ✆ 257271111. Bei Zahnproblemen hilft dort Dr. Liška (deutschsprachig) weiter, ✆ 257272612. Ⓜ B Anděl, weiter mit Ⓑ 167 Na Homolce.

Trinkgeld erwartet

Non-Stop-Apotheken

Nové Město, Palackého 5, ✆ 224946982. Ⓜ B Národní třída o. Ⓢ 6, 9, 18, 21, 22 Národní třída.

Vinohrady, Belgická 37 (Ecke Rumunská), ✆ 22251973. Ⓜ A Náměstí Míru.

Baden und Schwimmen

Es wird zwar in der Moldau geschwommen, doch angesichts bedenklich stimmender Wasserwerte muss davon abgeraten werden. Frei- oder Hallenbäder liegen außerhalb des Zentrums, sind jedoch mit öffentlichen Verkehrsmitteln gut zu erreichen. Freibäder haben i. d. R. vom 1. Mai bis 15. September geöffnet und kosten 2–3,50 € Eintritt.

Eine Auswahl

Schwimmbad Podolí, im gleichnamigen Stadtteil. Neu restaurierte Anlage, Hallenbad mit Freischwimmbecken. Der Außenbereich bietet alles, was Kinderherzen höher schlagen lässt: Sprungturm, Riesenrutsche, Planschbecken. Wasser jedoch stark gechlort. Ⓢ 3, 16, 17, 21 Kublov (nahe der Straßenbahnhaltestelle).

O2 Žluté Lázně, traditionsreiches Moldaubad, durch das Hochwasser 2002 zerstört, 2006 als moderne Beachmeile wiedereröffnet. Mehrere Bars (zugleich ein Treffpunkt an Sommerabenden), Biergarten, Beachvolleyball-Felder, Tretbootverleih, Sandstrandabschnitt, Liegewiesen, Kinderbecken (Erwachsene baden wie seit über 80 Jahren in der Moldau) etc. Seit O2 der Sponsor ist, Eintritt frei. Ebenfalls in Podolí. Ⓢ 3, 16, 17, 21 Dvorce (vom Zentrum kommend kurz vor der Straßenbahnhaltestelle rechter Hand).

Pražská pláž na Smíchově, der „Stadtstrand" von Smíchov – mit leichter Verspätung folgte man auch in Prag dem europäischen Trend. 700 t Sand werden dafür jährlich angekarrt. Blick auf Burg Vyšehrad, Planschbecken und eiskalte Duschen. Publikum zum Sehen und Gesehen werden, eine beengte Angelegenheit. Hořejší nábřeží. Ⓢ 4, 7, 10, 14 Zborovska.

Koupaliště Motol, ein Stück Idylle zwischen Stadtautobahn und Industrieanlage. Badesee mit FKK-Bereich. Zahradníčkova, Motol. Ⓢ 9, 10 Motol. Nach der Haltestelle erste Möglichkeit rechts.

Divoká Šárka, beliebtes Naturschwimmbad (→ Ziele rund um die Innenstadt, S. 233).

Behinderte

Prag ist, was Infrastruktur und Einrichtungen angeht, bislang keine behindertenfreundliche Stadt. Doch es wird einiges unternommen, bis 2013 sollen zum Beispiel alle Straßen- und U-Bahnen auch für Rollstuhlfahrer zugänglich sein. Tipps für Rollstuhlfahrer geben die CD-Rom „Barrierefreies Prag", die man über www.pov.cz bestellen kann, und die englische Broschüre „Accessibility Atlas for People with Impaired Mobility", die die Touristeninformationen bereithalten. Auf der Webseite des Prager Informationsdienstes (www.pis.cz) sind zudem alle Museen und Konzertsäle aufgeführt, die auch für Rollstuhlfahrer zugänglich sind. Organisierte Pragbusreisen für Behinderte haben immer wieder folgende Agenturen im Programm:

Reiseagentur für Behindertenreisen Carsten Müller, Straße 6/116, 13059 Berlin, ✆ 030/ 9244035, www.behindertenreisen-cm.de.

mare nostrum, Am Schnarrenberg 12, 70376 Stuttgart, ✆ 0711/2858200, www.mare-nostrum.de.

Roth Travel, Obergasse 4, CH-8400 Winterthur, ✆ 052/2033802, www.roth-travel.ch.

Casinos und Spielotheken

Die meisten Prager Casinos liegen in der Neustadt rund um den Wenzelsplatz. Einer neuen Verordnung nach sollen diese künftig – wie sämtliche Casinos in Prag 1 – verschwinden. Ob dieser Fall wirklich eintritt, ist allerdings mehr als fraglich, in Anbetracht der Steuereinnahmen in Millionenhöhe. Ein offizieller Dresscode besteht nicht, erwartet wird dennoch feinere Kleidung als ein Jogginganzug. Gespielt werden Roulette, Black Jack, Bakkarat usw. Auch finden regelmäßig Pokerturniere statt. Der Mindesteinsatz beträgt in den meisten Casinos 0,50–1,50 €. Eintritt wird i. d. R. nicht verlangt, jedoch müssen Sie sich ausweisen und registrieren lassen.

Die Casinos für die einfachen Leute nennen sich **Herna Bars** – schummrige, verräucherte Höhlen voller Spielautomaten und einarmiger Banditen. Sie haben größtenteils rund um die Uhr geöffnet und ziehen ein recht gemischtes Publikum an: Arbeiter zum Frühstücksbier, Penner zum Aufwärmen und Banker zum Kaffee.

Tipp! Casino Palais Savarin, eines der schönsten Casinos der Stadt. Barockfresken und Kronleuchter. In der Na příkopě 10 (Nové Město, Ⓜ A, B Můstek). Tägl. 16–3 Uhr, freier Eintritt.

Diplomatische Vertretungen

Botschaften der Tschechischen Republik: Wilhelmstraße 44, 10117 **Berlin**, ✆ 030/ 226380, www.czech-embassy.de.

Penzingerstr. 11–13, 1140 **Wien,** ✆ 01/89958111, www.mzv.cz/vienna.

Muristr. 53 (Eingang Burgernzielweg), 3000 **Bern** 31, ✆ 031/3504070, www.mzv.cz/bern.

Ausländische Botschaften in Prag:

Botschaft der Bundesrepublik Deutschland, Vlašská 19, Malá Strana, ✆ 257113111, www.deutsche-botschaft.cz. Ⓢ 12, 20, 22 Malostranské náměstí.

Botschaft der Republik Österreich, Viktora Huga 10, Smíchov, ✆ 257090511, www.austria.cz. Ⓢ 6, 9, 12, 20 Arbesovo náměstí.

Botschaft der Schweiz, Pevnostní 7, Střešovice, ✆ 220400611, www.eda.admin.ch/prag. Ⓢ 1, 2, 18 Vozovna Střešovice.

Elektrizität

Die elektrische Spannung beträgt 230 V. Sofern Ihre Geräte einen schmalen Eurostecker haben, brauchen Sie keinen Adapter. Sind die Stecker jedoch runde Schukostecker, so benötigen Sie einen Adapter für Südosteuropa!

Feste und Feiertage

1. Januar:	Neujahr
Ostern:	Lediglich Ostermontag ist Feiertag, am Karfreitag wird gearbeitet.
1. Mai:	Tag der Arbeit
8. Mai:	Tag der Befreiung Prags vom Faschismus 1945

5. Juli:	Tag der Slawenapostel Kyrill und Method
6. Juli:	Gedenktag für Jan Hus
28. September:	Todestag des heiligen Wenzel (Landespatron)
28. Oktober:	Gründungstag der ersten Tschechoslowakischen Republik (1918)
17. November:	Gedenktag an die Novemberdemonstration von 1989
24.–26. Dez.:	Weihnachten

Hinweis: An Hochsommerwochenenden und wenn sich die tschechischen Feiertage für ein verlängertes Wochenende anbieten, sind die Stadtteile, die außerhalb der touristischen Viertel liegen, wie ausgestorben!

Fundbüro

Verlorene Sachen bekommt man mit sehr viel Glück beim städtischen Fundbüro *Ztráty a nálezy* wieder.

Adresse: Karolíny Světlé 5, Staré Město, ✆ 224235085. ⌚ Mo–Do 8–12 und 12.30–16 Uhr, Fr nur bis 14 Uhr. Ⓜ B Národní třída o. Ⓢ 6, 9, 18, 21, 22 Národní třída.

Ein Haus – zwei Nummern

Jedes Haus in Prag hat zwei Nummern. Die weiße Nummer auf blauem Hintergrund ist die eigentliche Hausnummer, wie man sie bei uns kennt. Die Zahl auf rotem Hintergrund ist die Nummer, unter der das Haus im Grundbuch eingetragen ist. So bezeichnet sie zugleich die Reihenfolge, in der die Häuser im jeweiligen Stadtteil gebaut worden sind.

Geld und Geldwechsel

EU-Beitritt hin wie her – der Euro wird erst mit dem Beitritt zur Europäischen Währungsunion eingeführt (frühestens 2012). Gesetzliches Zahlungsmittel ist bis dahin die Tschechische Krone *(koruna česká)*, abgekürzt Kč. Im Umlauf sind Banknoten zu 50, 100, 200, 500, 1000, 2000 und 5000 Kč, Münzen zu 1, 2, 5, 10, 20 und 50 Kč. Der Heller *(haléřů)*, das einstige Pendant zu Cent oder Pfennig, wurde 2008 abgeschafft.

Neujahrsfeuerwerk

1 € entsprach im Februar 2008 ca. 28,40 Kč, 1 sfr ca. 19,20 Kč.

Geldwechsel: Wechselstuben findet man im Zentrum an jeder Ecke. Die Kursunterschiede sind insgesamt gering, auch wenn es auf den ersten Blick nicht so aussieht. Dort, wo mit besseren Kursen geworben wird, gelten diese nur für Wechselbeträge über 1000 oder 2000 € oder es fallen höhere Gebühren an. „No commission" bezieht sich in 99 % aller Fälle nur auf den Rückumtausch von Kronen. Dennoch lohnt ein Vergleich! Und ganz wichtig: Fragen Sie vor dem Umtausch nach, wie viele Kronen Sie für Ihr Geld bar ausbezahlt bekommen! I. d. R. bieten die Banken bessere Kurse.

Geldautomaten: gibt es im Zentrum ebenfalls an jeder Ecke. Das Abheben mit der Maestro-Karte ist nicht nur der bequemste Weg, sondern zugleich auch der günstigste, sofern man höhere Beträge zieht (max. 13.000 Kč). Trotz fälliger Gebühren ist dann der Kurs im Endeffekt erheblich besser als beim Barumtausch.

Kreditkarten: werden in allen besseren Restaurants, Hotels und Geschäften akzeptiert.

Reiseschecks: eine sichere Art der Reisekasse, doch leider ist der Kurs für Reiseschecks in Tschechien meist sehr schlecht. American-Express-Cheques können bei **ESO-Travel** am Wenzelsplatz kommissionsfrei eingetauscht werden. Václavské náměstí 56, Nové Město. Ⓜ A, C Muzeum oder A, B Můstek.

Bei Verlust einer Kredit- oder Maestro-Karte wählen Deutsche die Servicenummer 0049-116116. Abhängig vom Ausstellungsland der Karte gelten zudem folgende Sperrnummern: Für **American Express**: ✆ 0049-69-97971000 (D/A), ✆ 0041-446-596333 (CH). **Diners Club**: ✆ 0049-69-661660 (D), ✆ 0041-58-7508 008 (CH), ✆ 0043-1-501350 (A). **Visa**: ✆ 800142121 (Servicenr. in CZ für D, A, CH). **Master/Eurocard**: ✆ 0049-1803123444 (D), ✆ 0043-1-717014500 (A), ✆ 0041-448283135 (CH). **Maestro-Karte**: ✆ 0049-1805021021 (D), ✆ 0043-1-2048800 (A), ✆ 0041-800800488 (Credit Suisse), ✆ 0041-442712230 (UBS).

Goethe-Institut und Österreichisches Kulturforum

Beide Kulturinstitute verfügen über klei ne Bibliotheken und haben Zeitungen und Zeitschriften ausliegen. Zudem tragen sie mit eigenen Veranstaltungen zur kulturellen Vielfalt der Stadt bei.

Goethe-Institut, Masarykovo nábřeží 32. ✆ 224934334, www.goethe.de/prag ⌚ Bibliothek, Di–Fr 13–19 Uhr, Sa 10–14 Uhr. Zeitschriftensaal, Di–Fr 10–19 Uhr, Sa 10–13 Uhr. Ⓢ 17, 21 Jiráskovo náměstí.

Österreichisches Kulturforum, Jungmannovo náměstí 18. ✆ 221181777, www.aussenministerium.at/pragkf. ⌚ Mo–Fr 10–13/14–16 Uhr. Galerie Mo–Fr 10–17 Uhr. Ⓜ A, B Můstek.

Gottesdienste

Römisch-katholische Gottesdienste in deutscher Sprache finden jeden Sonntag um 11 Uhr in der Kirche Sankt Johannes Nepomuk am Felsen beim Karlsplatz (Kostel sv. Jana na Skalce, Ⓜ B Karlovo náměstí) statt. Evangelische Gottesdienste in deutscher Sprache können Sie jeden Sonntag um 10.30 Uhr in der Kirche Sankt Martin an der Mauer (Kostel sv. Martina ve zdi) besuchen (Ⓜ A, B Můstek).

Information

Tschechische Zentrale für Tourismus

Die **Tschechische Zentrale für Tourismus** (www.czechtourism.com, auch in Deutsch) unterhält im In- und Ausland mehrere Fremdenverkehrsämter,

Rabbi statt Kasperle: Souvenirs aus Josefov

die auf Wunsch – Anruf oder Email genügt – vielfältiges Informationsmaterial verschicken. Schweizer wenden sich an die Zentralen in Deutschland oder Österreich.

Friedrichstr. 206, 10969 **Berlin,** ✆ 030/ 2044770, info1-de@czechtourism.com.

Herrengasse 17, 1010 **Wien,** ✆ 01/53321933, info-at@czechtourism.com.

Staroměstské náměstí 5, **Staré Město** (Altstadt), ✆ 224861476. Ⓜ A Staroměstská.

Die offizielle **Touristeninformation der Stadt Prag (Pražská informační služba)** ist im Internet unter www.pis.cz und www.prague-info.cz (auch in deutscher Sprache) vertreten, vor Ort sind deren Büros über die einheitliche Rufnummer ✆ 12444 zu erreichen (Adressen s. u.).

Lachen verboten – die Burgwache

Daneben gibt es diverse private Informationsbüros, die lediglich Stadtpläne bereithalten und Auskünfte zu kulturellen Veranstaltungen erteilen, für die sie Tickets verkaufen.

Staré Město (Altstadt): Staroměstská radnice (Altstädter Rathaus), Staroměstské náměstí 1. ⌚ tägl. 9–20 Uhr. Ⓜ A Staroměstská. Ein weiteres Büro befindet sich in der Rytířská 31. ⌚ tägl. 9–19 Uhr. Ⓜ A, B Můstek.

Malá Strana (Kleinseite): im Kleinseitner Brückenturm an der Karlsbrücke. ⌚ April–Okt. tägl. 10–18 Uhr. Ⓢ 12, 20, 22 Malostranské náměstí.

Nové Město (Neustadt): im Hauptbahnhof (Hlavní nádraží), Wilsonova 8. ⌚ im Sommer Mo-Fr 9–19 Uhr, im Winter bis 18 Uhr, Sa/So 9–16 Uhr. Ⓜ C Hlavní nádraží.

Internet

Sofern vorhanden bzw. mit Gewinn zu nutzen, sind die Internetadressen diverser Einrichtungen wie Hotels oder Fluggesellschaften im Buch angegeben. Weitere interessante Seiten sind:

www.tschechien-online.org: Nachrichten, Hintergrundinformationen und ein kommentierter Veranstaltungskalender – alles in Deutsch.

www.radio.cz: das tschechische Pendant zur Deutschen Welle – aktuelle Nachrichten und sämtliche deutschsprachige Radiobeiträge zum Nachlesen und -hören.

www.czech.cz: die offizielle Seite der Tschechischen Republik, auch in deutscher Sprache.

www.magistrat.praha-mesto.cz: die offizielle Seite des Prager Rathauses, z. T. auch in englischer Sprache.

www.expats.cz: englischsprachige Seite für in der Stadt lebende Ausländer (Wohnungen, Jobs, Veranstaltungen etc.).

www.dpp.cz: alles zur Metro, den Straßenbahnen und den Bussen – die Seite der Prager Verkehrsbetriebe.

www.tschechien-portal.info: viel Wissenswertes zum Land, unterstützt von der Robert-Bosch-Stiftung.

www.ticketpro.cz: Hier erfahren Sie, welche kulturellen Veranstaltungen während Ihres Besuches über die Bühnen gehen und können dafür auch gleich Tickets kaufen.

Durchschnittswerte				
Monat	Ø Höchsttemperatur	Ø Tiefsttemperatur	Regentage/ Monat	Ø Sonnenstunden tägl.
Januar	0	-5	6	2
Februar	1	-4	6	3
März	7	-1	6	4
April	12	3	7	6
Mai	18	8	9	7
Juni	21	11	9	8
Juli	23	13	10	8
August	22	13	9	7
September	18	9	6	6
Oktober	12	5	7	4
November	5	1	5	2
Dezember	1	-3	6	2

www.reisemangel.de: die Seite zum Thema Reiserecht. Welche Schadensersatzansprüche haben Sie laut Frankfurter Liste, wenn Ihr Flug Verspätung hat, Ihr Hotel zu laut ist usw.

Für die Hotelsuche im Internet (→ S. 56.)

Aktuelle Informationen zu diesem Reiseführer, die nicht mehr berücksichtigt werden konnten, finden Sie auf den Pragseiten des Michael-Müller-Verlags unter www.michael-mueller-verlag.de.

Internetzugang

Das Gros aller Hotels, egal welcher Kategorie, bietet WLAN, viele verfügen auch über einen oder mehrere Terminals mit Internetzugang. Zudem offerieren viele Bars und Cafés WLAN, auch kann man in einer Vielzahl von Internet-Cafés surfen. Je schicker das Café, desto teuerer der Ausflug in den Cyberspace: Eine halbe Stunde kostet 1–2,50 €. Internet-Cafés sind im Reiseteil nicht aufgeführt, da sich deren Adressen erfahrungsgemäß ständig ändern.

Klima

Das Wetter in Prag wird zum einen vom ozeanischen Klima Westeuropas beeinflusst, zum anderen vom kontinentalen Klima, das Polen und Russland dominiert. Dabei fungieren die Randgebirge zuweilen als Wetterscheide – so kann es passieren, dass Tiefdruckgebiete vom Atlantik Regen bis nach Bayern bringen, über Prag aber die Sonne scheint.

Kriminalität

Wie in jeder Großstadt gibt es auch in Prag Kriminalität. Touristen haben jedoch wenig zu befürchten, zumal über 1000 Kameras die innere City überwachen. Dennoch sollten Sie sich an die üblichen Vorsichtsmaßnahmen halten, insbesondere gegen Taschendiebstahl, eines der größten Prager Probleme: Schon der Reisende Umberto Decembria notierte vor 600 Jahren: „Aber Diebe gibt es hier so meisterhafte, dass sie dir, falls du nicht ganz gut aufpasst, die Schuhe von den Füßen stehlen.“ Heute hat man es eher auf Kamera und Geldbeutel von Ausländern abgesehen, von zehn Bestohlenen sind acht Ausländer.

Besondere Vorsicht gilt diesbezüglich im Gedränge, v. a. in Straßenbahnen und dort ganz besonders in den Linien 9, 20 und 22! Achten Sie zudem beim Abheben mit der Bank- oder Kreditkarte darauf, dass niemand Ihren PIN-Code ausspäht. Falls Ihre Karte gestohlen werden sollte → Geld/Sperrnummern, S. 32. Falls Sie mit dem Auto anreisen, so stellen Sie es am besten auf einem bewachten oder abschließbaren Parkplatz ab.

Literatur

Graham Greene vermutete einst, dass man in der Tschechoslowakei Schriftsteller bezahlte, damit sie nicht schrieben. Im Exil jedoch konnten viele Autoren solchen und anderen Demütigungen entgehen. Zu den Ausgewanderten gehören die beiden heute international bekanntesten tschechischen Schriftsteller, *Milan Kundera* (1929 geb., in Frankreich lebend) und *Josef Škvorecký* (1925 geb., in Kanada lebend). Einer von denen, die in der Heimat blieben, war *Bohumil Hrabal* (1914–1997). Restriktionen wie die Zensur konnte er meist umgehen, indem er aus dem Alltag der einfachen Menschen berichtete. Wer die Autoren noch nicht kennt, findet in der folgenden Auflistung einige Anregungen für seine Reiselektüre, dazu eine kleine Auswahl an empfehlenswerter und weiterführender Literatur zu Prag und Tschechien.

• *Sachliteratur* **Demetz, Peter: Prag in Schwarz und Gold.** Piper, München 1998. Die *Welt* schrieb dazu: „Ein Glanzstück lebendiger Geschichtsschreibung". Im flüssigen Erzählduktus werden sieben bedeutsame Epochen der Stadt vorgestellt. Der Autor ist in Prag geboren und aufgewachsen, wurde unter den Nazis deportiert, flüchtete kurz nach dem Krieg vor den Kommunisten nach England und wurde später Professor für deutsche und vergleichende Literaturwissenschaft in den USA. Wer noch tiefer in die Geschichte Prags einsteigen will, findet im Anhang eine weiterführende Bibliografie. Vom gleichen Autor erschien 2007 im Paul Zsolnay Verlag Wien die autobiographische Dokumentation *Mein Prag. Erinnerungen 1939 bis 1945*, die sich mit dem Leben im Protektorat beschäftigt.

Paul Kruntorad: Kafka, das Schloss und die Schuhfabrik. Tschechische Kostbarkeiten. Picus: Wien 2004. Der 1935 in Budweis geborene und seit 1951 in Wien lebende Publizist zeichnet ein unterhaltsames und kritisches Bild des modernen Tschechiens.

Jiří Gruša: Gebrauchsanweisung für Tschechien und Prag. Piper: München 1999. Geschichte und Geschichten für Tschechien-Fortgeschrittene bzw. in Grušas Worten für „liebe Tschechienforscher".

Arens, Detlev: Literarische Streifzüge. Prag in der Literatur – Literaten in Prag. Artemis & Winkler, Düsseldorf 2008. Detlev Arens ist zugleich der Autor des hervorragenden DuMont-Kunstführers Prag (die älteren Auflagen sind die umfangreicheren).

Rokyta, Hugo: Prag. Vitalis, Prag 1997. Hier liegt nicht der Schwerpunkt auf den Baumeistern, sondern darauf, welche Persönlichkeit wann und wo lebte. Die Buchhandlung dieses Verlages finden Sie auf S. 89.

Dudák, Vladislav: Prager Burg Hradschin. Baset, Prag 1999. Die Prager Burg im Detail, kein Stein, der nicht umgedreht wird. Vor Ort in vielen Buchläden erhältlich.

> **Tipp**: Einen guten Überblick über tschechische Autoren und Philosophen aus 600 Jahren tschechischer Literaturgeschichte gibt die aus 33 Bänden bestehende **Tschechische Bibliothek** – weitere Infos unter www.tschechische-bibliothek.de.

Binder, Hartmut: Prag. Literarische Spaziergänge durch die Goldene Stadt. Klett-Cotta, Stuttgart 1997. Der Schwerpunkt liegt auf Kafka. Schön zu lesen.

Frank, Michael: Nepomuken, die auf Brücken spucken. Prager Hintergedanken. Picus, Wien 1999. Unterhaltsame, persönliche Anekdoten aus der tschechischen Hauptstadt vom ehemaligen SZ-Korrespondenten in Prag.

Švandrlík, Miloslav: Prag voller Gespenster. Road Praha, Prag 1993. Nicht ganz handlicher Ratgeber für die Geisterjagd im mystischen Prag. Alle hiesigen Spukgestalten im Überblick, dazu witzige Zeichnungen.

Das Prager Literaturhaus deutschsprachiger Autoren

Das Prager Literaturhaus *(Pražký Literární Dům)* wurde bereits 2004 gegründet, jedoch ohne Haus, dafür mit Webseite. Im Herbst 2009 soll die Institution, die unter anderem von der Robert-Bosch-Stiftung gefördert wird, an der Ječná 11 in der Neustadt jedoch endlich ein Dach über den Kopf bekommen. Zu den Initiatoren gehörte auch die 2008 verstorbene pragerdeutsche Schriftstellerin *Lenka Reinerová*. Die Stiftung will an das kulturelle Erbe der deutschsprachigen Literatur aus Prag und den böhmischen Ländern erinnern, an Autoren wie Egon Erwin Kisch (1885–1948), Franz Kafka (1883–1924), Max Brod (1884–1968), Johannes Urzidil (1896–1970), Franz Werfel (1890–1945), Rainer Maria Rilke (1875–1926) und viele mehr – im Reiseteil dieses Buches werden Sie diesen Autoren immer wieder begegnen. Zudem will das Literaturhaus die Tradition des multikulturellen, künstlerischen Lebens in Prag wieder beleben. Dazu werden bereits jetzt Stipendien für ausländische Autoren vergeben. Und jeden dritten Sonntagnachmittag im Monat werden unter dem Motto "Kaffee – Kuchen – Literatur" deutschsprachige Autoren vorgestellt – wo, erfährt man unter www.prager-literaturhaus.com. Im neuen „Stammhaus" soll dann auch eine interaktive Ausstellung zur deutschsprachigen Prager Literatur eröffnen. Eine Bibliothek mit rund 1000 Bänden an Primär- und Sekundärliteratur zum Thema ist bereits vorhanden.

Schmidt, Hans-Jörg/Steinz, Björn: Tschechien für Deutsche. Eine Nachbarschaftskunde. Links Verlag, Berlin 2006. Eine unterhaltsame Einstimmung v. a. für diejenigen, die einen längeren Aufenthalt im Land planen.

• *Belletristik* **Urban, Miloš: Die Rache der Baumeister.** Rowohlt, Berlin 2003. Ein tschechischer Bestseller; ein spannender zeitgenössischer Roman, angesiedelt im alten Zentrum Prags mit vielen Morden zwischen längeren Passagen zur Geschichte des Kirchenbaus.

Peter Sacher (Hg.): Prag erzählt. Fischer TB, Frankfurt/M. 1997. 27 Prager Autoren erzählen – Hašek, Seifert usw.

Halamíčková, Jana (Hg.): Prag. Insel TB, Frankfurt/M. 1988. *Prag erzählt* für Fortgeschrittene. Texte, Gedichte und Pragimpressionen von bekannten und weniger bekannten Autoren aus verschiedenen Jahrhunderten.

Perutz, Leo: Nachts unter der steinernen Brücke. Dtv, München 2002. Für Freunde historischer Romane und Erzählungen. Legendäre Geschichten aus dem rudolfinischen Prag.

Hrabal, Bohumil: Ich habe den englischen König bedient. Suhrkamp, Frankfurt 2008. Hrabals Schelmenroman über einen strebsamen Kellner stammt aus dem Jahr 1971. 2006 von Jiří Menzel verfilmt.

Milan Kundera: Die unerträgliche Leichtigkeit des Seins. Fischer TB, Frankfurt 1997. Die bewegende Liebesgeschichte vor dem Hintergrund des Prager Frühlings, die 1988 von Philip Kaufman mit Juliette Binoche in der Hauptrolle verfilmt wurde, erschien erst 2006 in tschechischer Sprache!

Josef Škvorecký: Feiglinge. Deuticke, Wien 2000. Die letzten Tage der Naziherrschaft im Protektorat. Der Roman trägt viele autobiographische Züge.

Michal Viewegh: Blendende Jahre für Hunde. Kiepenheuer & Witsch, Köln 1998. Humorvolle Familiengeschichte, die den Faden von den 60er Jahren bis zum Fall des Kommunismus spannt. Die leicht lesbaren Romane Vieweghs sind in Tschechien überaus populär. Auch der im Deuticke Verlag erschienene Roman *Die Liebe eines Vaters* ist eine Familiengeschichte, die dieses Mal allerdings in den 80er und 90er Jahren spielt.

Reinerová, Lenka: Närrisches Prag: Ein Bekenntnis. Aufbau Verlag, Berlin 2006. Lenka Reinerová, die letzte deutschsprachige Prager Autorin, blickt auf das „alte Prag" zurück. Die 1916 in Prag geborene Jüdin flüchtete 1939 vor den Nazis nach Frankreich, lebte danach in Mexiko und Jugoslawien und kehrte 1948 nach Prag zurück. Während der stalinistischen Säuberungen war sie über ein Jahr inhaftiert. Ab 1968 hatte sie Publikationsverbot. 2006 wurde sie mit dem Bundesverdienstkreuz ausgezeichnet. 2008 starb sie 92-jährig in ihrer Prager Wohnung, sie schrieb bis zu ihrem Tod. Im Audio Verlag erschien 2006 die Hörbuchversion ihrer Erzählsammlung *Mandelduft*, die sie selbst liest – interessant, um dem Klang des alten Pragerdeutsch zu lauschen, das Josef Urzidil als „nicht akzentfrei, aber dialektfrei" bezeichnete.

Neruda, Jan: Kleinseitner Geschichten. Vitalis, Prag 2005. Eine zu Tränen rührende Geschichte aus dem alten Prag. Mehr zu Jan Neruda → S. 170.

Jáchym Topol: Engel Exit. Volk und Welt, Berlin 1997. Nur noch antiquarisch zu bekommen. Die wilde Story eines drogensüchtigen Aussteigers spielt u. a rund um die Metrostation Anděl im Stadtteil Smíchov. Mit dem Nachfolgeroman *Nachtarbeit* (2003 im Suhrkamp-Verlag erschienen) verließ Topol die Szeneliteratur und wendete sich einem neuen Thema zu: dem Prager Frühling. Jáchym Topol, der Star des tschechischen Underground, unterzeichnete bereits mit 16 Jahren die Charta 77.

Václav Havel, → S. 98. Sein Werk ist in Deutschland im Rowohlt Verlag erschienen.

• *Stadtpläne* Gute Stadtpläne, auf denen alle Metro- und Straßenbahnlinien eingezeichnet sind, bekommt man in Prag erheblich billiger als zu Hause – für rund ein Drittel. Empfehlenswert ist zum Beispiel **Geo-Club Praha 1:16.000** oder **Žaket Praha 1:23.000**, sehr gut auch für Ausflüge rund um die Innenstadt.

• *Bildband* **Kaplan, Jan und Krystyna Nosarzewska: Prag, das turbulente Jahrhundert.** Könemann, Köln 1997. Informative Texte zu unterschiedlichsten Themenbereichen, zudem spannende Fotografien und Illustrationen zu den Ereignissen des 20. Jh.

Mietwagen

Die preiswertesten Fahrzeuge liegen bei den großen, international operierenden Gesellschaften und bei den lokalen Verleihern bei 50–80 € pro Tag inkl. Diebstahlversicherung, für eine Mietdauer von zwei bis vier Tagen bei 40–70 € pro Tag. Viele Lockangebote lokaler Verleiher existieren nur auf dem Papier oder beinhalten keine Diebstahlversicherung (wichtig!). I. d. R. kann nicht bar bezahlt werden! Eine Kreditkarte ist Voraussetzung, z. T. wird sogar eine zweite Kreditkarte als Sicherheit verlangt. Alle hier aufgeführten Anbieter verfügen über Zweigstellen am Flughafen.

Europcar: Elišky Krasnohorské 9, Josefov, ✆ 224811290, www.europcar.cz. Ⓜ A Staroměstská.

Sixt: Pobřežní 1 (Hilton), Nové Město, ✆ 222324995, www.e-sixt.cz. Ⓜ B, C Florenc.

Hertz: Karlovo náměstí 15, Nové Město, ✆ 225345031, www.hertz.cz. Ⓜ B Karlovo náměstí.

Museen und Galerien

Rund 70 Museen und weit mehr als 100 Galerien kann man in Prag besuchen. Eine Auswahl der wichtigsten und

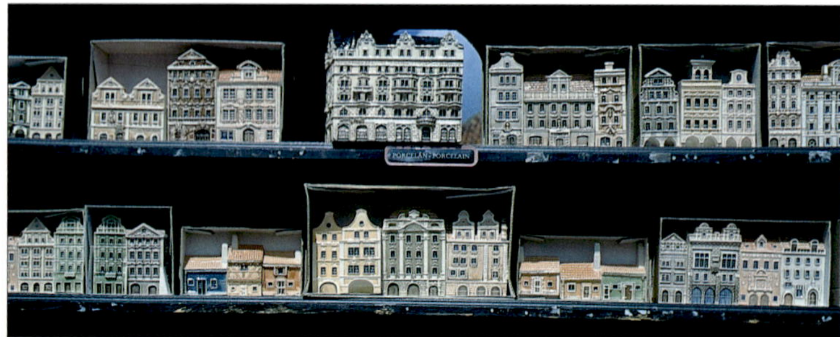

Prag zum Mit-nach-Hause-Nehmen

Die Altstadt aus der Vogelperspektive

schönsten finden Sie im Buch. Der Besuch von Galerien ist meist umsonst. Der Eintritt für das Gros der Museen, Kirchen und Paläste liegt bei 2–13 €; Kinder *(děti)* bis 6 Jahren kommen meist umsonst in Museen, Schüler (*školáci*) zwischen 6 und 16 Jahren, Studenten *(studenti)* und Senioren (*senioři* oder *důchodce*) über 65 Jahre bezahlen i. d. R. die Hälfte. Familientickets *(rodinné vstupenky)* gibt es nicht überall, aber fragen Sie stets danach – sie kosten meist nur 30–50 % mehr als das Ticket für einen Erwachsenen. Die Unsitte, Touristen mehr als das Doppelte des „tschechischen" Eintrittspreises abzuknöpfen, gehört in Prag mittlerweile der Vergangenheit an. Die meisten Museen und Paläste haben **montags geschlossen**. Wer ein leidenschaftlicher Museumsgänger ist, dem sei die *Prague Card* empfohlen (→ Unterwegs in Prag, S. 22).

Öffnungszeiten

Es gibt kein Ladenschlussgesetz, an das der Einzelhandel gebunden ist, die Öffnungszeiten sind von Geschäft zu Geschäft unterschiedlich. Im touristischen Zentrum und in den großen Shoppingcentern am Stadtrand haben die Geschäfte tägl. von etwa 9 bis 18 oder 20 Uhr oder noch länger geöffnet, die „Alltagsgeschäfte" in den abseits gelegenen Vierteln nur werktags von 9 bis 18 Uhr. Samstags schließen die meisten davon mittags, andere ziehen den Rollladen erst gar nicht hoch. Banken haben i. d. R. Mo–Fr von 8 bis 16.30 Uhr geöffnet. Bei Lokalen, Clubs und Kneipen sind die Öffnungszeiten nur angegeben, wenn sie von den herkömmlichen Zeiten extrem abweichen.

Parken

Parken Sie auf bewachten Parkplätzen! Viele Hotels und Pensionen haben eigene, sichere Parkplätze, oft aber nur in kleiner Zahl – bei der Zimmerbuchung sollte man sie am besten gleich mitreservieren. Oft muss man dafür Zuschläge von 10 bis 30 € pro Tag zahlen. Falls Ihre Unterkunft keine eigenen Parkplätze haben sollte und der Rezeptionist auch nicht weiß, wo sich der nächste bewachte Parkplatz befindet, hier eine kleine Auswahl sicherer Parkplätze, nach Stadtteilen gegliedert:

Vietnamesen in Tschechien

Die bis spät in den Abend geöffneten Tante-Emma-Läden *(večerka)* rund ums Zentrum, die neben Obst und Gemüse meist auch eine bunte Mischung an Alkohol und Zigaretten offerieren, sind größtenteils in vietnamesischer Hand. Die Vietnamesen kamen v. a. nach dem Vietnamkrieg (ab 1975) ins Land. Die offene Rechnung für die tschechoslowakischen Waffen- und Sprengstofflieferungen (insbesondere Semtex) an die kommunistischen Brüder in Nordvietnam beglich Vietnam durch Entsendung von Arbeitern für die hiesigen Industriebetriebe. Nach 1990 folgte der Nachzug der Verwandten. Heute leben etwa 100.000 Vietnamesen in Tschechien, in Prag ca. 6000. Den tschechischen Einzelhändlern sind sie ein Dorn im Auge, ihre Dumpingpreise verderben das Geschäft. Aufgrund von Integrationsschwierigkeiten bilden sie Cliquen, denen oft mafiaartige Vertriebsstrukturen nachgesagt werden.

Nové Město: Nonstop bewachter Parkplatz an der Na Florenci (0,80 €/Std.) und an der Hybernská (1,30 €/Std.). Recht sicher parkt man zudem in der Tiefgarage des Nationaltheaters (Zufahrt über die Ostrovní, 1,70 €/Std., 38 € pro Tag) und im Parkhaus Garáže Slovan (neben der Staatsoper, Zufahrt über die Wilsonova, 2 €/Std.). Nur tagsüber bewachte Parkplätze (1,70 €/Std.) auch an der Ecke Revoluční/Řásnovka und rund um den Karlsplatz.

Staré Město/Josefov: 24 Std. bewachter Parkplatz gegenüber dem Rudolfinum, pro Std. 1,70 €.

Malá Strana: von 8–23 Uhr bewachte Parkplätze am Malostranské náměstí, 2 €/Std.

Hradčany: Parkplatz am Pohořelec-Platz, nur von 8–18 Uhr und nur max. 6 Std., 1,30 €/Std. Zudem bewachte Parkplätze (tägl. 9–21 Uhr) in der U Prašneho mostu (1,50 €/Std.).

Smíchov: nonstop bewachter Parkplatz an der Ženskými domovy, 0,80 €/Std., 11 €/Tag. Angeblich recht sicher ist zudem das Parkhaus des Einkaufszentrums Nový Smíchov (Zufahrt von der Rückseite).

Holešovice: nonstop bewachte Tiefgarage an der Bubenská, pro Std. 1,30 €. 24 Std. bewachter Parkplatz zudem beim Ausstellungsgelände Výstaviště.

Žižkov: rund um die Uhr bewachter Parkplatz an der Olšanská. 4,20 €/Tag.

Ansonsten ist beim Parken auf der Straße Folgendes zu beachten: *Pro Držitele Povolení* steht für Anwohnerparken – das gilt fast für die gesamte Innenstadt. Gebührenfreie Parkabschnitte sind durch das Schild *Bez Poplatku* gekennzeichnet. Gelbe Linien am Straßenrand bedeuten Parkverbot. *Zakaz zastavení* bedeutet Halteverbot. Zu Straßenbahnschienen muss Ihr Fahrzeug mindestens 3,5 m Abstand haben. Parken Sie nie auf Brücken, vor oder nach Bahnübergängen, Tunnels oder Unterführungen. Falschparker müssen mit Krallen und Bußgeldern bis zu 175 € rechnen.

Polizei

Die Polizei besitzt keinen allzu guten Ruf, und wer mal mit ihr zu tun hat, weiß warum. Grundsätzlich unterscheidet man zwischen der dem Innenministerium unterstellten **Staatspolizei** (Policie České Republiky) und der von den Städten unterhaltenen **Stadtpolizei** (Městská Policie). Letztere stellt Ihnen bei Diebstählen jeglicher Art routiniert und gelangweilt ein Protokoll aus. Eine Fremdenpolizei, die sich um touristische Belange kümmert, gibt es nicht.

Notruf: Den polizeilichen Notruf erreichen Sie unter ✆ 112, ✆ 158 (Staatspolizei) und 156 (Stadtpolizei).

Hauptdienststelle: Bartolomějská 6, Staré Město. Ⓜ A, B Můstek.

Post

Egal, ob die Grüße nach Österreich, Deutschland oder in die Schweiz gehen, das Porto ist einheitlich. Es lag im September 2008 bei umgerechnet 0,70 € (17 Kč) für Postkarten und Briefe bis 20 g. Damit Sie in der Post wissen, an welchen Schalter Sie müssen, achten Sie auf folgende Schilder: *známky* für Briefmarken, *telefonní karty* für Telefonkarten und *balíky* für Pakete. Briefmarken verkaufen neben der Post auch viele Kioske. Bis die Karte bei der Oma an der Küchenwand hängt, vergehen 2 bis 5 Tage.

Hauptpost, Jindřišská 14, Nové Město. ⌚ tägl. rund um die Uhr geöffnet. Ⓜ A, C Muzeum.

Preise

Prag ist – je nach dem, wo man sich in der Stadt aufhält und wann man anreist – kein Billigziel mehr. Und wer an die Preise von seinem letzten Pragbesuch vor ein paar Jahren zurückdenkt, könnte meinen, die Devise in der Stadt heiße: Touristen melken. Die städtischen Verkehrsbetriebe verlangen neuerdings für die Fünf-Tages-Karte der Touristen soviel wie für eine Monatsfahrkarte der Prager. Zwischen Saurer-Gurken-Zeit und Silvester beträgt der Preisunterschied eines Hotelzimmers schnell das Vierfache. Die Preise der Restaurants im historischen Zentrum haben sich allein in den letzten drei Jahren nahezu verdoppelt. 12 € für einen Braten, der schmeckt wie der 3-€-Braten am Stadtrand, sind dort keine Seltenheit. Die preiswerte Mittagskarte, ohnehin i. d. R. nur in tschechischer Sprache, wird Touristen oft nicht gereicht, sie lässt man aus der teureren Abendkarte wählen. Wer blindlings ein Lokal an den touristischen Trampelpfaden wählt, bezahlt für ein Bier schnell mehr als in München. Keine Sorge aber, im Schnitt sind die Bierpreise in Prag noch immer unschlagbar günstig. Und wer bei der Auswahl seines Lokals ein wenig aufpasst, wird noch immer ein insgesamt recht faires Preisniveau vorfinden. Von Preisen wie in London oder Paris ist Prag zum Glück noch weit entfernt.

Was kostet was?

Bier in der Kneipe	ab 1 €
Essen im Restaurant	ab 4–5 €
Päckchen Zigaretten	ab 1,90 €
1 l Diesel	ca. 1,30 €
Tageskarte der Prager Verkehrsbetriebe	4,20 €
Museumseintritt	2–13 €
Bratwurst	ab 0,80 €
Ticket Schwarzes Theater	ab 20 €

Prostitution

Prostitution ist in Tschechien bisher weder verboten noch erlaubt, und da Prostitution hierzulande oft Straßenstrich bedeutet, ist sie unübersehbar. Die Zahl der Prostituierten im Land wird auf rund 30.000 geschätzt, das Gros davon arbeitet in Prag und an den Grenzen zu Deutschland und Österreich. Aus dem Zentrum Prags soll die Prostitution zwar verbannt werden, doch die Bordellbetreiber haben Geld und damit Einfluss: Weit über 30 Mio. Euro lassen die Freier Monat für Monat in den hiesigen Häusern liegen. Unter den Prostituierten sind viele Asylbewerberinnen, dazu Frauen aus Bulgarien und der Ukraine, aber auch Roma-Frauen, deren Familien in Armut leben. Ein großes Problem stellt die Kinderprostitution dar. Immerhin wächst seit dem EU-Beitritt des Landes der Druck auf die tschechischen Politiker, dagegen vorzugehen. Aus Sicherheitsgründen rät die Polizei in Tschechien zum Bordellbesuch – auf dem Straßenstrich werden Freier öfter auch mal ausgeraubt.

Reisedokumente

Deutsche, Österreicher und Schweizer können mit einem gültigen Reisepass oder Personalausweis bzw. der Identitätskarte nach Tschechien einreisen. Kinder unter 15 Jahren können, sofern sie in Begleitung ihrer Eltern reisen, im Reisepass eines Elternteils eingetragen sein. Andernfalls benötigen sie unabhängig vom Alter einen Kinderausweis mit Foto. Grundsätzlich gilt, dass sämtliche Ausweisdokumente noch mindestens drei Monate gültig sein müssen.

Bei der Einreise mit Fahrzeug: selbstverständlich Führerschein und Fahrzeugschein, zudem die grüne Versicherungskarte. Ein Auslandsschutzbrief ist empfehlenswert. Ist man nicht mit dem eigenen Fahrzeug unterwegs, so bedarf es einer beglaubigten Vollmacht des Fahrzeughalters.

Bei der Einreise mit Haustieren: Sie benötigen für das durch einen Chip oder eine Tätowierung am Ohr gekennzeichnete Tier den EU-Heimtierausweis bzw. das Schweizer Pendant. Welche Impfungen neben der Tollwutimpfung im Heimtierausweis bzw. in der Veterinärbescheinigung verzeichnet sein müssen, erfahren Sie bei Ihrem Tierarzt. Hunde benötigen in öffentlichen Verkehrmitteln einen Maulkorb.

Bei Verlust der Ausweispapiere stellt die Botschaft einen Ersatzausweis gegen Gebühr aus. Hierfür ist es hilfreich, Kopien der Originaldokumente bei sich zu haben. Benötigt werden 2 Passbilder, ein Verlustprotokoll der Polizei und ein Nachweis Ihrer Identität.

Sieben Fälle, sieben Fallen: Schwierigkeiten beim Tschechischlernen

Peníze heißt Geld, *škoda* schade, *popelník* ist der Aschenbecher und mit *Kozel* ist eine Biermarke gemeint. Nur selten klingen Wörter vertraut, haben wie beim *šnuptychl* deutsche („Schnupftüchel“) oder wie beim *piškoty* (biscotti = Keks/Gebäck) italienische Paten. Auch der umgekehrte Weg, nämlich dass Wörter aus dem Tschechischen in andere Sprachen entlehnt werden, ist eher die Ausnahme, z. B. *pistole, polka* oder *roboter*.

Wer nie eine slawische Sprache gelernt hat, wird sich mit Tschechisch schwer tun. Das Kapitel Grammatik schlägt man am besten erst gar nicht auf. Sieben Fälle – sieben Fallen. Ein Graus. Mal taucht eine Endung auf, mal geht sie unter. Das erinnert an die Delfine auf See – vielleicht erklärt das, warum sich die Tschechen mit *ahoj* verabschieden. Hinzu kommt die Aussprache und die Tatsache, dass sich die Umgangssprache stark von der Schriftsprache unterscheidet.

Wo ein Haken drüber steht, steckt auch einer drin. Nahezu ein Ding der Unmöglichkeit ist die Aussprache des ř – *r* und *sch* sollten dabei gleichzeitig über die Lippen kommen. Zum Stottern verdammen auch die Wörter, die ganz und gar ohne Vokale auskommen, z. B. *vlk* (Wolf). Zu einschüchternden Demonstrationszwecken kann man sogar ganze, nichts sagende Sätze ohne Vokale konstruieren: *strč prst skrz krk*, d. h. „Stecke den Finger durch den Hals“. Zum Glück kann rund ein Viertel der Tschechen Deutsch, insbesondere ältere Menschen. Die Jugend – früher zum Russischlernen verpflichtet – übt sich heute fleißig in Englisch. Als Tourist in Prag sind Tschechischkenntnisse nicht dringend vonnöten. In vielen Geschäften, Restaurants oder Hotels, insbesondere im Zentrum, wird perfektes Verkaufs- oder Speisekartendeutsch gesprochen. Zudem gibt's Erläuterungen auf vielen Hinweisschildern und Prospekten auch in deutscher und englischer Sprache. Um wenigstens die Namen der Sehenswürdigkeiten einigermaßen passabel vor sich hinstottern zu können, finden Sie am Ende des Reiseführers Hilfen zur Aussprache und einen kleinen Grundwortschatz.

Handbemalte Ostereier – ein beliebtes Mitbringsel im Frühling

Reisezeit

Prag ist ein ganzjähriges Reiseziel. „An Sommertagen am schönsten, im Winter am seltsamsten", so Alfred Kerr 1920. Überlaufen ist die Stadt an Ostern, Pfingsten und Silvester, dann wird in vielen Hotels auch der so genannte Top-Season-Zuschlag verlangt. Was für den Sommer spricht, sind Open-Air-Konzerte, egal ob Klassik oder Rock, Straßencafés, gemütliche Parks und alles, was mit *summer in the city* zu tun hat. Was den Winter reizvoll macht, ist, dass das Zentrum nicht überlaufen ist und an manchen Tagen ein geheimnisvoller Nebel aus der dunklen Moldau über die Stadt zieht. Fußstapfen in den Schnee kann man dagegen seltener machen.

Sauberkeit

Die Luft ist es nicht, die Stadt optisch schon. Schließlich will man sich den Millionen Touristen aus aller Welt von seiner Schokoladenseite präsentieren. In das tschechische Bild einer perfekten Kapitale passen auch keine Penner: Um sie vom touristischen Zentrum fern zu halten, hat man kürzlich das Trinken von Alkohol außerhalb von Gaststätten verboten. Das Gesetz gilt auch für Touristen: Ein „Wegbier", wie in Berlin allgegenwärtig, ist in Prag tabu – die Stadtpolizei drückt bei Touristen aber zuweilen ein Auge zu. Auch steht seit 2008 das Wegwerfen von Zigarettenkippen, Kaugummis oder sonstigem Müll auf der Straße unter Strafe. An Straßenbahn- und Bushaltestellen darf nicht geraucht werden!

Schwule und Lesben

→ Nachtleben, S. 81.

Sport und Freizeit

Egal, ob man selbst schwitzen möchte oder anderen dabei zuschauen will, Prag hat diesbezüglich viel zu bieten. Für 2020 bewirbt sich die Stadt gar für Olympia, die Kandidatur für 2016 war schon im Vorfeld gescheitert.

Informationen zu Sportveranstaltungen finden Sie in der deutschsprachigen *Prager Zeitung* und in ihrem englischsprachigen Pendant *Prague Post* (→ Zeitungen und Zeitschriften).

• *Adventure* **Fun in Prague**, bietet alles, was Spaß machen kann: z. B. Segway-Touren durch die Stadt (105 € pro Pers.), Reitausflüge (85 €) und Raftingtouren (ab 75 €) in der Umgebung, des Weiteren Golfen, Paintball, Go-Karting usw. Dazu auch diverse Stadttouren. Michalská 12, Staré Město, ✆ 724371392 (mobil), www.funinprague.eu. Ⓜ B Národní třída o. Ⓢ 6, 9, 18, 21, 22 Národní třída.

Prager Marathon

Skyservice, bietet Tandem-Skydiving (Fallschirm nicht vergessen!) und Rundflüge (ab 50 € pro Pers.). Dlouhá 10, Staré Město, ✆ 732333777 (mobil), www.skyservice.cz. Ⓜ B Náměstí Republiky.

• *Ballonfahrten* Ballonfahrten bei Konopiště bietet **Ballooning CZ**, ab 165 € pro Person. Infos unter ✆ 604557144 (mobil) und www. ballooning.cz. Auch in Prag kann man fliegen, nicht jedoch im Körbchen. Hier werden zwei Sitzmöglichkeiten unter den Ballon geschnallt, der dann an einer Leine ca. 70 m gen Himmel steigt. Die Abflugstelle ist nahe dem Moldauufer in Malá Strana bei dem Restaurant Hergetova Cihelna (→ Karte S. 165). Geflogen wird ganzjährig, aber nur bei gutem Wetter. Pro Person satte 230 €, Kinder unter 12 Jahren dürfen nicht gen Himmel fahren. Dauer ca. 1 Std. Infos unter ✆ 602803200 (mobil) und www.baloncentrum.cz.

• *Eishockey* Die Eishockeysaison dauert von Sept. bis April. Hauptspieltage sind Fr und So, hin und wieder auch Di. Die Eintrittspreise liegen bei 4–20 €.

HC Sparta Praha, spielt in der Tesla Arena beim Ausstellungsgelände Výstaviště, Holešovice. Ⓢ 5, 12, 14, 17 Výstaviště.

HC Slavia Praha, spielt in der zur Eishockey-WM 2004 nach amerikanischen Vorbildern erbauten O2-Arena, Ocelářská 460/2, Libeň. Ⓜ B Českomoravská.

• *Fußball* Prag hat – je nach Saison – drei bis vier Erstligisten und zwei bis drei Zweitligisten: Sparta Praha, Slavia Praha, Bohemians 1905, Bohemians Praha, Dukla Praha und Viktoria Žižkov.

Wie das Känguru an die Moldau kam…

… und ins Wappen der Bohemians. Der 1905 gegründete Fußballverein AFK Vršovice aus dem gleichnamigen Prager Stadtteil machte sich 1927 per Schiffsreise zu einem Turnier ins ferne Australien auf. Da die Australier mit Vršovice (damals noch ein Vorort) nichts anzufangen wussten und den Namen auch nicht aussprechen konnten, trat die Elf als *Bohemians* auf. Und das so erfolgreich, dass die Mannschaft zwei Kängurus geschenkt bekam. Nach der Rückkehr hüpften die Kängurus in den Prager Zoo und eines davon ins Wappen des Vereins, der fortan unter dem Namen Bohemians fungierte.

Am spannendsten sind die Lokalderbys. Stadionwürste und Bier im Plastikbecher gibt es auch. Fußballspiele finden i. d. R. am Samstag- und Sonntagabend statt, gelegentlich auch am Montag. Tickets für Ligaspiele kosten 4–15 €. Wo spielt wer:

TJ Viktoria Žižkov, → S. 215, spielt im Zápasový-Stadion, Seifertova/Ecke Krásova, Žižkov. Ⓢ 5, 9, 26 Husinecká.

AC Sparta Praha, der erfolgreichste Verein der Stadt und des Landes, spielt in der AXA Arena, Milady Horákové 98, Bubeneč. Ⓜ C Vltavská, weiter mit Ⓢ 25 Sparta.

SK Slavia Praha, der Meister von 2008, spielt in der nagelneuen Eden-Arena. Vladivostocká 10,Vršovice. Ⓢ 6, 24 Slavia.

Fußball im Fernsehen: Deutsche Bundesliga, Champions-League-Spiele usw. zeigt u. a. die **Sportbar Hvězda** (→ Karte S. 116/117, **61**), nahe dem Wenzelsplatz in der Ve Smečkách 12. Internationales Publikum. Für wichtige Spiele empfiehlt sich eine Reservierung unter ✆ 222210124. Ⓜ A, C Muzeum.

Bohemians 1905, der Verein mit den schönsten Trikots (→ Kasten), spielt im Ďolíček-Stadion, Vršovická 31, Vršovice. Ⓢ 6, 7, 24 Oblouková.

Bohemians Praha, ursprünglich FC Střížkov Praha 9. 2005 kaufte der Verein die Namensrechte samt Logo des in Insolvenz geratenen Vereins Bohemians 1905. Da es jedoch keine zwei Bohemians in der Liga geben soll, fordert der tschechische Fußballverband nun die Umbenennung des Vereins! Spielt im Zápasový-Stadion, → TJ Viktoria Žižkov.

FK Dukla Praha, die einstige Mannschaft der Armee, spielt im Areál Juliska (gehört dem Verteidigungsministerium), Na Julisce 28, Dejvice. Ⓜ A Dejvická, weiter mit Ⓢ 20 Podbaba.

• *Golf* Am zentrumsnächsten ist der 18-Loch-Platz des **Golf Clubs Praha**, Plzeňská 401/2, Motol. Greenfee 33–55 €. ✆ 257216584, www.golfpraha.cz. Ⓢ 4, 9, 10 Hotel Golf. Deutlich schöner ist jedoch das **Golf Resort Karlštejn** (ebenfalls 18 Loch) in Běleč bei der Burg Karlštejn (→ S. 244). Greenfee 50–125 €. ✆ 311604999, www.karlstejn-golf.cz.

• *Joggen und Inline-Skating* Die besten Möglichkeiten bietet der Stromovka-Park im Norden der Stadt, beliebt ist auch der Letná-Park. Beide Parkanlagen finden Sie im Kapitel „Holešovice und Bubeneč".

• *Pferderennen* Galopp- und Trabrennen finden von April bis Oktober (Ausnahme im Juni) nahezu jedes Wochenende auf der Rennbahn in **Velká Chuchle** statt, ca. 8 km südlich des Zentrums. Es kann auch gewettet werden. Ⓜ B Smíchovské nádraží, weiter mit Ⓑ 129, 172, 241, 243, 244, 314, 318 Dostihová. Von dort aus noch ca. 10 Min. zu Fuß, ausgeschildert.

• *Tennis* Nur wenige Hotels verfügen über eigene Plätze. Eine Alternative sind z. B. die Courts auf der Moldauinsel Štvanice des 1. CLTK, des ältesten Tennisclubs des Landes. Innen- und Außenplätze. ✆ 222316317, www.cltk.cz. Platzmiete 8–20 € pro Std. Ⓜ C Vltavská.

Stadtführungen

Organisierte Stadtrundfahrten und Spaziergänge bieten unzählige Veranstalter in der Innenstadt an. Neben den klassischen Standardtouren gibt es auch Thementouren. So kann man zum Beispiel den Spuren Franz Kafkas folgen, eine organisierte Kneipentour unternehmen oder das Prag der Geister und Gespenster entdecken. Die Rundfahrten und Spaziergänge dauern i. d. R. zwischen 2 und 6 Std., die Tarife liegen zwischen 15 und 40 €. Preisvergleiche lohnen sich.

• *Drei Anbieter* **Tägliche Prag-Führungen**, Spaziergänge zu speziellen Themen, keine Voranmeldung nötig, auf Flyer achten, Treffpunkt Altstädter Ring links der Astronomischen Uhr, ✆ 281917642. Ⓜ A Staroměstská.

Premiant City Tour, Stand vor der Na příkopě 23, Nové Město, ✆ 606600123 (mobil), www.premiant.cz. Standardtouren zu Fuß und mit dem Bus. Ⓜ A, B Můstek.

Precious Legacy Tours, Kaprova 13, ✆ 222321951, www.legacytours.net. Hat sich auf Touren durch das jüdische Viertel spezialisiert. Ⓜ A Staroměstská.

Telefonieren

Das Telefonieren mit dem **Mobiltelefon** ist problemlos möglich. Wer keines hat oder Geld sparen will, telefoniert am

Blick von der Nikolauskirche auf die Kleinseite

einfachsten mit so genannten **Prepaid-Karten** (z. B. von *Smartcall*, www.smartcall.cz, oder *Easycard*, www.easycard.cz) von öffentlichen Fernsprechern oder Festnetzanschlüssen. Die Karten gibt es in verschiedenen Stückelungen an Zeitungskiosken zu kaufen. Eine Minute kostet zwischen 0,08 und 0,50 €, je nach dem, wie viele Einheiten man kauft und ob man ins heimische Festnetz oder Mobilfunknetz telefoniert.

Das Freizeichen ist ein kurzer Ton, gefolgt von einem langen.

Notrufnummern
Polizei ✆ **112** o. **156** o. **158**
Feuerwehr ✆ **150**
Rettungsdienst ✆ **155**

Call-by-Call: Den günstigsten Anbieter von Deutschland nach Tschechien erfahren Sie z. B. unter www.billiger-telefonieren.de.

Internationale Vorwahlnummern: nach Deutschland ✆ 0049, nach Österreich ✆ 0043, in die Schweiz ✆ 0041. Danach wählt man die Ortsvorwahl, jedoch ohne die Null am Anfang, dann die Rufnummer. Wer nach Tschechien telefonieren möchte, wählt ✆ 00420, dann die Rufnummer. In Tschechien gibt es keine Vorwahlen.

Telefonauskunft: national ✆ 1180, international ✆ 1181. Da letztere Nummer mit Deutsch sprechendem Personal besetzt ist, das meist sehr hilfsbereit ist, kann man es hier als Ausländer auch versuchen, wenn man eine tschechische Nummer braucht.

Toiletten

Sofern keine Symbole angebracht sind, sollten Damen auf die Bezeichnungen *Dámy* oder *Ženy* achten, Herren auf *Muži* oder *Páni*. Öffentliche Toiletten (u. a. an fast jeder Metrostation) sind meist gebührenpflichtig, viele Kabinen kann man nicht abschließen!

Waschsalons/Reinigung

Sofern Ihre Unterkunft keinen Reinigungsservice anbietet, ein paar Adressen zur Auswahl.

Laundryland, Selbstbedienungswaschsalon mit mehreren Filialen. Z. B. in der Londýnská 71, Vinohrady (Ⓜ C I.P. Pavlova) oder im Shoppingcenter Černá Růže, Na příkopě 12, Nové Město (Ⓜ B Náměstí Republiky).

Čistírna oděvu, Trockenreinigung und Waschsalon. Karoliny Světlé 10, Staré Město. Ⓜ B Národní třída o. Ⓢ 6, 9, 18, 21, 22 Národní třída.

Zeit

Auch wenn bekanntlich in Städten die Uhren etwas schneller gehen, im altehrwürdigen Prag merkt man nichts davon. Es gilt wie in Deutschland die Mitteleuropäische Zeit (MEZ) inkl. Sommerzeit.

Zollbestimmungen

Für Bürger der EU: Bei Reisen innerhalb der EU unterliegen Waren für den Eigenbedarf keinen Beschränkungen. Jedoch gibt es Richtmengen, bei deren Überschreitung die Zöllner den Eigenbedarf in Frage stellen (kritische Marke bei Bier z. B. 110 l). Die Obergrenze für Zigaretten beträgt im Reiseverkehr zwischen Deutschland und Tschechien 800 Stück. Nach Österreich dürfen Sie ebenfalls 800 Zigaretten mitnehmen, aber nur wenn der Warnhinweis in deutscher Sprache auf das Päckchen gedruckt (nicht geklebt!) ist. Andernfalls ist die Einfuhr auf 200 Zigaretten beschränkt.

> **Antiquitäten** dürfen nur ausgeführt werden, wenn man eine Bescheinigung hat, dass sie nicht zum kulturellen Erbes des Landes gehören.

Für Schweizer: Eidgenossen haben die Möglichkeit, sich an der Grenze (oder am Prager Flughafen) die Mehrwertsteuer für die in Tschechien gekauften Produkte erstatten zu lassen (→ Tax-Free-Einkauf, S. 89). Um aber bei der Heimreise keine Schwierigkeiten mit dem Schweizer Zoll zu bekommen, sollte der Gesamtwert der in Tschechien gekauften Waren 300 sfr nicht übersteigen. Ansonsten gelten für Schweizer für die zollfreie Ein- bzw. Ausfuhr folgende Beschränkungen:

Winterliches Idyll

Tabak: 200 Zigaretten oder 100 Zigarillos oder 50 Zigarren oder 250 g Tabak.

Alkohol: 1 l über 15 % Vol. und 2 l unter 15 % Vol.

Zeitungen und Zeitschriften

Hintergrundinformationen und Aktuelles zu Politik, Wirtschaft, Sport und Kultur bietet das deutschsprachige, stets donnerstags erscheinende Wochenblatt *Prager Zeitung*. 1991 wurde sie gegründet, ihre Auflage liegt heute bei ca. 25.000 Exemplaren. Die Leserschaft setzt sich aus in Prag lebenden Deutschen, deutschsprachigen Tschechen und Touristen zusammen. Die *Prager Zeitung* ist jedoch kein – wie manche vielleicht vermuten – rechtskonservatives Organ der Sudetendeutschen.

Die englischsprachige Wochenzeitung *Prague Post* kommt mittwochs heraus und ist etwas umfangreicher. Tagesaktuelle Zeitungen sowie Zeitschriften aus Deutschland werden an den Kiosken im Zentrum verkauft, die beste Auswahl hat man am Wenzelsplatz.

Griechisch, indisch, böhmisch – man hat die Qual der Wahl

Essen und Trinken

In Tschechien trinkt man angeblich nicht zum Essen, sondern isst zum Trinken. So ist für viele Prager nicht die Qualität der Küche der ausschlaggebende Punkt, sondern die des gezapften Bieres. Aber keine Sorge, in der Moldaustadt kann man auch hervorragend dinieren – und nicht nur Braten, Kloß & Soß.

Die handfeste, kräftige Kost aus Böhmen hatte während der k. u. k.-Zeit einen nahezu legendären Ruf. In jedem Wiener Haushalt, der etwas auf sich hielt, stammte die Köchin aus Böhmen. Jenen Kochkünstlerinnen verdankt die viel gerühmte Wiener Cuisine bis heute so manche Spezialität, man denke nur an Palatschinken. Doch die Rezepte der böhmischen Kultköchinnen, die mit besten Zutaten, frischen Kräutern und extravaganten Gewürzen Köstlichkeiten zauberten, wurden während der sozialistischen Zeit in den Restaurants ad acta gelegt und am heimischen Herd vergessen. Das häusliche Kochen erstarb, da über 90 % der Frauen berufstätig waren. Und wie die Küchenchefs die Gerichte zuzubereiten hatten, war bis ins Kleinste staatlich geregelt, damit der Kategorisierung der Restaurants Genüge getan werden konnte. Köchen wurde jegliche Kreativität untersagt. Wer die Einheitsküche verfeinern wollte, dem drohte Strafe. Natürlich beugten sich nicht alle dem Küchendiktat des Staates und wagten im stillen Kämmerlein Experimente. Einige dieser „kulinarischen Dissidenten“ stiegen nach 1989 zu tschechischen Starköchen auf.

Noch heute liegt die Ausbildung der Köche zum Teil in den Händen jener, die einst – und das tut dem Gaumen noch immer nicht gut – die Einheitsküche förderten. Zum Glück aber nicht nur. Immer mehr junge kreative Köche

Touristenabzocke in Restaurants – noch kein Schnee von gestern

Leider verstehen sich manche Restaurants im historischen Zentrum weniger aufs Kochen, sondern eher aufs Kassieren. Das gilt insbesondere für traditionsbetonte und an den Haupttrampelpfaden gelegene Lokale ohne Stammpublikum, die oft mit einem „Touristenmenü“ werben. Das Essen ist dort meist keinen Deut besser als in der miefigsten Vorstadtkneipe, nur um ein Vielfaches teuerer. Das Gros der Ausländer bekommt das gar nicht mit, da man von zu Hause solche Preise gewohnt ist oder sie für eine Großstadt noch immer als angemessen erachtet. So manch traditionsreiches Lokal, das Sie im Buch vielleicht vermissen, wurde deswegen nicht mehr aufgeführt. Auch ist die alte Faustregel „Dort essen, wo die Einheimischen essen“ für Prag nicht immer zutreffend. Noch immer kommt es vor, dass ausländischen Gästen mehr abgeknöpft wird als dem „tschechischen Nachbartisch“. Bei einer Untersuchung im Jahr 2007 wurde festgestellt, dass in fast jedem dritten Restaurant betrogen wird! Vor allem wird beim Gewicht geschummelt, oft aber sind auch Rechnungen falsch ausgestellt. Bereits im Mittelalter gab es übrigens eine Zeit skrupelloser Kneipiers in Prag, worauf sich eine Art Bürgerschutzverein gründete, der eine besondere Vergeltungsmaßnahme praktizierte: Man steckte die Betrüger in Körbe und tunkte sie in die Moldau ... Kontrollieren Sie also stets Rechnung und Wechselgeld! Schreiben Sie uns, falls Sie mit einem der empfohlenen Restaurants unzufrieden waren, damit wir es ggf. aus der nächsten Auflage streichen können.

kommen nach, die sich zum einen auf die hervorragenden alten Rezepte zurückzubesinnen und zum anderen versuchen, die böhmischen Standards mit neuen Ideen aufzupeppen. Und seitdem sich die Preise der zentral gelegenen Restaurants dem europäischen Durchschnitt angenähert haben, lässt sich auch in Prag gutes Geld verdienen und Karriere machen. Die Abwanderung der besten Köche ins Ausland gehört der Vergangenheit an, mittlerweile kehrt sich der Sachverhalt gar schon um: Manche Toprestaurants der Stadt leisten sich international bekannte Küchenchefs aus dem Ausland, die das Niveau so anhoben, dass in Prag 2008 der erste Michelin-Stern des Landes vergeben wurde.

Fazit: Von einer Weltklasse-Cuisine ist die tschechische Restaurantküche zwar noch immer weit entfernt, eine Kostprobe aber allemal wert. Für Abwechslung sorgen zudem allerlei Ethnoküchen.

Wo isst man?

Lokale gibt es an der Moldau wie Sand am Meer. Am günstigsten isst man in einer *pivnice* (→ S. 32), *hospoda* bzw. *hostinec.* Erstere ist eine Bierstube, die beiden anderen sind simpel-rustikale Mischungen aus Bierstube und Restaurant. Einfache Hauptgerichte (insbesondere Schnitzel und Braten mit Kloß) werden dort ab ca. 4 € serviert, zudem kommen auch kalte Speisen auf den Tisch. Diese urigen Bierlokale sind im historischen Zentrum jedoch leider vom Aussterben bedroht.

Eine größere Auswahl bieten i. d. R. *restauraces.* Sie gibt es in der einfachen Version mit speckigen Tischdecken (Hauptgerichte ab 4,50 €) genauso wie in der gepflegt-gediegenen mit Kronleuchtern und Kellnern im Frack (Hauptgerichte 7–30 €). Auch diesbezüglich gilt: Die einfachen *restauraces* verschwinden im Zentrum mehr und mehr.

Egal wo, ein gesetzliches Rauchverbot in Restaurants und Kneipen gibt es bislang nicht. Viele Lokale aber untersagen mittlerweile das Rauchen über die Mittagszeit oder haben Nichtraucherräume bzw. -ecken eingerichtet.

Hinweis: Die Preisangaben im Buch beziehen sich auf Hauptgerichte (Hg.). Beilagen müssen, von den Tagesgerichten abgesehen, oft separat bestellt werden. Die Grammangaben vor Fleisch- und Fischgerichten sind Relikte aus sozialistischer Zeit. Bedauerlicherweise zählen auch manche Kellner dazu – charmant wie der Eiserne Vorhang. Zum Glück werden Altlasten dieser Art von Jahr zu Jahr weniger. Als Trinkgeld gibt man 5–10 %, in touristischen Lokalen wird dieses oft automatisch berechnet.

Wann isst man?

Die Hauptmahlzeit nehmen die Tschechen mittags ab 11 Uhr ein. In den meisten *restauraces* werden dann preiswerte Tagesgerichte angeboten. Falls Sie keine Tageskarte (meist nur in tschechischer Sprache) bekommen, fragen Sie nach den Tagesangeboten *(denní nábidky)*. Am Abend wird früh gegessen. Nach 22 Uhr ist die Küche vieler typisch tschechischer Restaurants bereits geschlossen. Im historischen Zentrum, v. a. in den schickeren Lokalen mit internationaler Küche, wird jedoch i. d. R. bis spät in die Nacht serviert.

Böhmische Standards

Empfehlenswerte **Vorspeisen** sind sämige, herzhafte Kraut-, Kartoffel- oder Linsensuppen.

Zu den böhmischen Standards in Sachen **Hauptgerichte** zählt zuallererst das „Dreigestirn" *vepřová pečeně* (Schweinebraten), *svíčková na smetaně* (Lendenbraten mit Sahnesauce und Preiselbeeren) und *guláš*. Beliebt sind zudem *kachna pečena* (Entenbraten) oder der legendäre *moravský vrabec* (Mährischer Spatz) – kein knochiges Federvieh, sondern gewürfeltes Schweinefleisch mit Knoblauch. Auch das panierte Schweineschnitzel *(vepřový řízek)* fehlt auf keiner Karte. Zudem kommen Wild und Fisch auf den Tisch.

Wichtigste **Beilage** und quasi der Schwamm zum Aufsaugen der Bratentunke sind Klöße, die in verschiedenen Variationen serviert werden: als *houskové knedlíky* (in Scheiben geschnittene Mehlklöße, für böse Zungen „geschmacksneutrale Pappscheiben"), *bramborové knedlíky* (Kartoffelklöße) und – seltener – als *špekové knedlíky* (Speckklöße). Braten isst man zudem mit Kraut oder Spinat, Kurzgebratenes meist mit Pommes und ein bisschen Gemüsegarnitur. **Salate** tauchen als Hauptgerichte auf, als Beilage sind sie in der traditionellen böhmischen Küche jedoch weniger geläufig.

Berühmt ist das Land für seine **Süßspeisen**. Fragen Sie nach *livance* (Liwanzen, mit Pflaumenmus bestrichene Hefeplätzchen), *buchty* (Buchteln, eine mit Pflaumenmus oder Mohn gefüllte Mehlspeise), Obstknödeln *(ovocné knedlíky)* oder den bekannten gefüllten Pfannkuchen *(palačinky)*.

Den zwickenden Magen beruhigt hinterher ein *Slivovice* oder ein *Becherovka*, die tschechischen Nationalschnäpse schlechthin.

In vielen Bierstuben gibt es nur **kalte Speisen**. Zu den beliebtesten zählen *utopenci* („Ertrunkene"), das sind dicke Fleischwürste in Essig und Zwiebeln. Oder *pivní sýr* (Bierkäse), ein würziger Quarkkäse, der mit Zwiebeln, warmem Senf und Bier vermischt

aufs Brot gestrichen wird. Äußerst lecker ist *nakládaný hermelín,* kein zähes Wiesel, sondern der tschechische Camembert, in Öl, Gewürzen und Knoblauch mariniert. *Topinka* schließlich ist ein mit Knoblauch bestrichenes, belegtes Röstbrot.

Fastfood auf Tschechisch

Fastfood auf Tschechisch ist z. B. *párek v rohlíku* (Hotdog) oder eine dicke *klobása* (gegrillte Wurst) mit Brot und Senf. Probieren Sie mal eine am Wenzelsplatz: ein fettig-spritzendes Bisserlebnis, das die Handcreme ersetzt. Gern gegessen werden auch *bramborák* (dünner Kartoffelpuffer mit Knoblauch und Majoran) und *chlebíčky,* kunstvoll arrangierte und reich mit Schinken, Edamer, Mayonnaise und Ei belegte Weißbrotscheiben. Sie gibt es auch in anderen Variationen. Diese „Brötchen fürs Volk" stehen bei vielen Pragern immer noch höher im Kurs als jeder Hamburger. Sie sollten allerdings am besten vormittags genossen werden – ab 3 Uhr nachmittags beginnen sie langsam zu versteinern. Wer sie kosten will, muss nach einem *lahůdky* (Delikatessengeschäft) Ausschau halten.

Bier im Überfluss: Treffpunkt Pivnice

Was isst man als Vegetarier?

Vegetarier haben es schwer in einem Land, dessen durchschnittlicher Fleischkonsum zu den höchsten der Welt zählt. Verhungern brauchen aber auch sie nicht. In vielen Restaurants findet man unter der Überschrift *„Bezmasa"* (ohne Fleisch) ein paar Gerichte. Doch Achtung: Darunter fallen manchmal auch Speisen, deren Hauptbestandteil nicht aus Fleisch besteht, wie ein Omelett mit Schinken oder Bratkartoffeln mit Speck. *Knedlíky s vejce* (gebratene Knödel mit Ei), *smažený sýr* (warmer panierter Käse) oder *šopský salát* (Gurken-Tomaten-Salat mit geriebenem Schafskäse) werden nahezu überall angeboten. Gute vegetarische Restaurants gibt es bislang nur wenige (→ Kulinarischer Wegweiser, S. 54). Eine Alternative für Vegetarier sind jedoch Pizzerien und asiatische Restaurants.

Pivnice, die Bierstube

Prager Bierstuben sind so berühmt wie Pariser Bistros oder Wiener Kaffeehäuser. Biertrinken ist in Tschechien eine demokratische Angelegenheit: In Anzug und Krawatte ist man in einer Pivnice ebenso willkommen wie im ölverschmierten Overall. Vor dem Zapfhahn einer Pivnice sind alle Menschen gleich.

Zum Interieur einer typischen Bierstube gehören ein paar einfache lange Holztische, ein Pin-up-Girl-Kalender über der Schanktheke, ein bisschen Kitsch an den Wänden und ein derber Kellner. Frischluft ist ein Fremdwort, dicke Rauchschwaden vernebeln den Raum. Das Bier wird in traditionellen Pivnices so lange unaufgefordert auf den Tisch gestellt, bis man zahlt oder umfällt. Je weiter man sich vom Stadtzentrum entfernt, desto billiger wird das Bier. Die Preise für einen halben Liter liegen bei 1–1,70 €, mehr bezahlt man eigentlich nur in den zentral gelegenen Touristenlokalen.

Vinárna, die Weinstube

Tschechischen Weinen schenkt man auf dem Weltmarkt kaum Beachtung. Das hat weniger mit der im internationalen Vergleich geringen Ausstoßmenge zu tun, sondern vielmehr mit der Qualität. Im Sozialismus wurde mehr Wert auf Masse als auf Klasse gelegt. Erst seit einigen Jahren versuchen viele Winzer, ihre Weine zu verbessern und dem internationalen Niveau anzupassen. So manchem ist das schon gelungen.

Die größten Weinanbaugebiete findet man in Mähren. Folgende Weißweinsorten werden dort überwiegend angebaut: Müller-Thurgau, Weißer Burgunder *(Rulandské bílé)*, Grüner Veltliner *(Veltlínské zelené)*, Welschriesling *(Ryzlink vlašský)* und Rheinriesling *(Ryzlink rinský)*. Zu den gängigsten Rotweinen zählen Blaufränkischer *(Frankovka)*, Blauer Portugiese *(Modrý Portugal)*, Zweigeltrebe und St. Laurent *(Svatovavřinecké)*. Die Weißweine sind i. d. R. gut trinkbar, vor so manchen Rotweinen, insbesondere in Flaschen unter 5 €, müssen wir jedoch warnen.

Der bekannteste böhmische Wein kommt aus Mělník. Es ist der *Ludmila*, ein herber Rotwein. *Burčák*, der tschechische Federweiße, wird im Herbst angeboten.

Wein trinkt man am besten in den *vinárnas* – kleinen Kneipen, die meist genauso verraucht sind wie *pivnices*. Es geht jedoch insgesamt ein wenig gepflegter zu, zudem sind mehr Frauen anzutreffen. Ein Gläschen bekommt man in einer Vinárna ab ca. 1,30 €.

Pivo – des Tschechen liebstes Kind

„Wo andere Städte Grundwasser haben, hat Prag Bier." Was Bohumil Hrabal, der 1997 verstorbene tschechische Literat und Biertrinker, so treffend formulierte, beweist auch die Statistik. 160 Liter Bier pro Kopf und Jahr konsumieren die Tschechen im Durchschnitt – Kinder und Abstinenzler eingerechnet (Deutsche 112 Liter). Überraschend ist es nicht, gehört doch tschechisches Bier zu den besten der Welt. Die Kommunisten ernannten es gar einst zum „Brot der Bevölkerung".

Die bekanntesten tschechischen Biere sind *Plzeňský prazdroj* (Pilsner Urquell) und *Budvar* (Budweiser). In vielen Kneipen wird zudem *Krušovice*, *Velkopopovický kozel* und *Gambrinus* gezapft. Prags größte Brauerei ist *Staropramen* (→ S. 203). Die berühmte Kleinbrauerei *U Fleků* schenkt ein dunkles, schweres Bier aus (→ S. 127). Allgemein unterscheidet man zwischen hellem *(světlé)* und dunklem Bier *(tmavé* oder *černý)*, eine Art Malzbier für Erwachsene. Beide lassen sich auch mischen. Was heraus kommt, heißt *řezané*, „Geschnittenes". In mehr und mehr Bierlokalen bekommt man auch unpasteurisiertes Lagerbier aus speziellen Tanks.

Tschechisches Bier wird nicht nach seinem Alkoholgehalt, sondern den Platograden unterschieden, d. h. dem Anteil löslicher Stoffe in der Würze vor dem Gärungsprozess. Faustregel zum Ausrechnen des Alkoholgehaltes: Stammwürze geteilt durch drei. Meist wird 10- oder 12-gradiges Bier ausgeschenkt, das mit etwa 3,3–4 % Alkohol deutlich schwächer ist als deutsches Bier.

Kulinarischer Wegweiser

Weitere besuchenswerte Cafés und Kneipen, in denen man u. a. auch essen kann, finden Sie am Ende der Spaziergangskapitel.

Böhmisch (einfach)

- Na Verandách → S. 204
- U Dělového Křížé → S. 204
- Baráčnická rychta → S. 178
- Chudoba → S. 230
- Domažlická jizba → S. 214
- Hloupy Honza → S. 130
- Mušketýr → S. 130
- Staročeská krčma Fontána → S. 214
- U medvídků → S. 150
- U milosrdných → S. 161
- U nováka → S. 130
- U Rudolfina → S. 161
- U Sádlů I. → S. 130
- V Korunní → S. 230
- Klášterní Pivovar Strahov → S. 186

Böhmisch (gehoben)

- Deminka → S. 229
- Bredovský Dvůr → S. 130
- Celnice → S. 130
- Kolkovna → S. 161
- Novoměstský pivovar → S. 130
- Olympia → S. 178
- Petřínské Terasy → S. 178
- Pivovárský dům → S. 130
- U Vejvodů → S. 149
- Vikárka → S. 201
- Wings Club → S. 220
- Lavička → S. 220

Böhmisch (gediegen)

- Zvonice → S. 129
- Lví Dvůr → S. 201

Brunchadressen

- Bellevue → S. 149
- Fraktal → S. 214
- Radost FX → S. 230
- Universal → S. 129
- Zlatá Praha → S. 160

Brasilianisch

- Brasileiro → S. 149

Französisch

- Chez Marcel → S. 161
- La Provence → S. 149
- U malířů → S. 176
- U bílé krávy → S. 229
- Universal → S. 129

Georgisch

- Art Café U Irmy → S. 150

Koscher

- Dinitz → S. 160
- Shalom → S. 161

International

- Allegro → S. 149
- Passepartout → S. 229
- Kuře ve Hodinkách → S. 221
- Belcredi → S. 214
- Villa Richter → S. 201
- Sovovy Mlýny → S. 178
- Terasa → S. 177
- Maze → S. 129
- Bar Bar → S. 178
- Bellevue → S. 149
- Brasserie Ullmann → S. 214
- Červená Tabulka → S. 129
- Nostress → S. 160
- Na staré kovárně → S. 214
- Cowboys → S. 177
- Fluidum → S. 220
- Hanavský pavilon → S. 214
- Hergetova Cihelna → S. 177
- U zlaté hrušky → S. 186
- Jeskynní Restaurant Pravěk → S. 204
- Jet Set → S. 204
- Kampapark → S. 177
- Mozaika → S. 229
- Oliva → S. 129
- Pálffy palác → S. 177
- Století → S. 150
- Zlatá Praha → S. 160
- Zvonařka → S. 229

Orientalisch & Asiatisch

- Angel → S. 160
- Musikcafé Metropol → S. 131
- Ariana → S. 150
- Dahab → S. 149
- Mailsi → S. 220
- Malý Buddha → S. 186
- Orange Moon → S. 150
- The Sushi Bar → S. 177

Italienisch/Pizza

- Aromi → S. 229
- Bellavista → S. 186
- Capua → S. 214
- Grosseto → S. 230
- Buongiorno → S. 230
- Nuova → S. 130
- Romantica → S. 230

Bulgarisch

- Thrakia → S. 230

Mexikanisch/Tex-Mex

- Red Hot & Blues → S. 149
- La Casa Blů → S. 161
- Cantina → S. 178
- Fraktal → S. 214

Traditionsreiche Kaffeehäuser

- Café de Paris → S. 150
- Evropa → S. 131
- Grand Café Orient → S. 150
- Imperial → S. 131
- Louvre → S. 131
- Montmartre → S. 150
- Obecní dům → S. 150
- Rudolfinum → S. 161
- Savoy → S. 178
- Slavia → S. 131

Vegetarisch

- Country Life → S. 150
- Govinda → S. 130
- Lehká hlava → S. 150
- Radost FX → S. 230

Wo das Bier fließt – Pivnices

- Na Verandách → S. 204
- U Kocoura → S. 178
- U Hrocha → S. 178
- Ferdinand → S. 130
- Jelínkova → S. 130
- Na Radhošti → S. 221
- Na Verandách → S. 204

Pivovarský Klub → S. 222
U Radnice → S. 221
U Bohouše → S. 230
U černého vola → S. 186
U Fleků → S. 130
U medvídků → S. 150
U milosrdných → S. 161
U Rudolfina → S. 161
U vystřelenýho oka → S. 221
U Žižky → S. 221
U zlatého tygra → S. 150

Biergärten

Divorká Šarka → S. 233
Letenské sady → S. 214
Park Café → S. 230
Parukářka → S. 222

Gut mit Kindern

Jeskynní Restaurant Pravěk → S. 204
Nuova → S. 130
Universal → S. 129

Kavárna, das Kaffeehaus

„Hier debattierte man bei Lagen schwarzen Kaffees und bei Mělníker Wein über Kierkegaard, Augustinus und die letzte Theaterpremiere, die halbnackten Mädchen bildeten bunte Reihe mit den knabenhaften Philosophen, und es gehörte zum guten Ton, nicht zu bemerken, wenn eines der Paare für eine halbe Stunde verschwand, aufs Zimmer ging." So beschrieb Max Brod die Blütezeit der Prager Kaffeehauskultur 1957 im Rückblick. Und dass kein Mensch die Kaffeehäuser des Kaffees wegen aufsuchte, meinte gar Jaroslav Seifert (→ S. 218): „Der Kaffee war dort stadtbekannt schlecht".

Im Kommunismus war es vorbei mit den Kaffeehäusern, ihrem avantgardistischen Publikum und den Kellnern, die sich angeblich zweimal am Tag rasierten. Zahlreiche Häuser wurden geschlossen, um der „Bourgeoisie" den Raum zu nehmen. Mittlerweile aber kann man fast von einer Renaissance sprechen. Viele alte Cafés wurden restauriert, teils aber auch totrestauriert. Künstler sieht man darin keine mehr, die Cafés gehören vorrangig den Touristen aus aller Welt. Trotzdem, und auch wenn Prag nicht Wien ist: Ein Cappuccino oder *presso* (ein guter, verlängerter Espresso) in einem der traditionsreichen Kaffeehäuser mit ihren großen Salons und ihrer oft prachtvollen ornamentalen Ausschmückung ist ein Erlebnis. Die schönsten Kaffeehäuser finden Sie im „Kulinarischen Wegweiser" auf der gegenüberliegenden Seite.

Bayerischer Chefkoch auf Abwegen?

Verblichener Glanz: Hotel Evropa

Übernachten

Das Angebot an Quartieren in Prag ist vielseitig. Von prunkvollen Hotels, die keinen Komfort vermissen lassen, bis zu muffeligen Absteigen mit verkeimten Teppichböden ist alles vorhanden. Alternativ dazu findet man Apartments und nette Hostels für Low-Budget-Reisende.

Niveau und Preise vieler Hotels und Pensionen überbieten mittlerweile westeuropäischen Standard. Trotz enormer Kapazitäten – es gibt über 700 Unterkünfte mit über 75.000 Betten und fast monatlich werden es mehr – kann es in der Haupt- und Topsaison (→ Kasten S. 62) zu Engpässen kommen. Das bezieht sich insbesondere aufs Zentrum. Frühzeitig zu buchen lohnt daher. Ansonsten schläft man irgendwo in der Peripherie, in oder zwischen Plattenbauten.

Hinweis: Unterkunftsvermittlungen mit oft guten Angeboten findet man am Flughafen und an den Bahnhöfen. Für die Zimmersuche im Internet sind folgende Seiten hilfreich: www.hrs.de, www.booking.com, www.hotelnet.cz, www.czechhotels.cz, www.hotel.cz, www.pragunterkunft.de, www.stopcity.cz, www.travel.cz und www.pragueaccomodation.cz. Auch über *Čedok* (www.cedok.de, www.cedok.at oder www.cedok.ch) können Sie viele der hier aufgeführten Hotels 20–60 % billiger buchen. Erfahrungsberichte und Gästebewertungen zu diversen Hotels finden Sie auf www.holidaycheck.de. **Achtung**: In Hotels an den Straßen Wilsonova, Mezibranská, Legerova, Sokolská, Žitná und Ječná müssen Sie mit einer extremen Lärmbelästigung rechnen!

Wo wohnt man am besten?

Prag ist in 22 Verwaltungsbezirke unterteilt. Die meisten Unterkünfte befinden sich in Prag 1, zu dem die touristischen Stadtteile Malá Strana, Hradčany, Staré Město, Josefov und Nové Město gehören. Günstigere Preise bei gleichem Niveau bieten Unterkünfte in den Bezirken 2 und 3: Dazu zählen die Stadtteile Vinohrady und Žižkov. In beiden wohnt man recht nah zur Innenstadt. Auf diese drei Bezirke sollte man sich bei der Zimmersuche konzentrieren. Danach wird's kompliziert. Prag 4, 5, 6, 7, 8 und 10 grenzen einerseits ans Zentrum, die Bezirke schließen aber auch kilometerweit außerhalb liegende Stadtteile ein, wo Plattenbauten den Horizont abschließen und der sprichwörtliche Hund begraben liegt. Mit Abstrichen sind dabei noch Smíchov (Prag 5), Holešovice (Prag 7), Bubeneč (Prag 7), Nusle (Prag 4), Vršovice (Prag 10), Karlín (Prag 8), Dejvice (Prag 6) und die Camperhochburg Troja (Prag 7) zu empfehlen. Von dort ist man schnell per Metro oder Straßenbahn im Zentrum. Eher meiden sollte man die Bezirke von 11 aufwärts, was nicht heißen soll, dass es dort überhaupt keine schönen Ecken gibt. Die hier aufgeführten Unterkünfte liegen bis auf einige Campingplätze im Zentrum oder in zentrumsnahen, gut erreichbaren Stadtbezirken.

Hotels

Tschechische Hotels sind in fünf Kategorien aufgeteilt. Das Gros der luxuriösen Vier- und Fünf-Sterne-Hotels, darunter auch die Ableger internationaler Hotelketten, befindet sich in den touristischen Stadtteilen. Oft sind die Hotels in wunderschönen Jugendstilhäusern oder Barockgebäuden untergebracht und bieten eine geschmackvolle antike Ausstattung. Fast jeden Monat entstehen neue First-Class-Herbergen in der Innenstadt.

Die Fassadenherrlichkeit vieler Mittelklassehotels, v. a. abseits der touristischen Stadtteile, verblasst hingegen oft schon in der Eingangshalle. Der Sanierungsboom der letzten 20 Jahre beschränkte sich dort häufig in erster Linie aufs Äußere.

Ähnliches gilt für die wenigen verbliebenen Ein- und Zwei-Sterne-Hotels der Stadt. Oft kann man in Pensionen oder Hostels schöner und günstiger wohnen. Achtung: In Tschechien gibt man sich seine Sterne gern selbst! Offiziell kategorisierte Häuser weisen eine stets nur für drei Jahre vergebene „Czech-Tourism-Plakette“ im Eingangsbereich auf.

Hradčany (→ Karte S. 182/183)

**** **Domus Henrici (7)**, kleine, noble Herberge nahe der Burg. Altes, verwinkeltes Haus mit nur acht Zimmern (Ausbau geplant), die über Treppchen zu erreichen sind. Geschmackvoll restauriert, Parkettböden. Zwei gemütliche Gemeinschaftsterrassen mit schöner Aussicht. Partnerhotel nahe der Karlsbrücke. Zuvorkommender Service. Keine eigenen Parkmöglichkeiten. DZ ab 180 €. Loretánská 11, ✆ 220511369, ✆ 220511502, www.hiddenplaces.com. Ⓢ 22 Pohořelec.

U Raka (1), ruhiger geht es kaum. Hier wohnt man fast wie auf dem Land und ist doch direkt in der Stadt. Schönes Fachwerkhaus aus dem 18. Jh., innen wie außen sehr rustikal dekoriert. Unterschiedlich große, komfortable Zimmer, sehr gemütlich. Eigene Parkplätze vor der Tür. Café, idyllischer Garten. EZ ab 90 €, DZ ab 145 €. Černínská 10, ✆ 220511100, ✆ 233358041, www.romantikhotel-uraka.cz. Ⓢ 22 Brusnice.

*** **Loreta (3)**, kleines 18-Betten-Hotel beim Loreto-Heiligtum. Die ländlich-nostalgisch eingerichteten Zimmer mit Holzböden betritt man von einem ruhigen Innenhof. Familiäre Atmosphäre. Restaurant nebenan. Nachteil: Der nächste bewachte Parkplatz liegt rund 1 km entfernt. EZ 70 €, DZ 125 €. Loretánské nám. 8, ✆ 233310510, www.hotelloreta.cz. Ⓢ 22 Pohořelec.

Malá Strana (→ Karte S. 165)

Mandarin Oriental (27), in einem ehemaligen Kloster untergebracht. Lediglich die Hofeinfahrt ist etwas nüchtern, danach entfaltet sich Luxus pur in stilsicher eingerichteten Zimmern und Suiten. DZ 368–648 €, Suiten 798–1188 €. Nebovidská 459/1, ✆ 233088888, ℻ 233088668, www.mandarinoriental.com. Ⓢ 12, 20, 22 Hellichova.

***** **Aria (20)**, schickes Hotel im Zeichen der Musik, von Versace-Designer Rocco Magnoli gestaltet. Die 52 eleganten Zimmer sind nach Komponisten oder Musikern benannt und passend dazu eingerichtet – wählen Sie ganz nach Ihrem persönlichen Geschmack. Manche Teppichböden mit Notendekoration! Sehr zuvorkommendes Personal, Chauffeurservice, Türkisches Bad, Restaurant auf der Dachterrasse, Musikbibliothek und und und... DZ ab 297 €. Tržiště 9, ✆ 225334111, ℻ 225334666, www.aria.cz. Ⓢ 12, 20, 22 Malostranské námestí.

**** **U zlaté studně (Golden Well Hotel) (1)**, in traumhafter Lage neben dem Ledebour-Garten. 17 komfortable Zimmer, drei Suiten. Die Räume sind mit stilvollen Repliken klassischer Möbelstücke ausgestattet. Panoramablick von der Dachterrasse. Ruhig. Sehr gutes, aber auch entsprechend teures Restaurant. Zuvorkommender Service. Eigene Parkplätze 5 Fußmin. entfernt. DZ 202 €. U zlaté studně 4, ✆ 257011213, ℻ 257533320, www.goldenwell.cz. Ⓜ A Malostranská.

**** **Waldstein (5)**, Gebäude aus dem 14. Jh. Die 27 hübschen, rustikalen Zimmer (oft mit antiken Möbeln und Heiligenbildern über dem Bett) sind um einen kleinen Hof angelegt. Nett restauriert. Familiäre Atmosphäre, ruhige Lage. Nur wenige Parkplätze (vorbuchen). EZ 157 €, DZ 184 €, starke saisonale Schwankungen. Valdštejnské náměstí 6, ✆ 257533939, ℻ 257531143 www.avetravel.cz. Ⓜ A Malostranská.

**** **Sax (15)**, alteingesessenes Haus nahe der deutschen Botschaft, seit 2008 im peppigen neuen Outfit und mit einem Stern mehr. Im 70er-Jahre-Retrostil detailverliebt durchgestylt. Jedes Zimmer sieht anders aus, es überwiegen die Farben Orange, Weiß und Schwarz. Witzige Bettwäsche, schöne Bäder. Ruhige Lage. Bewachte Parkmöglichkeiten in der Nähe. Freundlicher Service. DZ ab 150 €. Jánský Vršek 3, ✆ 257531268, ℻ 257534101, www.sax.cz. Ⓢ 12, 20, 22 Malostranské náměstí.

*** **Aureus Clavis (11)**, beste Lage. 26 modern und unterschiedlich eingerichtete Zimmer mit Dielen- oder Parkettböden in den Ausführungen „Standard" und „Economy" (kleiner). Keine Parkplätze. DZ 79–105 €. Nerudova 27 (Hauptgasse zur Burg), ✆ 257534569, ℻ 257534569, reservation@aureusclavis.com, www.aureusclavis.com. Ⓢ 12, 20, 22 Malostranské námestí.

Staré Město (→ Karte S. 136/137)

***** **Four Seasons (23)**, eines der besten Prager Hotels, untergebracht in einem Gebäudekomplex, zu dem u. a. eine Barockvilla und ein Neorenaissancebau gehören. Großzügige, elegante Zimmer mit Marmorbädern, Telefon auf der Toilette und z. T. mit Blick auf die Burg. Das hauseigene Restaurant besitzt den ersten und bislang einzigen Michelin-Stern in Prag. DZ ab 370 €, EZ ab 350 €, jedoch regelmäßig Specials. Veleslavinova 2A, ✆ 221427000, ℻ 221426000, www.fourseasons.com. Ⓜ A Staroměstská.

**** **Josef (8)**, die Adresse für alle, die auf lichtes, minimalistisches Design stehen. Entworfen von der in London arbeitenden, tschechischen Architektin Eva Jiřičá. DZ offiziell 305–365 €, jedoch oft hohe Rabatte. Parken 20 €/Tag extra. Rybná 20, ✆ 221700111, ℻ 221700999, reservation@hoteljosef.com, www.hoteljosef.com. Ⓜ B Náměstí Republiky.

***** **Iron Gate (40)**, sehr schöner, in einen historischen Häuserkomplex integrierter Fünf-Sterne-Komplex mitten in der Altstadt. 43 Zimmer und Suiten, viele davon mit Deckenfreskos, im Stil der alten Zeit eingerichtet. Nettes Innenhofcafé. DZ ab 200 €. Michalská 19, ✆ 225999901, ℻ 225999909, www.irongate.cz. Ⓜ A, B Můstek.

**** **Residence Agnes (1)**, familiäres Hotel, in dem sich Leser sehr wohl fühlten. 2007 eröffnet. Rosafarbenes, historisches Stadthaus in sehr ruhiger Lage. Glasüberdachter, atriumartiger Eingangsbereich. Rustikal angehauchte, solide möblierte Teppichbodenzimmer mit dem der Sterneanzahl entsprechenden Komfort. EZ 130 €, DZ 146 €. Haštalská 19, ✆ 222312417, ℻ 222312840, www.residenceagnes.cz. Ⓜ B Náměstí Republiky.

Prag Stadtteile und Postbezirke
2 km
Praha 6
Praha 8
Praha 7
Praha 9
Praha 3
Pr. 1
Pr. 2
Praha 10
Praha 20
Praha 21
Praha 15
Praha 22
Praha 11
Praha 4
Praha 5
Praha 13
Praha 12
Březiněves
Třeboradice
Dolní Chabry
Ďáblice
Miškovice
Žakovice
Čimice
Suchdol
Bohnice
Sedlec
Lysolaje
Přední Kopanina
Nebušice
Troja
Kobylisy
Střížkov
Letňany
Vinoř
Kbely
Satalice
Prosek
Ruzyně
Dejvice
Liboc
Vokovice
Bubeneč
Libeň
Veleslavín
Střešovice
Holešovice
Vysočany
Kyje
Hloubětín
Hlou-bětín
Karlín
Břevnov
Hradčany
Malá Strana
Josefov
Staré Město
Nové Město
Černý Most
Horní Počernice
Hrdlořezy
Žižkov
Hostavice
Řepy
Sobín
Zličín
Motol
Smíchov
Vinohrady
Malešice
Dolní Počernice
Klánovice
Košíře
Vyšehrad
Běchovice
Strašnice
Vršovice
Třebonice
Štěrboholy
Újezd nad Lesy
Stodůlky
Jinonice
Nusle
Michle
Radlice
Podolí
Dubeč
Koloděje
Hostivař
Záběhlice
Řeporyje
Hlubočepy
Horní Měcholupy
Dolní Měcholupy
Hájek
Holyně
Braník
Krč
Chodov
Malá Chuchle
Hodkovičky
Lhotka
Háje
Petrovice
Uhříněves
Silvenec
Královice
Kamýk
Velká Chuchle
Křeslice
Újezd
Zadní Kopanina
Lochkov
Libuš
Kunratice
Pitkovice
Šeberov
Modřany
Benice
Kolovraty
Nedvězí
Radotín
Písnice
Lahovice
Komořany
Cholupice
Lipany
Zbraslav
Točná
Lipence

****** Unitas (61)**, Teil eines Klosters, von Nonnen geführt. Einst ein Gefängnis der Geheimpolizei, in dem auch Václav Havel einsaß, später Pension für Budgetreisende, seit seiner letzten Restaurierung ein schmuckes Vier-Sterne-Haus – der Knastcharakter ist seitdem komplett verschwunden. 37 komfortable Zimmer mit viel Schnickschnack: Minibar, Tresor, DVD-Player.... Parkplätze im Innenhof. DZ ab 100 €. Bartolomějská 9, ✆ 224230533, 📠 224217555, www.unitas.cz. Ⓜ B Národní třída o. Ⓢ 6, 9, 18, 21, 22 Národní třída.

U červené židle (45), komfortables kleines Hotel auf Drei-Sterne-Niveau. Nett möblierte Zimmer mit Safe und Minibar. Ruhige Lage, freundlicher Service. Parkmöglichkeiten. DZ 120 €, EZ 107 €. Liliová 4, ✆/📠 296180018, www.redchairhotel.com. Ⓜ B Národní třída o. Ⓢ 6, 9, 18, 21, 22 Národní třída.

Nové Město (→ Karte S. 116/117)

******* Palace (19)**, galt lange Zeit als bestes Haus der Stadt. Als Hardcore-Vegetarier Mick Jagger hier weilte, wollte er nicht glauben, dass die Tschechen fleischlos kochen können und ließ sich eine Kitchenette in seine Suite einbauen – letztlich stellte ihn die Hotelküche aber doch zufrieden. Zeitlos-elegante Zimmer. EZ ab 300 €, DZ ab 370 €. Panská 12, ✆ 224093111, 📠 224221240, www.palacehotel.cz. Ⓜ A, B Můstek.

***** Mušketýr (58)**, schräg gegenüber dem Nationalmuseum. Stilvolle Zimmer, die meisten davon zur Rückseite (lassen Sie sich keines zur Mezibranská geben – laut!). Wer einmal König von Prag spielen will, sollte eines der beiden Dachzimmer mit Traumterrasse buchen – das Goldene Prag liegt Ihnen hier zu Füßen. Von Lesern gelobt. Gutes Restaurant mit böhmischer Küche. EZ ab 78 €, DZ ab 86 €. Mezibranská 13, ✆/📠 296220000, www.musketyr.com. Ⓜ A, C Muzeum.

****** Liberty (18)**, kleines Komforthotel in einem schmucken Altbau. Nur 32 klassisch-freundliche Zimmer und Suiten. Nur wenige Meter vom Wenzelsplatz entfernt, aber deutlich günstiger als die teilweise noch immer nicht niveauvoll restaurierten Vier-Sterne-Häuser direkt am Platz. DZ ab 220 €. 28. října 11, ✆ 224239598, 📠 224237694, info@hotelliberty.cz, www.hotelliberty.cz. Ⓜ A, B Můstek.

****** Élite (44)**, schmuckes Boutiquehotel in historischen Gemäuern. Alle Zimmer unterschiedlich, aber sehr komfortabel eingerichtet. EZ 176 €, DZ 199 €, Garagenparkplatz 19 €/Nacht. Ostrovní 32, ✆ 224932250, 📠 224930787, www.hotelelite.cz. Ⓜ B Národní třída o. Ⓢ 6, 9, 18, 21, 22 Národní třída.

****** Yasmin (30)**, 2006 eröffnet. Ein Hotel mit außergewöhnlichem Design, z. T. sehr futuristisch. 198 schicke, helle Zimmer mit schwarzen Bädern. DZ ab 160 €. Politických vězňů 12, ✆ 234100100, 📠 234100101, www.hotel-yasmin.cz. Ⓜ A, C Muzeum.

***** Hotel 16 (71)**, kleines, gut geführtes und etabliertes Haus. 14 gepflegte Zimmer. Zuvorkommender Service, deutschsprachig. Kleiner Garten. EZ 126 €, DZ 146 €. Kateřinská 16, ✆ 224920636, 📠 224920626, www.hotel16.cz. Ⓜ B Karlovo náměstí.

***** Pav (53)**, alteingesessenes Haus in einem historischen Gebäude, seit seiner kürzlichen Restaurierung eine sehr moderne Unterkunft im Designhotel-Stil. Der "Best Western"-Kette angehörig. 89 entsprechend der Sterneanzahl eingerichtete Zimmer. Ideal für Bierliebhaber: Das Brauhaus U Fleků liegt nebenan! DZ ab 85 €. Křemencova 13, ✆ 221502111, 📠 221502222, www.hotel-pav.cz. Ⓜ B Karlovo náměstí.

**** Evropa (34)**, eines der bekanntesten Häuser der Stadt, darf in keinem Buch fehlen. Zimmer z. T. unter Hostelniveau, z. T. aber auch schon billigst renoviert. Eine Lesermeinung: „Schmuddeliger Frühstücksraum mit unfreundlicher, manchmal die Gäste beschimpfender Bedienung." DZ mit Bad 125 €, ohne Bad 82 €; bei Barzahlung im Voraus 20 % Rabatt. Václavské náměstí 26, ✆ 224215387, 📠 224224544, www.evropahotel.cz. Ⓜ A, C Muzeum oder A, B Můstek.

L'Opera (67), sauberes Hinterhofhotel – ruhig, aber natürlich auch nicht besonders hell, dazu etwas hellhörig. Einfach. Alle Zimmer mit Bad. Frühstück in einem ehemaligen, feudalen Theatersaal, daher auch der etwas euphemistische Name des Hotels. EZ 67 €, DZ 75 €. Ječná 12, ✆ 224920604, www.hotel-lopera.cz. Ⓢ 4, 6, 10, 16, 22 Štěpánská.

Spektakuläre Architektur in der Neustadt: Frank O. Gehrys „Ginger und Fred"

Vinohrady (→ Karte S. 224/225)

*** **Tyl (17)**, nur ein paar Schritte zur nächsten Metrostation, keine 10 Gehmin. zum Wenzelsplatz. Kleines, gepflegtes Haus mit klassisch-stilvollen Zimmern, alle mit Klimaanlage, Satelliten-TV, Telefon und Minibar. EZ 104 €, DZ ab 119 €. Tylovo náměstí 5, ✆ 221595711, 📠 221595712, www.hoteltyl.com. Ⓜ C I. P. Pavlova.

***** **Le Palais (34)**, eine der charmantesten Nobelherbergen Prags in einer mondänen Stadtvilla aus dem 19. Jh. Belle Époque trifft modernsten dekadenten Komfort (z. B. in unterschiedlichen Farben angestrahlte und mit verschiedenen Duftnoten versehene Duschen in der Sauna). DZ ab 370 €, Suiten bis 2400 €. U Zvonařky 1, ✆ 234634111, 📠 234634635, www.palaishotel.cz. Ⓜ C I. P. Pavlova.

*** **Anna (18)**, kleines, freundliches Hotel in einem Bürgerhaus aus dem 19. Jh. Flügeltüren, Jugendstilelemente im Eingangsbereich. Zimmer größtenteils mit Teppichböden und Standardmobiliar, die in der fünften Etage sind neu restauriert. Sehr zuvorkommendes Personal. EZ 81 €, DZ 109 €. Budečská 17, ✆ 222513111, 📠 222515158, www.hotelanna.cz. Ⓜ A Náměstí Míru.

Žižkov (→ Karte S. 216/217)

*** **Alfa (15)**, 32 helle, z. T. geräumige Zimmer. Wintergarten und Innenhof, in dem im Sommer auch mal ein Lamm gegrillt wird. Parken nur vor dem Hotel möglich. Sauna. EZ 87 €, DZ 110 €. Milíčova 5, ✆ 222868686, 📠 222868685, www.alfahotel.cz. Ⓢ 5, 9, 26 Lipanská.

*** **Victor (9)**, Altbau mit 20 großen Zimmern, die größten unterm Dach. Stillos, aber okay. Viel russisches Publikum. Für das Gebotene günstig. Nur ein Parkplatz im Hof. Laute Straße vor der Tür. EZ offiziell 62 €, DZ 105 € – die Zimmer bekommt man oft aber auch zum halben Preis. Husitská 72, ✆ 222781291, 📠 222783191, www.hotelvictor.cz. Ⓜ B, C Florenc, weiter mit Ⓑ 133 U Památníku.

*** **U Tří Korunek (10)**, moderne Rezeption, ansonsten ist die Ausstattung nichts Besonderes. 75 gepflegte Zimmer, vier davon behindertengerecht. EZ ab 85 €, DZ ab 100 €. Cimburkova 28, ✆ 222781112, 📠 222780189, www.u-tri-korunek.cz. Ⓜ B, C Florenc, weiter mit Ⓑ 133 Tachovské náměstí.

*** **City Crown (27)**, neueres kleines Hotel mit nur 17 Zimmern, unter schwedischer Leitung. Angenehme, komfortabel ausgestattete Zimmer mit Föhn, Fußbodenheizung, Safe und Kühlschrank. Garagenparkplätze. Sehr gutes Preis-Leistungs-Verhältnis. DZ 89 €, erhebliche Preisnachlässe in der NS. Bořivojova 94, ✆ 222716803, www.citycrown.cz. Ⓢ 5, 9, 26 Lipanská.

*** **Golden City (22)**, kleine, einfache Zimmer mit Laminatböden und Safe. Nicht gerade stilvoll, aber zum Schlafen durchaus okay. Sehr sauber, gutes Frühstücksbüfett. Von Lesern empfohlen. DZ 60 €. Táboritská 3, ✆ 222711008, ℻ 222716008, www.goldencity.cz. Ⓢ 5, 9, 26 Lipanská.

Smíchov (→ Karte S. 205)

***** **Riverside (7)**, First-Class-Unterkunft direkt am Moldauufer. Das bedeutet zum Teil tolle Ausblicke, aber auch viel Verkehr vor der Nase. 45 der Sterneanzahl entsprechend ausgestatte Zimmer und Suiten mit tollen Bädern, manche mit Balkon. DZ ab 235 €, Frühstück extra. Janáčkovo nábřeží 15, ✆ 225994611, ℻ 225994622, www.riversideprague.com. Ⓢ 4, 7, 10, 14 Zborovská.

*** **Botel Admirál (12)**, die Schiffsromantik hat ihre Vor- und Nachteile: herrliche Ausblicke auf die Prager Brücken und Burg Vyšehrad vom Deckrestaurant, dafür nicht mal wohnwagengroße, biedere Kajüten. Alle mit eigenem Bad. DZ 130 €. Hořejší nábřeží, ✆ 257321302, ℻ 257319516, www.admiral-botel.cz. Ⓜ B Anděl.

*** **Arbes (6)**, die Fassade könnte mal wieder einen neuen Anstrich vertragen, innen aber wurde das Haus bereits renoviert. 27 gepflegte, meist geräumige Standardzimmer ohne besondere Note. Freundliches Personal. EZ 108 €, DZ 129 €. Viktora Huga 3, ✆ 233107522, ℻ 257215263, www.hotelarbes.cz. Ⓢ 6, 9, 12, 20 Arbesovo náměstí.

Prager Saisonpreise – ein Durcheinander

Die hier angegebenen Preise sind Walk-in-rates und beziehen sich auf die **Hochsaison**, bei einem DZ handelt es sich um die Endpreise für zwei Personen und meist inklusive Frühstück. Sie sind nur als Anhaltspunkte zu verstehen. Das Gros der Prager Hotels kennt vier Saisons: Die **High Season** dauert ungefähr von Ende März bis Ende Juni und von Ende August bis Ende Oktober. Im Juli und August, in der **Middle Season**, bezahlen Sie rund 20–40 % weniger als in der Hochsaison. In der **Low Season**, von November bis Mitte März, bezahlen Sie gar 30–60 % weniger als in der Hochsaison. In der **Topsaison** jedoch steigen die genannten Preise z. T. um 30–100 % an. Zur Topsaison gehören die Tage über Weihnachten, Silvester, Ostern, Pfingsten und (je nachdem, wie die Feiertage liegen) die verlängerten Wochenenden.

Grundsätzlich gilt, dass teuere Hotels z. T. extrem hohe Rabatte gewähren, die preiswerteren hingegen einen höheren Topzuschlag kassieren. Es lohnt, sich im Internet (→ S. 56), bei den Zimmervermittlungen am Bahnhof oder am Flughafen umzusehen, so manches im Buch mit 200 € angegebene DZ bekommen Sie dann für die Hälfte – die Preisangaben vieler Prager Hotels begründen sich schlichtweg in der Hoffnung auf eine gute Saison!

Pensionen

Viele Pensionen in der touristischen Innenstadt sind, was Komfort, Service und Preise angeht, mit Mehrsternehotels vergleichbar. Günstige Pensionen findet man in den Außenbezirken Nové Městos und in den weiter abseits vom Zentrum gelegenen Stadtteilen. Dort sind alle Kategorien vertreten, von hübschen Familienpensionen bis hin zu dunklen Plattenbaubuden mit Etagenbad. Auch nahezu sämtliche Hostels vermieten Einzel- und Doppelzimmer, zum Teil auf hohem Niveau.

Malá Strana (→ Karte S. 165)

U Laury (8), Apartments und Zimmer in einem historischen Gebäude. Ganz unterschiedlich eingerichtet, teils mit Antiquitäten auf Parkettböden, teils ziemlich einfach. Mehrere Zimmer teilen sich Bad und Toilette. Sehr sauber. Den freundlichen, englischsprachigen Betreiber erreicht man über die gleichnamige Weinstube im EG.

Keine Parkplätze. DZ ab 60 €, Apartment für 2 Pers. ab 100 €. Nerudova 10, ✆/℻ 2575 32921, www.vinarnaulaury.o1.cz. Ⓢ 12, 20, 22 Malostranské náměstí.

Staré Město (→ Karte S. 136/137)

U zeleného věnce (43), die Familienpension "Zum Grünen Kranz" liegt in einer ruhigen Gasse. Neun großzügige, ordentliche Zimmer mit schwedischen Holzmöbeln, eigenem Bad und Deckenbalken. Sehr sauber, nette Betreiber. Bewachter Parkplatz 5 Fußmin. weiter. EZ 110 €, DZ 132 €. Řetězová 10, ✆ 220220178, ℻ 2242 48791, www.uzv.cz. Ⓢ 17, 18 Karlovy lázně.

*** **U medvídků (58)** man hat die Wahl zwischen hellen Standardzimmern und liebevoll eingerichteten mit bemalten Renaissancedecken. Bäder etwas veraltet. Drei-Sterne-Komfort und die populäre gleichnamige Bierstube nebenan. Keine Parkplätze. Standard-EZ 81 €, DZ 125 €. Na Perštýně 7, ✆ 224211916, ℻ 224220930, www.umedvidku.cz. Ⓜ B Národní třída o. Ⓢ 6, 9, 18, 21, 22 Národní třída.

Nové Město (→ Karte S. 116/117)

Museum (55), eine Empfehlung. Die Zimmer und Apartments (z. T. behindertengerecht) sind um einen gepflegten Innenhofgarten angelegt. Helle, lichte und modern eingerichtete Räumlichkeiten. Bewachter Parkplatz nahebei (17 €/Tag). DZ 122 €, Apartment für 2 Pers. 153 €. Mezibranská 15, ✆ 296325186, ℻ 296325188, www.pension-museum.cz. Ⓜ A, C Muzeum.

Vyšehrad (74), ruhig gelegene Familienpension (deutschsprachig, sehr freundlich) mit grünem Garten samt Terrasse im Stadtteil Vyšehrad. Anhängliche Hauskatzen (neun an der Zahl!) und zwei liebe Hunde. Kaffee und Tee kann man sich stets nehmen. Vier große DZ und ein EZ, alle mit Bad. EZ 42 €, DZ 71 €. Krokova 6, ✆ 241408455, www.pension-vysehrad.cz. Ⓜ C Vyšehrad.

Church Pension (48) unter Leitung der evangelischen Brüdergemeinde. Zentral gelegen, aber ruhig. 22 schlichte, sehr saubere Zimmer in drei Kategorien: mit privatem Bad im Zimmer, mit privatem Bad auf dem Flur oder mit Gemeinschaftsbad. Bewachte Parkplätze in der Nähe. Freundliches Personal. EZ ab 46 €, DZ ab 66 €, Frühstück 5 € extra. Jungmannova 9, ✆ 296245432, ℻ 224999238, www.churchpension.cz., Ⓜ B Národní třída o. Ⓢ 6, 9, 18, 21, 22 Národní třída.

Urlaub auf Balkonien

Miss Sophie's (69), Moderne Pension, schickes Hotel, cooles Hostel und lässige Apartmentvermietung in einem. Egal, was man bucht – gutes Preis-Leistungs-Verhältnis. Sehr freundlich. DZ ab 79 €, Bett im Schlafsaal 22 €, geräumige Apartments für 4 Pers. ab 150 €. Melounová 3, ✆ 296303530, www.miss-sophies.com. Ⓜ C I. P. Pavlova.

Vinohrady (→ Karte S. 224/225)

Holiday Home (22), in ruhiger, dennoch zentraler Lage. 14 Teppichbodenzimmer mit privatem Bad/WC. Altbacken eingerichtet, aber sehr sauber und insgesamt okay. DZ 72 €. Americká 37, ✆ 222512710, ℻ 222514622, www.holidayhome.cz. Ⓜ A Náměstí Míru.

Žižkov (→ Karte S. 216/217)

Alpin (32), steriler Neubau mit etwas IKEA im Empfangsraum. Unterkunft in Apartments mit jeweils zwei Zimmern, die sich Küche und Bad teilen, oder in separaten Zimmern mit Bad. Ordentlich und sauber, wenn auch das Mobiliar nicht immer das schönste ist. Ruhige Lage. Preisnachlass für Inhaber von Pilotenscheinen (?). EZ ab 57 €, DZ ab 61 €. Velehradská 25, ✆/℻ 2227 23982, www.alpin.cz. Ⓜ A Jiřího z Poděbrad.

Pension 15 (24), preiswert. Renovierter Altbau. 15 einfache, saubere Zimmer mit Fliesenböden und Waschbecken, Etagenbad. Jugendlich eingerichtet, IKEA-Touch. Dazu im Hinterhof noch Apartments für bis zu 5 Pers. Die Rezeptionisten können leider ganz schöne Muffel sein. Parken im Hof möglich (8,50 €/Nacht). EZ 29 €, DZ 33 €, Apartments für 2 Pers. 58 €, Frühstück 2,90 € extra. Vlkova 15, ✆ 222721800, ℻ 222718429, www.pension15.cz. Ⓢ 5, 9, 26 Husinecká.

Smíchov (→ Karte S. 205)

Akát (14), günstige, zentrumsnahe Unterkunft. Das Haus im ruhigen Hinterhof bietet anständige, saubere Zimmer mit und ohne Bad. Café angeschlossen. DZ ohne Bad 42 € (mit Bad 58 €), EZ ohne Bad 29 € (mit Bad 38 €). Nádražní 42, ✆ 257311118, ℻ 257311117, www.akatpension.com. Ⓜ B Smíchovské nádraží.

Hostels

Die Palette der Hostels reicht von charakterlosen Jugendherbergen bis zu sehr gepflegten Budget-Unterkünften mit Charme. Viele bieten nicht nur Betten in Schlafsälen, sondern auch Doppel- und Einzelzimmer, zuweilen sogar mit eigenem Bad. Einen Zapfenstreich gibt es i. d. R. nicht, Schlafsack oder Bettwäsche müssen nicht mitgebracht werden. Manche Hostels haben nur in den Sommermonaten geöffnet, dazu gehören kurzzeitig zu Jugendherbergen umfunktionierte Studentenwohnheime.

Staré Město (→ Karte S. 136/137)

Traveller's Hostel (5), großes Hostel, einer Kette angehörig, beste Lage. Guter Traveller-Service, sehr sicher und sehr sauber. Spartanische Teppichbodenzimmer mit und ohne Bad. Dazu frisch restaurierte Apartments. Pro Person im DZ mit Bad 31 € (ohne 27 €), im Schlafsaal 15 €, Apartments für 2–3 Pers. 88 €, für 4 Pers. 106 €. Dlouhá 33, ✆ 224826662, ℻ 224826665, www.travellers.cz. Ⓜ B Náměstí Republiky.

Nové Město (→ Karte S. 116/117)

U Melounu (72), ruhig gelegenes, gastfreundliches Haus, sehr sauber. Hübscher Innenhofgarten mit Grillmöglichkeit, gemütlicher Frühstücksraum, Gemeinschaftsküche, Waschservice. Auch für ältere Jahrgänge geeignet. DZ mit Bad 58 €, ohne 40 €, pro Person im Mehrbettzimmer 17 €. Ke Karlovu 7, ✆ 224918322, ℻ 2249 19330, www.hostelumelounu.cz. Ⓜ C I. P. Pavlova.

Chili Hostel (59), 77-Betten-Haus. Die Zimmer verteilen sich auf mehrere freundliche Altbau-Apartments mit Gemeinschaftsküche, -klo und -dusche. Jungvolk aus aller Herren Länder. Wer mit WG-Atmosphäre wenig anfangen kann, ist hier falsch untergebracht. DZ teuere 72 €, pro Person im Dormitory ab 12 €. Pštrossova 7, ✆ 603119 113 (mobil), www.chili.dj. Ⓢ 6, 9, 18, 17, 21, 22 Národní divadlo.

Golden Sickle (56), wegen der großen, gemütlichen Innenhofterrasse – ein netter Treffpunkt (manchmal Grillpartys) – eine 1a-Sommeradresse. Die Zimmer sind jedoch nichts Besonderes. Gemeinschaftsküche, Laundryservice. Pro Person im Schlafsaal ab 15 €, DZ mit Bad 42 €. Vodičkova 10, ✆ 222230773, www.goldensickle.com. Ⓢ 3, 9, 14, 24 Vodičkova.

Rosemary (16), nette, z. T. recht modern eingerichtete Zimmer. Küche. Keine eigenen Parkplätze. Auch für Gäste jenseits der 25 geeignet. DZ mit Bad 67 €, ohne Bad 58 €, im Schlafsaal 19 € pro Person. Růžová 5, ✆ 222211124, www.praguecityhostel.cz. Ⓢ 3, 9, 14, 24 Jindrišská.

Hostel Island (42), superzentral auf der Moldauinsel Střelecký ostrov. Nur im Sommer geöffnet. Spartanisch, aber okay. Nahebei ein Freilichtkino mit netter Bar. Der Traveller's-Hostel-Kette angehörig. Pro Person im Schlafsaal 15 €, DZ ohne privates Bad ab 54 €. Střelecký ostrov, ✆ 224932911, ℻ 224826665, www.travellers.cz. Ⓢ 6, 9, 17, 18, 21, 22 Národní divadlo.

Miss Sophie's (69), → Pensionen, S. 63.

Holešovice (→ Karte S. 210/211)

Sir Toby's (7), 115 Betten in 25 liebevoll und sehr kreativ eingerichteten Zimmern in einem Jugendstilbau. Zimmer in allen Größen, viele mit eigenem Bad. Waschservice, Innenhof für Grillpartys im Sommer, gemütliche Gemeinschaftsküche (Tee stets umsonst). Deutscher Besitzer. Raucher müssen auf den Balkon oder in den Hof ausweichen. Bewachte Parkplätze nahebei. EZ mit Bad 47 €, DZ 58 €, pro Person im Mehrbettzimmer ab 16 €, Frühstück 4 €. Dělnická 24, ✆ 246032610, ℻ 283870636, www.sirtobys.com. Ⓜ C Vltavská, weiter mit Ⓢ 1, 3, 5, 25 Dělnická.

Vinohrady (→ Karte S. 224/225)

Czech Inn (29), 2006 in einem neogotischen Stadtpalast eröffnet. Sehr schick – ein Designerhostel – von der Lobby über die Bar bis zu den Zimmern. Freundliches Personal. Keine Parkplätze. Pro Person im Dormitory ab 18 €, DZ mit Bad 77 €, mit Etagenbad 63 €, Apartments für 5 Pers. 146 €. Am Wochenende etwas teurer, Frühstück (Büfett) 4 € extra. Francouská 76, ✆ 267267600, ℻ 267267601, www.czech-inn.com. Ⓢ 4, 22 Krymská.

Žižkov (→ Karte S. 216/217)

Clown & Bard (28), besteht seit 1994, seit 2009 rauchfrei. Viel trinkfreudiges, englischsprachiges Publikum – viele Kneipen ums Eck und eigene Bar im Keller (wer zum kulturellen Programm etwas beitragen kann, übernachtet umsonst). Spartanische Zimmer und große Schlafsäle für teils über 30 Leute, die nicht nach Geschlechtern getrennt sind. Im Schlafsaal ab 11 €, DZ 42 €. Bořivojova 102, ✆ 222716453, ℻ 222719026, www.clownandbard.com. Ⓢ 5, 9, 26 Husinecká.

Hostel Elf (8), sympathisches Hostel mit viel Graffiti an den Wänden. Gut geführt. Gemeinschaftsraum, kleine Küche, Tee umsonst. Grillmöglichkeit auf der kleinen Terrasse direkt am Vítkov-Hügel. DZ mit Bad 50 €, ohne Bad 38 €, Bett im Schlafsaal ab 14 € pro Person mit Frühstück. Husitská 11, ✆ 222540963, ℻ 222540927, www.hostelelf.cz. Ⓜ B, C Florenc, weiter mit Ⓑ 133 U Pamatníku.

Apartments

Apartments sind eine gute Alternative für Selbstversorger, Familien oder Gruppen. Z. T. werden sie von den Vermietern an den Bahnhöfen mit Fotokatalogen angeboten. Dabei gilt: Erst anschauen, dann entscheiden! Apartments ab 45 € für 2 Pers. vermittelt u. a. die Agentur **Bontour**, Myslíkova 22, Nové Město, ✆ 224922097, www.bontourhostel.cz (Ⓜ B Karlovo náměstí). Auch bieten manche Pensionen und Hostels Apartments an.

Hradčany (→ Karte S. 182/183)

U Zlatého Koníčka (6), das "Golden Horse House" ist eine freundliche neue Unterkunft und ein Tipp für den kleineren Geldbeutel. In dem alten, verwinkelten Stadthaus mit vielen Stiegen werden nette Studios mit Bad, Kühlschrank und Kitchenette vermietet. Alle unterschiedlich groß und unterschiedlich eingerichtet, mal mit Laminat- und mal mit Teppichboden. Familiäre Atmosphäre. Hübscher Frühstücksraum im Backsteinkeller. Für 2 Pers. 60 €. Úvoz 8, ✆ 603841790 (mobil), ℻ 257530058, www.goldenhorse.cz. Ⓢ 22 Pohořelec.

Nové Město (→ Karte S. 116/117)

Accome (26), direkt am Wenzelsplatz. 72 helle, modern eingerichtete Studios mit Kochnische. Pool und Sauna im Haus. Für 2 Pers. ab 188 €, für 4 Pers. ab 251 € inkl. Frühstücksbüfett. Václavské náměstí 22, ✆ 234699699, ℻ 234 699 999, www.accome.com. Ⓜ A, B Můstek.

Apartments Wencelas Square (33), ebenfalls in bester Lage direkt am Wenzelsplatz. 35 z. T. sehr geräumige Apartments mit eigener Küche. Jedoch recht stillos eingerichtet. Für 2 Pers. ab 100 €, für 4 Pers. ab 130 €. Václavské náměstí 36, ✆ 603530761 (mobil), ℻ 267310301, www.city-of-prague.eu. Ⓜ A, B Můstek.

Blick über die Altstadt

Malá Strana (→ Karte S. 165)

Alchymist Residence Nosticova (28), ruhig gelegenes Haus aus dem 17. Jh. Sehr stilvoll, Niveau über einem Vier-Sterne-Hotel. Luxuriöse Suiten mit Kochnische – alle individuell eingerichtet: hier mit Himmelbett, da unter einer herrlichen Stuckdecke, dort mit Flügel usw. Für 2 Pers. ab 315 €, Frühstück 15 € (!) extra. Nosticova 1, ☏ 2573 12513, 📠 257312517, www.nosticova.com. Ⓢ 12, 20, 22 Hellichova.

Appia Residences (14), historisches Gebäude in einem malerischen, absolut ruhigen Viertel. 2006 eröffnet. 21 klassisch-moderne, teils etwas nostalgisch dekorierte Apartments mit Kochnische und 1–3 Schlafzimmern, komfortabel ausgestattet. Garten, Sauna. Tiefgarage (35 €/Tag, ab 2 Tagen kostenlos). Für 2 Pers. ab 204 €, Frühstück 12 € extra. Šporkova 3, ☏ 257215819, 📠 257215329, www.appia-apartments.com. Ⓢ 12, 20, 22 Malostranské náměstí.

Nebozízek (33), ein Traum für Flitterwöchner: Zwei Apartments mit klassischem Mobiliar, Himmelbett und herrlichem Blick auf die Stadt. Dem gleichnamigen Restaurant am Petřín-Berg angeschlossen. 146 € pro Tag. Petřínské sady 411, ☏ 257315329, 📠 257321468, www.nebozizek.cz. Ⓢ 12, 20, 22 Újezd, weiter mit der Drahtseilbahn bis zur Station Nebozízek.

The Castle Steps (12), vermietet werden geschmackvoll-warm gestaltete Zimmer und Apartments (viele davon mit schönen Parkettböden, Antiquitäten und alten Ölgemälden) in verschiedenen historischen Gebäuden in bester Kleinseitner Lage, einige davon im Rezeptionsgebäude an der Nerudova. Das Angebot ist groß, vom Zimmer mit geteiltem Bad bis zum Luxusapartment für 8 Pers. ist alles dabei – vor der Buchung am besten die Webseite genau studieren. Freundliches, junges Personal. Man rühmt sich einiger VIP-Gäste, u. a. Art Garfunkel! Für 2 Pers. 70–175 €. Nerudova 7 (Rezeption), ☏ 257216337, www.castlesteps.com. Ⓢ 12, 20, 22 Malostranské námestí.

U malého Glena (24), über der gleichnamigen, populären Jazzbar werden zwei neu ausgestattete Apartments mit Küche für bis zu 4 Pers. vermietet. Für 2 Pers. 81 €, für 4 Pers. 103 €. Karmelitská 23, ☏ 2575 31717, www.malyglen.cz. Ⓢ 12, 20, 22 Malostranské náměstí.

Staré Město (→ Karte S. 136/137)

Residence Řetězová (38), neun erstklassig und liebevoll ausgestattete Luxusapartments. Alle tragen Städtenamen, haben Stein- oder Parkettboden. Schöne, ruhige Lage. Zuvorkommender Service. Keine Parkplätze. Je nach Größe und Anzahl der Schlafzimmer 185–395 € pro Tag, Frühstück 5 €/Person extra. Řetězová 9, ☏ 222221800, ℻ 222220734, www.residenceretezova.com. Ⓢ 17, 18 Karlovy lázně.

Vinohrady (→ Karte S. 224/225)

Residence Belgická (27), mit einem Hang zum Minimalismus durchdesigntes Haus. Großzügige Räumlichkeiten, Business-Publikum. Gartenterrasse, ruhige Lage. Fitness-Center, Sauna, Babysitting etc. Studio (33 m²) 105 €, größere Apartments (45–68 m²) 120–185 €. Belgická 12, ☏ 221401800, ℻ 221401834, www.mamaison.com. Ⓜ A Náměstí Míru.

Residence Bělehradská (36), 18 unterschiedlich eingerichtete Apartments für 1–6 Pers., alle mit Küche, privaten Bädern und Safe. Sehr freundliche, deutschsprachige Inhaber. Gute Verbindung zum Zentrum. Kein Frühstück, dafür Supermarkt in der Nähe. Apartment für 2 Pers. ab 74 €, für 4 Pers. ab 108 €. Bělehradská 35, ☏ 602421991 (mobil), www.b35.cz. Ⓢ 6, 11 Nuselské schody.

Michal Machek (30), Michal Machek vermietet Studios und Apartments, einfach, aber z. T. mit Computer samt Internetzugang ausgestattet. Ruhige Lage. Parken vor der Tür möglich. Sehr gutes Preis-Leistungs-Verhältnis, daher auch von Lesern gelobt. Sehr zuverlässig. Für 2 Pers. ab 55 €, günstiger ab drei Tagen. Vorausbuchung nötig, da keine Rezeption. Zahřebská 18, ☏ 222511647, machek@click.cz, www.apartmentsinprague.cz. Ⓜ A Náměstí Míru.

Žižkov (→ Karte S. 216/217)

Ariva Guest House (20), in einem Altbau. Freundliche, geschmackvolle Studios und Apartments (alle mit Kitchenette) hinter einer farbenfrohen Fassade. Parkett oder Dielenböden. Für 2 Pers. ab 58 €. Vlkova 37, ☏ 603914189 (mobil), www.ariva-guesthouse.com. Ⓢ 5, 9, 26 Lipanská.

Smíchov (→ Karte S. 205)

Hotel Residence Malá Strana (2), praktisch eingerichtete Studios für 1–4 Pers. ohne besondere Note. In unmittelbarer Nähe zur Kleinseite. Bei der Aussicht hat man leider nur die Wahl zwischen Straße (nicht laut) und Hinterhof. Apartment für 2 Pers. 80 €. Mělnická 9, ☏ 251510372, ℻ 251510406, www.hotelresidence-mala-strana.com. Ⓢ 6, 9, 12, 20 Újezd.

Camping

Die mit Abstand preiswerteste Übernachtungsmöglichkeit und eine empfehlenswerte Alternative für Low-Budget-Reisende im Sommer. Das eigene Zelt ist dabei gar nicht vonnöten, fast alle Zeltplätze vermieten auch Bungalows oder Zimmer. Über 20 Campingplätze listet die lokale Tourismusbehörde für das Stadtgebiet auf. Darunter befinden sich spartanisch-provisorische ebenso wie recht komfortable Plätze. Eine gute Wahl treffen Sie mit den im Folgenden beschriebenen Plätzen:

Troja (→ Karte S. 210/211)

Im Stadtteil Troja im Norden Prags reihen sich an der Straße Trojská sechs Plätze, meist auf Obstbaumwiesen, aneinander. Wegen der Auswahl – für jeden Geldbeutel ist etwas dabei – und der guten Anbindung ans Zentrum (auch nachts) eine der besten Anlaufstellen. Anfahrt am einfachsten mit Ⓢ 14, 17 Trojská. Oder: Ⓜ C Nádraží Holešovice, weiter mit Ⓑ 112 Trojská oder Kazanka. Mit dem eigenen Fahrzeug folgt man vom Zentrum (Neustadt, auf der Wilsonova am Hauptbahnhof vorbei) der Beschilderung „Teplice/Dresden“ und, kurz nachdem man das zweite Mal die Moldau überquert hat, der Beschilderung „Troja/Zoo“. Die Campingplätze passiert man auf dem Weg zum Zoo. Die drei von uns empfohlenen Plätze besitzen drei Sterne (gute Sanitäranlagen) und sind ganzjährig geöffnet. Im Hochsommer sollte man besser reservieren.

Autocamp Trojská (2), klein, aber nett und gepflegt, deswegen auch sehr beliebt. Bungalows und Zimmer, Gartenküche, Restaurant. Trojská 375/157, ☏ 283850487, ℻ 233542945, www.autocamp-trojska.cz.

Camp Dana Troja (3), recht schöner, schmaler Platz, ebenfalls gepflegt und mit Zimmervermietung. Waschmaschine. Trojská 129, ✆/📠 283850482, campedana@volny.cz, www.volny.cz/campdana.

Sokol Troja (1), für alle mit großen Gespannen oder größeren Wohnmobilen die beste Adresse in Troja. Leider kein Obstgartencharme, sondern eher Parkplatzambiente. Trojská 171, ✆ 233542908, 📠 283850486, www.camp-sokol-troja.cz.

Moldauinsel Cisařská (→ Karte S. 205)

Caravan Park Praha (15), nicht ganz so idyllisch, wie es klingen mag. Einer von zwei Campingplätzen auf der Insel. Ganzjährig geöffnet, netter Service, genug Platz auch für größere Gespanne. Jedoch etwas veraltete Sanitäranlagen. In der HS stündl. von 9–20 Uhr Pendelfähre zum Stadtteil Smíchov nahe Ⓜ Smíchovské nádraží (die Fähre legt vom Bug des Hotelboots Vodník ab). Zudem kann man im Sommer vom Jiráskovo náměstí (Neustadt) und dem Botel Admiral (Smíchov) tagsüber ca. stündl. mit offiziellen Moldaufähren zur Insel gelangen. Davor und danach muss man von der Metrostation Smíchovské nádraží weiter mit Ⓢ 12, 13, 14 o. 20 Lihovar und sich von dort auf einen mind. 15-minütigen, einsamen Spaziergang gefasst machen. Mit dem eigenen Fahrzeug findet man die Beschilderung zum Camping, wenn man von Süden kommend auf der Straße Nr. 4 stets links der Moldau ins Zentrum fährt. Císarská louka 599, ✆ 257318681, 📠 257318387, www.volny.cz/convoy.

Weitere Campingplätze

Camp Prager, auf dem Anwesen eines ehemaligen Bauernhofs im Vorort Šeberov. Schöner, gepflegter Platz, gut für Wohnmobile und Wohnwagen, familiäre Atmosphäre und sehr ruhig. Nur von Anfang Mai bis Ende Sept. geöffnet. Leider zu Fuß ca. 20 Min. bis zur nächsten Metrostation, ✆/📠 244912854, www.camp.cz/prager. Anfahrt: Ⓜ C Opatov, weiter mit Ⓑ 165, 226, 325, 326 V Ladech. Anfahrt mit dem Auto: Von der Autobahn Prag – Brünn (E 50) die Ausfahrt Nr. 2 (Chodov) nehmen, und dann ca. 1 km Richtung Süden (Šeberov/Jesenice) fahren, dort ausgeschildert. V Ladech 3

Camp Drusus, im Vorort Třebonice im Südwesten Prags, ca. 10 km vom Zentrum entfernt. Netter Platz mit Reitstall, Kinderspielplatz, Waschmaschine, Zimmer- und Bungalowvermietung. K Řeporyjím 4, ✆ 235514391, www.drusus.com.. Anfahrt: Ⓜ B Luka, weiter mit Ⓑ 249 Třebonice. Anfahrt mit dem Auto: von der Transitstrecke Plzeň – Brno Abfahrt 21 „Stodůlky" nehmen, dann ausgeschildert.

Caravancamp, im Stadtteil Motol. Großer, weitestgehend schattiger Platz mit alten Bäumen an einem Hang. Restaurant. Badesee zwei Straßenbahnstationen weiter. Der hintere Teil des Campings ist relativ ruhig, die Stellplätze zur Straße hin sind jedoch recht laut. Gute Anbindung ans Zentrum, auch nachts. April bis Ende Okt. ✆/📠 2572 15084, www.caravancampprague.cz.

Ⓜ B Andel, weiter mit Ⓢ 4, 9, 10 Hotel Golf. Anfahrt mit dem Auto: Vom Zentrum (Nové Město) stets der Beschilderung nach Plzeň folgen. Hinter Smíchov, im Stadtteil Motol, taucht der Platz dann links der Straße auf. Plzeňská 279,

Campingpreise

Mit folgenden Preisen müssen Sie auf den Campingplätzen rechnen: Erwachsene 4–6 €, Kinder 3–5 . Zelt nach Größe 3–8 €. Pkw 3–5 €, Motorrad 2–3,50 €, Wohnwagen 5–7 € und Wohnmobil 6–12 €. Strom pro Tag 2,50–6 €. Hunde dürfen auf dem einen Platz umsonst das Zelt bewachen, auf anderen hat man für sie bis zu 2 € zu zahlen. Für eine Übernachtung in einem Bungalow muss man pro Person mit ca. 15 € rechnen, in einem Zimmer mit Bad 15–20 €.

Swingherbst am Altstädter Ring

Kultur

In Sachen Kultur hat sich Prag mittlerweile von einer großen Provinzstadt zu einer kleinen Metropole entwickelt. Das Veranstaltungsangebot ist überaus breit gefächert.

Einen Überblick über kulturelle Veranstaltungen bieten die deutschsprachige *Prager Zeitung* und ihr englischsprachiges Pendant *Prague Post.* In Informationsbüros und vielen Kneipen liegen zudem Flyer und Programmhefte aus. Im Internet listet die Seite www.ticketpro.cz nahezu sämtliche Events auf, für die man Tickets kaufen kann.

Klassische Musik, Oper und Ballett

„Wer Tscheche ist, ist Musiker", lautet ein altes Sprichwort. Große Komponisten wie Bedřich Smetana und Antonín Dvořák bezeugen dies. Leider hat heute die Crème de la Crème der tschechischen Musiker der Stadt den Rücken gekehrt – im Ausland lässt sich mehr verdienen. Dennoch sind die Prager Ensembles gut und die prachtvollen Konzertsäle und Opernhäuser allein schon eine Augenweide. Zudem finden während der Sommermonate in vielen Gärten und Parks nahezu täglich Konzerte statt.

Eher abzuraten ist von den in diversen Kirchen dargebotenen Mozart-, Vivaldi- und Dvořák-Potpourris. Über ihre Zweitklassigkeit helfen auch keine historischen Kostüme hinweg. Solche *Best-ofs* gibt es nur, weil viele Touristen glauben, ein Konzertbesuch gehöre einfach zu einer Pragreise. Mit den im Folgenden genannten Konzertsälen treffen Sie i. d. R. die bessere Wahl.

Klassische Konzerte

Rudolfinum, Sitz der Tschechischen Philharmonie (→ S. 159). Vorverkauf u. a. im Haus. ✆ 227059227, www.ceskafilharmonie.cz.

Tickets für kulturelle Veranstaltungen: Karten können überall in der Innenstadt an diversen Vorverkaufsstellen erstanden werden. Die Preise sind niedriger als zu Hause, variieren jedoch stark nach Veranstaltung und Platz. Für eine Theaterkarte sollte man 5–35 € einplanen, für Oper und Ballett 5–60 €, für Musicals 7–60 €. Klassische Konzerte kosten 5–40 €, Schwarze Theater 25–30 €. Bei Rock- und Jazzkonzerten muss man je nach Bekanntheitsgrad der Combo mit 5–55 € rechnen. Da viele Vorverkaufsstellen versuchen, zuerst oder ausschließlich die teuersten Tickets zu verkaufen (mehr Provision), lohnt es sich, die Häuser direkt aufzusuchen! Seriöse Vorverkaufsstellen sind z. B. **Ticketpro** (u. a. im Altstädter Rathaus, Ⓜ A Staroměstská, und an der Rytířská 31, Staré Město, Ⓜ A, B Můstek, www.ticketpro.cz) oder **Bohemia Ticket** (Na příkopě 16, Nové Město, Ⓜ B Náměstí Republiky, www.bohemiaticket.cz).

Smetana-Saal, im Jugendstilbau Obecní dům (→ S. 144). Karten bekommt man im Haus. ✆ 222002101, www.obecnidum.cz.

Villa Bertramka, Kammermusik im Rokokoambiente (→ S. 127). Vorverkauf u. a. ebenfalls vor Ort. ✆ 257318461, www.bertramka.cz.

Villa Amerika, regelmäßige Konzerte von April bis Okt. über dem Dvořák-Museum (→ S. 188). ✆ 224923363.

Španělský Sál (Spanischer Saal), grandioser Saal im Neorenaissance-Look auf der Prager Burg (→ S. 187). Leider finden Konzerte nur sehr unregelmäßig statt. Infos unter ✆ 224373668, www.hrad.cz.

Lobkowicz Palace, Klavier-, Flöten- und Violinenkonzerte stets um 13 Uhr im gleichnamigen Palast auf der Prager Burg (→ S. 199). Infos unter ✆ 777227853 (mobil), www.lobkowiczevents.cz.

Oper/Ballett

Stavovské divadlo (Ständetheater), zählt mit Recht zu den schönsten Theatern Europas (→ S. 138). Vorverkauf schräg gegenüber dem Theater am Ovocný trh 6. ✆ 224902322, www.narodni-divadlo.cz.

Národní divadlo (Nationaltheater), neben anspruchsvollen Theateraufführungen auch Oper und Ballet in prunkvollem Ambiente (→ S. 124). Ticketverkauf u. a. hinterm Haus. ✆ 224901448, www.narodni-divadlo.cz.

Der Smetana-Saal: Heimat des Prager Symphonieorchesters

Was steht auf dem Programm?

Státní opera (Staatsoper), wesentlich kleiner als das Nationaltheater, aber ebenfalls eine Augenweide (→ S. 138). Allerdings sind Spielplan und Inszenierungen i. d. R. wenig innovativ. Ticketverkauf u. a. im Haus. ✆ 224227266, www.opera.cz.

Hudební divadlo v Karlíně, einziges Prager Haus, dessen Schwerpunkt auf Operetten liegt. Geboten werden aber auch Musicals. Vorverkauf im Haus. ✆ 221868666, www.hdk.cz. Křížíkova 10, Karlín. Ⓜ B Florenc.

Theater, Musicals

Prag besitzt über 80 Bühnen – man hat die Qual der Wahl, sofern man des Tschechischen mächtig ist.

Berühmt ist die Stadt für die **Schwarzen Theater (Černé divadlo)**. Dunkel gekleidete Schauspieler bewegen dabei unbemerkt vom Publikum leuchtende Gegenstände vor einem schwarzen Hintergrund. Viele Vorstellungen bedienen sich rein pantomimischer Darstellung, Musik untermalt die einfach erzählten Geschichten. Wenn auch die Technik noch immer zu bewundern ist, sind Tricks und Gags leider oft nicht mehr die jüngsten. Zu viel des Zaubers, wie oft angepriesen, sollte man nicht erwarten. Die Schwarzen Theater sind ein Stück Touristenkult.

Eine lange Tradition haben auch die **Marionettentheater**. Leider passten sich auch diese überwiegend dem touristischen Allerweltsgeschmack an. Die Endlosaufführungen von Mozarts *Don Giovanni* kann man sich sparen. Andere Puppentheater versprechen durchaus anspruchsvolle Unterhaltung – nicht nur für Kinder.

In der folgenden Auswahl sind nur Theater berücksichtigt, die auch für Pragbesucher ohne Tschechischkenntnisse interessant sein können.

Theater

Divadlo Archa, eines der wenigen Prager Theater mit ausgesprochen avantgardistischem und experimentellem Programm. Gastspiele, ausgefallene Konzerte, Lesungen (vieles in Englisch). ✆ 221716111, www.archatheatre.cz. Na Poříčí 26, Nové Město. Ⓜ B Náměstí Republiky.

Švandovo divadlo, einziges Theater der Stadt, das seine (oft recht anspruchsvollen) Stücke regelmäßig englisch "übertitel". ✆ 257324219, www.svandovodivadlo.cz. Štefánikova 57, Smíchov. Ⓢ 6, 9, 12, 20 Švandovo divadlo.

La Fabrika, 2007 eröffnete, durchgestylte Location in einer ehemaligen Fabrik. Vielfältiges Programm abseits des Mainstreams: Theater, Tanz, aber auch Filmvorführungen und Konzerte. Mit Bar. Komunardů 30, Holešovice, www.lafabrika.cz. Ⓜ C Vltavská, weiter mit Ⓢ 1, 3, 5, 25 Dělnická.

Divadlo Ponec, anspruchsvolles modernes Tanztheater. Einige der weltbesten Tanzgruppen traten hier schon auf. Die Vorstellungen sind schnell ausverkauft. Husitská 24a, Žižkov, ✆ 222721531, www.divadlo ponec.cz. Ⓜ B, C Florenc, weiter mit Ⓑ 133, 504 U Pamatníku.

Foyer des Rudolfinums

Divadlo Alfred ve Dvoře, innovatives nonverbales Theater, das auf den kommerziellen Schwarzlicht-Schnickschnack gut verzichten kann. Viel Tanz, die Vorstellungen sind stets auf hohem Niveau. Fr. Křížka 36, Holešovice, www.alfredvedvore.cz. Ⓢ 1, 12, 14, 17, 25, 26 Strossmayerovo náměstí.

Nationaltheater, → Oper/Ballett.

Schwarzes Theater

Černé divadlo Jiřího Srnce, gilt als weltweit erstes Schwarzes Theater, zudem als das beste Prags. Verschiedene Auftrittsorte. Kontakt unter ✆ 257921835, www.blacktheatresrnec.cz.

Laterna Magika, touristenüberlaufenes Multimediatheater mit Projektionen, Pantomime und Tanz. Wenig Atmosphäre im Glasbau aus den frühen 80ern. Ticketverkauf im Haus, ✆ 224931482, www.laterna.cz. Národní třída 4, Nové Město. Ⓢ 6, 9, 18, 21, 22 Národní divadlo.

Ta Fantastika, gespielt wird am laufenden Band, bis zu 60 Vorstellungen im Monat. Teils müde Schauspieler. Ticketverkauf im Haus, ✆ 222221366, www.tafantastika.cz. Karlova 8, Staré Město. Ⓜ A Staroměstská.

Divadlo Image, neben Schwarzlichteffekten auch Pantomime und moderner Tanz. Ticketverkauf vor Ort, ✆ 222329191, www.imagetheatre.cz. Pařížská 4, Josefov. Ⓜ A Staroměstská.

Marionettentheater

Divadlo Spejbla a Hurvínka, weltbekanntes Puppentheater, das bereits seit 1930 besteht und schon in 31 Ländern gastierte. Erkundigen Sie sich, wann Aufführungen in Deutsch stattfinden. Ticketverkauf vor Ort, ✆ 224316784, www.spejbl-hurvinek.cz. Dejvická 38, Dejvice. Ⓜ A Dejvická. Achtung: Wegen aufwändiger Restaurierungsarbeiten bleibt das Theater bis September 2009 geschlossen. Aufführungen finden während dieser Zeit im Orea Hotel Pyramida an der Bělohorská 24 statt (Ⓢ 22 Malovanka).

Musicals

Internationale Gastspiele finden für gewöhnlich im **Kongresszentrum** im Stadtteil Vyšehrad statt (5. května 65, Ⓜ B Vyšehrad; auf Plakate achten). Die ortsansässigen Musicaltheater präsentieren überwiegend Stücke in tschechischer Sprache. Das Niveau kommt nicht an Stella-Produktionen heran, dafür stehen die Bühnen auch nicht ständig vorm Bankrott.

Divadlo Hybernia, neuestes Musicaltheater der Stadt, 2006 eröffnet. Im Empirebau Domu U Hybernů am Náměstí Republiky 3, Staré Město. Vorverkauf u. a. im Haus, ✆ 221419420. Ⓜ B Náměstí Republiky.

Divadlo Broadway, Vorverkauf u. a. im Haus, ✆ 225113311, www.divadlo-broadway.cz. Na příkopě 31, Nové Město. Ⓜ B Náměstí Republiky.

Divadlo Kalich, Ticketverkauf im Haus, ✆ 296245311, www.divadlokalich.cz. Jungmannova 9, Nové Město. Ⓜ A, B Můstek.

Hudební divadlo v Karlíně, → Oper/Ballett.

Kino

Große Hollywoodproduktionen laufen in Prag zum gleichen Zeitpunkt wie im restlichen Europa an, unkommerzielle Filme oft mit ein paar Monaten Verzögerung, manchmal sind sie nur auf den Filmfestivals (→ Veranstaltungskalender, S. 82) zu sehen. In den Sommermonaten bieten einige Open-Air-Kinos Lichtspiele unterm Sternenhimmel, z. B. auf der Moldauinsel Střelecký ostrov.

Ausländische Produktionen werden überwiegend in der Originalfassung mit Untertiteln gezeigt – erkundigen Sie sich am besten vorher. Die Kinokarten kosten selten mehr als 8 €, manchmal sind sie schon ab 4 € zu bekommen. Für Festivalbeiträge sollte man sich die Karten früh besorgen.

Multiplexkinos findet man in nahezu allen Shoppingmalls, im Folgenden eine kleine Auswahl außergewöhnlicher Kinos.

Kinos

Lucerna, grandioser Kinopalast aus den 20er Jahren des letzten Jahrhunderts. Prächtige ornamentale Ausschmückung. 500 Sitzplätze. Standardfilmprogramm. Vodičkova 36, Nové Město. Ⓜ A, B Můstek oder A, C Muzeum.

Světozor, traditionsreiches Kino mit alternativem Programm, viele tschechische Filme mit englischen Untertiteln. Dazu Filmplakateverkauf. Vodičkova 41 (Eingang von der Passage), Nové Město. Ⓜ A, B Můstek.

Village Cinemas Anděl, moderner Kinokomplex mit 14 Sälen, darunter auch ein „Gold-Class-Saal" mit Bar und großen Lümmelsesseln samt Fußlehne. Radlická 1E, Smíchov. Ⓜ B Anděl.

Aero, alternatives, großes Kino mit netter Bar. Überwiegend anspruchsvolle Filme. Veranstaltet auch Festivals. Biskupcova 31, Žižkov. Ⓢ 9, 10, 16, 19 Biskupcova.

IMAX, hier laufen 3-D-Filme (i. d. R. in Tschechisch) auf angeblich einer der größten IMAX-Kino-Leinwände (20 x 25 m) der Welt. Im Shoppingcenter Palác Flora, Žižkov. Ⓜ A Flora.

Was haben Sie entdeckt ?

Haben Sie ein ausgefallenes Restaurant gefunden, eine urige Pivnice, ein romantisches Hotel?

Wenn Sie Tipps, Anregungen oder Verbesserungsvorschläge zum Buch haben, lassen Sie es uns bitte wissen. Auch für Kritik sind wir dankbar.

Michael Bussmann & Gabriele Tröger
Stichwort „Prag"
c/o Michael Müller Verlag GmbH
Gerberei 19
D-91054 Erlangen
michael.bussmann@michael-mueller-verlag.de

Barrandov, das Hollywood des Ostens

Auf einem Hügel südlich von Smíchov liegen die (der Öffentlichkeit leider nicht zugänglichen) Filmstudios Barrandov. Erbaut wurden sie von der Familie Havel, Václav Havels Onkel Miloš leitete den Betrieb anfangs höchstpersönlich. Die Erfolgsgeschichte der Studios begann in den 1930ern mit Gustav Machatýs deutschsprachigem Skandalstreifen *Ekstase* – die Kinos wurden förmlich überrannt, als zum ersten Mal nacktes Fleisch auf der Leinwand zu sehen war. Während des Protektorats drehten die Nazis über 100 Propagandafilme in den Studios. Unter den Kommunisten wurden sie verstaatlicht. In dieser Zeit entstieg auch *Pan Tau* den Hügeln Barrandovs, genauso wie *Aschenbrödel* – das mit den drei Nüssen. Die Kinderfilme aus der damaligen Tschechoslowakei erweckten weltweite Begeisterung. Nach der Samtenen Revolution entdeckte Hollywood Barrandov als billigen Drehort. In Prag drehte man u. a. Teile von *Mission: Impossible* mit Tom Cruise (1996), des Jack-the-Ripper-Thrillers *From Hell* mit Johnny Depp (2001), von Roman Polanskis *Oliver Twist* (2004) sowie Szenen des James-Bond-Films *Casino Royale* (2006). Vor allem bei "Kostümfilmern" ist Prag überaus beliebt, da die Altstadt schnell in eine x-beliebige historische Umgebung verkleidet und in Szene gesetzt werden kann.

Die staatliche Filmförderung in Tschechien ist lächerlich gering, obwohl das Land eine qualitativ hochwertige Filmindustrie hat und tschechische Regisseure weltweite Anerkennung genießen – man denke nur an Miroslav Ondříček (*Zeit des Erwachens*, *Garp*) und Jan Svěrák. Svěráks Film *Kolya* wurde 1996 mit dem Oscar ausgezeichnet, 2007 feierte der Regisseur zudem große Erfolge mit dem Film *Vratné lahve (Leergut)*, einer warmherzigen Komödie über einen alten Mann, der das Leben neu entdeckt. Auch Jiří Menzel zählt zu den wichtigsten tschechischen Regisseuren. Für seine Komödie *Ostře sledované vlaky* (*Liebe nach Fahrplan*), die Verfilmung einer Novelle von Bohumil Hrabal, erhielt er bereits 1966 den Oscar für den besten fremdsprachigen Film. Mit *Obsluhoval jsem anglického krále* (*Ich habe den englischen König bedient*, 2006) wagte sich Altmeister Menzel nochmals an eine Vorlage von Hrabal heran. Aufsehen erregten in den letzten Jahren auch Ondřej Trojans Liebesdrama *Želary*, das 2004 für den Oscar nominiert wurde, und Bohdan Slámas Komödie *Štěstí* (*Jahreszeit des Glücks*, 2005). Der berühmteste tschechische Filmemacher ist aber ohne Zweifel Miloš Forman, der 1968 ins amerikanische Exil ging und dort mit *Hair* oder *Einer flog übers Kuckucksnest* Riesenerfolge feierte. Für den Dreh von *Amadeus* (1984) kam er zurück nach Prag. Und 2007 erneut: Zusammen mit seinen Zwillingssöhnen Petr und Matej zeichnete er für die Neuinszenierung der Jazzoper *Dobře placená procházka (Ein gut bezahlter Spaziergang)* im Nationaltheater verantwortlich.

Dreharbeiten vor dem Außenministerium

Nightlife rund um den Altstädter Ring

Nachtleben

Prague by night – es gibt viel zu erleben: Techno oder Ethno, Jazz oder Jungle, Funk oder Fusion, Punkrock oder Trip Hop – live oder vom Plattenteller.

Viele Prager Clubs und Kneipen kennen keinen Ruhetag, und eine offizielle Sperrstunde gibt es nicht. Manchem Innenstadtclub jedoch besorgten Anwohner per Gerichtsentscheid frühe Schließzeiten, v. a. unter der Woche. Andererseits startet man in Prag ohnehin früher als anderswo in die Nacht, Rockkonzerte beginnen nicht selten bereits um 19 Uhr. Für Konzerte ist jeden Abend gesorgt. Jazz, Rock, Punk, Avantgarde – Sie haben die Wahl! Zu den erfolgreichsten tschechischen **Rockbands** gehören die *Plastic People of the Universe* (→ S. 239), *Už jsme doma* ("intellektueller Punk"), *MIG 21* (Rock), *Priessnitz* (Punk aus dem Altvatergebirge) und *Support Lesbiens* (New-Age-Rock auf Englisch). Anklänge an traditionelle Balkanmusik bietet *Ahmed má hlad. Tatabojs* präsentiert tschechischen Hiphop, *Švihadlo* „Moldaureggea". Empfehlenswert sind zudem die Auftritte der erfolgreichen Songwriterin *Radůza* und der Violinenvirtuosin *Iva Bittová*. Eine der genannten Bands oder Künstlerinnen tritt während Ihres Pragbesuchs bestimmt irgendwo auf – ein Erlebnis mit viel Lokalkolorit. Internationale Bands sind leider immer noch recht zögerlich, wenn es darum geht, Prag in ihre Europatourneen einzuplanen.

In den Danceclubs finden die großen Partys am Wochenende statt, die Prager Szenekneipen sind hingegen immer fröhlich-voll.

Seit dem Fall des Eisernen Vorhangs bietet die Moldaumetropole zudem Night- und Erotikclubs in Hülle und Fülle. Anspruchsvolles Varieté – für das die Stadt Jahrzehnte lang berühmt war – gibt es jedoch nicht mehr.

Clubszene

Prag ist nicht Berlin oder London, und wirklich originelle Clubs sind an einer Hand abzuzählen. Trotzdem, wer nur ein paar Tage oder eine Woche bleibt, wird den Mangel an innovativeren Locations nicht bemerken. Trendige Clubs im Zentrum, welche die Charts hoch und runter spielen, gibt es zumindest en masse. Dort lernen Sie John aus Australien oder Paolo aus Italien kennen. Wollen Sie aber mit Honza aus Prag an der Theke stehen, besuchen Sie lieber eine der häufig stattfindenden **80s-** bzw. **90s-Partys** oder gehen Sie zu einem **Konzert** einer Bluescombo oder Revivalband, die es von Abba bis Zappa gibt.

Was **elektronische Musik** angeht, so präsentiert sich die DJ-Szene der Stadt reger und internationaler als die Rock- und Jazzszene. Relativ oft stehen ausländische DJs am Plattenteller. Wer sich die Nächte mit wummernden Beats um die Ohren schlagen will, hat die Wahl zwischen gestylten Danceclubs und verräuchert-heruntergekommenen, aber einfach witzigen DJ-Kneipen. Am Wochenende geht die Party in manchen **Afterhour-Clubs** bis zum Nachmittag weiter. Im Sommer werden zuweilen Open-Air-Raves veranstaltet.

Die **Eintrittspreise** der Clubs sind niedrig. Selbst für die schicksten Locations der Stadt muss man selten mehr als 11 € hinlegen, manchmal ist der Eintritt ganz frei. Auch die Getränkepreise halten sich im Rahmen.

Clubs

Lucerna Music Bar → Karte S. 116/117 **(41)**, Touristen und junge Prager geben sich hier ein Stelldichein. Gute Konzerte, 80s-Partys am Wochenende. Faire Preise für die Lage. Nebenan die Kellerkneipe **Hospoda v Lucerně** – preiswertes Bier und durchschnittliches Essen. www.lucerna.cz. Vodičkova 36, Nové Město. Ⓜ A, B Můstek oder A, C Muzeum.

Palác Akropolis → Karte S. 216/217 **(30)**, Kulturzentrum mit riesigem Angebot. Originelle Kneipe im Erdgeschoss. Im Keller regelmäßig Konzerte (u. a. spielten hier schon die *Pixies*, die *Strokes*, *Ween*, aber auch schräge Trompeter aus Rumänien und und und). Dazu tägl. wechselnde DJs. Sehr empfehlenswert. www.palacakropolis.cz. Kubelíkova 27, Žižkov. Ⓜ A Jiřího z Poděbrad.

Abaton, große Location mit mehreren Bühnen weitab des Zentrums. Wild wechselndes, unregelmäßiges Programm – unbedingt vorher checken (www.prostorabaton.cz), sonst landet man als Raver auf einer Metal- oder als Waver auf einer Technoparty. Na Košince 8, Ⓜ B Palmovka, weiter mit Ⓢ 10, 17, 54 Stejskalova.

Futurum → Karte S. 205 **(8)**, ein Dauerbrenner. Unspektakulär dekorierter Club im Untergeschoss eines Mehrzweckgebäudes. Beliebt sind die 80s- und 90s-Partys, bei denen Haus-DJ Jirka Neumann sein Bestes gibt. Dazu witzige Konzerte einheimischer Newcomer. Günstig. http://futurum.musicbar.cz. Zborovská 7, Smíchov. Ⓢ 4, 7, 10, 14, 54 Zborovská.

Radost FX → Karte S. 224/225 **(15)**, seit Jahren einer der angesagtesten Clubs der Stadt. Schicke Sofas, Parketttanzfläche. Überwiegend amerikanisches Publikum. Angegliedert sind ein gutes vegetarisches Restaurant (→ S. 230) und eine coole, gemütliche Lounge. Techno bis Latin. Ⓒ Lounge tägl., Club nur Do–Sa. www.radostfx.cz. Bělehradská 120, Vinohrady. Ⓜ C I. P. Pavlova.

Vagon → Karte S. 116/117 **(29)**, verqualmter Laden für Altfreaks, die sich nicht von Jimi Hendrix und Led Zeppelin lösen können. Fast tägl. Live-Gigs. Viel Blues, faire Preise. Trotz zentralster Lage vornehmlich tschechisches Publikum. www.vagon.cz. Národní třída 25, Nové Město. Ⓜ B Národní třída o. Ⓢ 6, 9, 18, 21, 22, 53, 57, 58, 59 Národní třída.

Club Kain → Karte S. 216/217 **(5)**, wer auf langhaarige Bartträger mit Harley-Davidson-

Cool: Lounge des Clubs Radost FX

Shirts und handgemachten Rock steht, ist hier richtig. Oben rustikale Kneipe, im Keller fast tägl. ab 21 Uhr Konzerte (Revivalbands zwischen Van Halen und Ozzy Osbourne überwiegen). www.kain.cz. Husitská 1, Žižkov. Ⓢ 5, 9, 26, 55, 58 Husinecká.

Mecca → Karte S. 210/211 **(5)**, durchgestylter Danceclub in einem ehemaligen Fabrikgebäude. Mischung aus illustrem, reichem und schönem Publikum. Viel House. ⓘ nur Mi/Fr/Sa ab 22 Uhr. Mi freier Eintritt. www.mecca.cz. U Průhonu 14, Holešovice. Ⓜ C Nádraží Holešovice, weiter mit Ⓢ 5, 12, 54 U Průhonu.

Klub Strahov 007 → Karte S. 165 **(36)**, im Untergeschoss eines Plattenbau-Studentenwohnheims im Viertel Strahov westlich der Kleinseite. Empfehlenswerter Undergroundclub, der bereits seit 1987 (!) einheizt, aber seit Jahren von der Schließung bedroht ist (Lärm!). Fast tägl. Konzerte oder DJs: Ska, Hiphop (i. d. R. Sa), Punk, Hardcore, Jungle, Electroclash etc. Illustre Gäste aus der ganzen Welt, selbst Jello Biaffra war schon hier. Mit 150 Besuchern ist es allerdings bereits knallvoll. Günstig. www.klub007strahov.cz. Chaloupeckého, Strahov. Ⓢ 12, 20, 22 57, 58, 59 Újezd, weiter mit der Standseilbahn bis zur Endstation.

Klub Lávka → Karte S. 136/137 **(39)**, beliebteste Touri-Disco mit mehreren Bars. Tolle Lage an der Karlsbrücke, im Sommer Terrasse und Bootsverleih. Rund um die Uhr geöffnet. www.lavka.cz. Daneben liegt der **Musicclub Karlovy lázně**, der sich mit seinen vier Dancefloors gerne als der größte Mitteleuropas bezeichnet. Musik in beiden Locations ähnlich: 80s, Rock, Pop, House, dazu stets Gogo-Tänzerinnen. www.karlovylazne.cz. Novotného lávka, Staré Město. Ⓢ 17, 18, 53 Karlovy lázně.

Duplex 4 all → Karte S. 116/117 **(28)**, hier, über den Dächern des Wenzelsplatzes, feierte Mick Jagger seinen 60. Geburtstag. Trotzdem ein reiner Tourispot, empfehlenswert jedoch wegen der herrlichen Ausblicke auf das nächtliche Prag. Restaurant angegliedert, Dancemusic. Teuer. So/Mo geschl. www.duplex.cz. Václavské náměstí 21, Nové Město. Ⓜ A, B Můstek oder A, C Muzeum.

Roxy → Karte S. 136/137 **(4)**, die hiesigen Techno-, House- und Reggae-Partys im großen Kellerclub ziehen seit Jahren ein internationales Publikum an, gelegentlich auch gute Konzerte renommierter Bands. Mo freier Eintritt. Im ersten Stock das **NOD**, eine abgefahrene Avantgardekneipe mit viel Design, verrückten jungen Leuten und ausgefallener Musik. Galerie im Vorraum, Sessions und Performances. www.roxy.cz. Dlouhá 33, Staré Město. Ⓢ 8, 14, 26, 51 Dlouhá třída.

Le Clan → Karte S. 224/225 **(2)**, Afterhour-Club. Schöne Männer und noch schönere Frauen mit viel Koks im Handtäschchen. Kerzenlicht, Madonnenbilder an der Wand, rote Vorhänge. Internationales Publikum. Dancemusic, zu der aber selten jemand tanzt. Am interessantesten Sa und So gegen 6 Uhr morgens, noch um 3 Uhr herrscht gähnende Leere. Achtung, kein Schild am Eingang. Bitte klingeln. ⌚ Mi–So ab 2 Uhr. Balbínova 23, Vinohrady. Ⓜ A, C Muzeum.

Cross Club → Karte S. 210/211 **(4)**, außergewöhnlicher, mit viel Metallkunst dekorierter, touristenarmer Club. Schräger, fast futuristischer Biergarten, verschiedene Räume, oft freier Eintritt. Breites Programm zwischen DJ-Abenden (Jungle, Breakbeat, House, Acid etc.) und Liveacts (Punk, Blues etc.). www.crossclub.cz. ⌚ tägl. ab 16 Uhr. Plynární 23, Holešovice. Ⓜ C Nádraží Holešovice.

Matrix → Karte S. 216/217 **(3)**, angesagter Szeneclub für alle unter 25. Hier vergewaltigen die besten Nachwuchs-DJs der Stadt den Plattenteller, und die tanzwütige Menge ist unter der dicken Graswolke kaum zu sehen. Themenabende (meist Fr/Sa) zwischen Techno, Metal, Crossover, D'n'B und Dub. www.matrixklub.cz. Koněvova 13, Žižkov. Ⓜ B, C Florenc, weiter mit Ⓑ 133 Tachovské náměstí.

Solidní Nejistota → Karte S. 116/117 **(54)**, großes Clubrestaurant amerikanischen Typs. Hier verkehren die Highsociety (oder wer sich dafür hält) und diverse Promis. Charthits. Sehen und gesehen werden in den Disconächten am Wochenende. Sonnenbrille nicht vergessen. www.solidninejistota.cz. Pštrossova 21, Nové Město. Ⓢ 6, 9, 18, 21, 22, 53, 57, 58, 59 Národní divadlo.

Bars & Kneipen

Bars und Kneipen, die auch tagsüber geöffnet haben, finden Sie bei den Stadtteilkapiteln unter der Rubrik „Essen und Trinken". Hier noch ein paar zusätzliche Adressen für den Abend:

Bar & Books → Karte S. 136/137 **(11)**, der Tipp für die gediegene Abendgestaltung. Gepflegt-geschmackvolle Whiskeybar (ein Ableger aus New York) mit großen Fenstern und langer Theke im Stil eines englischen Herrenclubs. Bücherwand, Kellner im Anzug, satte Preise. Týnská 19, Staré Město. Ⓜ A Staroměstská.

Andaluský Pes, → Karte S. 210/211 **(12)**, der „Andalusische Hund". Recht schräge, ältere Szenegänger (viele Amerikaner) verstreuen sich auf mehrere kleine, lila gestrichene Räume. Musik querbeet. Korunovační 4, Holešovice. Ⓜ C Vltavska, weiter mit Ⓢ 25, nachts Ⓢ 51, 56 Letenské náměstí.

Scheisse Katze, → Karte S. 224/225 **(19)**, heißt wirklich so! Der skurrile Name der netten Cocktailbar mit Wohnzimmeratmosphäre und Katzenskulpturen geht auf zwei tschechische Fernsehkomiker zurück, die in einem Deutschkurs-Sketch den Ausruf „Scheisse Katze, Schwein Hund" zum Running Gag machten. Faire Preise, von 14–18 Uhr zudem Happy Hour. Chodská 18, Vinohrady. Ⓢ 10, 16, 51 Šumavská.

Le Tram, → Karte S. 210/211 **(9)**, eine kleine, rot gestrichene Bar im Zeichen der Prager Straßenbahn: Hartschalensitze als Barhocker und eine Straßenbahnschiene, die den Tresen rahmt. Billiges Bier, Multikulti-Publikum und Multikulti-Musik. Šmeralova 12, Holešovice. Ⓜ C Vltavska, weiter mit Ⓢ 25, nachts Ⓢ 51, 56 Letenské náměstí.

Pub Crawling statt Sightseeing – die Invasion der Hirsche

Sie tragen Shirts mit Aufdrucken wie „Prague Drinking Team", sind tagelang im Dauerrausch und dazwischen im Bordell. Unzählige englische Männergrüppchen fallen jedes Wochenende nach Prag ein, um hier so genannte „Stag Parties" (*stag* = Hirsch) zu feiern – feuchtfröhliche Junggesellenabschiede ganz nach dem Motto „Cheap beer and cheap sex". Kein Wunder, kommt doch ein Wochenende in Prag mit Freunden billiger als die Kneipentour zu Hause. Rund 70 % aller Stag Parties finden mittlerweile außerhalb von England statt (beliebt sind neben Prag mehr und mehr auch Tallinn, Riga und Bratislava). Im Internet bieten an die 70 Agenturen Stag-Reisen im Paket an. Am bekanntesten ist „Prague Pissup" („Saufgelage in Prag"), hier kann man alles buchen: von „partyfreundlichen Apartments" bis zu „Milchmädchen-Stripshows". Die Gruppen lassen viel Geld in der Stadt liegen, doch etliche Hoteliers und Kneipiers haben von zertrümmerten Möbeln und vollgeko—— Toiletten mittlerweile die Nase voll. Daher prangt vor mehr und mehr Bars das Schild „No stag groups allowed".

Englische Hirsche auf Pragtour

Újezd → Karte S. 165 **(34)**, Johnny Rotten is not forgotten, zumindest hier nicht. Sympathische, bunte Kneipe auf drei Etagen. Junges und hängen gebliebenes Publikum aus aller Herren Länder. Unten spielen Bands auf (u. a. Blue Beat, Rocksteady und Reggea), im EG trinkt man Bier und oben kifft man zum Bier. Újezd 18, Malá Strana. Ⓢ 6, 9, 12, 20, 22, 57, 58, 59 Újezd.

Wakata → Karte S. 210/211 **(8)**, gemütliche DJ-Kneipe mit simpler Einrichtung. Hippe Musik, ab und zu Jam Sessions. Gemischtes, originelles Publikum, Fr/Sa wird aufgetanzt. Malířská 14, Holešovice. Ⓜ C Vltavska, weiter mit Ⓢ 25, nachts Ⓢ 51, 56 Letenské náměstí.

M1 → Karte S. 136/137 **(10)**, minimalistische Dielenbar, nur ein riesiger Spiegel schmückt die Wände. Ambient, Rythmic House oder Acid Jazz. Üppiges Angebot an Cocktails. Vor 22.30 Uhr herrscht tote Hose. Oft sehr junges Publikum. Masná 1, Staré Město. Ⓜ B Náměstí Republiky

Sedm Vlků → Karte S. 216/217 **(26)**, die "Sieben Wölfe" sind ein Abituriententreffpunkt. Oben eine leicht angestylte, recht gemütliche Kneipe mit großer Auswahl an Cocktails. Unten ein Club, in dem an Wochenenden Jungle- und D'n'B-DJs für Stimmung sorgen. Vlkova 7, Žižkov. Ⓢ 5, 9, 26, 55, 58 Husinecká.

Exit → Karte S. 216/217 **(16)**, schräges Kneipchen, das ein bisschen wie eine unaufgeräumte Wohnung wirkt. Viel Krimskrams zum Gucken, dicke Luft vom Qualm der Selbstgedrehten. Blueslastig. Stítného 30, Žižkov. Ⓢ 5, 9, 26, 55, 58 Husinecká.

Chapeau Rouge → Karte S. 136/137 **(17)**, Bar ganz in Rot, vorrangig amerikanisches Publikum. Ändert alle zwei Jahre seinen Namen und bleibt doch immer gleich. In der Vergangenheit machte die Kneipe immer wieder Schlagzeilen, weil aufgebrachte „Obermieter" Wasser auf Gröler vor der Tür kippten. Im Keller ein Club mit allabendlichen Danceparties (Tecktonik, House, Hiphop etc.), zudem regelmäßig Livekonzerte, bei denen alle möglichen Geschmäcker bedient werden (Rock, Crossover, Blues, Punkrock etc.). Jakubská/Ecke Malá Štupartská, Staré Město. Ⓜ B Náměstí Republiky.

XT 3 → Karte S. 216/217 **(12)**, wer gerne Baseballkappen trägt, maximal 25 Jahre alt ist und auf Musik zwischen Hardcore und Hiphop steht, ist hier gut aufgehoben. Mischung aus Kneipe und Kellerclub mit regelmäßigen kleineren Konzerten. Unspektakulär eingerichtet, Kicker. Rokycanova 29, Žižkov. Ⓢ 5, 9, 26, 55, 58 Lipanská.

Shadow Azyl → Karte S. 205 **(5)**, simpler D'n'B-Schuppen. Kleine Tanzfläche.
Krovtova 1, Smíchov. Ⓢ 6, 9, 12, 20, 58, 59 Švandovo divadlo.

La Bodega Flamenco → Karte S. 210/211 **(10)**, dezent beleuchtete Kellerbar, in der man auch essen kann. Spanische Weine, spanisch angehauchte Gerichte, dazu günstige Tapas. Zu fröhlichen Latino-Klängen (selten live) wird hin und wieder getanzt. Šmeralova 5, Holešovice. Ⓜ C Vltavska, weiter mit Ⓢ 25, nachts Ⓢ 51, 56 Letenské náměstí.

Jazz

Neben den immer häufiger werdenden Auftritten internationaler Künstler touren 10–15 einheimische Combos durch die Prager Clubs. Vorbei sind aber die Zeiten, als Jazz noch ein Politikum war, ein antikommunistisches Lebensgefühl darstellte und als subversiv galt. Heute ist Jazz einfach nur noch Jazz. Den präsentiert man gut, aber nicht unbedingt innovativ, selten sind neue Töne zu hören. Zu den auch international bekannten Prager Jazzgrößen gehört der Flötist *Jiří Stivín* (Jahrgang 1942). Auf den Prager Bühnen sieht man ihn bereits seit den 60er Jahren – mit Ausnahme der Jahre nach dem Prager Frühling, wo er London zu seiner vorübergehenden Heimat wählte. Einen Stivín-Liveauftritt sollte man sich nicht entgehen lassen. Je nach Band und Club kann man mit Eintrittspreisen von 4–15 € rechnen. Die Konzerte beginnen i. d. R. gegen 21 Uhr.

Jazzclubs

Reduta → Karte S. 116/117 **(32)**, legendärer Jazzschuppen seit 1958. Bill Clinton packte hier vor Václav Havel sein Saxophon aus. Dixie, Swing und Jazz-Rock. www.redutajazzclub.cz. Národní třída 20, Nové Město. Ⓜ B Národní třída o. Ⓢ 6, 9, 18, 21, 22, 53, 57, 58, 59 Národní třída.

USP Jazz Lounge → Karte S. 136/137 **(44)**, etwas gestylteres Ambiente, trotzdem gemütliche Atmosphäre. Man kann auch günstig essen. V. a. Modern Jazz. www.jazzlounge.cz. Michalská 9, Staré Město. Ⓜ B Národní třída o. Ⓢ 6, 9, 18, 21, 22, 53, 57, 58, 59 Národní třída.

U malého Glena → Karte S. 165 **(24)**, der Tipp für die Kleinseite. Gemütliche Bar im Erdgeschoss, winziger Club im Keller. Tägliche Live-Gigs zwischen Funk, Blues und Modern Jazz. Sehr beliebt unter US-Amerikanern. www.malyglen.cz. Karmelitská 23, Malá Strana. Ⓢ 12, 20, 22 57 Malostranské náměstí.

AghaRTA Jazz Centrum → Karte S. 136/137 **(28)**, für viele bester Jazzclub der Stadt, zudem auch noch in einem wunderschönen Gewölbekeller untergebracht. Fusion und Modern Jazz. Kleiner Shop angeschlossen. www.agharta.cz. Železná 16, Staré Město. Ⓜ A, B Můstek.

Jazzclub Ungelt → Karte S. 136/137 **(22)**, kleiner, verwinkelter Club im mittelalterlichen Kellergewölbe. Jazz, Blues, Funk und Fusion. Wer vom Musikhören hungrig wird, findet über dem Club ein Restaurant. www.jazzungelt.cz. Týn 2 (Eingang von der Týnská), Staré Město. Ⓜ B Náměstí Republiky.

Schwules und lesbisches Nachtleben

Tschechien war das erste Land des ehemaligen Ostblocks, in dem Schwulenehen anerkannt wurden. Die Prager Gayszene bietet ein recht breit gefächertes Angebot von gemütlichen Kneipen über Danceclubs bis zu SM-Treffs, in denen sich auch Strichjungen herumtreiben. Auf der Internetseite des Clubs Friends (s. u.) kann man sich über die Szene informieren. Zusätzlich bietet die Seite www.gayguide.net einen ausführlichen Überblick über die Prager Gay Community – von Clubs und Bars bis zu schwulenfreundlichen Unterkünften ist alles zu finden. Das Angebot für Lesben ist dagegen eher bescheiden, in vielen Gayclubs und -bars sind aber auch Lesben willkommen.

Gayclubs

Friends → Karte S. 136/137 **(57)**, für viele der netteste, niveauvollste und sympathischste Gayclub Prags, offen auch für Frauen. Mi–Sa DJ-Partys. Sehr freundlicher Service. Mo geschl. www.friends-prague.cz. Bartolomejská 11, Staré Město. Ⓜ B Národní třída o. Ⓢ 6, 9, 18, 21, 22, 53, 57, 58, 59 Národní třída.

Alcatraz → Karte S. 216/217 **(21)**, Club im Backsteingemäuer. Sauna, Käfige, am Wochenende Darkrooms. Viel Leder. Sexbetont: „Naked-" und „Fist-Partys". www.alcatraz.cz. Bořivojová 58, Žižkov. Ⓢ 5, 9, 26, 55, 58 Lipanská.

Termix → Karte S. 224/225 **(9)**, Schwulen- (vorrangig) und Lesben- (weniger) Club. Nüchterne, lang gezogene Bar mit gläserner Theke. Großer Videoscreen, Darkroom. Tschechische Musik und Elektronisches im Wechsel. ⌚ Mi–Sa 20–5 Uhr, vor 23 Uhr ist tote Hose. www.club-termix.cz. Třebízského 4a, Vinohrady. Ⓜ A Jiřího z Poděbrad.

Kneipen

Erra → Karte S. 136/137 **(53)**, gestylte, aber dennoch kuschelige Schwulen- und Lesbenbar auf zwei Etagen. Trendige Hintergrundmusik, nettes Personal, gute Cocktails. Man kann auch essen. Angenehme Atmosphäre, auch für Heteros. Konviktská 11, Staré Město. Ⓢ 6, 9, 18, 21, 22, 53, 57, 58, 59 Národní divadlo.

Bar 21 → Karte S. 224/225 **(8)**, etwas versteckte Gaykneipe mit Galerie im Backsteinkeller. Auch Lesben sind willkommen. Nettes Publikum. Římská 21, Vinohrady. Ⓜ A Náměstí Míru.

> Im Club **Radost FX** (s. o.) findet mit der *Lollypop* einmal im Monat eine sehr beliebte Gayparty statt.

Piano Bar → Karte S. 216/217 **(34)**, extrem verspielt mit altem Trödel eingerichtete Kneipe für Schwule und Lesben. Sehr gemütlich. Das namengebende Klavier ist natürlich auch zu finden. Milešovská 20, Žižkov. Ⓜ A Jiřího z Poděbrad.

Saunen

Babylonia → Karte S. 136/137 **(62)**, Gaysauna gleich neben der Kirche Sankt Martin in der Mauer. Pools, Massage- und Fitnessräume, Bar. Eintritt 14 €. ⌚ tägl. 14–3 Uhr. Martinská 6, Staré Město. Ⓜ A, B, Můstek. Eine weitere Schwulensauna, die **Sauna Marco** → Karte S. 224/225 **(32)**, findet man in Vinohrady an der Lublaňská 17. Ähnliche Öffnungszeiten und Preise. Ⓜ C I.P. Pavlova.

Beliebte Kneipe in der Altstadt: Krásné ztráty („Schöne Verluste")

Veranstaltungskalender

Aktuelle Informationen zu den diversen Veranstaltungen können Sie der *Prager Zeitung* oder der *Prague Post* entnehmen.

Januar

An **Neujahr** feiert und feuert Prag. Menschenmassen und Rauchbomben gibt's am Wenzelsplatz und auf der Karlsbrücke. Wer das Feuerwerk in Ruhe genießen will, geht auf den Vítkov-Hügel in Žižkov oder auf die Moldauinsel Střelecký ostrov. Das offizielle Neujahrsfeuerwerk der Stadt Prag findet übrigens erst am 1. Januar um 18 Uhr statt.

Beginn der **Ballsaison**. Jeder Stadtteil, jeder Verein feiert seinen repräsentativen Ball: Die Spannbreite reicht von feuchtfröhlichen Polkapartys bis zu elitären Veranstaltungen mit dem Wiener Opernball als Vorbild.

Februar

Karneval wird vornehmlich im Stadtteil Žižkov gefeiert. **Masopust** nennt sich das dortige Spektakel mit einem Umzug am Faschingsdienstag, bei dem es von Kneipe zu Kneipe geht.

März

Matthäus-Kirmes – traditionsreichster Rummelplatz der Stadt mit allem, was dazugehört: Lebkuchenherzen, Karussells und Schießbuden. Auf dem Ausstellungsgelände Výstaviště, geht bis Ostern.

Colours of Prague – unter diesem Namen beginnt eine Veranstaltungsreihe, bei der bis in den November hinein immer wieder World Music in verschiedenen Clubs der Stadt (u. a. Abaton und Lucerna) präsentiert wird. www.colours-prague.cz.

Febiofest – ein populäres Filmfestival. Es läuft Neues und Kultiges, Hauptveranstaltungsort sind die Villages Cinemas Anděl. www.febiofest.cz.

One World – Dokumentarfilmfestival mit Schwerpunkt auf Menschenrechten, auf kleinere Kinos der Stadt verteilt. www.oneworld.cz.

April

Traditionelles **Hexenfeuer** am Ausstellungsgelände Výstaviště, stets am 30. April.

Days of European Film – dauert rund zwölf Tage und liefert ein sehr interessantes Programm. Die meisten Filme laufen mit englischen Untertiteln, doch auch deutsche Produktionen werden gezeigt. Hauptveranstaltungsorte sind die Kinos Světozor und Aero. www.eurofilmfest.cz.

Mai

Art Prague – Kunstmesse in der Galerie Mánes. www.artprague.cz.

Internationale Buchmesse – am Ausstellungsgelände Výstaviště. Autorenlesungen und alles, was sonst noch zu einer Buchmesse gehört. www.bookworld.cz.

Das klassische Musikfestival **Prager Frühling** beginnt am 12. Mai mit einer Prozession vom Grab Smetanas (Ehrenfriedhof Vyšehrad) zum Obecní dům. www.festival.cz.

Marathon – die Strecke führt durch die ganze Stadt. Jeder kann nach Voranmeldung mitmachen. www.pim.cz.

Khamoro – größtes Romafestival Mitteleuropas mit Filmen, Tänzen und Konzerten, auf verschiedene Locations verteilt. www.khamoro.cz.

Prague Biennale – seit 2003 in allen ungeraden Jahren stattfindendes Kunstspektakel mit verschiedenen Ausstellungen und Events. Geht bis in den September. Hauptveranstaltungsort ist die Karlín Hall im Stadtteil Karlín, Thamová 8, Ⓜ Křižíkova. www.praguebiennale.org.

Juni

Weltfestival der Marionettenkunst – ein internationales Spektakel nicht nur für Kinder. Verschiedene Veranstaltungsorte. www.puppetart.com.

Respect Festival – zweitägiges Worldmusic-Open-Air auf der Moldauinsel Štvanice. www.respectmusic.cz.

Prague Writers Festival – internationales Schriftstellertreffen mit öffentlichen Lesungen. www.pwf.de.

Festival United Islands of Prague – an dem dreitägigen Musikfestival nehmen rund 100 Bands und DJs aus aller Herren Länder teil. Auf verschiedene Moldauinseln und diverse Clubs der Stadt verteilt. www.unitedislands.cz.

Juli

Rock-, Folk- und Technofestivals – achten Sie auf Plakate! In den Sommermonaten finden in und rund um die Stadt größere und kleinere Festivals im Grünen statt.

Prague Proms – eines der jüngeren Musikfestivals Prag. Buntes Programm zwischen Klassik und Jazz. Für gewöhnlich begleitet dabei das Nationale Symphonieorchester internationale Stars – 2008 war z. B. Ute Lemper dabei. Verschiedene Veranstaltungsorte. www.pragueproms.cz.

August

Festival italienischer Opern – im Mittelpunkt dieses Festivals der Prager Staatsoper stehen Verdi und Puccini. www.opera.cz.

September

Prager Herbst – Festival der klassischen Musik. Hauptveranstaltungsort ist das Rudolfinum. www.pragueautumn.cz.

Audite Organum – internationales Festival der Orgelmusik. Die Konzerte fanden zuletzt stets in der Sankt-Jakobs-Kirche in der Altstadt statt. www.auditeorganum.cz.

Festival der sakralen Musik (Svatovavlavské Slavnosti) – bei dem dem Hl. Wenzel gewidmeten Festival hört man ebenfalls Orgelmusik, dazu Chorgesänge und vieles mehr aus der Welt der geistlichen Musik. Auf verschiedene Kirchen der Stadt verteilt.

Mozartiana Iuventus – Festival der Kammermusik. www.betramka.cz.

Vinohradské vinobrání – Weinfest im Stadtteil Vinohrady. Open-Air-Konzerte und Markttreiben an verschiedenen Plätzen, dazu läuft der Federweiße in Strömen.

AghaRTA Prague Jazz Festival – oft mit internationaler Prominenz. Veranstaltungsort ist neben dem gleichnamigen Jazzclub auch die Lucerna Music Bar. Konzerte im Frühjahr und im Herbst. www.agharta.cz.

Strings of Autumn – internationales Musikfestival, das Klassik und Jazz bietet. Geht bis in den November. Verschiedene Veranstaltungsorte. www.strunypodzimu.cz.

Oktober

International Jazz Festival – ältestes Jazzfestival Mitteleuropas, u. a. im Club Reduta. www.jazzfestivalpraha.cz.

Der Film – das spannende Festival deutschsprachiger Filme wurde 2006 vom Goetheinstitut, dem Österreichischen Kulturforum und der Schweizer Botschaft ins Leben gerufen. In den Kinos Aero und Světozor. www.derfilm.cz.

November

Dance Prague – internationales Festival für zeitgenössische Tanzkunst. Hauptveranstaltungsort ist das Divadlo Ponec. www.tanecpha.cz.

Prager Theaterfestival deutscher Sprache – auf mehrere Theater der Stadt verteilt. Hervorragende Gastspiele verschiedener deutschsprachiger Bühnen. www.theater.cz.

Mezipatra – schwullesbisches Filmfestival, in den letzten Jahren in den Kinos Světozor und Aero. www.mezipatra.cz.

Festival Alternativa – unkonventionelles Festival von Avantgarderock über Jazz bis zu moderner Klassik, dazu Ausstellungen, Filmvorführungen, experimentelles Theater usw. Verschiedene Veranstaltungsorte. www.unijazz.cz.

Kurzfilmfestival – dauert fünf Tage und findet im Kino Světozor statt (→ S. 73). www.pragueshorts.com.

Dezember

26. Dez.: Beim traditionellen **Moldauschwimmen** (seit 1923!) organisiert der „1. Prager Schwimmverein der Abgehärteten" den Sprung ins kalte Nass. Start am Nationaltheater. Die ältesten Schwimmer gehen schon stramm auf die 90 zu.

Im Shoppingcenter Palladium

Einkaufen

Von einem Shoppingparadies à la London oder Paris ist Prag weit entfernt. Zum Stöbern aber – egal ob in Antiquariaten oder verstaubten Trödelläden – ist die Moldaumetropole eine gute Adresse.

Im touristischen Zentrum reiht sich Laden an Laden – kitschige Mitbringsel überwiegen: böhmisches Kristall, Töpferwaren für den nächsten Polterabend, Holzspielzeug, Marionetten, Bernsteinschmuck und bemalte Ostereier (man bekommt sie ganzjährig). Zudem decken sich viele Touristen mit Zigaretten (noch immer billiger als daheim), Karlsbader Oblaten, böhmischem Sekt (sehr gut der *Bohemia Brut*), Becherovka oder Absinth ein. Aus der Reihe fallen nette kleine Boutiquen – in Prag entwickelt sich allmählich so etwas wie eine eigene, individuelle Modeszene. In den Shoppingmalls finden Sie hingegen die gleichen Allerweltsketten wie daheim. Einkaufen macht dort jedoch oft weniger Spaß: Insbesondere höherwertige Ware ist bestens gesichert oder hinter Glas geschützt, was das schnelle Hineinschlüpfen oder "In-die-Hand-nehmen" erschwert – in punkto Umsatzeinbußen durch Ladendiebstahl ist Tschechien europaweit Spitzenreiter.

Kunsthandwerk/Souvenirs

Faktor Traktor → Karte S. 182/183 **(4)**, hier werden die Produkte verschiedener tschechischer Kunsthandwerker und Designer verkauft. Lederwaren, Schuhe, Schmuck, Kleidung aus Naturstoffen etc. Radnické schody 9, Hradčany. Ⓢ 22 Pražský hrad.

Truhlář Marionety → Karte S. 136/137 **(16)**, Marionettenläden gibt es viele, einer der schönsten ist der des Marionettenspielers und Regisseurs Pavel Truhlář im Schatten der Karlsbrücke. Handgeschnitzte Puppen, deren Kostüme vor Ort genäht werden. Verschiedenste Modelle, darunter auch die Prager Gespenster. Und wer nicht weiß, wie man die Puppen tanzen lässt, kann an einem Marionettenspielkurs teilnehmen. U Lužického semináře 5/78, Malá Strana. Ⓢ 12, 20, 22 Malostranské náměstí. **Filiale** (→ Karte S. 165, **22**) im Ungelt-Hof in der Altstadt (Týn 1).

Miaou Galerie → Karte S. 182/183 **(10)**, egal ob Kettenanhänger, T-Shirt oder Spielzeug – alles steht im Zeichen der Katze. Dazu diverser anderer Kleinkunstkram (viel Schmuck). Pohořelec 26, Hradčany. Ⓢ 22 Pohořelec.

Erpet → Karte S. 136/137 **(29)**, museumsgroßer Glaspalast für böhmisches Kristall in allen Variationen, darunter auch Moser-Gläser, die zu den kostbarsten der Welt gehören und Standard in jedem zweiten Königshaus sind. Staroměstské náměstí 27, Staré Město. Ⓜ A Staroměstská.

Manufaktura → Karte S. 136/137 **(35)**, Kunsthandwerk und Naturprodukte von bemalten Ostereiern über Holzspielzeug bis zu wohl duftenden Seifen. Mehrere Filialen, eine große in der Melantrichova 17, Staré Město. Ⓜ A, B Můstek.

Jan Petr Obr Fine Bohemian Paper → Karte S. 136/137 **(19)**, schönes handgemachtes Papier. Man kann sich auch eigenes Briefpapier oder sein eigenes Siegel anfertigen lassen. Nostalgische Ladeneinrichtung. Ⓛ nur Mo–Fr 10–18 Uhr. Staroměstské náměstí 12 (Palais Kinský), Staré Město. Ⓜ A Staroměstská.

Abram Kelly Manufactura → Karte S. 116/117 **(12)**, und nochmal schönes handgemachtes Papier. Senovážné náměstí 16, Nové Město. Ⓜ C Hlavní nádraží.

Mode

In Prag gibt es die gleichen Allerweltskollektionen von *C & A* über *H & M* bis *Zara* zu ähnlichen Preisen wie daheim. Designerware à la *Armani* oder *Versace* kauft man besser zu Hause (mehr Auswahl und i. d. R. erheblich billiger). Es lohnt jedoch ein Blick in die Boutiquen junger tschechischer Designer(innen) und in die witzigen Vintage-Läden, von denen in den letzten Jahren mehr und mehr entstanden sind. Die meisten finden Sie im Stadtteil Josefov. Zu einer kleinen "Fashion Street" mit einer ganzen Reihe von Modeläden mit individuellem Touch hat sich auch die Straße Karoliny Světle in der Altstadt entwickelt.

Pavla & Olga → Karte S. 165 **(16)**, lustige Mischung aus Boutique und Schneiderwerkstätte der freundlichen Schwestern Pavla und Olga Michalková. Jedes Stück ist ein Unikat, manche sind sehr originell, andere schlicht-elegant. Auch Maßanfertigungen. Schon die britische Popband Blur und das tschechische Model Teresa Maxová ließen sich von Pavla und Olga einkleiden. Ⓛ nur Mo–Fr 14–18 Uhr. Vlašská 13, Malá Strana. Ⓢ 12, 20, 22 Malostranské náměstí. Filiale in der Karoliny Světlé 30 (**46**, Karte S. 136/137) in der Altstadt.

Toalette → Karte S. 136/137 **(64)**, Retro ohne Ende, vor allem lustige Kleider, secondhand und neu. Ein Teil davon sind Eigenkreationen der Inhaberin Monika Burdová. Karoliny Světlé 9, Staré Město. Ⓜ B Národní třída o. Ⓢ 6, 9, 18, 21, 22 Národní třída.

Temptation → Karte S. 116/117 **(10)**, T-Shirts mit Aufdrucken wie "Barbie is a Bitch", knatschbunte Unterhosen für *Sie* und *Ihn*, dazu jede Menge witzige Handtaschen. Hybernská 1, Nové Město. Ⓜ B Náměstí Republiky.

Leeda Fashion Store → Karte S. 136/137 **(63)**, junge Mode in Leuchtfarben. Ein paar Entwürfe stammen vom tschechisch-britischen Stararchitekten (!) Jan Kaplický, der damit in ein ganz neues Metier eingedrungen ist. Bartolomejská 1, Staré Město. Ⓜ B Národní třída o. Ⓢ 6, 9, 18, 21, 22 Národní třída.

Phase 2 Boutique → Karte S. 165 **(17)**, Läden wie dieser entstehen in Prag derzeit zuhauf (gehen aber auch zuhauf wieder ein). Freundliches Vintage-Lädchen mit ebensolchem Personal. Neben Klamotten auch Schuhe, Handtaschen und Gürtel. Tržiště 8, Malá Strana. Ⓢ 12, 20, 22 Malostranské náměstí.

Vintage → Karte S. 136/137 **(42)**, ähnliches Angebot. Michalská 18, Staré Město. Ⓜ A, C Můstek.

Incognito Designers Room → Karte S. 157 **(10)**, Mode aus Israel, im Jüdischen Viertel ideal platziert. Im schönen Laden gibt es tolle Stücke, auch Schmuck. Zu den Designern gehören Hagar Salat, Tifa Arts, Katomenta, Kisim und Dikla Kedem. Vězeňská 6, Josefov. Ⓜ B Náměstí Republiky.

PTA 5 → Karte S. 157 **(25)**, von den Edelboutiquen entlang der Pariser Straße die mit der originellsten Schaufensterdeko. Klasse Klamotten ausgewählter Designer aus Japan, Italien, England, den USA und der Schweiz. Stella McCartney gehört zu den klangvollsten Namen. Pařížská 4, Josefov. Ⓜ A Staroměstská.

Shopping in der Altstadt

Timoure Et Group → Karte S. 157 **(13)**, sportlich-dezente Designerkleidung aus Tschechien in schlichten Farben. V Kolkovně 6, Josefov. Ⓜ A Staroměstská.

Tatiana → Karte S. 157 **(23)**, die Besitzerin schneidert auch Filmkostüme. Mal elegant, mal cool und überaus sexy. Dušní 1, Josefov. Ⓜ A Staroměstská.

Bohème → Karte S. 157 **(19)**, u. a. Taschen und Jeans. Vieles ist unifarben und schlicht-elegant. Dušní 8, Josefov. Ⓜ A Staroměstská.

Klára Nademlýnská → Karte S. 157 **(20)**, Luxusmode, vorrangig in Schwarz und Grau. Die Inhaberin hat lange Jahre in Paris gelebt. Dlouhá 3, Josefov. Ⓜ A Staroměstská.

Hana Havelková / Radka Kubková → Karte S. 157 **(15)**, schlichte Eleganz für die noch nicht ganz ausgewachsene Dame. Hana Havelková ist Gewinnerin vieler tschechischer Designerauszeichnungen, Radka Kubková bekannt für ihre hübschen Accessoires. Dušní 10, Josefov. Ⓜ A Staroměstská.

Martina Nevařilová → Karte S. 157 **(6)**, hat sich auf nette Strickklamotten wie Pullis oder Schals spezialisiert. Elišky Krasnohorské 4/11, Josefov. Ⓜ A Staroměstská.

Bedřich Pavlačka, → Karte S. 224/225 **(14)**, schneidert Mode mit einem leichten Gotiktouch. Sehr witzig. Showroom in der Slezská 37, Vinohrady. Ⓜ A Jiřího z Poděbrad.

Backstage → Karte S. 136/137 **(12)**, Second-Hand-Mode großer Designer wie Chanel oder Versace. Eine Versace-Jeans ist ab 50 € zu bekommen. Sa/So geschl. Týnská 8, Staré Město. Ⓜ A Staroměstská.

Ivana Follová, Karte S. 116/117 **(40)**, Mode für ältere Damen, passend zum Spaziergang mit Pudel oder Dackel. Vodičkova 36, Nové Město. Ⓢ 3, 9, 14, 24 Vaclavské náměstí.

Jozef Sloboda, trendige Klamotten für Männer à la *Hugo Boss Orange*. Na příkopě 12 (im Shoppingcenter Černá Růže), Nové Město. Ⓜ A, B Můstek.

Bat'a → Karte S. 116/117 **(21)**, größter Bat'a-Laden der Stadt, auf sechs Etagen. Es werden auch Schuhe anderer Hersteller verkauft. Václavské náměstí 6, Nové Město. Ⓜ A, B Můstek.

Fashion Gallery No. 14 → Karte S. 116/117 **(51)**, die Boutique der tschechischen Modeschöpferin Nikkita. Lustige, farbenfrohe Schnitte für junge Leute. Größtenteils Unikate. Auch Schmuck. Opatovická 14, Nové Město. Ⓜ B Národní třída o. Ⓢ 6, 9, 18, 21, 22 Národní třída.

Pietro Filipi → Karte S. 116/117 **(27)**, wo Italien draufsteht, muss nicht Italien drin sein – die Modekette wurde 1993 in Tschechien ins Leben gerufen. Schnörkellose Damen- und Herrenmode. Národní 31, Nové Město. Ⓜ B Národní třída o. Ⓢ 6, 9, 18, 21, 22 Národní třída.

Kenvelo, Filialen der erfolgreichen tschechischen Jeansmodenkette sind überall im Zentrum zu finden. Gegründet wurde Kenvelo 1991 von Dany Himi, einem aus Israel stammenden Geschäftsmann. "Ken-ve-lo" ist Hebräisch und bedeutet "Ja und nein".

Shoppingmalls

Palladium → Karte S. 136/137, größte Shoppingmall der Innenstadt, 2007 eröffnet. 170 Läden. Alle bekannten Marken sind vorhanden. Ein Tipp ist die Foodmeile im Obergeschoss! Náměstí Republiky, Staré Město. Ⓜ B Náměstí Republiky.

Zudem kann man einen Blick in die kleineren Shoppingmalls **Slovanský dům (11)** und **Černá Růže (14)** werfen, beide an der Einkaufsmeile Na příkopě in der Neustadt (→ Karte S. 116/117) gleich ums Eck.

Außerhalb des touristischen Zentrums liegen u. a. folgende Shoppingtempel:

Centrum Chodov, im Südosten Prags. Über 200 Läden. Direkt an der Metrostation. Ⓜ C Chodov.

Palác Flora → Karte S. 216/217, übersichtliches Shoppingcenter auf vier Etagen, die oberste belegen Kinos und Restaurants. Ebenfalls direkt an der Metrostation. Ⓜ A Flora.

Metropole Zličín, ähnliche Läden (rund 100) wie im Palác Flora und Centrum Chodov. Ebenfalls direkt an der Metrostation. Ⓜ B Zličín.

Zlatý anděl und **Nový Smíchov** → Karte S. 205, zwei benachbarte Shoppingcenter im Stadtteil Smíchov. Im Nový Smíchov zudem ein großer Supermarkt. Nádražní. Ⓜ B Anděl.

Märkte

Ansammlungen von Ramsch-, Obst- und Gemüseständen findet man meist abseits des Stadtzentrums an den Zugängen zu den Metrostationen. Märkte à la *Camden Market* gibt es in Prag jedoch nicht.

Bleší trh, großer Flohmarkt auf dem Gelände einer ehemaligen Stahlgießerei im nordöstlichen Stadtteil Vysočany. Überwiegend billigster Trödel (Bücher, Wohnmüll, Kleidung usw.), dazu geklaute Autoradios und Neuware von Plastikschuhen bis Waschpulver. Imbissstände mit Speckwürsten und Kartoffelpuffer. ⌚ Sa/So 6–14 Uhr. Ⓜ B Kolbenova, dann den Massen hinterher.

Sammlermarkt in Buštěhrad, der zweimal monatlich freitags und samstags stattfindende Antiquitäten- und Trödelmarkt im ca. 30 km westlich von Prag gelegenen Örtchen Buštěhrad gilt laut eigener Webseite als drittgrößter Markt dieser Art in Europa. Ein Treffpunkt von Händlern, Sammlern und Neugierigen. Die Hölle los ist hier allerdings nur Freitagvormittag, danach herrscht schon bald tote Hose! Infos über genaue Zeiten auf www.bustehradantik.cz. Ca. alle 30 Min. von Ⓜ A Dejvická mit dem Bus zu erreichen (Abfahrt gegenüber dem Hotel Diplomat). Der Markt befindet sich von Prag kommend am Ortseingang rechter Hand.

Havelské tržiště, → Karte S. 136/137. Tägl. Touristenmarkt in der Altstadt (→ Spaziergang, S. 133). Havelská, Staré Město. Ⓜ A, B Můstek.

Pražská tržnice → Karte S. 210/211 **(11)**, der „Prager Markt", der sich neuerdings mit dem etwas euphemistischen Namen "River Town" vermarktet, ist ein Tohuwabohu aus asiatischen Ramschständen, kleinen Läden, Supermärkten, Imbissständen und einem Gemüsemarkt in einer Halle. So geschl. Ⓜ C Vltavská, weiter mit Ⓢ 1, 3, 5, 25 Pražská tržnice.

Lebensmittel

Culinaria → Karte S. 136/137 **(52)**, Feinkostladen, in dem man sich nicht nur mit französischem Olivenöl, englischen Edelkeksen oder Asiasaucen eindecken, sondern auch leckere Kleinigkeiten essen oder frisch gepresste Fruchtsäfte trinken kann. Skořepka 9, Staré Město. Ⓜ B Národní třída o. Ⓢ 6, 9, 18, 21, 22 Národní třída.

Zemark Lahůdky → Karte S. 116/117 **(43)**, großer Delikatessenladen. Feinkost, Spirituosen, Absinth in allen Variationen. Václavské náměstí 44, Nové Město. Ⓜ A, B Můstek oder A, C Muzeum.

Vinotéka U Svatého Gorazda → Karte S. 116/117 **(70)**, Weinladen mit einer guten Auswahl an besseren tschechischen Tropfen, auch vom Fass. ⌚ nur Mo–Fr 12.30–19.30 Uhr. Gorazdova 14, Nové Město. Ⓜ B Karlovo náměstí.

Vinotéka Vineus → Karte S. 210/211 **(15)**, breites Angebot an sehr guten mährischen Weinen. Milady Horákové 6, Holešovice. Ⓜ C Vltavská, weiter mit Ⓢ 25 Kamenická.

Musik

Maximum Underground → Karte S. 136/137 **(37)**, versteckter Platten- und CD-Laden (Punk, Hardcore und Indie). Dazu Tattoo- und Piercingstudio, Trend- und Skaterkleidung. Jilská 22/1. Stock, Staré Město. Ⓜ A, B Můstek.

Bontonland → Karte S. 116/117 **(17)**, größter Plattenladen Tschechiens. Pop und Rock, Jazz und Klassik. Na příkopě 2 (unter dem Kenvelo-Laden), Nové Město. Ⓜ A, B Můstek.

CD Bazar → Karte S. 116/117 **(65)**, großer, bunt gemischter Second-Hand-CD-Laden in der Krakovská 2, Nové Město. Eine Tür weiter, in Hausnr. 4, kann man sich im dazugehörigen Laden mit gebrauchten Jazzscheiben eindecken. Ⓜ A, C Muzeum.

Sirius Smart Sounds → Karte S. 116/117 **(47)**, ein Tipp für Vinylsüchtige. Im stylishen Laden des Krefelders Tobias Moshövel gibt es die guten alten Platten genauso wie CDs. Der Schwerpunkt liegt auf elektronischer Musik, dazu sind DJ-Ausrüstungen im Angebot. ⌚ ab 12 Uhr. V jirchářích 12, Nové Město. Ⓜ B Národní třída o. Ⓢ 6, 9, 18, 21, 22 Národní třída.

Antiquitäten/Trödel

Hochwertigere Antiquitätengeschäfte findet man geballt im Stadtteil Josefov und in der Altstadt rund um den Betlémské náměstí. In allen anderen Stadtteilen dominieren Trödelläden *(bazar zastavárna)* mit einem oft recht bunten Warensortiment. Wer Glück hat, findet dort noch Relikte aus vorrevolutionärer Zeit. Ein paar interessante Adressen:

Vetešnictví → Karte S. 165 **(35)**, uriger Trödelladen, von innen wie von außen. Auf engem Raum stapeln sich Gläser, Bücher, Spielzeug, Messer, Lampen, Möbel, Bilder etc. Vitězná 16, Malá Strana. Ⓢ 6, 9, 12, 20, 22 Újezd.

Antique Music Instruments → Karte S. 182/183 **(11)**, der Name sagt alles. Dazu ein paar Ikonen. Nebenan ein Laden mit ähnlichem Angebot. Pohořelec 9, Hradčany. Ⓢ 22 Pohořelec.

Starožitnosti Pod Kinskou → Karte S. 205 **(4)**, viele bereits restaurierte Antiquitäten. Kinského náměstí 7, Smíchov. Ⓢ 6, 9, 12, 20 Švandovo divadlo.

Antique Cinolter → Karte S. 157 **(21)**, böhmischer Granatschmuck, Biedermeierbroschen, Meissner Porzellan, Glas etc. Maiselova 9, Josefov. Ⓜ A Staroměstská.

Art deco Galerie → Karte S. 136/137 **(36)**, ausgefallener Nobeltrödler. Das meiste im Stil der 20er Jahre, viel Kleidung. ⌚ nur Mo–Fr 14–19 Uhr. Michalská 21, Staré Město. Ⓜ B Národní třída o. Ⓢ 6, 9, 18, 21, 22 Národní třída.

Bric à Brac → Karte S. 136/137 **(14)**, besserer Trödel, darunter alte deutschsprachige Schilder, schöne Gläser. Tynská 7, Staré Město. Ⓜ A Staroměstská.

Dorotheum → Karte S. 136/137 **(33)**, das älteste Auktionshaus Europas, gegründet 1707 in Wien. Alles, was angeboten wird, ist antik und teuer: Porzellan, Zigarettenetuis, Orden, Glas, Gemälde usw. Ovocný trh 2, Staré Město. Ⓜ A, B Můstek.

Art Deco → Karte S. 116/117 **(46)**, schöne und ausgefallene Lampen. Pštrossova 35, Nové Město. Ⓢ 6, 9, 18, 17, 21, 22 Národní divadlo.

Svítidla→ Karte S. 216/217 **(7)**, ebenfalls auf alte Lampen und Leuchter spezialisiert, dazu Ersatzgläser. Husitská 41, Žižkov. Ⓜ B, C Florenc, weiter mit Ⓑ 133 U Památníku.

Antik v Dlouhé → Karte S. 136/137 **(3)**, hier liegt der Schwerpunkt auf tollen Art-Déco-Lampen, das Stück ab 270 €. Dlouhá 37, Staré Město. Ⓜ B Náměstí Republiky.

Bazar Antik → Karte S. 216/217 **(1)**, neben Möbeln viel Kurioses: Säbel, Schaukelpferde, selbst Särge (ungebraucht). Pobřežní 21, Karlín. Ⓜ B, C Florenc.

Antiquariate

Im Zentrum gibt es eine Vielzahl von Antiquariaten, wo man zwischen alten Stichen, Prager Skizzen, vergilbten Fotografien und diversen deutschsprachigen Bänden stöbern kann. Eine kleine Auswahl:

U Zlaté Číše → Karte S. 165 **(7)**, eines der schönsten Antiquariate der Kleinseite. Nerudova 16, Malá Strana. Ⓢ 12, 20, 22 Malostranské náměstí.

Antikvariát → Karte S. 157 **(18)**, Literatur zum jüdischen Leben in Prag, zweisprachige Gebetbücher (deutsch/hebräisch), aber auch Erstausgaben deutscher Klassiker. Široká 7, Josefov. Ⓜ A Staroměstská.

Jan Placák → Karte S. 136/137 **(54)**, ebenfalls auf Kunstbücher spezialisiert. Galerie angeschlossen. Betlémská 10–14, Staré Město. Ⓜ B Národní třída.

Antikvariat Můstek → Karte S. 116/117 **(25)**, größere Auswahl an deutschen Büchern, Landkarten, Drucken etc. Národní 40, Nové Město. Ⓜ A, B Můstek.

Antikvariát Bělehradská → Karte S. 224/225 **(23)**, hier kann man gute Schnäppchen an deutschsprachiger Literatur machen, da etwas ab vom (touristischen) Schuss. Bělehradská 96, Vinohrady. Ⓜ C I. P. Pavlova.

Antikvariát, → Karte S. 224/225 **(12)**, Noten, Bücher, Platten, ebenfalls abseits vom Schuss und gut für Schnäppchen. Leider recht kleiner Laden. Vinohradská 66, Vinohrady. Ⓜ A Jiřího z Poděbrad.

Antikvariát Eva Kozáková → Karte S. 116/117 **(66)**, unordentlich gefüllte Regale und viele Studenten unter den Kunden. Neben Belletristik auch viel Wissenschaftliches. Myslíkova 10, Nové Město. Ⓜ B Karlovo náměstí.

Buchhandlungen

Vitalis → Karte S. 165 **(10)**, deutsche Buchhandlung des gleichnamigen Prager Verlags. Viel Literatur zur Stadt, Übersetzungen tschechischer Autoren, zudem Kafka & Co. U Lužického semináře 19, Malá Strana. Ⓜ A Malostranská.

Buchhaus Kanzelsberger → Karte S. 116/117 **(20)**, alteingesessenes Buchgeschäft auf mehreren Etagen. Auch Noten und deutschsprachige Literatur. Dazu ein nettes Café im ersten Stock. Václavské náměstí 4, Nové Město. Ⓜ A, B Můstek.

Shakespeare & Sons → Karte S. 165 **(21)**, Filiale des Buchladens und Cafés in Vinohrady (→ S. 230). Englischsprachige Bücher jeder Art, man kann auch tauschen. U Lužického seminaře 10, Malá Strana. Ⓢ 12, 20, 22 Malostranské náměstí.

Sonstiges

Flamingopark → Karte S. 216/217 **(25)**, witzige Geschenkideen im Retrostil: Wecker, Schürzen, Einkaufstaschen, T-Shirts und und und... Vlkova 11, Žižkov. Ⓢ 5, 9, 26 Husinecká.

Zlatá Loď → Karte S. 136/137 **(56)**, Zeichen- und Künstlerbedarf; große Auswahl. Etwas versteckt gelegen. Národni 37/Platýz-Passage, Staré Město. Ⓜ A, B Můstek.

Sanu Babu → Karte S. 136/137 **(32)**, breit gefächertes Angebot an Kunsthandwerksprodukten aus Asien und Afrika: Trommeln, Buddhas, Schmuck, ausgefallene Kleidung etc. Mehrere Läden im Zentrum, u. a. an der Michalská 20, Staré Město. Ⓜ B Národní třída o. Ⓢ 6, 9, 18, 21, 22 Národní třída.

Kubista → Karte S. 136/137 **(27)**, Bücher, Vasen, Möbel, Kaffeeservice, Aschenbecher – alles im Zeichen des Kubismus. Ovocný trh 19, Staré Město. Ⓜ B Náměstí Republiky.

Modernista → Karte S. 136/137 **(26)**, noch ein Tipp für Designfans. Neue und gebrauchte Designermöbel, darunter ebenfalls viele kubistische Stücke. Celetná 12, Staré Město. Ⓜ A, B Můstek.

Nacko → Karte S. 116/117 **(1)**, Wohn- und Küchenaccessoires, darunter auch internationale Marken. Gut für lustige Mitbringsel. Revoluční 24, Nové Město. Ⓜ B Náměstí Republiky.

Galerie U rytíře Kryštofa → Karte S. 136/137 **(31)**, falls Sie zu einem Ritterfest geladen werden, finden Sie hier Schwerter, Ritterrüstungen und Burgfräuleinkostüme. Kožná 8, Staré Město. Ⓜ A, B Můstek.

Preciosa → Karte S. 116/117 **(15)**, böhmisches Kristall aus dem nordböhmischen Jablonec für die Wohnzimmerdecke: Kronleuchter über Kronleuchter, z. T. im Design der 80er Jahre. Jindřišská 19, Nové Město. Ⓢ 3, 9, 14, 24 Jindřišská.

Foto Škoda → Karte S. 116/117 **(39)**, das größte Fotogeschäft der Republik. Jede Menge neue und gebrauchte Kameras und Objektive sowie viel Zubehör. Vodičkova 37, Nové Město. Ⓜ A, B Můstek.

Belda Factory → Karte S. 116/117 **(37)**, überwiegend Schmuck, aber auch Vasen und Tassen in modernem, farbenfroh-pfiffigem Design aus Trutnov (Nordböhmen). Mikulandská 10, Nové Město. Ⓢ 6, 9, 18, 17, 21, 22 Národní divadlo.

Studio Šperk → Karte S. 136/137 **(9)**, schöner, hochwertiger Granatschmuck aus Tschechien. Dlouhá 19, Staré Město. Ⓜ B Náměstí Republiky.

Mehrwertsteuerrückerstattung: Schweizer Staatsbürger, die in Geschäften mit einem Tax-free-Symbol am Schaufenster einkaufen, können sich bei der Ausreise an so genannten „Cash Refund Offices" (an mehreren Grenzübergängen und am Flughafen) die Mehrwertsteuer von 19 % zurückerstatten lassen. Der Rechnungsbetrag muss jedoch mehr als 2500 Kč betragen. Dafür bedarf es eines vollständig ausgefüllten Tax-free-Schecks vom Verkäufer, der bei der Ausreise vom tschechischen Zoll abgestempelt werden muss.

Prag: Stadt der hundert Türme

Geschichte

Was der Stadt heute den besonderen Reiz verleiht, ist das Erbe des alten, multikulturellen Prags – das Prag der Tschechen, Deutschen und Juden. Die feudalen Palais, großen Theater oder prachtvollen Bürgerhäuser sind dabei aber nicht das Resultat eines einstigen Miteinanders. Das Gegenteil war der Fall. Bis zur Mitte des 20. Jh. herrschte eine vehemente Konkurrenz der Kulturen, insbesondere zwischen der deutschen und der tschechischen. Doch obwohl sich alle beteiligten Gruppen nicht sonderlich mochten, so wussten sie dennoch lange voneinander zu profitieren. Wie es dazu kam und was daraus wurde im Überblick:

Böhmen und Tschechen – die Vorgeschichte

Die ersten Siedlungen auf dem Gebiet des heutigen Prag entstanden ca. 3000 v. Chr. Alte Handelswege kreuzten hier, da sich die Moldau an einer Furt leicht überqueren ließ. Im 5. Jh. v. Chr. drangen die Bojer, einer der bedeutendsten keltischen Stämme nach Mitteleuropa vor. Es waren Prunk liebende Krieger, die befestigte, stadtähnliche Siedlungen schufen. Eine solche fanden Archäologen u. a. in Závist, im heutigen Prager Südwesten. Noch vor Christi Geburt wichen sie anderen einfallenden Stämmen, dem Land hinterließen sie aber ihren Namen, auf Lateinisch *Boiohaemum,* Böhmen. Aber nicht nur der Begriff Böhmen geht auf die Bojer zurück, auch „Bayern“.

Im Zuge der Völkerwanderung stießen Anfang des 6. Jh. westslawische Stämme bis an die Moldau vor, der Mythologie zufolge auch einer mit einem Anführer namens Čech. Dessen Clan sollte ebenfalls namengebend für Land und Leute werden. Schon in der zweiten Hälfte des 6. Jh. aber wurden diese Stämme von den Awaren unterworfen, ein zu den Hunnen gehörendes, nomadisierendes Steppenvolk aus Zentralasien. Die Awaren, die eine ständige Bedrohung des Fränkischen Reiches darstellten, vertrieb wiederum Karl der Große im Jahr 796. Die Fürstentümer Böhmens, Mährens und der Westslowakei fielen damit an das Fränkische Reich. Aufgrund der geforderten hohen Tributzahlungen schlossen sie sich aber gegen das Fränkische Reich zusammen (Jahrhunderte später prägten Historiker dafür den Begriff „Großmährisches Reich"), wobei die Tschechen den dominierenden Stamm bildeten. Um auch religiös unabhängig zu werden (die Region gehörte zum fränkischen Bistum Regensburg), bat man Byzanz um Unterstützung. Missionare wurden gesandt, angeführt von den Brüdern Kyrill und Method, die das Evangelium nicht in Latein, sondern in der Landessprache verkünden sollten. Am 5. Juni 863 trafen die beiden „Apostel der Slawen" in Mähren ein (seit der Samtenen Revolution ist dieser Tag ein Feiertag in Tschechien).

Es war eines der letzten großen Ereignisse, das die Chronisten jener Zeit schilderten, ohne von Prag zu berichten. Die Entstehung der Stadt zeichnete sich aber bereits mehr als deutlich ab, und auf der heutigen Kleinseite existierte schon eine große Zahl an Gehöften.

Aller Anfang war die Burg

In der zweiten Hälfte des 9. Jh. siedelte der erste christliche Herrscher Böhmens, Herzog Bořivoj I., von seiner Burgstätte Levý Hradec (im Norden Prags) auf jenen Bergrücken über, der sich heute Hradčany nennt. 883 begann man mit dem Bau der Burg, zwei Jahre später zog der Herzog ein. Mit Bořivoj I. tritt zugleich der erste Herrscher aus dem Geschlecht der Přemysliden in den Chroniken des Landes auf, einem Geschlecht, dessen Ursprung sagenumwoben ist (→ Kasten „Libušes Liebe und Visionen", S. 240) und das die Geschicke Böhmens bis zum Anfang des 14. Jh. lenken sollte.

Bořivojs Sohn Spytihněv I. wandte sich wieder der lateinischen Kultur des Westens zu und löste die Tschechen aus der Sphäre des Großmährischen Reiches, was zugleich dessen Untergang einläutete. Darin wurzelt übrigens die soziale und kulturelle Trennung zwischen Tschechen und Slowaken, die trotz späterem gemeinsamen Staat nie überwunden wurde. Die Tschechen verbündeten sich mit dem fränkischen Kaiser Arnulf, die Slowaken wurden von den Magyaren, dem Urvolk der Ungarn, unterjocht.

Nach dem Tod Spytihněvs I. 915 übernahm dessen Bruder Vratislav I. die Regierung Böhmens. Als dieser starb, kamen seine Söhne an die Macht. Václav zuerst (→ Kasten „Heiliger oder Lebemann", S. 195), danach der jüngere Boleslav, der seinen Bruder kurzerhand ermordet hatte und daher den Beinamen „der Grausame" trägt. Dieser strebte eine weitgehende Autonomie seines Herzogtums an, doch seine Politik schlug fehl. 950 stand das Heer des deutschen Königs und späteren Kaisers Otto des Großen vor der Tür, und Böhmen wurde Teil des karolingischen Ostfrankenreiches.

Von Boleslav, Vratislav, Vladislav ...

Im Jahr 965 traf der aus Spanien stammende jüdische Gelehrte Ibrahim ibn Ya' qub ein. Seinem Reisebericht ist zu entnehmen, dass unterhalb der Prager Burg bereits ein blühendes Marktzentrum entstanden war, in dem Slawen, Muslime und Juden lebten. Gehandelt wurde damals mit Sklaven, Zinn und Pelzen.

973 unter Boleslav II. wurde Prag von der Diözese Regensburg unabhängig und zum selbstständigen Bistum erhoben; erster Bischof wurde der sächsische Benediktiner Thietmar. In jener Zeit entstanden auch die ersten Klöster. Gegen Ende des 10. Jh. wurde zudem flussaufwärts die Burg Vyšehrad (im

Wie gemalt: das Panorama der Prager Burg

heutigen Prager Süden gelegen) befestigt und mit einer Münzprägstätte ausgestattet. Als Herzog Vratislav II. 1061 den Thron bestieg, verlegte er die Residenz der Přemysliden nach Vyšehrad. Vratislav II. wurde übrigens aufgrund seiner militärischen Verdienste in Oberitalien von Kaiser Heinrich IV. 1085 zum ersten König Böhmens erhoben (von da ab nannte er sich Vratislav I.). Die Rückorientierung auf die Prager Burg erfolgte unter der Regierungszeit Soběslavs I. (1125–1140) und keiner der nachfolgenden Regenten tat noch etwas, um den Prunk auf Burg Vyšehrad wieder aufleben zu lassen.

Im Jahr 1158 ließ Soběslavs Neffe Vladislav II. die erste Steinbrücke über die Moldau errichten, die nach seiner Frau Judithbrücke genannt wurde. Dieser wichtige Übergang trug erheblich zur Entwicklung der Stadt bei. Insbesondere am rechten Moldauufer siedelten daraufhin mehr und mehr Kolonisten, vorrangig aus Bayern und Sachsen. Und nachdem Soběslav II. Juden, Italienern und Deutschen das Recht auf Selbstverwaltung zugestanden hatte, war deren Zuzug enorm. Man schätzt, dass in der zweiten Hälfte des 13. Jh. bereits 35.000 Menschen dort lebten, denen Hungersnöte und Pestepidemien allerdings immer wieder schwer zu schaffen machten. Zu jener Zeit ging auch der Name „Prag" von der Burg auf die Stadt darunter über. Mehr als 15 Kirchen hatte sie bereits aufzuweisen, dazu zwei Synagogen. Das Handelszentrum, das aus mehreren Märkten bestand, umgab eine Befestigungsmauer, die entlang der heutigen Fußgängerzone Na příkopě (Am Graben), die die Alt- von der Neustadt trennt, verlief. Drum herum erstreckten sich viele kleine Ansiedlungen.

Von Böhmens Niedergang und dem Aufstieg Prags

Mit dem Tode König Václavs III. 1306 endete die Přemysliden-Dynastie. Da die Přemysliden keinen männlichen Thronfolger mehr stellen konnten, erlebte Prag lang anhaltende innerpolitische Wirren mit Rebellion und Anarchie, die erst 1310 enden sollten, als der tschechische Adel Johann von Luxemburg die böhmische Krone anbot. Dieser verfolgte während seiner Regentschaft ehrgeizige militärische Ziele. Feldzüge aber sind bekanntlich teuer, der Adel und das Volk verarmten. Der König selbst bezahlte zuerst mit seinem Augenlicht und 1346 auf dem Schlachtfeld mit seinem Leben.

Als sein Sohn, der Kronprinz, 1333 aus Frankreich nach Böhmen kam, fand dieser die Burg in einem so verwahrlosten Zustand vor, dass er sich zunächst eine Unterkunft in der Altstadt suchen musste. Auf den Namen Wenzel war der junge Spross nach seiner Geburt im Jahr 1316 noch getauft worden, doch am königlichen Hof in Paris, wo er erzogen wurde, nahm er den Namen seines Idols und Onkels Karl an. Er galt als klug, kunstsinnig und sehr fromm. Bereits 1344 übertrug ihm sein Vater die Verwaltung Böhmens. Wer ahnte wohl damals, dass gerade dieser 28-Jährige ein goldenes Zeitalter einleiten und Prag zu den bedeutendsten Städten Europas, zum Mittelpunkt des Heiligen Römischen Reiches machen sollte.

Die Nepomuk-Legende

Den Intrigen zwischen Kirche und Krone Ende des 14. Jh. fiel der Generalvikar des Prager Erzbischofs, Johann aus Nepomuk (ursprünglich nur Pomuk), zum Opfer. Wenzel IV. hatte ihn zu Tode foltern und in die Moldau werfen lassen. Drei Jahrhunderte später, während der Gegenreformation, spannen die Jesuiten daraus die Geschichte vom schweigsamen Beichtvater Nepomuk, der die Beichtgeheimnisse der Königin nicht preisgeben wollte und deswegen sterben musste. Zum Beweis für seine Schweigsamkeit exhumierten sie seinen Leichnam und fanden seine unverweste Zunge, die sie der Welt zur Schau stellten. (Laut weniger frommen Quellen soll es sich dabei um das verschrumpelte Gehirn gehandelt haben.) 1729 erfolgte schließlich die Heiligsprechung Johann Nepomuks. Acht Tage dauerten die prunkvollen Feierlichkeiten in Prag. Durch sein Denkmal auf der Karlsbrücke, 1683 errichtet, wurde er zum wichtigsten Brückenheiligen der katholischen Welt.

Noch im selben Jahr 1344 ließ der neue Herrscher den Grundstein des Sankt-Veits-Doms legen, einer mächtigen Kathedrale für das ebenfalls neu geschaffene Erzbistum Prag. Und nachdem er als Karl IV. 1347 den böhmischen Königsthron bestiegen hatte, gründete er Mitteleuropas älteste Universität (1348), die bis heute seinen Namen trägt. Auch das auf der rechten Seite der Moldau gelegene Viertel Nové Město, die Neustadt, ließ er mit weiten Straßen und Plätzen anlegen. Der Grundriss dieses Stadtteils blieb übrigens bis ins 19. Jh. fast unverändert. Und nachdem er 1355 in Rom zum Kaiser des Heiligen Römischen Reiches gekrönt worden war, wurde für die Aufbewahrung der Reichskleinodien die Burg Karlštejn errichtet. 1357 schließlich ließ Kaiser Karl die durch Treibeis beschädigte Judithbrücke durch das heutige Wahrzeichen Prags – die Karlsbrücke – ersetzen.

Karls Sohn Wenzel IV., der nach dem Tod des Vaters 1378 den Königsthron bestieg, konnte das Erbe nicht auf dem Erfolgskurs weiterführen. Zwei Jahre nach seiner Krönung brach die Pest aus. Es war ein schwerer Schlag für sein Reich und die Stadt Prag. Schätzungen gehen davon aus, dass jeder Siebte dem Schwarzen Tod erlag. Auch politisch hatte Wenzel IV. wenig Glück, er hatte sowohl den böhmischen Adel als auch den hohen Klerus gegen sich aufgebracht, musste sich mit der eigenen Familie und mit den deutschen Kurfürsten herumschlagen und ging in die Geschichtsbücher schließlich als fauler Trunkenbold ein.

Jan Hus und die Folgen

Bereits 100 Jahre vor Martin Luther trat Jan Hus (vermutlich 1370–1415) für eine Reform der Gesellschaft und der Kirche ein. Sein Denkmal blickt heute in Bronze über den Altstädter Ring. Berühmt in der Stadt wurde der Priester durch seine Predigten in der Bethlehemskapelle, wo er dem einfachen Volk aus der Seele sprach.

In Anlehnung an die Thesen des englischen Reformators Wyclif forderte er die Abkehr der Kirche von Besitz und weltlichem Machtstreben. Das konnte nicht gut gehen. 1414 wurde er zum Konzil nach Konstanz beordert. Man sicherte ihm freies Geleit zu. Doch um der Gefahr einer immerwährenden Spaltung der Kirche entgegenzuwirken, verbrannte man ihn auf dem Scheiterhaufen. In Prag und Böhmen erreichte man mit seinem Tod genau das Gegenteil: Hus wurde zum Märtyrer. Die sozialen Spannungen verschärften sich. Es kam zu Unruhen und 1419 mit dem ersten Prager Fenstersturz (→ Kasten „Prager Fensterstürze – eine lange Tradition“, S. 196) zur Revolte. Darüber erboste sich Wenzel IV. so sehr, dass er einen Herzinfarkt erlitt und, so überlieferte es ein Zeitgenosse, „brüllend wie ein Löwe starb“.

Die größte bronzene Reiterstatue der Welt: das Jan-Žižka-Denkmal auf dem Vítkov

Für den Papst waren die Hussiten nichts anderes als Ketzer aus Böhmen, und so erließ er eine Kreuzzugsbulle. Doch die Hussiten stellten Heere auf, triumphierten in der berühmten Schlacht auf dem Vítkov (Veitsberg) mit Jan Žižka als Anführer über das zahlenmäßig weit überlegene Kreuzfahrerheer und verhinderten damit die Einnahme Prags. Krieg auf Krieg folgte, 16 Jahre lang, dann war die Niederlage der Hussiten besiegelt.

In der Folgezeit löste nun ein böhmischer König den anderen ab, darunter waren welche aus dem Geschlecht der Luxemburger, dem der Habsburger und der polnischen Jagellonen. Sie alle aber waren zu schwache Persönlichkeiten für ein Zeitalter religiöser Umwälzungen. Immer wieder kam es zu Konflikten zwischen den konfessionellen Richtungen. Es herrschte Misstrauen und häufig auch Gewalt. Zudem brach im 15. Jh. mehrmals die Pest in Böhmen aus. Die Vorzeichen für ein wieder erblühendes Prag waren alles andere als gut. Aber dennoch sollte sich die Stadt in der zweiten Hälfte des 16. Jh., mittlerweile zählte man rund 60.000 Einwohner, noch einmal zu einer der glanzvollsten Metropolen des Heiligen Römischen Reiches entwickeln.

Am Ende der Regierungszeit von Ferdinand I. und unter seinem Nachfolger Rudolf II. leisteten sich der katholische Adel und der Klerus zahlreiche Paläste, entworfen von italienischen Baumeistern, die den Renaissancestil nach Prag brachten. Bezahlt hatten diese etliche protestantische Adelige mit ihrem Leben und Vermögen. Und das Volk in Böhmen, überwiegend reformierten Konfessionen zugehörig (70 % waren lutherisch), wurde unterdrückt: Protestantische Kirchen wurden eingerissen,

Protestanten verloren Ämter und Privilegien, teilweise sogar ihren Besitz, sie wurden mit Sondersteuern belegt und andere Schikanen mehr.

Dreißig Jahre Krieg

So wundert es nicht, dass 1618 die Spannungen zwischen Protestanten und Katholiken erneut eskalierten. Es kam zum berühmten zweiten Prager Fenstersturz (→ S. 196), der den Dreißigjährigen Krieg zur Folge hatte. Die protestantischen böhmischen Stände verweigerten daraufhin den katholischen Habsburgern die Gefolgschaft und verwiesen den Erzbischof und die Jesuiten des Landes. Ein Jahr später wählten sie den jungen, protestantischen Friedrich von der Pfalz zu ihrem neuen König. Als „Winterkönig" sollte er in die Geschichte eingehen, was ungefähr die Zeitspanne seiner Regentschaft beschreibt. Denn bereits 1620 fügte der Habsburger Ferdinand II. mit seinem kaiserlichen Heer in der Schlacht am Weißen Berg (Bílá hora) den Protestanten eine böse Niederlage zu, mit der er seine Thronrechte über Böhmen wieder durchsetzte. Die Strafe für die Aufständischen folgte auf dem Fuß: 27 Adelige wurden am Altstädter Ring in einem Schauprozess hingerichtet, andere spießte man am Altstädter Brückenturm auf – 10 Jahre lang blieben ihre Überreste dort hängen. Fast die gesamte protestantische Aristokratie und alle nichtkatholischen Geistlichen wurden verfolgt. Wer konnte, verließ das Land. Grund und Vermögen der Geflüchteten fiel loyalen katholischen Adelsfamilien zu, die sich damit prächtige Palais finanzierten.

Als Folge des Dreißigjährigen Krieges war das Land verwüstet, die Bevölkerung um fast zwei Drittel dezimiert. Prag wurde vorübergehend von einem sächsischen Heer besetzt, und als der Westfälische Friede 1648 kam, waren die Schweden gerade dabei, die Kunstschätze der Prager Burg zu plündern.

Doba temna, das dunkle Zeitalter

Der Friede sollte sich für die Tschechen kaum vom Krieg unterscheiden. Die Habsburger regierten Böhmen von nun an aus Wien und ließen das Land durch hohe Steuern förmlich ausbluten. Prags kulturelle und wirtschaftliche Bedeutung war vorüber. Die nächsten zwei Jahrhunderte unter Habsburger Herrschaft bezeichnen die Tschechen daher als das „dunkle Zeitalter", die tschechische Geschichtsschreibung verwendet dafür den Begriff *Doba temna*.

Die Rekatholisierung des Landes wurde flächendeckend durchgesetzt. Alle Formen des Protestantismus wurden verboten. Die Tschechen wurden zu Menschen zweiter Klasse, ihre Sprache zu einem verachteten Dialekt, der nur von Leibeigenen, Bauern, Handwerkern und Dienstboten gesprochen wurde. Hingegen bestand die Händlerschicht überwiegend aus Deutschen, und die deutsche Sprache, die Lingua franca des habsburgischen Zentralismus, wurde zur alleinigen Amtssprache erhoben. Auch wenn die Tschechen unter den Habsburgern litten, der architektonischen Entwicklung Prags kam es zugute. Kirchen und Paläste schwelgten nun im Barock, der heute noch das „Goldene Prag" ausmacht.

1713 erlebte Prag ein verheerendes Jahr: Zum letzten Mal brach die Pest aus, 13.000 Menschen fielen ihr zum Opfer. In eine schwere Zeit geriet die Stadt zudem nach dem Tod Karls VI. 1740. Prag wurde von Bayern, Sachsen, Franzosen und Preußen belagert, die seiner Thronfolgerin Maria Theresia das Erbe streitig machen wollten. Dem Preußen Friedrich II. gelang es 1745 sogar, mit einem Heer von 80.000 Mann Prag vorübergehend einzunehmen. 12 Jahre später versuchte er sein Glück erneut: Diesmal stand er mit über 100.000 Mann vor den Toren der Stadt, und fast genauso viele Kanonenkugeln hagelten auf sie nieder, doch einnehmen konnte er Prag nicht mehr.

Maria Theresias Sohn Joseph II. (1765–1790) reformierte das Habsburgerreich nach den Ideen der Aufklärung. 1774 ließ er die Schulpflicht einführen, 1781 wurde die Leibeigenschaft abgeschafft, was viele Tschechen vom Lande veranlasste, ihr Glück in Prag zu suchen. 1782 gewährte das so genannte Toleranzedikt die Glaubensfreiheit. Sie kam vor allem den Juden zugute. Protestanten gab es ohnehin fast keine mehr, denn die Rekatholisierung des Landes hatte Wirkung gezeigt, 90 % der Bevölkerung waren nunmehr katholisch. Aber weiterhin hielten die Spannungen zwischen reichem Bürgertum und armem Volk an, oder anders ausgedrückt, zwischen dem, was „deutsch" war, und dem, was „tschechisch" war.

August 2002: Prag unter Wasser

Dem Volksglauben nach heißt es, dass großes Unheil die Stadt heimsucht, wenn der Klöppel der Sigmundsglocke im Turm des Sankt-Veits-Doms springt. Das war im August 2002 öfters der Fall. Und das Moldau-Hochwasser, das folgte, war die verheerendste Katastrophe, die die Tschechische Republik bisher erlebt hatte. Im ganzen Land mussten 250.000 Menschen ihre Häuser verlassen – d. h. jeder 40. Tscheche war von den Fluten betroffen. In Prag mussten rund 50.000 Einwohner evakuiert werden. Die Moldau führte 30-mal mehr Wasser als sonst. Am meisten litt der Stadtteil Karlín, wo viele Einwohner nicht nur ihre Wohnung verloren, sondern auch ihre Arbeit. Denn so manch kleinerer Betrieb besaß nicht die Mittel, nach dem Desaster einen Neuanfang in die Wege zu leiten. Ebenfalls schwer in Mitleidenschaft gezogen wurde die Kleinseite, insbesondere die Insel Kampa. Mit Metallbarrieren hingegen konnte man die Altstadt vor dem Allerschlimmsten bewahren. Aber selbst dort liefen viele Keller voll, darunter Archive von Bibliotheken. Noch heute sind Tausende Bände bei -30 °C eingefroren, um sie so bis zu ihrer Restaurierung zu konservieren.

Die nationale Frage stellt sich

Dank der Bildungsreform entstand zu Anfang des 19. Jh. ein kleines intellektuelles Bürgertum. Aus diesem ging die *Národní obrození* hervor, eine Bewegung, die zunächst die Gründung tschechisch-nationaler Vereinigungen in Kunst und Literatur zur Folge hatte. Diese fanden regen Zulauf, zumal durch die industrielle Revolution immer mehr Tschechen nach Prag kamen, so viele, dass auch das zahlenmäßige Verhältnis zwischen Deutschen und Tschechen zugunsten Letzterer kippte.

1843 bildete sich in der heutigen Havelská Nr. 3 ein geheimer politischer Zirkel, der sich *Repea Club* nannte. Junge böhmische Patrioten saßen darin, anti-deutsch eingestellt – kein Wunder in einer Monarchie, die keine Gleichberechtigung kannte, die Presse- und Versammlungsfreiheit verweigerte und deren Erhalt Polizeispitzel und eine Bürokratie garantierten, die für ganz Afrika gereicht hätten. Der Repea Club wandte sich schließlich an die Öffentlichkeit und mobilisierte die Massen gegen die Habsburger. Um die Aufständischen zu besänftigen, erfolgte am 8. April 1848 per kaiserlichem Dekret die Gleichstellung der Sprachen – ein Schritt, der zu spät kam. Der Traum von einem tschechischen Staat war bereits geboren, Straßenschlachten waren die Folge. Doch die Hoffnungen auf eine Hauptstadt namens Praha fanden schon bald ihr Ende. Bereits am 17. Juni 1848 verschaffte sich das österreichische Militär mit schwerem Geschützfeuer wieder Respekt. Aus Angst vor den Militärgerichten flüchteten ca. 20.000 Prager.

Der letzte Hochmut vor dem Fall

Nach der kurzen Erschütterung der Habsburger Herrschaft übte sich die alte Oberschicht deutsch-böhmischer Prägung wieder in Ignoranz und Überheblichkeit. Wie gewohnt belächelte man alles Tschechische. Als sie schließlich 1861 die Mehrheit im Prager Stadtparlament verlor, gefiel sie sich in Larmoyanz bei der Verteidigung ihrer Privilegien.

Die Deutschen machten schon bald nur noch ein Drittel der Bewohner Prags aus. Der Zuzug von Tschechen hielt weiter an. 1872 riss man gezwungenermaßen die Stadtmauern ein und ersetzte kleinere, ältere Gebäude durch neue Gründerzeithäuser. Prag wurde immer größer, auch durch Eingemeindungen, und verwandelte sich zudem in ein industrielles Zentrum (v. a. Schwer- und Textilindustrie). Das Streben der Tschechen nach Souveränität und kultureller Emanzipation war nicht mehr umkehrbar. Es drückte sich u. a. in Repräsentationsbauten wie dem Nationaltheater (1881) und dem Nationalmuseum (1893) aus. Bei der Eröffnung des ersten stand Smetanas *Libuše* auf dem Programm. Der Komponist hatte übrigens auch einen Gesangsverein gegründet, dessen Motto beispielhaft für den tschechischen Geist der Zeit war: „Durch Gesang zum Herzen, durchs Herz zum Vaterland". Die tschechische Kultur mit Musik von Dvořák oder dem Prager Jugendstil fand bald darauf in ganz Europa Anerkennung. Anders aber bei den Deutschen in Prag: Sie behielten ihren Hochmut bei, mehr als zur Unterhaltung in den Wirtshäusern taugten böhmische Musikanten in ihren Augen nicht.

Erster Weltkrieg, erste Republik

Als Erzherzog Franz Ferdinand d'Este, Schlossherr von Konopiště (→ Ziele rund um Prag, S. 245), am 28. Juni 1914 in Sarajevo einem Attentat zum Opfer fiel, ein Ereignis, das schließlich den Ersten Weltkrieg auslöste, sah eine Gruppe von Exilanten die Gelegenheit gekommen, bei den Entente-Mächten für eine unabhängige tschechoslowakische Republik zu werben. Eine Schlüsselrolle unter ihnen nahm Tomáš Garrigue Masaryk ein.

Václav Havel – vom Dichter zum Präsidenten und zurück

Von den meisten Künstlern und Intellektuellen des ehemaligen Ostblocks, die zum Sturz der dortigen Regime beitrugen, spricht man heute kaum noch. Anders ist das bei Václav Havel (geb. 1936). Aus dem gefeierten Dichter wurde ein gefeierter Präsident, und aus dem Präsidenten wieder ein gefeierter Dichter. Havels Familie gehörte dem Großbürgertum der Stadt an. Die Kommunisten enteigneten die Havels, und dem jungen Václav verweigerten sie wegen seiner bourgeoisen Herkunft den Besuch des Gymnasiums. So begann Havels berufliche Laufbahn als Chemielaborant und Taxifahrer. Die Abendschule brachte ihm später ein Wirtschaftsstudium ein, das er jedoch nach zwei Jahren abbrach. 1960 startete Havels Karriere am Theater – zunächst als Kulissenschieber und Beleuchter. Nebenbei absolvierte er ein Fernstudium an der Theaterfakultät, schrieb seine ersten Stücke und stieg zum Dramaturgen auf. 1964 heiratete er Olga Spíchalová. Drei Jahre später erregte Havel auf dem IV. Prager Schriftstellerkongress erstmals politisches Aufsehen, als er die Zensur und die Widersinnigkeit des kommunistischen Machtapparates öffentlich kritisierte. Nach 1968 hatte Havel in der Tschechoslowakei Aufführungs- und Publikationsverbot. Doch Havel verstummte nicht. Fortan führte er sein dramatisches und literarisches Schaffen aus dem Untergrund fort. Die Absurdität jener Zeit verarbeitete er in absurden Theaterstücken. 1977 wurde Havel Mitbegründer und Sprecher der *Charta 77* – zum Ärger der Machthaber (→ S. 101). Viermal wurde er verhaftet, insgesamt saß er 50 Monate im Gefängnis. Aus der verschärften Haft in einer nasskalten Zelle verfasste er seine viel gerühmten *Briefe an Olga*. War Havel in Freiheit, beschattete ihn der Geheimdienst rund um die Uhr. Verfolger und Verfolgter kannten sich im Laufe der Zeit – gerne wird die Geschichte erzählt, dass Havel seine Beschatter auch mal auf ein *Pivo* an den Tresen bat.

Sieben Monate nach seiner letzter Haftentlassung jagte er voller Elan – das ist belegt – mit einem Tretroller durch die Gänge der Präsidentschaftskanzlei. Dahin hatte ihn das Volk nach der Samtenen Revolution geschickt, und dort ging er als letzter Präsident der Tschechoslowakei und als erster Präsident der Tschechischen Republik in die Geschichte ein. Havel gelang es zwar nicht, die Föderation der Tschechen und Slowaken zusammenzuhalten. Als Präsident aber punktete er im In- und Ausland durch seine moralische Integrität. Und die Prager Parteipolitiker beäugten ihn neidisch: Seine glanzvollen Staatsbesuche und -empfänge degradierten sie zu Mauerblümchen. Nach einer Reihe schwerer Schicksalsschläge – 1996 verstarb seine Frau Olga, kurz darauf wurde eine bösartige Geschwulst in seiner Lunge entdeckt – heiratete Havel 1997 die 17 Jahre jüngere Schauspielerin Dagmar "Dása" Veskrnová. Das nahm ihm das Volk übel, das Olga wie eine Heilige verehrt hatte.

2003 endete Havels zweite Amtszeit. Für seine Verdienste wurde er von den Tschechen jüngst zum drittbedeutendsten Mann des Landes gewählt – nach Karl IV. und T. G. Masaryk. Dabei ging der Dichterpräsident mit dem eigenen Volk zuweilen recht hart ins Gericht: „Die Tschechen neigen zum Spießbürgertum, zum Isolationismus und Kleinmut, das ist ein wesentlicher Zug ihrer jüngeren Geschichte." Und Tabus brach er auch – vielen ging es zu weit, dass sich Havel bei den Sudetendeutschen für die Vertreibung entschuldigte. Nach dem Ausscheiden aus der großen Politik sammelte Havel Preise und Auszeichnungen wie andere Briefmarken. 2008 kehrte er mit dem Stück *Odcházení (Abgang)* zurück ins Theater – gefeiert von Kritikern und Publikum. Eine Verfilmung ist geplant.

Und als die habsburgische Monarchie zerschlagen war – Prag blieb übrigens von Kriegshandlungen verschont – wurde die Republik Realität und Masaryk ihr erster Präsident.

Prag war wieder ins Zentrum des politischen Geschehens gerückt, als Hauptstadt der neuen Tschechoslowakischen Republik (ČSR). Und der neue Staat hatte gute Karten, ca. 60 % der Industrieanlagen Österreich-Ungarns waren ihm in intaktem Zustand zugefallen – von heute auf morgen befand sich das Land an 10. Stelle unter den Industrienationen der Welt. Die Bevölkerung war bunt gemischt: 6,8 Mio. Tschechen, 3,1 Mio. Deutsche (über 80 % davon lebten in geschlossenen Siedlungsgebieten in Böhmen und Mähren), 1,9 Mio. Slowaken, 750.000 Ungarn, 460.000 Ukrainer und 70.000 Polen. Um ethnischen und sozialen Spannungen vorzubeugen, wurde unter Masaryk eine der liberalsten Verfassungen jener Zeit verabschiedet. Mit Erfolg, die Stadt erlebte ein neues goldenes Zeitalter, die Moderne hielt Einzug, es entstanden etliche Gebäude im funktionalistischen und kubistischen Stil. Das Radio spielte ab 1923, und göttlichen Fußball die junge Nation: 1934 wurde die Tschechoslowakei Vizeweltmeister. Doch während dieser Zeitspanne wurden peu à peu auch Gesetze verabschiedet, die an den Besitzständen der deutschsprachigen Bevölkerung rüttelten und ihre Rechte einschränkten (z. B. Enteignung durch Agrarreform, Entlassung von über 30.000 deutschsprachigen Beamten, da diese der tschechischen Sprache nicht ausreichend mächtig waren, Schließung deutscher Schulen etc.). Vor allem in den grenznahen, fast rein deutschsprachig besiedelten Gebieten blickten die Menschen deshalb sehnsüchtig ins Reich, wo die Nazis nach der Weltwirtschaftskrise für Aufschwung sorgten, während in der ČSR allein 500.000 Deutsche arbeitslos waren. Die Deutschböhmen formierten sich daraufhin als Sudetendeutsche (die Bezeichnung existierte zuvor noch nicht) und forderten die Selbstbestimmung. 1933 wurde die „Sudetendeutsche Heimatfront“ gegründet, aus der später die „Sudetendeutsche Partei“ hervorging. Ihr Führer war Konrad Henlein, der die Nähe zum Führer in Berlin suchte.

Braune Hosen

Am 29. September 1938 unterzeichneten Hitler, Mussolini, Chamberlain und Daladier das Münchner Abkommen, das die Abtretung der Sudetendeutschen Gebiete ans Deutsche Reich regelte. Zwei Tage später marschierten deutsche Truppen ein. Doch die Nazis wollten mehr. Im März 1939 besetzten sie das restliche Staatsgebiet Tscheschiens – die Slowakei war inzwischen auf deutschen Druck formal unabhängig geworden – und etablierten das Reichsprotektorat Böhmen und Mähren. Sie trafen kaum auf Widerstand, angesichts ihrer militärischen Überlegenheit war das auch kein Wunder. Lediglich in Prag gingen ein paar Studenten auf die Straße – Brutalität war die Antwort. Aufgrund einschüchternder Vergeltungsmaßnahmen der Nazis blieb Widerstand auch in der Folgezeit selten. Ein Beispiel: Auf das tödliche Attentat auf den Reichsprotektor Reinhard Heydrich im Prager Vorort Libeň wurde das ganze Dorf Lidice nordwestlich von Prag – dort vermutete man die Herkunft der Widerstandskämpfer – dem Erdboden gleich gemacht und alle männlichen Bewohner über 14 ermordet. Mit Unterdrückung und Terror ist für die Tschechen der Stadt das Kapitel Nazizeit verbunden, für ca. 36.000 Prager Juden, die nach 1941 über Theresienstadt in die

Vernichtungslager deportiert wurden, mit dem Tod.

Am 9. Mai 1945 kam die Befreiung Prags durch die Russen. Der bereits erwähnte Henlein beging in alliierter Haft Selbstmord, der letzte Reichsprotektor Frick wurde in Nürnberg zum Tod verurteilt. Und nach dem Motto „Auge um Auge" folgten Vergeltungsmaßnahmen gegen die deutsche Bevölkerung und mutmaßliche tschechische Kollaborateure. Ihnen wurden die gleichen Lebensmittelrationen zugeteilt, wie sie die Juden während des Krieges erhielten. Tausende starben an Hunger. Andere wurden in Schnellverfahren verurteilt und hingerichtet.

Rote Socken

Kurz nach Kriegsende wurde die Tschechoslowakische Republik (ČSR) wieder hergestellt und Edvard Beneš ihr erster Präsident. Unter seiner Führung wurden 1945 auch jene von der Potsdamer Konferenz gebilligten Dekrete verabschiedet, die der deutschen Bevölkerung das Recht auf die tschechoslowakische Staatsangehörigkeit aberkannten und deren gewaltsame Abschiebung zur Folge hatten. Fast drei Millionen Deutsche waren davon betroffen. Nur rund 200.000 Deutsche durften bleiben, insbesondere jene, die für die Industrie „unersetzlich" waren. Noch heute sind zwei Drittel der Tschechen davon überzeugt, dass die Vertreibung der Deutschen richtig war.

Ein Jahr später erhielten die Kommunisten bei den Wahlen zur Nationalversammlung knapp 40 %, das beste Ergebnis, das eine kommunistische Partei je in einer freien Wahl erzielte. 1948 führten sie eine Regierungskrise herbei, riefen den Generalstreik aus und organisierten die größte Demonstration, die Prag je gesehen hatte. Sie zwangen Beneš zum Rücktritt, neuer Staatspräsident wurde Klement Gottwald, eine tschechische Ausgabe Stalins. Mit ihm kam eine neue Verfassung und die Entmündigung des Volkes. Es folgten die kommunistische Ideologisierung von Kultur und Wissenschaft, die Verstaatlichung von Industrie und Handel, die gewaltsame Kollektivierung der Landwirtschaft und Fünfjahresplan auf Fünfjahresplan. Etwa zwei Millionen Tschechen und Slowaken verließen ihr Land.

1960 zählte Prag eine Million Einwohner und rühmte sich der größten Stalinstatue der Welt. Auf arg viel mehr konnte man jedoch nicht stolz sein. Die einseitige Förderung der Schwerindustrie, Korruption und Unfähigkeit der Regierenden führten das Land in die wirtschaftliche Krise. Wer das Regime kritisierte, wurde interniert oder zum Tod verurteilt. Einigen Quellen zufolge soll bis 1968 fast jeder fünfte männliche Erwachsene vorübergehend inhaftiert gewesen sein. Auf jeden Fall litt das Volk und mit ihm litten auch überzeugte Kommunisten, die sich eingestehen mussten, dass es so nicht mehr weitergehen konnte. Es folgten innerparteiliche Streitigkeiten zwischen den selbstgefälligen Genossen stalinistischer Prägung und Reformern, aus denen Letztere als Sieger hervorgingen.

Prager Frühling

Im Januar 1968 wurde Alexander Dubček Erster Parteisekretär und damit neuer Staatschef. Die von ihm vorgestellten Liberalisierungs- und Demokratisierungsprogramme sollten zu einem „Sozialismus mit menschlichem Antlitz" führen, was viel über die vorherige Gestalt des Systems aussagt. Das Volk jubelte Dubček zu. Es herrschte Optimismus, der Prager Frühling verwandelte die Stadt.

Walter Ulbricht aber gingen die geplanten Reformen vor seiner Haustür zu weit. Und der kalte Krieger Leonid Breschnew sah sogleich die Außengrenzen des Warschauer Paktes in Gefahr und pochte auf die beschränkte Souveränität der zugehörigen Staaten (Breschnew-Doktrin). Am 21. August 1968 marschierten die Truppen des Warschauer Paktes auf, insgesamt 650.000 Mann. Es kam zu lang anhaltenden Protesten. Die Bilder gingen um die Welt: Tausende Prager auf den Straßen, in ihrer Mitte sowjetische Panzer. Sechs Studenten übergossen sich in aller Öffentlichkeit mit Benzin und zündeten sich an. Nach einem von ihnen, Jan Palach, wurde nach der Samtenen Revolution der einstige Krasnoarmejců náměstí (Rotarmistenplatz; im Stadtteil Josefov) umbenannt. Bevor der Eiserne Vorhang die Tschechoslowakei endgültig abriegelte, verließen mehr als 150.000 Menschen das Land.

Langer Winter

Die Tristesse des sozialistischen Alltags wurde wieder hergestellt, aus dem großen Hoffnungsträger Dubček ein paar Jahre später ein kleiner Forstbeamter. Mit Hilfe eines gigantischen Sicherheitsapparates schaffte es die kommunistische Partei (KSČ), für Ruhe zu sorgen und den Lebensstandard sogar so weit zu verbessern, dass er im Ostblock nur noch von der DDR übertroffen wurde.

Mit Prestigeobjekten wie dem Bau der Prager U-Bahn inszenierte man vor der Bevölkerung den grandiosen Fortschritt des Landes. Doch lediglich im Sport feierte das kleine Land wirklich große Erfolge. 1976, in dem Jahr, in dem man Fußballeuropameister wurde, wurden die Musiker der Undergroundband „The Plastic People of the Universe" verhaftet (→ Kasten „Milan Hlavsa – eine Legende des Underground", S. 239). Liberale Intellektuelle setzten sich daraufhin für die Musiker ein. 1977 schlossen sie sich zur Charta 77 zusammen, aus der das Bürgerforum hervorging. Einer ihrer geistigen Urheber war Václav Havel. Sie forderten die Einhaltung der Menschenrechte und erlebten dafür das Gegenteil: Überwachung, Verfolgung und Gefängnis.

Relikte aus sozialistischer Zeit: Relief am Vítkov

Samten fällt der Eiserne Vorhang

Gorbatschows Politik der Perestrojka läutete Ende der 80er Jahre das Aus für die greisen Funktionäre des Ostblocks ein. In Berlin war die Mauer bereits gefallen (9. November 1989), in Polen, Ungarn und Bulgarien hatte sich das Volk schon erhoben, als in Prag am 17. November 1989 über 50.000 Menschen auf die Straße zogen. Die Kommunisten hatten die Kundgebung genehmigt, da sie offiziell an die Novemberdemonstration von 1939 erinnern sollte. Damals waren Studenten gegen Hitlers Einmarsch auf die Straße gegangen. Der Protest aber, so zeigte sich schnell, galt der eigenen politischen Führung. Die

Demonstration schlug man brutal nieder. Über 100 Teilnehmer wurden verhaftet, ca. 500 verletzt. Dieser Tag gilt heute als der Auftakt zur „Samtenen Revolution". Seit 2000 ist er ein Feiertag.

Es folgten Arbeitsniederlegung und Großdemonstrationen; am Wenzelsplatz versammelten sich ein paar Tage später über 200.000 Menschen, am Letná-Berg demonstrierten 750.000. Noch bevor das Jahr zu Ende war, hatten die Kommunisten ihre Führungsrolle verloren. Das Volk forderte mit Plakaten „Havel auf die Burg", und so kam es. Um die Turbulenzen jener Zeit zu verdeutlichen, wird gerne die Geschichte von Jiří Dienstbier erzählt, der als Dissident im Gefängnis saß und dann für die Heizanlagen mehrerer Plattenbauten verantwortlich war. Seine Ernennung zum Außenminister kam so prompt, dass manche kalt duschen mussten, weil seine Stelle so schnell nicht wieder besetzt werden konnte.

1990 gab es schließlich nach langer Zeit wieder die ersten freien Wahlen, zu denen nicht nur jeder gehen durfte, sondern auch ging: Die Wahlbeteiligung lag bei 99 %. Havls Bürgerforum gewann. Demokratie war nun da, aber eine Zukunftsfrage bewegte alle osteuropäischen Länder: Wie schafft man den Übergang von einer veralteten Planwirtschaft zu einer freien Marktwirtschaft, wenn die Gesellschaft – wie Havel es ausrückte – an einer „Postgefangenschaftspsychose" litt, der Unfähigkeit, selbst Entscheidungen zu treffen und zu handeln.

Die Spaltung des Landes und der Beitritt zur EU

Am 1. Januar 1993 erfolgte die Trennung der ČSFR (der Name existierte seit 1990) in die Tschechische und die Slowakische Republik. Das Gros der 1,5 Mio. Mitglieder der Kommunistischen Partei hielt fortan das Fähnchen der Demokratie und des Kapitalismus in den Wind. Viele alte Parteimitglieder machten Karriere in Politik und Wirtschaft, brachten es auf Ministerposten oder in die Vorstände internationaler Unternehmen wie Škoda Auto oder HVB-Bank. Daher überrascht es auch nicht allzu sehr, dass bei der 1996 gegründeten Behörde, die die Verbrechen der Kommunisten dokumentieren und untersuchen sollte, bislang wenig herauskam. Bei vielen einstigen Dissidenten herrscht deswegen bittere Enttäuschung. Erst seit 2007 gibt es das staatliche Institut für das Studium totalitärer Systeme, das vergleichbar mit der Birthler-Behörde in Deutschland ist und auf die Akten der Geheimdienste zurückgreifen kann.

Freuen konnten sich hingegen viele, die nach 1948 enteignet worden waren, unzählige Gebäude, Burgen, Schlösser, Klöster und Kirchen wurden ihren früheren Besitzern zurückgegeben. Durch ein radikales Privatisierungsprogramm versuchte man, die Wirtschaft des Landes wieder auf Vordermann zu bringen. Eine große Zahl ausländischer Unternehmen investierte, deren Tochtergesellschaften heute allein für ca. 50 % der tschechischen Industrieproduktion und 70 % der tschechischen Exporte sorgen.

Am 1. Mai 2004 trat die Tschechische Republik zusammen mit der Slowakischen und acht weiteren Staaten der EU bei. Brüssel überweist seither pro Jahr rund 3,5 Mrd. Euro nach Prag. Damit werden Projekte in den Bereichen Transport, Umwelt und Regionalentwicklung gefördert. Und mit der Übernahme der EU-Ratspräsidentschaft im ersten Halbjahr 2009 wurde aus der Marionette ein Strippenzieher der EU.

Prag heute – und morgen?

Prag ist eine boomende Stadt, die sich zu einem der großen Brückenköpfe zwischen Ost und West entwickelt hat. Und da Prag attraktiver ist als viele an-

Stumme Zeugen der Geschichte

dere Städte im Herzen Europas, wird die Moldaumetropole auch stets ein bevorzugter Ort internationaler Investoren bleiben. Noch immer schießen Industriegebiete und neue Gewerbeimmobilien für noch mehr Büroflächen rund um die Stadt wie Pilze aus dem Boden. Das Zentrum hingegen räumen die Einheimischen für die Touristen. Mit jedem Prager, der es verlässt, wird es seelenloser. Vor allem Altstadt und Kleinseite verwandeln sich mehr und mehr zu einer Art Disneyland – mit Reisegruppen aus aller Herren Länder, die sich durch die pittoresken Gassen schieben, vorbei an wie geklont wirkenden Souvenirläden, *McDonald's*- und *Starbucks*-Filialen. Es würde nicht wundern, wenn man in ein paar Jahren Tickets für das Betreten des historischen Zentrums lösen müsste. Hoffentlich setzt irgendwann eine Kehrtwende ein, ein Rückzug der Prager ins Zentrum von Prag. Wie Tschechien hinter der aufgeputzten Kulisse aussieht, erfährt man bei einem Pragbesuch nicht: Die Modernisierung scheint vielfach unmittelbar hinter den Toren der Stadt Halt zu machen. Sorge bereitet zudem die wachsende Kluft zwischen Reformverlierern und Reformgewinnern, zwischen Arm und Reich, eine Entwicklung, unter der vor allem ältere Menschen zu leiden haben.

Zeittafel – die wichtigsten Daten im Überblick

871	Beginn der Přemysliden-Herrschaft.
883	Die Prager Burg wird gebaut.
924–935	Regentschaft Václavs (des späteren heiligen Wenzel).
1158	Bau der ersten steinernen Brücke.
13. Jh.	Etwa 35.000 Menschen leben rund um die Prager Burg.
1306	Ende der Přemysliden-Herrschaft.

1347	Krönung Karls IV. Ein Jahr später gründet er die erste Universität Mitteleuropas und lässt die Neustadt anlegen.
1355	Karl IV. wird Kaiser des Heiligen Römischen Reiches und Prag dessen Hauptstadt. 1378 stirbt Karl IV.
1393	Ermordung Johann von Nepomuks.
1402	Jan Hus beginnt, in der Bethlehemskapelle zu predigen.
1415	Jan Hus wird verbrannt.
1419	Erster Prager Fenstersturz. Beginn der Hussitenkriege.
1420	Jan Žižka siegt auf dem Veitsberg (Vítkov) über das Kreuzfahrerheer.
1436	Ende der Hussitenkriege.
1526	Mit Ferdinand I. beginnt die Herrschaft der Habsburger.
1583	Prag wird Kaiserresidenz des Kunstsammlers Rudolf II. Ca. 60.000 Menschen leben in der Stadt.
1618	Zweiter Prager Fenstersturz. Beginn des Dreißigjährigen Krieges.
1620	Schlacht am Weißen Berg (Bílá hora), in welcher die Protestanten den Habsburgern unterliegen. Es folgt die Rekatholisierung des Landes.
1648	Die Schweden nehmen die Prager Burg ein. Ende des Dreißigjährigen Krieges.
nach 1650	Das „Goldene Prag" entsteht, der böhmische Barock prägt die Stadt.
1713	Der letzte große Ausbruch der Pest.
1740	Unter Maria Theresia beginnt der Österreichische Erbfolgekrieg.
1745	Während der Regentschaft Ferdinand II. plündern die Preußen Prag.
1765–1790	Regierungszeit Joseph II. Er reformiert das Habsburgerreich nach den Ideen der Aufklärung.
1833	Die ersten Dampfmaschinen werden in Karlín aufgestellt. Die industrielle Revolution setzt ein. In den folgenden Jahren leben erstmals mehr tschechisch- als deutschsprachige Böhmen in Prag.
1843	Eröffnung des ersten Prager Bahnhofs.
1847	Die ersten Gaslaternen beginnen zu leuchten.
1848	Die Tschechen erheben sich gegen die Habsburger und streben nach nationaler Souveränität.
1883	Erste elektrische Straßenbeleuchtung.
1896	Durch die Straßen Prags fährt die erste elektrische Straßenbahn.
1914	Beginn des Ersten Weltkriegs.
1918	Ende des Ersten Weltkriegs und Gründung der ersten Tschechoslowakischen Republik.
1930	Prag zählt rund 850.000 Einwohner.
1939–1945	Reichsprotektorat Böhmen und Mähren unter den Nazis, Zweiter Weltkrieg.
1948	Die Kommunisten übernehmen die Regierungsgeschäfte.
1951	Die weltweit erste Ausnüchterungsstation wird in Prag eröffnet.
1968	Prager Frühling.
1989	Samtene Revolution.
1993	Trennung der ČSSR, Prag wird Hauptstadt der Tschechischen Republik.
2002	Hochwasser, rund 50.000 Prager müssen evakuiert werden.
2004	EU-Beitritt.
2009	EU-Ratspräsidentschaft (1. Halbjahr).
2020	Will Prag Austragungsort der Olympischen Spiele werden.

Architektur

Es gibt nur wenige Städte der Welt, die eine solche architektonische Vielfalt wie Prag zu bieten haben. Die wichtigsten Baustile des letzten Jahrtausends im Überblick:

Romanik

Die Entstehung Prags fällt zusammen mit dem Baustil der Romanik, der ersten europäischen Kunstrichtung im frühen Mittelalter (um 950–1250). Da die meisten Häuser unterhalb der Prager Burg zu jener Zeit nichts anderes als Holzhütten waren, blieb außer ein paar steinernen Kirchenbauten wenig erhalten. Und das, was es heute noch zu sehen gibt, ist nicht immer auf Anhieb als romanischer Bau zu erkennen, da durch spätere Umbauten andere Stilelemente aufgesetzt wurden. Geschlossenheit und Festigkeit, Wucht und Strenge sind an sich die generellen Merkmale der Romanik. Sowohl durch ihr dickes, unverputztes Kleinquadermauerwerk als auch durch ihre Kargheit besitzen die Bauten von außen häufig Festungscharakter.

Ein von außen wie innen typisches Beispiel für einen romanischen Bau ist die kleine **Heilig-Kreuz-Rotunde (Rotunda sv. Kříže)** in der Karoliny Světlé in der Altstadt. Sie ist wie die **Sankt-Martins-Rotunde** auf dem Gelände der Burg Vyšehrad (→ S. 239) ein einschiffiger Rundbau und damit beispielhaft für den romanischen Sakralbau der böhmischen Länder. Leider ist sie so gut wie immer geschlossen. Der schönste und bedeutendste romanische Bau der Stadt ist jedoch die von außen barock wirkende **Sankt-Georgs-Basilika** (→ S. 198) auf der Prager Burg.

Gotik

Wie überall in Europa hielt die Gotik auch in Prag Mitte des 13. Jh. ihren großen Einzug. Himmelwärts strebende Bauwerke, Spitzbögen, Kreuzrippengewölbe und große Fensteröffnungen ersetzten die schweren, breit gelagerten Bauten der Romanik. Das Bauwerk, das bis heute als Inbegriff gotischer Architektur gilt, ist die Kathedrale. Angelehnt an französische Vorbilder sollte auch mit dem **Sankt-Veits-Dom** in Prag der Idealtypus einer Kathedrale geschaffen werden – jedoch konnte während der Gotik lediglich das Chorhaupt in Ansätzen fertig gestellt werden (→ S. 193). Die Gotik ist in Prag aber nicht nur bei sakralen Bauwerken zu finden, auch Türme, Brücken und Patrizierhäuser wurden in dieser Manier errichtet. Dass diese nicht sofort ins Auge fallen, liegt wie bei den romanischen Bauten v. a. daran, dass spätere Renaissance- und Barockumbauten den ursprünglichen Stil regelrecht übertünchten. Noch heute kann man in manchen Häusern der Altstadt gotische Keller und Gewölbe finden.

Zu den bedeutendsten gotischen Bauten der Stadt gehören neben dem Chor des Sankt-Veits-Doms das **Sankt-Agnes-Kloster** (→ S. 156), die **Altneusynagoge** (→ S. 157), die **Teinkirche** (→ S. 135), der **Altstädter Brückenturm** (→ S. 146) und die **Karlsbrücke** (→ S. 146). Während im übrigen Europa gegen 1500 die Epoche der Gotik endete, blieb sie in Prag bis zum Anfang des 17. Jh. erhalten. Insbesondere die Hussiten förderten die Gotik noch lange Zeit, da der neue Stil – die Renaissance – aus dem katholischen Italien kam und so für sie nicht akzeptabel war.

Renaissance

In der zweiten Hälfte des 16. Jh. führten italienische Handwerker dann doch die neuen Formen ein, insbesondere die

Spätrenaissance (Manierismus) sollte in Prag Anklang finden. Sehnte man sich in der Epoche der Gotik noch nach einer schnellen Überwindung des „elenden" Erdendaseins und nach dem Jenseits, entdeckte man in der Renaissance die Schönheit und Harmonie der Welt. Angewandt wurde der Baustil in Prag weniger bei sakralen als vielmehr bei säkularen Gebäuden. Die neuen Bautypen waren Lustschlösser wie **Hvězda** oder **Belvedér** (→ S. 200), Ballhäuser wie das **Große Ballhaus** im Königsgarten (→ S. 193) oder Paläste wie das **Palais Schwarzenberg** (→ S. 183). Vor allem am Palais Schwarzenberg, der als schönster Renaissancebau der Moldaustadt gilt, lassen sich die typischen Stilelemente der Epoche nachvollziehen: figürliche und geometrische Sgraffiti, ornamentales Stuckwerk in den Innenräumen und nach altrömischen Vorbildern errichtete Arkadenloggien.

Übrigens wird die Prager Renaissance von ausländischen Kunsthistorikern gerne übersehen. Der Grund: Mit der böhmischen Renaissance lassen sich keine Baumeister von europäischem Rang in Verbindung bringen, wie beispielsweise Peter Parler mit der Gotik und Christoph Dientzenhofer mit dem Barock.

Barock

Nicht übertrieben ist es, Prag als eine der europäischen Hauptstädte des Barock zu bezeichnen, eines Baustils, der im 16. Jh. ebenfalls in Italien entstanden war. Nach der Schlacht am Weißen Berg 1620 kam er auch in der Moldaustadt zur Geltung. Der Sieg der katholischen Partei war zugleich der Auftakt für die neue Kunstepoche, für die zunächst überwiegend ausländische Baumeister wie Carlo Lurago und Giovanni Domenico Orsi zuständig waren. Der Barock, von den katholischen Habsburgern zum „Reichsstil" erhoben, sollte religiöse Frömmigkeit, aber auch weltliche Daseinsfreude symbolisieren. Unter den Jesuiten, die die Gegenreformation des Landes vornehmlich lenkten, wurde der prunkvolle barocke Um- oder Neubau von Kirchen gefördert. Mit ihnen kamen auch viele deutschsprachige Baumeister nach Prag, darunter Joseph Emanuel Fischer von Erlach aus Wien und Christoph Dientzenhofer aus Oberbayern. Insbesondere mit dem Namen Dientzenhofer sind viele Barockbauten Prags verbunden, woran auch Kilian Ignaz (1689–1751), der Sohn Christoph Dientzenhofers, großen Anteil hat. In Prag wurde vor allem darauf geachtet, den aus Italien adaptierten Baustil mit natürlichen Begebenheiten der Stadt in Einklang zu bringen. Herausragendes Beispiel dafür ist das **Barockschloss Troja** (→ S. 235): Das Prachtgebäude im Stil einer frühbarocken italienischen Villa liegt harmonisch eingebettet zwischen Weinbergen und Moldauufer.

Das Ideal der harmonischen, an der Antike angelehnten Ordnung der Renaissance wird im Barock zur stürmischen Dynamik. Gerade Linien mutieren zu schwungvollen Kurven, Flächen zu plastischen Gebilden. Typisch sind mächtige Kuppeln und illusionistische Deckengemälde (z. B. an der **Sankt-Nikolaus-Kirche** auf der Kleinseite → S. 169), geschwungene Linien an Fenstern, Portalen und Gesimsen (z. B. an der **Sankt-Margareten-Kirche** des Klosters Břevnov → S. 235), mit Statuen geschmückte Portale und Fassaden (z. B. am **Palais Clam-Gallas** → S. 141) und vor allem und überall Putten, Putten, Putten. Weitere bedeutende Prager Barockbauten sind u. a. das **Loreto-Heiligtum** (→ S. 183) und das **Palais Waldstein** (→ S. 168).

Im Inneren des St.-Veits-Doms

Rokoko

Es wird gerne gestritten, ob das Rokoko eine eigene Stilepoche oder als Variante des Spätbarock (etwa 1740–1780) anzusehen ist. Selbst der mit dem Barock groß gewordene Baumeister Kilian Ignaz Dientzenhofer wandte sich später dem Rokoko zu. Von ihm stammt zum Beispiel der Entwurf zu einem der herausragendsten Rokokobauwerke Prags, dem **Palais Kinský** (→ S. 143), das erst nach seinem Tod, zwischen 1755 und 1765 verwirklicht wurde. Der Überdruss an all dem schwülstigen Prunk und der Monumentalität des Barocks wird hier deutlich. Im Rokoko wurde das Dekor feiner, kleiner und verspielter. Neben Knorpelwerk, Blumen und Ranken wurde die Muschel (französisch „Rocaille") zu einem der Grundmotive des Stils, auffallend zum Beispiel an der 1765 gestalteten Fassade des **Erzbischöflichen Palais** (→ S. 180), einem weiteren bedeutenden Rokokobau Prags. Ansonsten sind Rokokobauwerke in der Moldaustadt eher rar, dafür lassen sich noch Beispiele dieses Stils in der **Plastik** finden. Ignaz Platzer, der berühmteste Prager Bildhauer des Rokoko, hinterließ seine Spuren z. B. in der Sankt-Nikolaus-Kirche auf der Kleinseite (→ S. 169).

Rokoko: Erzbischöfliches Palais in der Burgvorstadt

Klassizismus

Stilistisch stellt der Klassizismus (1750–1840) vor allem eine Gegenreaktion auf die überschwängliche Formensprache von Barock und Rokoko dar. Dem Dekor des Rokoko begegnete man mit klarer und eleganter Linienführung, glatten Flächen und geometrischer Ordnung. In Prag erreichte der Klassizismus bei weitem nicht die Bedeutung wie in anderen europäischen Städten – es mangelte in jener Epoche vor allem an wirtschaftlicher Kraft, um dem neuen Stil zum Durchbruch zu verhelfen.
Das bedeutendste klassizistische Bauwerk Prags, das **Ständetheater** (→ S. 138), wurde zwischen 1781 und 1783 von Anton Haffenecker erbaut. Die Neigung der klassizistischen Architekten zu einer tempelartigen Grundstruktur kommt hier zum Ausdruck. Ein anderes klassizistisches Highlight der Moldaustadt stellt der **Philosophische Saal** im Kloster Strahov (→ S. 184) dar. Ignaz Johann Palliardi schuf ihn um 1782/83.

Historismus

Der rapide Fortschritt von Wissenschaft und Technik und die damit einhergehende Industrialisierung in der zweiten Hälfte des 19. Jh. sowie wachsende Anforderungen an Rentabilität und Zweckmäßigkeit stellten die Architekten vor massive Aufgaben, boten aber auch neue Chancen. Da Zeit mittlerweile Geld war und dieselbe zum Experimentieren knapp wurde, mussten schnelle Lösungen her, und das war auch im Falle Prags der Rückgriff auf bereits vorhandene historische Formen. Die Dekorteile wurden nun aber maschinell produziert und wie Katalogware nach Bildern ausgesucht. Die damalige Situation wird gerne mit der Frage des Maurers an den Bauherrn wiedergegeben: „Das Haus ist fertig, welcher Stil soll nun dran?" So entstand der neoromanische Stil, die Neorenaissance und der Neobarock.

Der Prager Historismus, der sich in erster Linie als **Neorenaissance** realisierte, wurde daneben auch vom Wunsch nach einer nationalen Identität motiviert. Herausragendes Beispiel dafür ist das **Nationaltheater** (→ S. 124), das zwischen 1868 und 1881 mit Hilfe von Spendengeldern und nach Plänen von Josef Zítek errichtet wurde. Bemerkenswerte Neorenaissancebauwerke sind zudem das **Nationalmuseum** (1885–1890, → S. 122) und das **Rudolfinum** (1876–1882, → S. 159).

Jugendstil: Mucha-Fenster im Dom

Jugendstil

Eine Antwort auf die oft unmenschlich und unnatürlich erscheinenden Zustände der Industrialisierung hieß zu Beginn des 20. Jh. „zurück zur Natur". Architekten und bildende Künstler verwendeten nun organische, oft pflanzliche Formen und fließende Linien, gern gewählte Motive waren Ranken, Wasserläufe oder langes, wallendes Frauenhaar. Diese Ornamentik nannte man in Deutschland „Jugendstil" (nach der 1896 gegründeten Zeitschrift „Jugend"), in Österreich sprach man vom „Sezessionsstil" (da es zur Sezession – Abspaltung – einer jüngeren Künstlergruppe von einer älteren gekommen war), in Italien vom „Stile Liberty", in England vom „Modern Style", in Spanien vom „Modernismo" und in Frankreich und Belgien von der „Art Nouveau".

Ein starkes Echo fand die Wiener Sezession in der Prager Architektur. Viele junge tschechische Architekten waren aus dem berühmten und viel besuchten Atelier des Österreichers Otto Wagner mit neuen Ideen nach Prag zurückgekehrt. Nicht zuletzt deswegen spricht man zuweilen auch von der „tschechischen Sezession", die sich in ihrem Ausdruck aber nur unwesentlich von den anderen europäischen Spielarten unterscheidet. Die Formensprache der Sezession erstarrte schon bald zur Spielerei, noch vor dem Ersten Weltkrieg war der Stil wie eine veraltete Mode passee.

Zu den großen tschechischen Jugendstilkünstlern gehört u. a. Alfons Mucha. Er wirkte am Gemeindehaus **Obecní dům** mit (1905–1912, → S. 144), dem Vorzeigebauwerk der Prager Sezession. Typische Jugendstilelemente sind hier z. B. Intarsienfußböden, farbige Fenstergläser in der Kombination mit kunstgeschmiedetem Metall sowie das mit pflanzlichen Formen versehene Mosaik im Bogengiebel der Fassade. Auch der zwischen 1901 und 1909 vom Architekten Josef Fanta errichtete und reich ausgeschmückte **Prager Hauptbahnhof** gilt als Paradebeispiel des lokalen Jugendstils.

Kubismus

So wie man in der Malerei (z. B. bei Braque, Picasso, Delaunay) abgebildete Gegenstände auf die geometrischen Grundformen Kubus (lat. „Würfel"), Kegel und Kreis zurückführte, versuchten dies Prager Architekten Anfang des 20. Jh. auch bei Häusern. Dabei wurde das gesamte Gebäude einer plastischen Gestaltung unterzogen, es vermittelt teilweise und vor allem von außen den Eindruck einer bewohnbaren Skulptur. Dies kommt zum Beispiel durch kristallin gebrochene Fassaden oder diamantförmige Fensterbekrönungen zum Ausdruck.

Prag ist bezüglich seiner kubistischen Architektur einzigartig auf der Welt. Der Grund: Die Architekten orientierten sich nicht nur an der modernen Malerei und Plastik, sondern nahmen auch die spätgotische Prager Architektur mit ihren nahezu abstrakten Gewölbeformationen als Vorbild. Lange Zeit wurde die kubistische Architektur der Moldaustadt lediglich als eine regionale Entwicklung verstanden, heute interpretiert man sie als eigenständige Spielart des **Expressionismus**. Zu den bedeutendsten Architekten gehören Josef Gočár und Josef Chochol. Sehenswert sind das **Haus zur Schwarzen Madonna** (→ S. 144), das **Haus Diamant** und mehrere Gebäude unterhalb der Burg Vyšehrad (→ Kasten, S. 145).

Rondokubismus

Nach der Gründung der ersten Republik 1918 entwickelte sich der Rondokubismus, bei dem die eckigen, prismatischen Formen des Kubismus durch weichere, eher zylindrische ersetzt wurden. Der Rondokubismus, auch **Nationaler Stil** genannt, war mehr eine patriotische Bewegung, die das Volkskunstschaffen und die nationale Vielfalt reflektierten sollte und zugleich einen direkten Abschied von der klassischen Formenlehre, die noch für den Kubismus maßgeblich war, darstellte. Sichtbar sind diese neuen Ansätze in erster Linie am **Palais Adria** (→ S. 119), dem bedeutendsten rondokubistischen Gebäude Prags. Es wurde von den Architekten Josef Zasche und Pavel Janák geplant und zwischen 1922 und 1924 erbaut. Das Palais besitzt Türmchen und Zinnen und ist verziert mit einer überschwänglichen plastischen Ornamentik, die traditionelle böhmische und mährische Motive aufgreift. Letztendlich aber hatte der Rondokubismus nur eine kurze Blüte.

Funktionalismus

Der Funktionalismus, auch „Neues Bauen" oder „Neue Sachlichkeit" genannt, verlangte ab den 20er Jahren des 20. Jh. die strikte Abkehr von rein dekorativen und historisierenden Tendenzen in der Architektur. Die Funktion eines Gebäudes stand im Vordergrund, zweckgebunden sollte es gestaltet werden. Eine reine, ornamentlose Architektur mit klaren Formen und geraden Linien war gewünscht.

In der **Baba-Kolonie** (→ S. 236), einem zwischen 1932 und 1940 errichteten Villenviertel im Stadtteil Dejvice, setzte man diese Ideen provokant um: Bei den quaderförmigen, weiß verputzten Häusern kamen v. a. neue Baustoffe wie Beton, Stahl und Glas zur Verwendung. Spannend, da nicht nur von außen, sondern auch von innen zu besichtigen, ist zudem die **Müllervilla** (→ S. 236) von Adolf Loos. Das imposanteste funktionalistische Gebäude Prags ist jedoch der 1924–28 errichtete **Messepalast**, der heute das Museum moderner und zeitgenössischer Kunst beherbergt (→ S. 208). Der extravagante, transparente Bau, geschaffen von den Architekten Oldřich Tyl und Josef Fuchs, gilt als Meilenstein im europäischen Funktionalismus – anderswo war der Stil in jenen Jahren noch in der Projektphase.

Architektur während der sozialistischen Zeit

Das Konzept des **sozialistischen Realismus** geht auf Stalin selbst zurück und war der Versuch, „eine getreue und historisch korrekte Abbildung der Wirklichkeit in ihrem revolutionären Fortschritt" zu schaffen. Der sozialistische Realismus sollte sich von den Visionen eines rigiden Funktionalismus zugunsten einer gegenständlichen, parteilichen Kunst abwenden. Die Frontfassaden schmückte man wieder mit Elementen historischer Baustile. Das heutige **Hotel Crowne Plaza** (1951–59, → Kasten „Ostalgie-Tipps", S. 220) wurde z. B. mit aus der Renaissance entlehnten und mit sozialistischer Symbolik angereicherten Sgraffiti verziert. Ein weiteres interessantes Gebäude aus der sozialistischen Ära ist das **Planetarium** (→ S. 213), das an den russischen Konstruktivismus der 20er und 30er Jahre anknüpft. Vor allem aber dominieren Modularbauten aus jener Zeit. Wer sich ein Bild von der Prager Plattenbauarchitektur machen will, kann einen Spaziergang durch die Südstadt unternehmen (→ S. 230).

Architektur nach 1989

Immer noch, und das seit rund 20 Jahren, hämmert, bohrt und kracht es in der Moldaustadt. Der Restaurierungsboom hält an, kaum eine Straße ohne Baustelle. Die Augenwischerei zu Beginn, als im Zentrum Fassade auf Fassade geliftet und geschminkt wurde, ist weitestgehend abgeschlossen. Nun steht das morsche Gebälk dahinter an: Aus feuchten, dunklen Kabuffs mit Pawlatschen (offene Gänge an der Hofseite eines Hauses) in den Hinterhöfen werden lichte Apartments, und hinter der Pracht alter Palais tun sich moderne Büros auf. Jüngstes Beispiel für diese Entwicklung ist der Shoppingtempel **Palladium** am Náměstí Republiky. Hinter der Fassade im Stil der Tudorgotik befand sich einst eine Kaserne aus der k.u.k.-Zeit.

Aber auch mutige Schritte hin zu einer wirklich neuen Architektur sind auszumachen. Ein fantastisches Beispiel dafür ist das von 1992–96 vom kanadischen Architekten Frank Owen Gehry entworfene **Tanzende Haus** (→ S. 121), ein extravagantes Gebäude im Stil des Dekonstruktivismus – die Auflösung traditioneller statischer Verhältnisse steht dabei im Vordergrund. Auch weitere moderne Bauten im Zentrum sind in der Diskussion, u. a. ein avantgardistischer Kunsttempel für ein Dalí-Museum von Daniel Libeskind oder die neue Nationalbibliothek in Krakenform des leider 2009 verstorbenen Architekten Jan Kaplický (→ S. 213). Doch darüber, was man dem altehrwürdigen Zentrum zumuten kann, gehen die Meinungen im Stadtrat auseinander: Je nach Machtverhältnissen stehen die Projekte kurz vor der Realisierung oder sind gleich wieder vom Tisch. Auch mischt sich die UNESCO ein. Wegen zweier geplanter Wolkenkratzer im etwas abseits gelegenen Stadtteil Pankrác droht sie, Prag von der Welterbeliste zu streichen.

Stadttouren und Ausflüge

Wenzelstatue vor dem Nationalmuseum

Nové Město (Neustadt)

Nové Město ist das Handels- und Geschäftszentrum Prags, wenn nicht der ganzen Republik. Breite Boulevards und belebte Flaniermeilen, repräsentative Theater- und Opernhäuser, Einkaufszentren und Casinos prägen den Stadtteil. Ganz so neu aber, wie der Name vermuten lässt, ist er nicht.

Bereits im 14. Jh. ließ Kaiser Karl IV. den großzügigen Grundriss von Nové Město anlegen. Prag sollte zu einer würdigen, neuen Hauptstadt des Heiligen Römischen Reiches werden. Doch schon bald nach Karls Tod verkam die Neustadt zum Armenviertel.

Ende des 19. Jh. riss man einen Großteil von Nové Město ab, lediglich das alte Straßennetz, ein paar Kirchen und Palais blieben erhalten. Das Bild bestimmen heute überwiegend monumentale Gebäude der Gründerzeit und des Jugendstils, aber auch Bauten des Funktionalismus und des sozialistischen Realismus sind zu finden. Bis in die Gegenwart wird an Nové Město gefeilt. Es wird neu, um- und angebaut oder auch nur die Fassade gestrichen.

Nové Město zieht sich wie ein breiter Gürtel um Staré Město. Altstadt und Neustadt treffen sich an den Straßen Revoluční, Na příkopě und Národní. Letztere zwei gehen vom Wenzelsplatz ab, und bilden mit ihm das so genannte Goldene Kreuz *(zlatý kříž)*, eines der teuersten Pflaster der Hauptstadt. Prag zeigt sich hier weltstädtisch und geschäftig. Fußgängerzonen laden zum Flanieren und Straßencafés zum Genießen ein.

Spaziergang

Als den „stolzesten Boulevard der Welt" bezeichnete der Dichter Detlev von Liliencron Ende des 19. Jh. den → **Wenzelsplatz (Václavské náměstí)**. Die obere Stirnseite des Platzes schließt das → **Nationalmuseum (Národní muzeum)** ab, ein monumentaler Neorenaissancebau. Abends, wenn es im Scheinwerferlicht erstrahlt, verleiht es dem Platz noch immer etwas von dem Glanz zu von Liliencrons Zeiten. Davor thront seit 1912 der **Heilige Wenzel zu Pferd**. Das Denkmal ersetzte ein älteres aus dem Jahr 1680, bei dem er noch auf eigenen Füßen stehend über den Platz blicken musste. Übrigens hält man am Sockel des Denkmals gerne um die Hand der Angebeteten an – Wenzels Beistand soll dem Heiratsantrag, so heißt es, Nachdruck verleihen.

Ein paar Schritte darunter erinnert in einem kleinen Rundbeet ein **Gedenkstein** an Jan Palach (1948–1969) und Jan Zajík (1950–1969). Die beiden jungen Tschechen wählten hier den Freitod, um gegen die sowjetische Dominanz nach dem Prager Frühling zu demonstrieren (→ S. 101 und 156). Ihre Tat findet immer wieder Nachahmer. Zuletzt übergoss sich 2003 ein junger Mann auf dem Wenzelsplatz mit Benzin und zündete sich an.

Von den Häuserblocks rund um den Wenzelsplatz gehen viele Ladenpassagen ab, so genannte „Durchhäuser", die für die Neustadt typisch sind. Da sie verschiedene Straßenzüge miteinander verbinden, kürzen sie die Wege ab. Eine der schönsten ist die **Lucerna-Passage** (zwischen der Štěpánská und der Vodičkova, vom Platz über die Pasáž Rokoko zu erreichen), in der man dem Heiligen Wenzel abermals begegnet. Auch wieder zu Pferd sitzend, aber dieses Mal auf dessen Bauch, da das Pferd mit dem Kopf nach unten von einer Kuppel herabhängt. Das zeitgenössische Kunstwerk – ein Spiegelbild des heutigen Landes – schuf der Popkünstler David Černý (→ Kasten S. 118), und der Bau selbst, der erste Stahlbetonbau Prags, wurde von Václav Havels Großvater in den 20er Jahren des 20. Jh. entworfen.

Überquert man auf der Vodičkova den Wenzelsplatz, blickt man rechter Hand auf die Jugendstilfassade des berühmten **Hotels Evropa**. Es zählt zu den schönsten Gebäuden am Václavské náměstí. In dessen Café hielt Franz Kafka eine seiner wenigen öffentlichen Lesungen (→ Essen und Trinken).

Von außen eher unscheinbar ist die **Hauptpost** an der Jindřišská. Im Innern ist sie aber alles andere als ein in die Jahre gekommener Zweckbau. Dort überrascht eine gelungene Verbindung aus moderner Glas- und Stahlarchitektur mit der ursprünglichen Bausubstanz.

Schräg gegenüber liegt das **Hotel Palace**. Im einst vornehmsten Haus der Stadt logierten u. a. Louis Armstrong, George Bush, Enrico Caruso, Alain Delon ... und am Ende des Alphabets ZZ Top. Heute kann man in der Stadt zwar dekadenter wohnen, doch der Bau ist noch immer eine Perle – allein das Portal ist sehenswert. Ein paar Meter weiter, im klassizistischen Palais Kaunitz an der Panská, befindet sich das → **Mucha-Museum (Muchovo muzeum)**, das dem Jugendstilkünstler Alfons Mucha die Referenz erweist.

Rainer Maria Rilke wurde in der heutigen Jindřišská 17 geboren. Bislang erinnert noch keine Gedenktafel an den Lyriker, der zu den bedeutendsten deutschsprachigen Dichtern der Moderne zählt. Auch an den letzten Großmieter des Hauses, die *Union Banka*, erinnert nichts mehr. Sie war nicht die erste

Übernachten
16 Rosemary (S. 64)
18 Liberty (S. 60)
19 Palace (S. 60)
26 Accome (S. 65)
30 Yasmin (S. 60)
33 Apartments Wencelas Square (S. 65)
34 Hotel Evropa (S. 60)
42 Hostel Island (S. 64)
44 Élite (S. 60)
48 Church Pension (S. 63)
53 Pav (S. 60)
55 Museum (S. 63)
56 Golden Sickle (S. 64)
58 Mušketýr (S. 60)
59 Chili Hostel (S. 64)
67 L'Opera (S. 60)
69 Miss Sophie's (S. 63)
71 Hotel 16 (S. 60)
72 U Melounu (S. 64)
74 Pension Vyšehrad (S. 63)
Essen & Trinken
(S. 129-131)
2 Červená tabulka
3 Govinda
4 U Sádlů I.
6 Pizzeria Nuova
8 Maze
9 Celnice
13 Zvonice
23 Šenk Vrbovec
24 Bredovský Dvůr
31 Ferdinand
38 Jelínkova
45 Velryba
49 Universal
50 Hospoda U nováka
52 Novoměstský pivovar
57 U Fleků
58 Mušketýr
60 Hostinec Hloupý Honza
61 Sportbar Hvězda (S. 45)
64 Pričný Řez
68 Pivovarský dům
73 Oliva
Na Františku
nábr. Ludvídka
Svobody
Wilsonova
Hilton
Sixt (Autoverleih)
Řásnovka
Nové mlýny
Post-museum
Klimentská
Revoluční
Dlouhá
Soukenická
Petrské nám.
Petrská
Lodecká
Samcova
Těšnov
Biskupská
Biskupský dvůr
Truhlářská
Florenc
Museum der Stadt Prag
Bílá labuť
Divadlo Archa (Theater)
Shoppingcenter Palladium
Na poříčí
Havlíčkova
Na Florenci
Busbhf. Florenc
Minibusse z. Flughafen
V Celnici
Masarykovo nádraží
Náměstí Republiky
Kaufhaus Kotva
Obecní dům (Gemeindehaus)
Detailkarte Josefov auf S. 157
Alter jüdischer Friedhof
Kaprova
Altstädter Ring
Celetná
Hybernská
Prašná brána
Divadlo Hybernia
Detailkarte Altstadt auf S. 136/137
Karlsbrücke
Divadlo Broadway (Theater)
Slovanský dům
Živnostenská banka
Česka Národní Banka
Senovážné nám
Hlavní nádraží
Sankt-Heinrichs-Turm
Bohemia Ticket
Na příkopě
Nekázanka
Panská
Museum of Communism/ Casino Savarin
Palais Koruna
Můstek
Jindřišská
sv. Jindřich
Jerusalem-synagoge
Jeruzalémská
Mucha-Museum
Rilke-Geburtshaus
Praha hlavní nádraží (Hauptbahnhof)
Anschlusskarte Žižkov auf S. 216/217
Anschlusskarte Malá Strana (Kleinseite) auf S. 165
Vltava (Moldau)
Karlovy lázně
Smetanovo nábr.
28. října
Bat'a
Wenzels-
Václavské
Kubist. Straßenlaterne
Österreichisches Kulturforum
Kostel P. Marie Sněžné
Jung-mann-ovo nám.
Palais Adria
Kaufhaus Tesco
Franziskaner-Garten
Kino Světozor
Haupt-post
Hotel Evropa
Politických vězňů
Růžová
Václav-ské nám.
Národní třída
Národní
Kostel sv. Voršily
Laterna Magika
Národní divadlo
most Legií
Fährlinie
Střelecký ostrov (Schützen-insel)
Mikulandská

Cafés (S. 131)
5 Café Imperial
7 Musikcafé Metropol
22 Fantova kavárna
32 Café Louvre
34 Café Evropa
35 Kavárna Slavia
36 Ovocný svět
62 Globe
63 Vesmírna
Einkaufen
1 Nacko (S. 89)
10 Temptation (S. 85)
11 Slovanský dům (S. 87)
12 Abram Kelly Manufactura (S. 85)
14 Shoppingcenter Černá Růže
Jozef Sloboda (S. 87)
15 Preciosa (S. 89)
17 Bontonland (S. 88)
20 Buchhaus Kanzelsberger (S. 89)
21 Bat'a (S. 86)
25 Antikvariát Můstek (S. 88)
27 Pietro Filipi (S. 86)
37 Belda Factory (S. 89)
39 Foto Škoda (S. 89)
40 Ivana Follová (S. 86)
43 Zemark Lahůdky (S. 87)
46 Art Deco (S. 88)
47 Sirius Smart Sounds (S. 88)
51 Fashion Gallery No. 14 (S. 86)
65 CD Bazar (S. 88)
66 Antikvariát Eva Kozáková (S. 89)
70 Vinotéka U Svatého Gorazda (S. 87)
Nachtleben
28 Duplex 4 all (S. 77)
29 Vagon (S. 76)
32 Reduta (S. 80)
41 Lucerna Music Bar (S. 76)
54 Solidní Nejistota (S. 78)
Sonstiges (S. 73)
48 Divadlo Kalich (Theater)
Nové Město (Neustadt)
100 m
Anschlusskarte Smíchov auf S. 205
Anschlusskarte Vinohrady auf S. 224/225
Dětský ostrov
Fährlinie
Slovanský ostrov (Slawen-insel)
Mánes-Galerie
Masarykovo nábř.
Jiráskovo náměstí
Jiráskovo nám.
Jiráskův most
Tanzendes Haus
Rašínovo nábř.
Anlegestelle
Palackého most
Palackého náměstí
Jan-Palacký-Denkmal
Karlovo náměstí
Na Moráni
Goethe-inst.
Brauhaus U Fleků
Neustädter Rathaus
Haus Diamant
Lazarská
Vodičkova
Passage
ESO-Travel
Statue d. hl. Wenzel
Parlamentsgebäude
Muzeum
Národní muzeum (National museum)
opera
Ostrovní
V jirchářích
Opatovická
Křemencova
Pštrossova
Myslíkova
Dittrichova
Gorazdova
Jenštejnská
Václavská
Resslova
Sv. Václav na Zderaze
Charles Square Center
Kostel sv. Cyrila a Metoděje
Hertz (Autoverleih)
Karlovo náměstí
Karlsplatz
Moráň
Kirche St. Ignatius
ehem. Jesuitenschule
U nemocnice
Poliklinik
Fausthaus
Kostel sv. Jana na Skalce
Emauzský klášter
Vyšehradská
Benátská
Botanischer Garten
Eingang
Botanická zahrada
Trojická
Podskalská
Plavecká
Botičská
Na slupi
Vyšehrad
Výtoň
Apolinářská
Kateřinská
Lipová
Ječná
Štěpánská
Prager Literaturhaus
Malá Štěpánská
Student Agency (Reisebüro)
Melounová
Dvořák-Museum (Villa Amerika)
Ke Karlovu
Na Bojišti
Žitná
Řeznická
Příčná
Školská
Ve Smečkách
Krakovská
Jungmannova
Mezibranská
Anglická
Bělehradská
I. P. Pavlova
Legerova
Sokolská
Lublaňská
Polizeimuseum
Palackého náměstí

David Černý, Meister der Provokation

David Černý (Jahrgang 1967) gilt als das Enfant terrible der tschechischen Kunstszene. International bekannt wurde der in Tschechien und Amerika ausgebildete Objektkünstler 1991, als er einen russischen Panzer, ein Ehrenmal für die sowjetischen Befreier, rosa anmalte. Es hagelte Proteste, bis der *Pink Tank* irgendwann vom Sockel gestoßen wurde und in der Versenkung verschwand. Im Sommer 2008 holte ihn Černý jedoch wieder hervor und positionierte ihn – illegal! – am Kinského náměstí in Smíchov neu. Für Kontroversen sorgte auch Černýs Werk *The Shark* von 2005 – ein in grüner Flüssigkeit schwimmender, aufgedunsener Saddam Hussein. Der Hai ist derzeit nirgendwo in Prag zu sehen, dafür viele andere Open-Air-Arbeiten Černýs. Übersehen kann man sie kaum, denn stets ragen sie irgendwie heraus, an Größe oder Originalität. Černý lässt bronzene Männerfiguren auf die tschechische Landkarte pinkeln (→ S. 167), Sigmund Freud über der Straße baumeln (→ S. 139) oder zwei kolossalen, vornüber gebeugten Figuren in den Hintern schauen (→ S. 203). Er lässt Riesenbabys den Fernsehturm hochkrabbeln (→ S. 220), ein Metronom über den Dächern Prags pendeln (→ S. 213) und einem Trabi Beine wachsen (→ S. 170). In vielen seiner ironisch-erheiternden und zugleich provokanten Kunststreiche geht der Künstler mit den Herrschenden und seinem Land hart ins Gericht – kein Wunder also, dass fast all seine Auftraggeber aus dem Ausland kommen. Als ihm 2008 aus Anlass der EU-Ratspräsidentschaftsübernahme einmal die tschechische Regierung einen Auftrag erteilte, führte er diese gleich hinters Licht: Unter seiner Regie sollten Künstler aus allen EU-Staaten für das Ratsgebäude in Brüssel ein Kunstwerk schaffen. Tatsächlich aber schuf Černý seine Installation *Entropa* mit zwei Freunden im „Alleingang“, Namen und Viten der anderen 27 „europäischen Künstler“ waren frei erfunden. Die Installation zeigte die EU-Mitgliedstaaten klischeehaft in einer Art Bausatz: Bulgarien als „Hockklo“, Polen als Land der homosexuellen Priester, Deutschland als hakenkreuzähnliches Labyrinth aus Autobahnen usw. Der Kunsthistoriker Tomaš Pospiszel, der bei Černýs Streich mit von der Partie war, verteidigte die Arbeit mit den Worten: „Täuschungen und Irreführungen sind Teil der tschechischen kulturellen Identität und unseres Erbes.“

Wenzel in der Lucerna-Passage

Bank, die nach der Samtenen Revolution pleite ging und damit das Misstrauen in den neuen, freien Markt förderte – viele verloren ihre Ersparnisse.

Getauft wurde der junge Rilke in der nahen **Sankt-Heinrich-Kirche (Kostel sv. Jindřicha)**, die im 14. Jh. unter Karl IV. erbaut wurde. Getrennt vom Gotteshaus steht der Kirchturm, der → **Jindřišská věž**, der in der Geschichte Prags auch als Wehrturm fungierte.

Über eine Ladenpassage im Gebäude der *Česká Národní Banka* (Tschechische Nationalbank) gelangt man auf die beliebte Einkaufsmeile Na příkopě. Rechts voraus erheben sich das Pulvertor, der Jugendstilbau des Obecní dům und der Empirebau des Hybernia-Theaters – allesamt beim Spaziergang durch die Altstadt aufgeführt. Wir jedoch halten uns links. Hinter der barocken Fassade des **Slovanský dům** (Nr. 22) verstecken sich schicke Boutiquen und ein großes Multiplexkino mit mehreren Sälen. Für über 40 Mio. Euro wurde das Gebäude entkernt. Hinter vielen Fassaden Prags werden auf diese Weise zeitgemäße, funktionale Laden- und Büroflächen geschaffen, ohne das Stadtbild zu verändern. Bis zum Zweiten Weltkrieg hieß das heutige „Slawenhaus" übrigens „Deutsches Haus" und war eines der Zentren im gesellschaftlichen Leben der Pragerdeutschen.

Einen kurzen Besuch wert ist auch das Neorenaissancegebäude (Nr. 20) der einstigen *Živnostenská banka*, die in der *UniCredit* aufging. Ihr prunkvoller Schalterraum im ersten Stock ist imposanter als so manches Prager Museum – und kostet keinen Cent Eintritt.

Vorbei an der **Černá Růže** („Schwarzen Rose", Nr. 12), einer auf den ersten Blick unauffälligen Shoppingmall an der Na příkopě, passiert man das → **Museum of Communism (Kommunismusmuseum)**. Es ist in privater Hand. Von offizieller Seite richtet man in Tschechien leider lieber Folkloremuseen und Ähnliches ein, als sich kritisch mit der jüngsten Vergangenheit auseinanderzusetzen.

Am unteren Ende des Wenzelsplatzes fällt das **Palais Koruna** ins Auge. Seinen Namen erhielt der eigenwillige, 1914 von Antonín Pfeiffer projektierte Jugendstilbau von seiner dekorativen Eckturmkrone. Ende der 1920er Jahre wurde darin das erste Prager Selbstbedienungsrestaurant mit dem appetitlichen Namen „Automat" eröffnet, das sich bis zur Wende hielt. Rund 14 Jahre jünger ist der konstruktivistische Bau des **Bat'a-Schuhgeschäfts** schräg gegenüber. Er hat heute nichts Beeindruckendes mehr. Der tschechische Schuhfabrikant Tomáš Bat'a gab ihn in Auftrag. Aus Angst vor den Nazis verlegte Bruder Jan den Firmensitz 1939 nach Kanada. Die Kommunisten verstaatlichten die tschechoslowakischen Bat'a-Fabriken. Als der Sozialismus in Rente ging, bekam die Bat'a-Familie nur das Gebäude am Wenzelsplatz zurück.

Über die Fußgängerzone 28. Řijna gelangt man zum **Palais Adria**. Der rondokubistische Bau (→ Architektur, S. 110), den Le Corbusier etwas abfällig einen „assyrischen Palast" nannte, entstand in den 20er Jahren des 20. Jh. für die Versicherungsgesellschaft *Riunione Adriatica di Sicurità*. Während der Samtenen Revolution tagte hier Havels „Bürgerforum". Der Platz davor ist der Jungmannovo náměstí (Jungmannplatz). An ihm liegt auch das **Österreichische Kulturforum** mit der Kokoschka-Galerie, die wechselnde Ausstellungen zeigt. Das Portal des Kulturforums bildet zugleich den Zugang zur versteckt gelegenen → **Maria-Schnee-Kirche (Kostel P. Marie Sněžné)**. Ebenfalls versteckt (ums Eck beim Restaurant U Pinkasů) steht die weltweit einzige **kubistische Straßenlaterne** (samt Sitzmöglichkeit).

Die **Národní třída (Nationalstraße)** ist wieder für den Autoverkehr freigegeben. Es geht vorbei an der innovativen **Václav-Špála-Galerie (Galerie Václava Špály)** in Hausnummer 30, die zu den populärsten Ausstellungsräumen junger tschechischer Künstler gehört und immer für eine Überraschung gut ist (⌚ tägl. außer Mo 12–20 Uhr, Do bis 22 Uhr, Eintritt variabel). Das Gebäude ein paar Schritte weiter, in dem heute das **Kaufhaus TESCO** sitzt, ist als „bedeutendes Dokument der tschechischen Architektur der 1970er" Prags jüngst ernanntes Kulturdenkmal. Zum Entsetzen vieler sind damit alle Forderungen nach einem Abriss des tristen Baus vom Tisch. Und so wird das neue **Copa Center** nebenan eine Nummer kleiner ausfallen. Die Bauarbeiten an diesem hochmodernen Multifunktionsobjekt mit Büros, Wohnungen und Einkaufspassagen sollen bis 2011 abgeschlossen sein – zum Zeitpunkt der Drucklegung war aber noch nicht einmal der erste Spatenstich getan. Auch soll dann die hiesige Metrostation Národní třída von Grund auf restauriert werden, was eine Langzeitschließung mit sich bringen wird.

Von grünen Feen und grünen Schnäpsen

Picasso soll mit dem giftgrünen, gallenbitteren Likör seine blaue Periode durchlebt haben, Van Gogh schnitt sich im Absinthrausch ein Ohr ab. In den letzten Jahren feierte Absinth eine kleine Renaissance, aber außer dem Namen und seiner Hochprozentigkeit hat der Modedrink mit „richtigem" Absinth wenig gemein. Letzterer nämlich enthält den aus Wermutblättern gewonnenen, namengebenden Bitterstoff Absinthin und dazu Thujon, ein Nervengift, das psychedelisch wirkt und in hohen Dosen zu psychischen Schäden führen kann. Wenn man zu viel des giftgrünen Stoffes trinkt, so heißt es, sieht man eine Fee gleicher Farbe. Nicht zuletzt aus diesem Grund war Absinth lange Zeit in vielen Ländern der Welt verboten. Was heute auf den Markt kommt, ist eine Art „Absinth Light" mit maximal einem Fünftel der Thujonmenge aus der Zeit Picassos. Dennoch heißt es aufgepasst: Schon ein Gläschen kann die Sightseeing-Tour in ein anderes Licht rücken! Wer stilecht probieren möchte, entzündet einen Löffel mit absinthgetränktem Zucker und kippt die karamellisierte Flüssigkeit zurück ins Glas. Übrigens: Manche Prager Wirte bauen unangenehmen Situationen mittlerweile vor und schenken nur noch maximal zwei Gläser an experimentierfreudige Gäste aus.

An der Národní třída befinden sich zwei der bekanntesten und traditionsreichsten **Kaffeehäuser** Prags: gleich zu Beginn das **Louvre** (unauffälliger Eingang, Hausnummer 20) und am Ende der Straße das **Slavia** – beide lohnenswerte Adressen für eine Kaffee-und-Palatschinken-Pause. Im Slavia kann man sich dazu noch ein Schnäpschen gönnen: Nirgendwo besser als unter Viktor Olivas Bild *Der Absinthtrinker* aus dem Jahr 1905 lässt sich der grüne Likör probieren.

Auch zwischen den Kaffeehäusern gibt es etwas zu entdecken: Seit dem Graffitifestival im Sommer 2008 fahren an einer Hauswand linker Hand Bagger und Panzer – Symbole für die Verbrechen an Natur und Menschlichkeit – in einer Endlosschleife. Die Schleife hat die Form einer Acht – seit den Ereignissen von 1918, 1938, 1948 und 1968 die magische Zahl der Tschechen. Ein paar Schritte weiter Richtung Moldau passiert man die barocke **Sankt-Ursula-Kirche (Kostel sv. Voršily)** aus der Wende vom 17. zum 18. Jh. Sie entstand als Teil einer Klosteranlage und ist im Inneren mit prächtigen Fresken geschmückt (Nebeneingang nehmen).

Das → **Nationaltheater (Národní divadlo)** gegenüber dem Café Slavia ist der Stolz der Tschechen. Der gläserne Kasten davor, die Neue Bühne *(Nová scéna)*, beherbergt das Multimediatheater Laterna Magika. Es erinnert an ein deutsches Kaufhaus aus den 1970ern. Die Prager lästern, es sehe aus wie „gefrorene Pisse“. Auf dem Platz dahinter toben sich die Skater aus.

Am Ufer der Moldau geht es weiter. Im ehemaligen Botschaftsgebäude der DDR befindet sich heute das Goethe-Institut (→ Wissenswertes von A bis Z, S. 28). Rechter Hand führt eine Brücke auf die → **Slaweninsel (Slovanský ostrov)**.

Vorbei an herrlichen Fassaden mit Moldaublick und an der → **Výstavní síň Mánes**, einer der angesehensten Galerien Prags, gelangt man zum Jiráskovo náměstí, an dem das dekonstruktivistische Gebäude des Versicherungskonzerns *Nationale-Nederlanden* steht, von allen modernen Bauten einer der interessantesten der Stadt (1992–96). Es wird auch als **Tanzendes Haus (Tančící dům)** bezeichnet. Mit Fantasie – viel Fantasie – kann man in der sich herausdrehenden, schwungvollen Fassade Ginger Rogers und Fred Astaire erkennen. Verantwortlich zeichnen der kanadische Architekt Frank Owen Gehry und der Slowene Vladimír Milunič. Direkt daneben, in der obersten Etage

Sommerstimmung auf der Moldauinsel Slovanský ostrov

des Jugendstilgebäudes am Rašínovo nábřeží 78, wohnte einst Václav Havel mit seiner ersten Frau Olga. Nach der Gründung der Charta 77 wurde er stets überwacht – mit Ausnahme der viereinhalb Jahre, die er im Gefängnis verbrachte. Die Geheimpolizisten hatten sich schräg gegenüber in dem ehemaligen Wasserturm bei der Galerie Mánes einen kleinen Beobachtungsposten eingerichtet, damit sie im Winter beim Spitzeln nicht froren.

Wer will, kann nun weiter entlang der Resslova, vorbei an der → **Kyrill-und-Method-Kirche (Kostel sv. Cyrila a Metoděje)**, zum → **Karlsplatz (Karlovo náměstí)** spazieren. Das bekannteste und geschichtsträchtigste Gebäude dort ist das → **Neustädter Rathaus (Novoměstská radnice)**. Wer nicht alle Sehenswürdigkeiten abklappern will, lässt sich einfach noch ein wenig durch die Straßen der Neustadt treiben, insbesondere nahe der Moldau ist so manch schönes Eck zu entdecken.

Sehenswertes

Václavské náměstí (Wenzelsplatz): Früher hatte er das Aussehen eines Platzes und hieß Rossmarkt. Im Revolutionsjahr 1848 gestaltete man ihn in einen Boulevard um und gab ihm einen neuen Namen, nicht jedoch „Wenzelsboulevard“ sondern Wenzelsplatz. Zukünftig soll aus dem Boulevard mit den enormen Ausmaßen von 750 m auf 60 m wieder ein Platz werden, Pläne dazu liegen bereits in der Schublade. Der Verkehr darauf soll ganz verschwinden und die Magistrale, die ihn unmittelbar vorm Nationalmuseum durchschneidet, unterirdisch verlaufen.

Die Neugestaltung und damit verbunden ein zukünftig korrekt-sauberes Erscheinungsbild des Platzes fordert auch ein Verein aus ansässigen Hoteliers, Geschäftsleuten und Banken, die um das Image ihrer Postadresse bangen. Denn trotz seiner Repräsentativbauten und horrender Immobilienpreise ist der Wenzelsplatz alles andere als ein Schmuckkästchen à la Altstädter Ring. Zu Allerweltsketten wie *C & A* oder *H & M* gesellen sich einfache Blumen- und Buchläden, dazu Kaufhäuser und Souvenirshops, deren Warensortiment guten Geschmack auf die Probe stellt. Tagsüber marschieren die Touristen zügig auf und ab, und abends torkeln manche daher als leichte Beute für Taschendiebe. Ohnehin ist hier bis spät in die Nacht viel los, nicht zuletzt wegen der Kneipen, Casinos und rot beleuchteten „Cabarets“ drum herum. Auch Drogendealer und Prostituierte stehen dann Spalier. Und über all dem zieht immer wieder der Geruch fettiger Würste hinweg, denn der Wenzelsplatz ist Prags Bratwürstelmekka. Die Damen vom Grill kommen größtenteils aus der Ukraine wie auch viele Bauarbeiter der Stadt – auch Tschechien hat seine Gastarbeiter.

In der Geschichte Prags und Tschechiens war der Wenzelsplatz übrigens immer wieder Schauplatz von Massenaufmärschen, -demonstrationen und -feiern, zumal es kaum einen anderen Platz der Stadt gibt, auf dem sich das Volk in so großer Zahl hätte versammeln können.

Anfahrt Ⓜ A, C Muzeum oder Ⓜ B, C Můstek.

Národní muzeum (Nationalmuseum): Es gilt als eines der größten Museen der Republik und zählt man die Exponate (rund 14 Mio. im Fundus), dann ist es das garantiert. Allein die mineralogische Sammlung – Steinchen neben Steinchen in alten Vitrinen – ist eine der umfangreichsten der Welt. Auch die zoologische Abteilung ist an Vielfalt kaum zu überbieten. Kein Tier, das nicht ausgestopft wurde: Giraffe, Hammerhai, Leopard, Elefant usw. Zudem gibt es einen Saal mit Büsten und Statuen berühmter tschechischer Persönlichkeiten, eine entomologische (Insekten), eine anthropologische Sammlung und so fort. Ferner finden oft sehr interessante Wechselausstellungen statt.

Der bronzefarbene, gläserne, auf Stelzen stehende Kasten, der nordöstlich an das Nationalmuseum anschließt, war übrigens das *Parlamentsgebäude* der ČSR und ČSSR. Den steinernen Sockel des Gebäudes bildet die ehemalige Börse. Doch mit der Machtübernahme der Kommunisten wurde die Börse überflüssig und der Klotz darauf gesetzt. Noch bis 2008 sendete von hier *Radio Free Europe,* heute gehört das Gebäude ebenfalls dem Nationalmuseum. Wie es allerdings künftig genutzt wird – ob als Ausstellungsort oder nur als Depot – stand zum Zeitpunkt der Drucklegung noch in den Sternen.

Adresse Václavské náměstí 68. Ⓜ A, C Muzeum. ⌚ im Winter 9–17 Uhr, im Sommer 10–18 Uhr. Am ersten Di im Monat geschl. Eintritt 5 €, erm. 3 €, Familien 6,30 €. Am ersten Mo im Monat frei.

Muchovo muzeum (Mucha-Museum): Angeblich konnte Alfons Mucha (1860–1939) zeichnen, bevor er gehen konnte. Und als er gehen konnte und auf eigenen Füßen stand, zog es ihn nach Paris und Amerika. Dort illustrierte er Bücher und entwarf jene Plakate, die ihn als Vertreter des Jugendstils weltberühmt machten. Später, wieder zurück in seiner Heimat, stellte er sich ganz in den Dienst seines Landes, entwarf Banknoten, Orden und dergleichen. Dem kleinen Museum ist auch ein Shop angegliedert, der Mucha-Bücher und -Plakate verkauft.

Adresse Panská 7. Ⓜ A, C Muzeum. ⌚ tägl. 10–18 Uhr, im Sommer zuweilen bis 19 Uhr. Eintritt 5 €, erm. die Hälfte.

Jindřišská věž (Turm der Sankt-Heinrich-Kirche): Der freistehende spätgotische Glockenturm entstand 1472–1476. Vom 10. Stock des Baus genießt man eine zwar schöne, durch die kleinen Glasfenster aber etwas getrübte Aussicht auf Prag. Zu jeder vollen Stunde ertönt vom Glockenspiel eine von 1000 gespeicherten Melodien. Im Turm befinden sich außerdem ein Café, das noble Restaurant Zvonice (→ Essen und Trinken), eine Galerie und eine wenig spannende Ausstellung über Prager Türme.

Adresse Jindřišská. Ⓢ 3, 9, 14, 24 Jindřišská. ⌚ Mo–Fr 9–19 Uhr, Sa/So ab 10 Uhr. Restaurant tägl. bis 24 Uhr, Café bis 22 Uhr. Eintritt 3 €, erm. die Hälfte.

Kunsthappening auf dem Wenzelsplatz

Museum of Communism (Kommunismusmuseum): Hier kann man einen Rundgang durch die 41 Jahre währende sozialistische Ära der Tschechoslowakei unternehmen – vom Wahlsieg der Kommunisten 1948 bis zu den Bürgerprotesten 1989. Die Dokumentation (auch auf Deutsch) setzt sich zwar kritisch mit der Vergangenheit auseinander, die Präsentation (Büsten und Statuen von Stalin und Lenin, eine nachgebaute Ladentheke usw.) ist jedoch alles andere als spannend. Für das Gebotene werden satte Preise verlangt – ein Versuch, mit dem Ostalgiekult den schnellen Euro zu machen.

Adresse Na příkopě 10, 1. Stock. Ⓜ A, B Můstek. ⌚ tägl. 9–21 Uhr. Eintritt 7,40 €, erm. 5,80 €.

Kostel P. Marie Sněžné (Kirche Maria Schnee): Karl IV. stiftete die Kirche den Karmelitern am Tage seiner Krönung zum König von Böhmen. Doch als der Chor fertig war, ging das Geld aus, und der ursprünglich geplante dreischiffige Bau mit über 100 m Länge wurde nie vollendet. Anfang des 17. Jh. übernahmen die Franziskaner die Kirche bzw. den Chor und ließen ihn im Barockstil umbauen – sehenswert. Betrachtet man den Bau von dem kleinen angrenzenden Franziskanergarten, kann man erahnen, wie mächtig die Kirche ursprünglich hätte werden sollen.

Adresse Jungmannovo náměstí. Ⓜ A, B Můstek. Zugang über das Österreichische Kulturforum. ⌚ tägl. 9.30–11 Uhr und 14–17 Uhr.

Hamburg liegt nicht an der Moldau und Böhmen nicht am Meer

Vltava heißt die Moldau im Tschechischen. Sie entspringt am Černá hora (Schwarzberg) im Böhmerwald und mündet bei Mělník in die Elbe. 440 km hat sie sich bis dahin vorangeschlängelt, die Elbe gerade ein bisschen mehr als die Hälfte. Geht man von dem Grundsatz aus, dass beim Zusammenfluss zweier Flüsse der mächtigere und längere den Namen beibehält, müsste das gute alte Hamburg an der Moldau liegen. Tut es aber nicht, genauso wenig wie Böhmen am Meer liegt, was Shakespeare in seinem Drama *Wintermärchen* behauptet.

Národní divadlo (Nationaltheater): Der Literat Karel Čapek beschrieb es so: „Das Nationaltheater verwächst so glücklich mit seinem landschaftlichen Umfeld wie kein anderes Bauwerk in Prag. Sein Umfeld, das ist die lichte sanfte Moldau mit ihren lieblichen Inseln, der luftige, helle Korridor des Moldau-Tales, auf der anderen Seite die grüne Welle des Petřín und der weite Hradschin. Es gibt keinen lyrischeren Ort in Prag."

Das im Neorenaissancestil erbaute Theater wurde überwiegend aus Spendengeldern in der zweiten Hälfte des 19. Jh. errichtet. Doch kurz vor seiner Einweihung im Jahre 1881 brannte es aus. So fand die feierliche Eröffnung erst zwei Jahre später statt. Für alle bedeutenden tschechischen Künstler der damaligen Zeit war es eine Ehre, an der Ausschmückung des Theaters mitzuwirken. Und so präsentiert es sich heute – äußerst prunkvoll. Auf dem Programm stehen Theater (in tschechischer Sprache), Oper und Ballett – sollten Sie daran Freude haben, versuchen Sie, Tickets zu bekommen (→ S. 70).

Adresse Národní 2. Ⓢ 6, 9, 18, 21, 22 Národní divadlo.

Slovanský ostrov (Slaweninsel): Sie ist eine der schönsten Moldauinseln. Sonntags gehen hier Familien spazieren, unter der Woche die Verliebten.

Touristen kommen zum Tret- oder Ruderboot fahren. Vor dem einstigen Casino, heute das Restaurant Zofín (schöne Terrasse), steht ein Bronzedenkmal für Božena Němcová (1820–1862), die „tschechische George Sand", die als Begründerin des tschechischen Realismus gilt. Das Konterfei der bedeutendsten Schriftstellerin des Landes ziert heute den 500-Kronen-Schein. In vielen Novellen und Erzählungen prangerte sie die soziale Ungerechtigkeit gegenüber Frauen an. Němcovás bekanntestes Werk ist der Roman *Die Großmutter (Babička),* der als populärstes tschechisches Prosawerk überhaupt gilt und zahllose Ausgaben erlebte. Božena Němcovás Grab befindet sich auf dem Ehrenfriedhof Vyšehrad (→ S. 238).

Anfahrt Ⓢ 6, 9, 18, 21, 22 Národní divadlo. Zudem besteht im Sommer von 8 bis 19 Uhr 3-mal stündl. eine **Fähr**verbindung vom Smetanovo nábřeží (Galerie Hollar) über die Schützeninsel (Střelecký ostrov, → S. 126) und die Slaweninsel zur Kinderinsel (Dětský ostrov).

Výstavní síň Mánes (Kunstgalerie Mánes): 1887 gründete sich der Verein bildender Künstler „Mánes", benannt nach dem tschechischen Maler Josef Mánes (→ S. 153). 1930 ließ der Verein das funktionalistische Gebäude am Moldauufer errichten und nutzt es seitdem als Galerie. Zu sehen gibt es neben internationalen Wanderausstellungen v. a. klassische und zeitgenössische tschechische Kunst. Zudem ist die Galerie im Mai Schauplatz der *Art Prague,* der bedeutendsten Kunstmesse des Landes. Restaurant angegliedert.

Adresse Masarykovo nábřeží 250. Ⓜ B Karlovo náměstí. ⌚ tägl. (außer Mo) 10–18 Uhr. Eintritt variabel.

Kostel sv. Cyrila a Metoděje (Sankt-Kyrill-und-Method-Kirche): Die barocke Kirche, in der ersten Hälfte des 18. Jh. von Kilian Ignaz Dientzenhofer erbaut, ist heute das Zentrum der tschechisch-orthodoxen Gemeinde. In der Krypta befindet sich eine kleine Gedenkstätte für die Opfer des nationalen Widerstandes während der deutschen Okkupation. Nach dem Anschlag auf Reinhard Heydrich (→ S. 99) im Mai 1942 suchten hier die Attentäter Zuflucht. Durch Verrat erfuhr die SS von dem Versteck und stürmte mit 360 Mann Kirche und Krypta.

Adresse Resslova. Ⓜ B Karlovo náměstí. Krypta, ⌚ tägl. (außer Mo) 10–17 Uhr. Eintritt 2,50 €, erm. 1,30 €.

Karlovo náměstí (Karlsplatz): Er war einst der größte Platz der Stadt, mal Viehmarkt, mal Fischmarkt, und schließlich wurde er zu einem recht reizlosen, öffentlichen Park umgewandelt. Am nördlichen Ende (= Zentrumsseite) steht das *Neustädter Rathaus* (s. u.). An der Südostseite (Richtung Vinohrady) fällt die barocke *Kirche Sankt Ignatius (Kostel sv. Ignáce)* nach Plänen von Giovanni Orsi ins Auge

Blick vom Neustädter Rathaus

(⌚ tägl. 6–12 Uhr und 15.30–18.30 Uhr). Im Abendlicht leuchtet der gute Ignatius auf dem Giebel im goldenen Strahlenkranz. Das Innere ist eine rot-weiße Pracht aus Stuck und Marmor. An die Kirche schließt das einstige *Jesuitenkolleg (Jezuitská kolej)* an, das heute die medizinische Fakultät der Karlsuniversität belegt. Am südlichen Ende des Platzes steht, neben der Poliklinik der Karlsuniversität, das so genannte *Fausthaus* (Faustův dům, Nr. 40). Alchemisten wohnten einst darin, weshalb es gerne mit der Sage von Doktor Faustus in Verbindung gebracht wird. Direkt daran schließt der Zugang zur *Kirche St. Johannes Nepomuk* am Felsen an (→ S. 127). Die Südwestseite des Platzes beansprucht das *Charles Square Center*, ein steril-gläsernes Gebäude mit Büros, Läden und einem gut sortierten Supermarkt.

Neustädter Rathaus

Anfahrt Ⓜ B Karlovo náměstí. Hinweis: Nachts sollte man einen Bogen um den Park machen!

Novoměstská radnice (Neustädter Rathaus): Das Gebäude mit den markanten Renaissancegiebeln wurde in der Mitte des 14. Jh. im gotischen Stil errichtet und erlebte unzählige An- und Umbauten. Berühmtheit erlangte das Neustädter Rathaus durch den ersten Prager Fenstersturz (→ „Prager Fenstertürze ...“, S. 196). Heute wird es nur noch für repräsentative Zwecke verwendet, gelegentlich finden auch Ausstellungen darin statt. Der 50 m hohe Turm (221 Stufen sind's hinauf) mit einer Kapelle im ersten Stock kann besichtigt werden.

Adresse Karlovo náměstí 23. Ⓜ B Karlovo náměstí. ⌚ Turm Mai–Sept. tägl. (außer Mo) 10–18 Uhr. Eintritt 1,70 €, erm. die Hälfte.

Sehenswürdigkeiten abseits des Spaziergangs

Střelecký ostrov (Schützeninsel): Vom Nationaltheater ist sie über die Legionärsbrücke (Most legií) zu erreichen. Ab Mitte des 18. Jh. war darauf das Korps der Prager Scharfschützen positioniert, daher der Name. Heute gibt es hier eine Freilichtbühne im Grünen, auf der im Sommer allabendlich Filme gezeigt oder Konzerte geboten werden, dazu einen kleinen Bierverkaufsstand – Treffpunkt der jugendlichen Hundebesitzer. Des Weiteren befinden sich auf der Insel die Tennisplätze des *Start Praha Sportovní Klub* und im Sommer das *Hostel Island* (→ Übernachten, S. 56).

Anfahrt Ⓢ 6, 9, 18, 21, 22 Národní divadlo. Für Fährverbindungen → Slovansky ostrov, S. 125.

Botanická zahrada (Botanischer Garten): 1897 wurde der Garten angelegt, u. a. zu Studienzwecken der naturwissenschaftlichen Fakultät der Karlsuniversität. Zu sehen gibt es heimische und exotische Gewächse und viele Mütter, die ihre Kinderwagen schieben. Im Sommer werden hier gelegentlich auch Plastiken ausgestellt.

Adresse Na Slupi 18. Ⓢ 18, 24 Botanická zahrada. ⌚ Jan.–März 10–17 Uhr, April–Okt. 10–18 Uhr, Nov./Dez. 10–16.30 Uhr. Eintritt nur für die Gewächshäuser 2 €, erm. die Hälfte.

Emauzský klášter (Emauskloster) und **Kostel sv. Jana na Skalce (Kirche Sankt Johannes Nepomuk am Felsen)**: Das Benediktinerkloster Emaus wurde im 14. Jh. gegründet. 1945 trafen US-Bomben die Anlage. Zwei spitz zulaufende, geschwungene Stahlbetonschalen ersetzen seither die Türme der *Klosterkirche*. Auch die aus dem 14. Jh. stammenden Fresken des Kreuzgangs, einst kunsthistorische Highlights, wurden durch die Explosionen stark in Mitleidenschaft gezogen. Sie sind heute nur noch für speziell Interessierte sehenswert. Die Fresken im Chor der dreischiffigen Klosterkirche wurden hingegen aufwändig restauriert. Im Kloster leben übrigens noch heute drei Mönche.

Dem Kloster gegenüber liegt die schöne *Barockkirche Sankt Johannes Nepomuk am Felsen*. Sie entstand im 18. Jh. nach Plänen Kilian Ignaz Dienzenhofers. Mit ihrer doppelläufigen Freitreppe davor sieht sie zwar einladend aus, doch sind ihre Pforten nur selten geöffnet (→ Gottesdienste, S. 32).

Adresse Vyšehradská Ⓢ 18, 24 Botanická zahrada. ⌚ Emauskloster Mo–Fr 11–15 Uhr. Eintritt 1,30 €, erm. 0,80 €.

Muzeum Policie (Polizeimuseum): Das Museum mit schwer sozialistischem Einschlag ist in einem früheren Augustinerkloster untergebracht. Ausführlich dokumentiert es die Geschichte des Polizeiwesens sowie des Grenzschutzes und klärt über all die verbotenen Dinge des Lebens auf. Zudem werden „verdiente" tschechische Verbrecherpersönlichkeiten gewürdigt. Einen Besuch wert ist auch die dazugehörige *Klosterkirche* (⌚ zuletzt nur So und feiertags von 14–16.30 Uhr). Ihre Fundamente reichen bis ins 14. Jh. zurück. Ursprünglich hatte sie die Form eines Oktogons, dessen Gewölbe ohne Stützpfeiler auskam. Für diese damals beachtliche bauliche Leistung wurde ihr Baumeister verdächtigt, mit dem Teufel im Bunde zu sein. Ihr heutiges barockes Aussehen verdankt sie einem Umbau (vermutlich durch Giovanni Santini) im 18. Jh.

Adresse Ke Karlova 1. Ⓢ 7, 18, 24 Albertov. ⌚ tägl. (außer Mo) 10–17 Uhr. Eintritt 1,30 €, erm. 0,40 €.

Muzeum Antonína Dvořáka (Dvořák-Museum) in der Villa Amerika: In einem der schönsten Sommerschlösschen Prags, einem Bau Kilian Ignaz Dientzenhofers aus dem frühen 18. Jh., befindet sich das Museum zum Gedenken an Antonín Dvořák (1841–1904). Das populärste Werk des wohl berühmtesten tschechischen Komponisten entstand in Amerika, die *Sinfonie in e-Moll*, auch bekannt unter dem Namen *Aus der Neuen Welt*. Dvořák selbst war übrigens gelernter Fleischer, bevor er mit Müh und Not die Aufnahme in die Prager Organistenschule schaffte. Im Sommer finden im oberen Saal regelmäßig Konzerte statt.

Adresse Ke Karlovu 20. Ⓜ C I. P. Pavlova. ⌚ tägl. (außer Mo), April–Sept. 10–13.30 u. 14–17.30 Uhr. Okt.–März 9.30–13.30 u. 14–17 Uhr. Eintritt 2 €, erm. die Hälfte.

Brauhaus U Fleků: Seit 1499 existiert die traditionsreiche Brauerei, die eines der süffigsten Biere Prags, ein bittersüßes Dunkles ausschenkt, das nirgendwo anders in der Stadt gezapft wird. Eine Volksweise besagt sogar, dass jeder Tscheche einmal im Leben ins U Fleků pilgern sollte. Nur, Tschechen trifft man hier außer als Bedienung kaum mehr an. Das Bier kostet das Doppelte wie anderswo in Prag, und den „Willkommensschnaps“ haben Sie hinterher selbstverständlich auf Ihrer Rechnung vermerkt. Busladung auf Busladung (Kapazität 1200 Plätze) stolpert herein, und im Garten wird zu böhmischer Blasmusik geschunkelt. Der Renner ist dabei *Škoda lásky* (*Schade um die Liebe*) – Sie kennen die Melodie von *Rosamunde*.

Dem Brauhaus ist ein kleines *Museum* angegliedert. Heute wird noch ein- bis zweimal wöchentlich gebraut, insgesamt rund 2500 Hektoliter im Jahr, ganz ohne Chemie. Dafür ist das Bier auch nur zwei Wochen haltbar.

Adresse Křemencova 11. Ⓜ B Národní třída oder Karlovo náměstí. ⌚ Wirtschaft tägl. 10–24 Uhr, Brauereimuseum Mo–Fr 11–15 Uhr. Eintritt für das Museum 2 €, mit Führung durch die Brauerei, Degustation und Souvenirkrug (nur für Gruppen ab 10 Pers.) 6,70 €.

Státní opera (Staatsoper): Sie wurde Ende des 19. Jh. im Neorenaissancestil als das „Neue Deutsche Theater“ gebaut. Viele berühmte Künstler gaben sich hier ein Stelldichein, unter anderem Mahler, Seidl, Klemperer und Szell. Im Innern dominieren roter Samt und Gold – allein schon deshalb einen Besuch wert. Ticketvorverkauf im Haus (→ Kultur, S. 69).

Adresse Wilsonova 4. Ⓜ C Hlavní nádraží.

Jeruzalémská synagoga (Jerusalemsynagoge): In der Neustadt, außerhalb des einstigen Ghettos, befindet sich die größte Synagoge Prags mit 850 Sitzplätzen. Sie wird heute noch wie die Altneusynagoge von der jüdischen Gemeinde Prags genutzt. Anfang des 20. Jh. wurde sie im pseudomaurischen Stil errichtet, und da die Eröffnungsfeier der Synagoge ins 60. Jahr der Regentschaft Franz Josephs I. fiel, wird sie auch „Jubiläumssynagoge“ genannt. Ihr Architekt Wilhelm Stiassny projektierte übrigens auch den Jüdischen Zentralfriedhof in Wien. Das Innere des sehenswerten Gotteshauses ist gut erhalten, da es während des Zweiten Weltkrieges als Lager missbraucht und so vor größeren mutwilligen Zerstörungen verschont blieb. Die Synagoge diente u. a. als Drehort der Hochzeitsszenen für den Film *Comedian Harmonists.*

Adresse Jeruzalémská 7. Ⓢ 3, 9, 14, 24 Jindřišská. ⌚ nur April–Okt. tägl. (außer Sa und jüdischen Feiertagen) 13–17 Uhr. Eintritt 2 €, erm. 1,30 €. Wer bereits ein Ticket für die Altneusynagoge in Josefov (→ S. 158) erstanden hat, zahlt nichts.

Muzeum hlavního města Prahy (Museum der Stadt Prag): Dem, der seine bereits durchlaufenen Gassen einmal von oben sehen möchte, sei dieses Museum empfohlen. Elf Jahre bastelte der Lithograf Antonín Langweil im frühen 19. Jh. an seinem Prag aus Pappe, einem 20 m² großen, originalgetreuen Modell der Stadt von damals. Ansonsten informiert das Museum, untergebracht in einem schmucken Neorenaissancegebäude, über die Geschichte Prags. Zu sehen bekommt man archäologische Funde, Keramik, Hauszeichen, Möbelstücke usw. Zudem finden Wechselausstellungen statt.

Adresse Na Poříčí 52. Ⓜ B, C Florenc. ⌚ tägl. (außer Mo) 9–18 Uhr. Eintritt 3,30 €, erm. 1,30 €.

Poštovní muzeum (Postmuseum): Briefmarken der Tschechoslowakei und Tschechiens, aber auch des Auslands mit berühmten und weniger berühmten Köpfen darauf en masse. Ansonsten ein paar Druckvorlagen und Dokumentationen zur Entwicklung des Postwesens – das war's.

Adresse Nové mlýny 2. Ⓢ 8, 14, 26 Dlouhá třída. ⌚ tägl. (außer Mo) 9–12 und 13–17 Uhr. Eintritt 2 €, erm. 0,40 €.

Café Imperial

Essen und Trinken

(→ Karte S. 116/117)

Restaurants

Maze (8), dem Hotel Hilton Old Town angegliedertes Gourmetrestaurant. Betreiber ist der schottische Starkoch Gordon Ramsey (12 Michelin-Sterne), der allerdings nur selten in Prag vorbeischaut. Die Kreationen des Küchenchefs Philip Carmichael können sich jedoch ebenfalls sehen lassen: Risotto mit Artischocken und Wildpilzen, Wachtel mit Tomatenvinaigrette oder Babarieente mit Kraut. Aufgrund des unperfekten Services blieb der 2008 erhoffte Michelin-Stern jedoch aus. 3-Gänge-Lunchmenü 27 €, Hg. sonst 24–31 €. ✆ 221822300. V Celnici 7. Ⓜ B Náměstí Republiky.

Červená tabulka (2), gediegenes, ländlich-rustikal eingerichtetes Restaurant mit nettem Innenhof für den Sommer, etwas versteckt gelegen. Internationale Küche (Entenbrust mit Ingwerquiche, Lammkoteletts mit Polenta oder gegrillter Zander mit Risotto und Dillmascarpone), variantenreich und nett fürs Auge zubereitet, teils jedoch sehr üppig. Gute Weinselektion, flinker Service. Hg. 15–26 €. ✆ 224810401. Lodecká 4. Ⓢ 8, 14, 26 Dlouhá třída.

Zvonice (13), in der 7. und 8. Etage des Turms der Sankt-Heinrichs-Kirche. Wer Glück hat und einen Fensterplatz bekommt, hat beim gepflegten Dinieren eine schöne Aussicht über die Dächer Prags. Ansonsten sitzt man etwas eng zwischen dem massiven Turmgebälk. Eine der besten Adressen für altböhmische Küche: Ein Genuss ist die in Honig und marinierten Mandeln gebratene Gans mit Sauerkraut und Mandelknödeln. Hg. 19–32 €. ✆ 224220009. Jindřišská. Ⓢ 3, 9, 14, 24 Jindřišská.

Oliva (73), kleines Lokal, mit viel Liebe eingerichtet, elegant und doch leger. Überschaubare Karte mit fein zubereiteten mediterranen Gerichten, dazu täglich wechselnde Specials. Zuvorkommender Service. Hg. 11–19 €. Nur mittags und abends, So Ruhetag. ✆ 222520288. Plavecká 4. Ⓢ 3, 7, 16, 17, 21 Výtoň.

Universal (49), etabliertes, jugendliches Lokal im Stil eines französischen Bistros. Auch die Küche tendiert zum Französischen: Entenbrust mit Ingwer und Honig, Tournedos mit Pilzsauce oder Filet Mignon zu 11–15,50 €. Günstige Mittagsmenüs. Empfehlenswerter Sonntagsbrunch (Büfett, 13 €), ein beliebter Treffpunkt junger Familien.

✆ 224934416. V Jiráŕích 6. Ⓜ B Narodní třída o. Ⓢ 6, 9, 18, 21, 22 Národní třída.

Celnice (9), gepflegtes Bierhallenambiente. Handfeste böhmische Küche zwischen Gulasch und Entenbraten. Netter Außenbereich. Hg. 7–16 €. ✆ 224212240. Náměstí Republiky. Ⓜ B Náměstí Republiky.

Novoměstský pivovar (52), Mikrobrauerei mit großem, rustikalem Restaurant (350 Plätze), sehr beliebt bei Reisegruppen. Alles sehr deftig, gutes Bier. Hg. 8,50–17 €. ✆ 222232448. Vodičkova 20. Ⓢ 3, 9, 14, 24 Vodičkova.

Pivovarský dům (68), ebenfalls eine Mikrobrauerei, die auch Bananenbier, Beerenbier oder Biersekt ausschenkt... Lichtes, rustikales Ambiente im EG, etwas dunkel im Keller. Ordentliche böhmische Küche (Hase, Wild, Steaks) in „Standard-" oder „Luxusportionen", Hg. 5,50–13 €. Rauchen verboten. ✆ 296216666. Lípová 15. Ⓢ 4, 6, 10, 16, 22 Štěpánská.

Hostinec Hloupý Honza (60), Kneipenrestaurant im IKEA-Landhausstil: Kiefernholzmobiliar, karierte Kissen, Zwiebeln baumeln von der Decke. Knödelküche, dazu gutes Schnitzel und Steaks. Hg. 6,50–17 €. ✆ 222230036. Školská 12. Ⓢ 3, 9, 14, 24 Vodičkova.

Pizzeria Nuova (6), weitläufiges, durchgestyltes Lokal mit breiter Fensterfront. Originelles Konzept: Für einen All-you-can-eat-Preis von 14 € kann man sich stets neue Pasta- und Pizzavariationen an den Tisch bringen lassen. Wer sich dazu zusätzlich noch am Antipasti-Büfett bedienen will (nur wer schafft das?), zahlt 22 €. Bis 18 Uhr günstiger. Fantastische Küche dank neapolitanischer Tomaten und Pizzabäcker. Freundliches Personal, Spielecke und Luftballons für Kinder. ✆ 221803308. Revoluční 1. Ⓜ B Náměstí Republiky.

U Sádlů I. (4), an den Wänden des Kellergewölbes prangen Ritterrüstungen und Lanzen, dazu gibt es böhmische Spezialitäten und süffiges Bier. Hg. 3,70–16 €. ✆ 22481 3874. Klimentská 2. Ⓢ 8, 14, 26 Dlouhá třída.

Bredovský Dvůr (24), moderne, laute Bierschwemme im gepflegten Backsteinambiente. Wenn Länderspiele anstehen, kommen zuweilen auch verletzte Stars des tschechischen Teams zum Fußballschauen. Einsehbare Küche, in der variantenreiche böhmische Gerichte (kosten Sie die Schweinshaxe am Spieß!) gezaubert werden. Hg. 3,70–14 €. Rechnung überprüfen! ✆ 224215428. Politických Vězňů 13. Ⓜ A, C Muzeum.

U Fleků (57), ✆ 224934019. → Sehenswertes, S. 127.

Hospoda U nováka (50), helles Lokal mit rustikalem Interieur. Böhmische Standards zu fairen Preisen. Hg. 4–13 €. ✆ 224930639. V jirchářích 2. Ⓜ B Národní třída o. Ⓢ 6, 9, 18, 21, 22 Národní třída.

Mušketýr (58), typisches Prager Kellerlokal, im Winter heizt der Kamin ein. Ordentliche böhmische Knödelküche. Trotz der Lage in unmittelbarer Nähe zum Wenzelsplatz kein Nepplokal. Hg. 4–11 €, günstige Mittagskarte (nur Tschechisch). Zügiger Service. ✆ 2962 20001. Mezibranská 13. Ⓜ A, C Muzeum.

Govinda (3), billiger vegetarischer Inder. Self-Service, Kantinenflair, immer voll. Das kostenlose Tischwasser wird von Hare-Krischna-Mönchen aufgefüllt. Nur ein Mittagsmenü zur Auswahl, je nach Menge ab 4 €. ⌚ nur Mo–Fr 11–17 Uhr. ✆ 603205991 (mobil). Soukenická 27. Ⓜ B Náměstí Republiky.

Pivnices/Weinstube

Ferdinand (31), moderne, lichte Bierstube auf zwei Etagen. Zum guten Ferdinand-Bier aus dem mittelböhmischen Benešov kann man auch günstige Gerichte von der „Piggy" oder der „Moo-Cow" essen. So geschl. Oplatalova 24. Ⓜ A, C Muzeum.

Jelínkova (38), alteingesessene, beliebte kleine Pilsner-Bierstube mit üblicher Holzvertäfelung. Abends knallvoll und verraucht. Snacks. Sa/So geschl. Charvátova 1. Ⓜ B Národní třída o. Ⓢ 6, 9, 18, 21, 22 Národní třída.

Šenk Vrbovec (23), von Touristen beharrlich übersehene Stehweinstube am Wenzelsplatz. Kork an den Wänden, Prager Hausfrauen und Geschäftsleute an den Stehtischen. Günstige heimische Weine vom Fass. Václavské náměstí 10. Ⓜ A, B Můstek.

Traditionsreiche Kaffeehäuser

Café Imperial (5), eines der schönsten Kaffeehäuser der Stadt, wenn auch seit seiner Restaurierung deutlich steriler geworden. Wände und Decken sind – einmalig weltweit – vollständig mit kunstvoll gearbeiteter Keramik ausgeschmückt. Zum Kaffee werden kostenlos Krapfen gereicht. Aufgehoben wurde leider die witzige Tradition, nach der man für rund 60 € eine Schüssel mit Krapfen vom Vortag bestellen und andere Gäste damit bewerfen konnte... Man kann auch gut essen. Manko: sehr unfreundlicher Service. Na Poříčí 15. Ⓜ B Náměstí Republiky.

Kavárna Slavia (35), Rilkes und Kunderas Wohnzimmer. Heute werden hier v. a. Reiseführer in allen Sprachen gelesen. Mit der letzten Renovierung ist aus dem alten Kaffeehaus ein modernes, helles Café geworden. Der Moldaublick ist nach wie vor grandios. Smetanovo nábreží 2. Ⓢ 6, 9, 18, 21, 22 Národní divadlo.

Café Louvre (32), von den Kommunisten wegen bourgeoiser Tendenzen geschlossen, seit 1992 wieder Kaffeehaus. Hohe, kitschig altrosa gestrichene Wände, viel Stuck. Große Auswahl an internationalen Tageszeitungen, fesche Bedienungen. Restaurant und Billardsalon angegliedert. Národní třída 20. Ⓜ B Národní třída o. Ⓢ 6, 9, 18, 21, 22 Národní třída.

Café Evropa (34), Jugendstilperle in zentralster Lage, deswegen wohl auch die größte Touristenschwemme nach der Karlsbrücke. Man hat sich darauf eingestellt, serviert zweitklassigen Kaffee zu erstklassigen Preisen. Zuweilen Aufpreis für die Live-Musik am Nachmittag! Unfreundliches Personal. Trotzdem kann man dem Café den (in die Jahre gekommenen) Charme nicht absprechen. Václavské náměstí 25. Ⓜ A, C Muzeum oder A, B Můstek.

Cafés/Kneipen

Globe (62), eine von vielen amerikanischen Enklaven der Stadt. Leckerer Milchkaffee, Salate und Sandwichs. Gute Frühstücksadresse. Buchladen mit englischsprachiger Literatur und ein paar Internet-Terminals. Großes „Schwarzes Brett" – von WG-Zimmern bis Tschechischkursen wird alles angeboten. Pštrossova 6. Ⓢ 6, 9, 18, 17, 21, 22 Národní divadlo.

Musikcafé Metropol (7), großräumiges Caférestaurant im Stil eines Art-Déco-Kaffeehauses. Sehr licht, ultrahohe Decken. Name und Konzept der Location wechselten in den letzten Jahren regelmäßig, vielleicht heißt der Laden bis zu Ihrem Besuch schon wieder anders. Zuletzt gab es libanesische und indische Küche, dazu abends regelmäßig kostenlose Livemusik und -acts zwischen Salsapartys, Jazzkonzerten und Bauchtanzvorführungen. Na Poříčí 12. Ⓜ B Náměstí Republiky.

Vesmírna (63), kleines, freundliches Nichtrauchercafé, ein Sozialprojekt – hier werden Sie von Behinderten bedient. Frisch gepresste Fruchtsäfte, hervorragende Milchshakes, Crêpes und Toasts. Ve Smečkách 5. Ⓜ A, C Muzeum.

Ovocný svět (36), Eisdiele mit bunten Plastikstühlen. Oft steht man Schlange. ⌚ nur bis 20 Uhr. Vodičkova/Světozor-Passage. Ⓜ A, B Můstek.

Fantova kavárna (22), unter der restaurierungsbedürftigen Kuppel des Hauptbahnhofs, den Le Corbusier als schönsten Jugendstilbau Prags gepriesen hat. Sehenswert, aber bislang reicht den meisten ein kurzer Blick: ziemlich bizarres Publikum, auch Junkies, Stricher und Penner. Das kann sich nach Abschluss der Restaurierungsarbeiten am Bahnhof jedoch ändern. Hlavní nádraží. Ⓜ C Hlavní nádraží.

Příčný Řez (64), nettes, kleines Kneipencafé auf drei Etagen, der untere Bereich ist für Nichtraucher reserviert. Breite Fensterfront, mit Fantasie dekoriert, buntes junges Publikum. Man kann auch recht gut und günstig essen (Pasta, große Salate, Steaks, Salate, Steaks, selbst Fisch). Příčná 3. Ⓜ B Karlovo náměstí.

Velryba (45), ein Klassiker unter den Prager Studentenkneipen. Vorne ein großer Raum mit Kartoffeldruck an den Wänden, hinten Wohnzimmeratmosphäre mit Möbeln von der Oma. Überall übelst verraucht. Günstiges Essen. Club und Galerie angegliedert. Opatovická 24. Ⓢ 6, 9, 18, 17, 21, 22 Národní divadlo.

Karte S. 116/117

Gemalt und in natura: die Karlsbrücke

Staré Město (Altstadt)

Staré Město ist einer der lebhaftesten Stadtteile Prags, der mit den traditionsreichsten Pivnices, den meisten Restaurants, Galerien und Wechselstuben. Er gehört mehr den Touristen, weniger den Pragern. Sein Herz ist der Staroměstské náměstí, der gerne als der schönste Platz Europas bezeichnet wird. Aber auch die angeblich schönste Brücke der Welt ist hier zu finden, die Karlsbrücke.

Ein Wirrwarr aus engen, verwinkelten Gassen prägt die Altstadt. Ohne Plan ist man schnell darin verloren, aber das macht nichts. Lassen Sie sich einfach treiben. Die belebtesten Gassen sind die Celetná und die Karlova. Beide werden gesäumt von alten Barock- und Renaissancefassaden, die mit viel Liebe restauriert wurden; kaum noch ein Winkel, der nicht der Postkartenharmonie entspricht.

Abseits dieser Gassen geht es erheblich ruhiger zu. Und je mehr man sich von ihnen entfernt, desto mehr taucht man ein in jenen Teil der Altstadt, der erst kürzlich aus seinem Dornröschenschlaf erwacht ist. Hier sehen nicht mehr alle Häuser aus, als hätte man sie gestern erst gebaut. Hier bröckelt der Putz noch ein wenig, und hier besitzen die Hinterhöfe gelegentlich einen Charme wie in Italien. Hier findet man noch ein paar Cafés und Kneipen, die auch Prager besuchen. Hier stellen in den Galerien junge Künstler aus, die auch etwas anderes malen als Aquarelle von der Karlsbrücke.

Die Brücke selbst, gesäumt von fliegenden Händlern und barocken Statuen, ist Prags berühmtestes Wahrzeichen. Am späten Abend, wenn die Straßen entlang der Moldau beleuchtet sind und die Türme und Kuppeln Prags theatralisch im Scheinwerferlicht erstrahlen, ist ein Spaziergang darüber am eindrucksvollsten.

Auch der Staroměstské náměstí (Altstädter Ring) zeigt sich am Abend von seiner romantischsten Seite. Er ist zugleich der Dreh- und Angelpunkt der Altstadt. Und wer sie nicht zu Fuß erkunden will, kann von dort mit einer Kutsche durch die Gassen starten. Cafés und Restaurants rund um den Platz laden zum Verweilen im Freien ein, selbst noch spät im Herbst (beheizt!).

Der Übersichtlichkeit wegen ist der folgende Spaziergang in vier Teile gegliedert. Die reine Gehzeit für den gesamten Weg beträgt ca. 1½ Std. Achten Sie im Gedränge enger Gassen auf Ihre Wertsachen!

Spaziergang vom Wenzelsplatz zum Altstädter Rathaus

Die Fußgängerzone Na příkopě am unteren Ende des Wenzelplatzes trennt die Neustadt von der Altstadt. Der direkteste Weg zum Altstädter Ring führt von dort über die Straßen Na Můstku und Melantrichova. Dazwischen passiert man den **Gallenmarkt (Havelské tržiště)** auf der Havelská, an dessen Ständen neben Obst und Gemüse auch Holzspielzeug, billiger Schmuck und allerlei Plunder verkauft werden. Beliebtestes Mitbringsel sind Hexenmarionetten, die, sobald man in die Hände klatscht, laut zu lachen beginnen. Die Kirche, die den schmalen Platz nordöstlich davon überragt, ist die **Sankt-Gallus-Kirche (Kostel sv. Havla)**. Ihre Grundmauern reichen bis ins 13. Jh. zurück, ihre geschwungene Fassade gab ihr Giovanni Santini Aichel in der ersten Hälfte des 18. Jh. Deutsche Kolonisten siedelten hier im Mittelalter und verehrten in der Kirche die Schädelreliquie des heiligen Gallus aus Sankt Gallen, daher der Name. Hinein darf man leider nur zu Gottesdiensten. Seit der Samtenen

Vor den Kopf gestoßen? Auf des Rätsels Lösung kommen Sie beim Spaziergang durch die Altstadt

Hochsaison im historischen Zentrum

Revolution wurden Kulturgüter in unbezifferbarem Wert geraubt, weshalb heute viele Gotteshäuser, sofern kein Aufseher zur Stelle ist, nur noch während der Messen ihre Pforten öffnen.

Die Melantrichova ist eine enge Bilderbuchgasse, an der Souvenirgeschäfte, Restaurants, das → **Wax Museum** und das → **Sex Machine Museum** liegen. Die Eröffnung des Letzteren im Zentrum des „altehrwürdigen" Prags führte übrigens zu heftigen Kontroversen im Stadtrat. Die Gasse endet am Altstädter Ring vor dem → **Altstädter Rathaus (Staroměstská radnice)** mit der Astronomischen Uhr. Zu jeder vollen Stunde versammelt sich eine Menschentraube davor, um das Defilee der Figuren zu verfolgen – ein Aha-Erlebnis, zumindest von 9–21 Uhr. Danach ist es mit dem stündlichen Spuk vorbei, was Sie aber nicht davon abhalten sollte, in lauen Sommernächten einmal um 22 Uhr vorbeizuschauen: Dann nämlich ertönen gelegentlich die Pfeifkonzerte der Enttäuschten – das lustigere Erlebnis.

In die Altstadt: Quer durch die Altstadt fahren keine Straßenbahnen. Lediglich die Metrolinie A führt unter ihr hindurch. Die nächsten Stationen zum Altstädter Ring (Staroměstské náměstí), dem zentralen Platz des Stadtteils, sind Staroměstská und Můstek. Bei Letzterer beginnt der Spaziergang.

Spaziergang rund um den Staroměstské náměstí

„Es gibt wenige Plätze auf Erden, die sich an Schönheit mit dem Altstädter Ring in Prag messen können". Was der Arzt und Dichter Hugo Salus (1866–1929) Anfang des 20. Jh. schrieb, gilt noch immer, vielleicht sogar mehr denn je.

Den stets belebten weiten Platz beherrscht ein **Denkmal für Jan Hus**, der – nebenbei bemerkt – ein eher kleiner, dicker Mann gewesen sein soll. 1915 wurde es eingeweiht, zum 500. Todestag des Reformators (→ S. 93). Seine eingravierten Worte „Milujte se, pravdy každému přejte“ sind ein Aufruf zu Brüderlichkeit und Ehrlichkeit. Zuvor stand an gleicher Stelle eine prächtige Mariensäule, die Kaiser Ferdinand III. 1650 zum Gedenken an die Befreiung Prags durch die Schweden hatte errichten lassen.

Das dem Denkmal nächstgelegene Gebäude ist der altrosafarbene → **Palais Kinský (Palác Kinských)**, in dem Franz Kafkas Vater einige Jahre ein Galanteriewarengeschäft betrieb. Wer mag, kann sich hier heute in Landschaftsmalerei des 19. Jh. vertiefen. Unmittelbar an den Palais grenzt ein mittelalterlicher Bau, das **Haus zur Steinernen Glocke (Dům U Kamenného Zvonu)**. Es wird für wechselnde Ausstellungen, aber auch für Konzerte genutzt. Sein Hauszeichen – was auch anderes als eine steinerne Glocke – hängt am Eck zur schmalen Gasse Týnská. Hinter der folgenden Häuserfront erhebt sich imposant die **Teinkirche (Kostel P. Maria před Týnem)**. In der zweiten Hälfte des 14. Jh. wurde mit ihrem Bau, finanziert von deutschen Kaufleuten, begonnen. Die markanten Türme kamen erst im 15. und 16. Jh. hinzu. Der Zugang zum lichtdurchfluteten Inneren erfolgt durch den dritten Arkadenbogen in dem davor stehenden Bau (🕒 Di–Sa 10–13 und 15–17 Uhr). In der Teinkirche liegt der dänische Astronom Tycho Brahe begraben. 1599 war er an den kaiserlichen Hof Rudolfs II. gerufen worden. Er besaß eine künstliche Nase aus Gold; der Grund dafür war ein Duell in Rostock. Auch sein Tod 1601 spricht nicht gerade für einen soliden Lebenswandel, er starb nach einem Saufgelage an einem Blasenriss.

Hinter den barock anmutenden Fassaden auf der Südseite des Platzes verbirgt sich meist ein gotischer oder romanischer Kern. Würde man die Stuckarbeiten abtragen, sähen viele der Häuser aus wie das zur Steinernen Glocke.

In der **Einhornapotheke (Lékarná U Jednorožce)**, der Nr. 17, etablierte sich zu Anfang des 20. Jh. der literarische Salon Fanta. Bei Berta Fanta gingen Intellektuelle und Literaten ein und aus, u. a. Franz Kafka, Max Brod, aber auch Rudolf Steiner und Albert Einstein, der von 1910 bis 1911 an der Karlsuniversität theoretische Physik lehrte.

Im Uhrzeigersinn weiter folgt das bereits angesprochene → **Altstädter Rathaus (Staroměstská radnice)**, der markanteste Bau am Platz. Die schmucklose Häuserzeile auf dessen Rückseite stand einst in zweiter Reihe. Den Platz davor, wo sich heute eine kleine Grünfläche befindet, nahm der neogotische Ostflügel des Rathauses ein. Dieser aber wurde gegen Ende des Zweiten Weltkrieges von deutschen Truppen so stark beschädigt, dass er abgerissen werden musste. Nun ist ein Neubau geplant – wie genau der künftige Annex aber aussehen und was er beherbergen soll, steht noch in den Sternen. Eine Ausschreibung des Projekts ist für 2009 angesetzt.

Der nächste imposante Bau ist die schneeweiße, barocke **Nikolauskirche (Kostel sv. Mikuláše)**. Ihr Äußeres wirkt viel versprechend, ihr Inneres ist es aber nicht. Allabendlich finden darin Konzerte für Touristen statt, meist wird zweitklassige Klassik geboten. Nebenan kam Franz Kafka zur Welt – mehr dazu im Josefov-Spaziergang auf S. 154.

Auf der Nordseite des Platzes hebt sich die gelbe Jugendstilfassade eines Gebäudes ab, in dem heute das Ministerium für regionale Entwicklung seinen Sitz hat (Nr. 6). Es gehörte einst einer Versicherungsgesellschaft. Vermutlich haben ein paar Feuerwehrmänner diese einmal vor hohen Schadenszahlungen bewahrt – denn einen von ihnen ließ man zumindest symbolisch unter die sonst so klassischen Giebelheiligen hieven.

Spaziergang durch die Altstadt (östlicher Teil)

Vom Staroměstské náměstí zweigt die Tynská ab, eine Gasse wie eine Schlucht. Auf das Haus zur Steinernen Glocke folgt nach wenigen Schritten das → **Haus zum Goldenen Ring (Dům U Zlatého prstenů)**, heute eine große Galerie moderner tschechischer Kunst. Und nur ein paar Meter weiter gibt es das wohl skurrilste Museum der Stadt, das → **Museum der Schokoladenbilder (Muzeum čokoládových obrazu Vladomíra Čecha)**, hinter dem aber nicht viel mehr steckt als eine lustige Idee.

Rechts des Hauses zum Goldenen Ring führt ein Durchgang in den **Teinhof (Týn)**, auch **Ungelt** genannt, ein malerischer

Hof, der von prächtigen Bauten umgeben ist. Früher mussten darin Kaufleute ihre Waren verzollen, bevor sie diese auf dem Altstädter Ring anbieten durften. Heute findet man hier Cafés und Restaurants – manche mit Preisen, als müssten die Kneipiers auf ihre Speisen und Getränke noch immer satte Steuern entrichten. Das schönste Haus ist das erste links, ein Renaissancebau mit Loggia, das einstige Zollhaus.

Übernachten

1 Residence Agnes (S. 58)
5 Traveller's Hostel (S. 64)
8 Josef (S. 58)
23 Four Seasons (S. 58)
38 Residence Řetězová (S. 67)
40 Iron Gate (S. 58)
43 U zeleného věnce (S. 63)
45 U červené židle (S. 60)
58 U medvídků (S. 63)
61 Unitas (S. 60)

Essen & Trinken (S. 149-151)

2 Dahab
6 Ariana
7 Orange Moon
13 Red Hot & Blues
21 La Provence
24 Brasileiro
30 Alternatif Area
34 U zlatého tygra
35 Country Life
46 Duende
47 Bellevue
48 Krásne ztráty
49 U Vejvodů
50 Lehká hlava
55 Monarch
58 U medvíků
59 Století

Cafés (S. 150/151)

15 Café de Paris
18 Kavárna Obecní dům
20 Ebel Coffee House
25 Indigo
27 Grand Café Orient
38 Café Montmartre
41 Au Gourmand
51 Art Café U Irmy
60 Káva Káva Káva

Nachtleben

4 Roxy und NOD (S. 77)
10 M1 (S. 79)
11 Bar & Books (S. 78)
17 Chapeau Rouge (S. 80)
22 Jazzclub Ungelt (S. 80)
28 AghaRTA Jazz Centrum (S. 80)
39 Lávka und Music-club Karlovy lázně (S. 77)
44 USP Jazz Lounge (S. 80)
53 Erra (S. 81)
57 Friends (S. 81)
62 Babylonia (S. 81)

Einkaufen

3 Antik v Dlouhé (S. 88)
9 Studio Šperk (S. 89)
12 Backstage (S. 86)
14 Bric à Brac (S. 88)
16 Truhlář Marionety (S. 84)
19 Jan Petr Obr Fine Bohemian Paper (S. 85)
26 Modernista (S. 89)
27 Kubista (S. 89)
29 Erpet (S. 85)
31 Galerie U rytíře Kryštofa (S. 89)
32 Sanu Babu (S. 89)
33 Dorotheum (S. 88)
35 Manufaktura (S. 85)
36 Art deco Galerie (S. 88)
37 Maximum Underground (S. 87)
42 Vintage (S. 85)
46 Pavla & Olga (S. 85)
52 Culinaria (S. 87)
54 Jan Placák (S. 88)
56 Zlatá Lod' (S. 89)
63 Leeda Fashion Store (S. 85)
64 Toaletté (S. 85)

Verlässt man den Hof durch sein Osttor, steht man vor der **Sankt-Jakobs-Kirche (Kostel sv. Jakuba)**. Sie besticht vor allem durch ihr Inneres. Mitten im hochbarocken Interieur überrascht ein mumifizierter Unterarm, der gleich rechts hinterm Eingang angekettet von der Wand baumelt. Glaubt man den Legenden, gehörte dieses verschrumpelte Gliedmaß einst einem Kirchendieb. Zur Abschreckung hängt es seitdem da (⌚ tägl. 9.30–12 Uhr und 14–16 Uhr).

Der Weg führt weiter zum **Platz der Republik (Náměstí Republiky)**. 2006 wurde hier das Musicaltheater **Divadlo Hybernia** (→ Kultur, S. 73) eröffnet. Der imposante Empirebau war zuvor Kloster, Finanzamt und bis zu seiner letzten Restaurierung eine gigantische Ruine. Gleiches traf lange auf den mächtigen Kasernenbau im Tudorgotikstil etwas weiter nördlich zu. Seit 2007 befindet sich darin mit dem **Palladium** eine schicke Shoppingmall (→ Einkaufen, S. 87). Das **Kaufhaus Kotva** schräg gegenüber macht dagegen keine gute Figur mehr. In sozialistischer Zeit zählte es jedoch zu den ganz großen Konsumtempeln des Ostblocks mit bis zu 75.000 Kunden täglich. Sogar aus Bulgarien kam man extra angefahren, insbesondere wegen der günstigen Kunstfaserklamotten.

Das mit Abstand bedeutendste Gebäude am Náměstí Republiky ist jedoch das **→ Gemeindehaus Obecní dům**, die Jugendstilperle Prags. Jedes Detail darin hat etwas Besonderes, selbst der Aufzug macht da keine Ausnahme. Direkt daran grenzt das **→ Pulvertor (Prašná brána)** – einst am Stadtrand, heute im Zentrum Prags.

Die **Celetná (Zeltnergasse)**, eine der ältesten Gassen Prags, führt vorbei an der viel besuchten **Jan-Saudek-Galerie (Galerie Jana Saudka**, → Sehenswürdigkeiten abseits des Spaziergangs) zurück

Obecní dům mit Pulvertor

zum Altstädter Ring. Schon vor der Galerie, wo die Straße zur gepflegten, kopfsteingepflasterten Fußgängerzone wird, steht das → **Haus zur Schwarzen Madonna (Dům U Černé Matky Boží)**, ein Bau im Zeichen des Kubismus. Das Gebäude trennt die Celetná vom länglichen Platz **Ovocný trh**, dem einstigen **Obstmarkt**. Im Sommer werden darauf häufig Plastiken ausgestellt. Wer keine vorfindet, sollte nicht enttäuscht sein und sich dafür das Garagentor neben der Guess-Boutique anschauen – ein Kunstwerk für sich und zugleich einer dieser kleinen, fast kuriosen Beiträge, die dem alten prunkvollen Prag etwas Moderne einhauchen.

Das südwestliche Ende des Platzes schließt die Rückseite des **Ständetheaters (Stavovské divadlo)** ab. Der neoklassizistische Bau entstand in der zweiten Hälfte des 18. Jh. und war kurz darauf im Besitz der böhmischen Stände, daher der Name. In ihm fand am 29. Oktober 1787 die Uraufführung von Mozarts *Don Giovanni* statt. Das Innere ist ein blau-goldener Traum, nicht umsonst wählte es Miloš Forman als Kulisse für Szenen seines *Amadeus*. Leider ist es nur in Verbindung mit einer Aufführung zu besichtigen (→ S. 70).

Unmittelbar daneben liegt das geschichtsträchtige, aber alles andere als unbedingt sehenswerte **Karolinum**. 1348 legte hier Karl IV. den Grundstock für die älteste Universität Mitteleuropas. Von dem ursprünglichen Gebäude ist heute aber von außen nicht mehr als ein gotischer Erker zu erkennen.

Spaziergang durch die Altstadt (westlicher Teil)

Das Ständetheater und den Staroměstské náměstí verbindet die Železná, von der die kleine, krumme Kožná abgeht. An deren Ende (Nr. 1) liegt das **Haus zu den Zwei goldenen Bären (U dvou Zlatých Medvědů)**, in dem der

„rasende Reporter" Egon Erwin Kisch (1885–1948) geboren wurde. Er machte aus der Reportage erstmals ein literarisches Genre.

Kisch kannte auch das gleich ums Eck gelegene einstige Freudenhaus Mimosa (Kožná Nr. 4). In diesem arbeitete Antoine Havlová, die er als „Galgentoni" unsterblich machte. Sie hatte mit einem Mörder die letzte Nacht vor dessen Hinrichtung in der Zelle verbracht. Aber auch Figuren in Hašeks *Švejk* (→ Kasten S. 140) hatten im Mimosa ihr Original.

Überquert man die Melantrichova und geht einfach geradeaus weiter (Durchgang in Nr. 19), gelangt man auf die Michalská, an der sich kleine Läden mit Restaurants abwechseln. Lässt man diese links liegen, erreicht man über ein enges Gässlein die Jilská, hier reihen sich Souvenirgeschäfte aneinander: „Original" böhmisches Kristall dominiert die Auslagen, man bekommt es in allen Variationen, auch „Made in China".

Die barocke **Dominikanerkirche St. Ägidus (Kostel sv. Jilijí)** geht auf einen romanischen Bau zurück (Eingang an der Husova, tagsüber i. d. R. zugänglich). Viele Fresken stammen von Wenzel Lorenz Rainer, der auch die Sankt-Thomas-Kirche auf der Kleinseite schmückte (→ S. 168). Im angegliederten Kloster wurde 1810 die erste Lehranstalt für Musik auf dem Gebiet der österreichisch-ungarischen Monarchie eingerichtet.

Die Husova bietet Kunst in luftiger Höhe (→ Bild, S. 151) – *Der Hängende*, der an Sigmund Freud erinnert, ist ein Werk des Popkünstlers David Černy, dessen provokative Arbeiten das Stadtbild vielerorts auflockern (→ Kasten, S. 118). Die Straße führt fast direkt auf den Betlémské náměstí und die berühmte **Bethlehemskapelle (Betlémská kaple)** zu. Jan Hus predigte darin (→ Geschichte, S. 93). Ende des 18. Jh. wurde sie zerstört. Der rekonstruierte Bau aus der Mitte des 20. Jh. besitzt somit zwar

Karlova, die Karlsgasse

einen geschichtsträchtigen Namen, ist aber alles andere als sehenswert (⌚ tägl. außer Mo 10–18 Uhr, Eintritt 2 €, erm. 1,30 €). Gleiches gilt, sofern Sie nicht ein besonderes Faible für Architektur haben, für die gegenüber liegende → **Jaroslav-Fragner-Galerie (Galerie Jaroslava Fragnera)** und das ebenfalls über den Betlémské náměstí zu erreichende → **Náprstek-Museum (Náprstkovo muzeum)**. Hinter Letzterem verbirgt sich ein Völkerkundemuseum, das Gebäude selbst war früher einmal eine Brauerei.

Der Bekannteste aller Tschechen – Hašeks braver Soldat Švejk

Etwa 1200 Kurzgeschichten verfasste Jaroslav Hašek (1883–1923) in seinem Leben. Aber nicht nur als Schriftsteller machte sich Hašek einen Namen, in seinem von Eskapaden bestimmten Leben ging er unzähligen Dingen nach. Er war Bankangestellter, Landstreicher, Journalist, Laborassistent, Hundehändler, Gründer der *Partei des maßvollen Fortschritts in den Grenzen der Gesetze*, Soldat an der galizischen Front, im russischen Bürgerkrieg, Volkskommissar in der Roten Armee usw.

Zwei Jahre vor seinem Tod erschien die erste Ausgabe des Heftchens *Die Abenteuer des braven Soldaten Švejk*. Daraus wurde später der mit Abstand erfolgreichste tschechische Roman, und der brave Soldat selbst, ein einfacher Mann aus dem Volk, aber ein Schlitzohr, stieg zu einer unsterblichen Figur der Weltliteratur auf. Hašek zeichnete ihn als einen Charakter, der es mit Optimismus und Humor versteht, in einer politisch-ideologisch verrückten Welt zurechtzukommen, indem er sich die Maske eines Trottels überstreift.

In mehr als 50 Sprachen wurden die Abenteuer des Švejk bislang übersetzt. Sie waren mit Hašeks Tod nicht zu Ende; sondern wurden von einem anderen Autor fortgesetzt. Die bekanntesten Illustrationen zum braven Soldaten schuf Josef Lada, der auch den *Kater Mikesch* kreierte. Seine ersten Entwürfe zeigten den heute so molligen Švejk noch als schlanken Hering.

Auch die etwas triste Bartolomějská, von der Bethlehemskapelle nur einen Katzensprung entfernt, braucht man nicht unbedingt aufsuchen. Ein paar düstere Gebäude säumen sie. In vielen sitzt die Polizei. In Nr. 9, einem der wenigen restaurierten Bauten, befindet sich das **Hotel Unitas** (→ Übernachten). Vor der Wende gehörte das Gebäude ebenfalls der Polizei, genauer der Geheimpolizei, die darin Oppositionelle verhörte. Václav Havels Gefängniszelle ist heute ein Gästezimmer.

Eng mit dem Namen Havel verbunden ist auch das **Theater am Geländer (Divadlo na zábradlí)** am Anenské náměstí. Die Bühne gehört zu den renommiertesten des Landes. Havel arbeitete dort in den 1960ern, zunächst als Bühnentechniker, später als Dramaturg und Hausautor. Zu jener Zeit begann hier auch die Entwicklung des tschechischen absurden Theaters. Für die Vorstellungen braucht man leider Tschechischkenntnisse.

Schließlich erreicht man die Moldau und damit das → **Smetana-Museum (Muzeum Bedřicha Smetany)**, das an den berühmten Komponisten erinnert. Es ist untergebracht im Neorenaissancebau der ehemaligen Altstädter Wasserwerke. Von dem Platz davor genießt man einen herrlichen Blick die Moldau hinauf auf die Schützeninsel und das Nationaltheater sowie auf die Burg und die → **Karlsbrücke (Karlův most)**. Am Beginn der Brücke steht der → **Altstädter Brückenturm (Staroměstská mostecká věž)**. Ihm zu Füßen liegt wiederum der **Křížovnické náměstí, der Kreuzherrenplatz**. Ein in Nürnberg gegossenes Denkmal für Karl IV. befindet sich darauf, das zum 500. Geburtstag der Hochschule 1849 aufgestellt wurde. Vier Frauen zieren es, die oft als seine vier Ehefrauen interpretiert werden. In Wirklichkeit aber sind sie allegorische Darstellungen der ersten vier Fakultäten der Karlsuniversität. Den Norden des Platzes schließt die → **Kreuzherrenkirche (Křížovnický kostel)** mit ihrer großen, kupferfarbenen Kuppel ab. In deren Nachbarschaft kann man dem → **Karlsbrückenmuseum (Muzeum Karlova Mostu)** einen Besuch abstatten, das mit dem Beginn der Sanierungsarbeiten an der Brücke entstand. Und gegenüber gibt es noch ein Museum, das → **Museum of medieval torture instruments**.

Linker Hand der Karlova, auf der im Sommer stets dichtes Gedränge herrscht, erstreckt sich das → **Klementinum,** einer der größten Gebäudekomplexe der Stadt, dessen gigantische Ausmaße man auf den ersten Blick aber nicht wahrnimmt. Es war nach 1648 der Sitz der Jesuiten.

Am Beginn der Liliová, im **Haus zur Goldenen Schlange (U Zlatého Hada)** – auf das Hauszeichen achten – eröffnete Armen Damajan aus Damaskus Anfang des 18. Jh. ein Kaffeehaus, in dem auch allerlei heute illegales Rauchwerk angeboten wurde. Vielleicht begründet sich darauf die Legende, dass es darin einen Brunnen gebe, aus dem unaufhörlich Wein fließe, für den man nichts bezahlen muss, lediglich der Kaffee würde berechnet. Heute ist die Quelle versiegt, behauptet zumindest der Wirt und berechnet alles.

Abseits des Trubels der Karlova und ganz versteckt in der Řetězová 3 steht das **Haus der Herren von Poděbrad und Kunstadt (Dům Pánů z Kunštátu a Poděbrad)**. Sein Untergeschoss gehört zu den besterhaltenen romanischen Baudenkmälern Prags, leider jedoch ist es seit Jahren der Öffentlichkeit nicht mehr zugänglich. Im späten 12. Jh. lag es übrigens noch über der Erde. Als man jedoch im 15. Jh. die Altstadt wegen der häufigen Moldauhochwasser aufschüttete, lag es auf einmal darunter. Später setzte man einfach noch ein paar Stockwerke drauf.

Auf der Husova geht es weiter, vorbei am **Goldenen Tiger (U zlatého tygra)**, eine der traditionsreichen Bierschenken der Altstadt. Václav Havel führte hier Bill Clinton in die tschechische Bierkultur ein (→ Essen und Trinken).

Ein paar Schritte weiter liegt der Eingang zum → **České muzeum výtvarných umění**, einem Museum moderner Kunst mit oft recht interessanten Ausstellungen.

Schräg gegenüber präsentieren sich kräftig und sehnig die Säulen tragenden Herkulespaare an den mächtigen Portalen des größten Adelspalastes der Altstadt, dem hochbarocken **Palais Clam-Gallas (Clam-Gallasův palác)**. Auch hier finden regelmäßig Ausstellungen, zudem klassische Konzerte statt.

Kurz vorm Staroměstské náměstí passiert man noch den Malé náměstí, einen kleinen schmucken Platz. Das **Haus zu den Drei weißen Rosen** (Nr. 3), ein Neorenaissancebau aus dem Jahr 1890 mit einer bunt bemalten Fassade, ist das auffälligste. Bei all der Pracht könnte man meinen, dass es sich einst ein Juwelier oder Pelzhändler habe erbauen lassen. Weit gefehlt, es wurde für die Schrauben und Beschläge der Eisenhandlung Rott errichtet. Bis zum Frühjahr 2009 wird darin das erste Prager *Hardrock Café* einziehen und die historische Fassade mit kitschiger Neonreklame verunstalten – einer von vielen Stilbrüchen, die im historischen Zentrum seit einigen Jahren bedauerlicherweise gehäuft um sich greifen.

Sehenswertes

Wax Museum: Irgendwie hat man den Eindruck, dass die hier ausgestellten Figuren im Vergleich zu denen anderer Wachskabinette der Welt zweite Wahl sind. Egal, ob Fidel Castro oder Albert Einstein, sie sind einfach nicht gut getroffen oder mal zu heiß geworden ...

Adresse Melantrichova 5. Ⓜ A, B Můstek. ⌚ tägl. 9–20 Uhr. Eintritt 5 €, erm. die Hälfte.

Sex Machine Museum: Eine modern präsentierte Sammlung von über 200 libidinösen Objekten auf drei Etagen. Zu sehen gibt es vorrangig Sadomaso-Accessoires, aber auch antike Vibratoren, Korsetts und amüsante Erotikfilme aus dem Jahr 1930.

Adresse Melantrichova 18. Ⓜ A Můstek. ⌚ tägl.10–23 Uhr. Nur für Erwachsene! Eintritt 10,50 €.

Staroměstská radnice (Altstädter Rathaus): Unter Johann von Luxemburg erhielten die Bürger der Altstadt im 14. Jh. das Recht, sich ein Rathaus zu bauen. Aus Geldmangel verzichteten sie jedoch und kauften lieber ein altes Gebäude. Was man heute sieht, ist letztendlich das Ergebnis unzähliger Um- und Anbauten. Die letzte große Restaurierung des Rathauses erfolgte nach dem Zweiten Weltkrieg, in dem es als eines der wenigen Gebäude der Stadt stark beschädigt wurde. Am beeindruckendsten ist die *Astronomische Uhr (Orloj)*. Zu jeder vollen Stunde zieht der Tod (rechts über dem oberen zweiten Blatt als Skelett dargestellt) an einem Seil und dreht das Stundenglas herum. Dann öffnen sich zwei Fenster über der Uhr, und – von Petrus angeführt – defilieren die zwölf Apostel. Zum Schluss kräht noch der Hahn. Betrachtet man die Zifferblätter, so zeigt das obere mit römischen Zahlen die Zeit auf Ihrer Uhr an, das mit den alten arabischen Ziffern drum herum die mittelalterliche böhmische, bei welcher der Tag mit dem Sonnenuntergang endete. Der kleinere, innere Kreis steht für die Tierkreiszeichen, der farbige Hintergrund für Tag und Nacht. Darunter sieht man das Kalendarium. Und weil die Uhr so schön ist, und weil jede Stadtführung vor ihr Halt macht, hat man sich auch eine Legende einfallen lassen, um das Warten bis zur vollen Stunde unterhaltsam zu überbrücken. Demnach soll Meister Hanuš, der die Uhr im 15. Jh. geschaffen hatte, geblendet worden sein, um keiner anderen Stadt eine solche Uhr ans Rathaus basteln zu können. Bald darauf aber blieb die Uhr stehen, und kein Mensch wusste, wie man sie reparieren sollte.

Im Innern des Rathauses finden heute Wechselausstellungen statt, u. a. auch in den Kellergewölben. Besichtigen kann man ferner ein paar Repräsentationsräume und eine Kapelle – beide gehören nicht unbedingt zum Pflichtprogramm. Wer sich für eine Besichtigung entscheidet, kann im Anschluss noch in den Prager Underground hinabsteigen. Das Kanalisationssystem, das sich 7 m unter dem Rathaus erstreckt, stammt aus dem frühen 20. Jh. Besser ist die Luft jedoch oben auf dem Rathausturm, von dem man einen herrlichen Blick über die Altstadt genießt.

Adresse Staroměstská radnice 1. Ⓜ A Staroměstská. ⌚ tägl. 9–20 Uhr. Für die historischen Säle und die gotische Kapelle (samt Kanalisation) bzw. den Rathausturm müssen separate Tickets gelöst werden zu jeweils 3 €.

Palác Kinských (Palais Kinský): Er wurde nach Plänen von Kilian Ignaz Dientzenhofer zwischen 1755 und 1765 erbaut. Im 19. Jh. verbrachte die Komtesse Bertha Kinský (1843–1914), spätere Freifrau von Suttner, darin ihre Kindheit. Als überzeugte Pazifistin und Schriftstellerin (u. a. des Romans *Die Waffen nieder!*) machte sie sich einen Namen. Zu ihren größten Verehrern zählte Alfred Nobel. Er war von ihr so angetan, dass er den Friedensnobelpreis stiftete, dessen erste weibliche Trägerin (1905) sie wurde. Heute präsentiert die Nationalgalerie im Palais neben temporären Ausstellungen ihre Sammlung „Landschaften in der tschechischen Kunst des 19. Jh.", die durch Werke von deutschböhmischen Malern bereichert wird. Zu sehen sind u. a. Gemälde von Josef Mánes, Ludwig Kohl, Leopold Stephan, Joseph Ullmann, Ferdinand Engelmüller, Václav Radimský, Jan Preisler, Antonín Chitussi und vielen mehr. Im hinteren Teil des Palais befindet sich ein Marionettentheater, das tagein, tagaus *Figaros Hochzeit* oder *Don Giovanni* spielt.

Adresse Staroměstské náměstí 12 (Eingang Ostseite). Ⓜ A Staroměstská. ⌚ tägl. (außer Mo) 10–17.30 Uhr. Eintritt für die Dauerausstellung 4 €, erm. die Hälfte, Familien 6,30 €.

Dům U Zlatého prstenu (Haus zum Goldenen Ring): Die Fundamente des gotischen Stadthauses stammen aus dem 13. Jh. Nach aufwändigen Restaurierungsarbeiten zeigt hier heute die *Städtische Galerie (Galerie hlavního města Prahy)* tschechische Kunst des 20. Jh. auf vier Etagen; die Exponate wechseln regelmäßig. Angeschlossen ist ein Innenhofcafé – ein Treffpunkt Intellektueller und aller, die sich dafür halten.

Adresse Týnská 6. Ⓜ B Náměstí Republiky. Die Galerie war z. Zt. der letzten Recherche wegen Restaurierungsarbeiten geschlossen.

Muzeum čokoládových obrazu Vladomíra Čecha (Museum der Schokoladenbilder): Die lustige Idee zu diesem Museum stammt von Vladomír Čech (geb. 1963), der – nur Gott weiß warum – als tschechischer Picasso gilt. Zu sehen bekommt man ein paar von Čech mit flüssiger Schokolade gemalte Bilder und einen kurzen Film über die Geschichte des Kakaos. Zudem kann man selbst den Pinsel in die Hand nehmen und Schokoladenbilder malen. Aber ehrlich gesagt: Besuchenswert ist das Ganze

Astronomische Uhr am Altstädter Rathaus

in Anbetracht des doch satten Eintrittspreises nicht, sofern man seinen Kindern keinen süßen Gefallen tun will.

Adresse Týnska 1. Ⓜ B Náměstí Republiky. ⌚ tägl. (außer Mo) 12–18 Uhr. Eintritt 6,30 €, Studenten und Senioren 4 €, Kinder 2,90 €.

Obecní dům (Gemeindehaus): Anfang des 20. Jh. entstand der extravagante, monumentale Jugendstilbau, ein multifunktionales Repräsentationsgebäude mit sechs Sälen, französischem Restaurant, Kneipe, Kaffeehaus usw. (→ Essen und Trinken, S. 150). Es gibt kaum einen tschechischen Künstler der Sezession, der nicht an der aufwändigen Innen- oder Außengestaltung beteiligt war. Die Gemälde im Primatorensaal stammen z. B. von Alfons Mucha. Der größte Raum ist der Smetanasaal mit 1500 Plätzen. Am 28. Oktober 1918 wurde darin die Selbstständigkeit der Tschechoslowakischen Republik verkündet; seitdem ist dieser Tag ein staatlicher Feiertag. Heute ist der Saal die Heimat des Prager Symphonieorchesters.

Adresse Náměstí Republiky 5. Ⓜ B Náměstí Republiky. Bis zu 4-mal tägl. finden **Führungen** durch die Säle statt, die Zeiten erfahren Sie bei der Auskunft im Gebäude. Kleine Tour (50 Min.) 8 €, erm. 5,80 €, große Tour (70 Min.) 10,80 €, erm. 8,50 €. Achtung – die Muchagemälde sieht man nur bei der großen Tour!

Prašná brána (Pulvertor): Der Turm mit Durchgang ist der einzige existierende Wachturm aus der Zeit, als die Prager Altstadt befestigt war. Die Stadtmauer verlief entlang der heutigen Fußgängerzone Na příkopě (Am Graben). Erbaut wurde er in der zweiten Hälfte des 15. Jh., seinen heutigen Namen bekam er jedoch erst im 17. Jh., als man ihn als Pulvermagazin nutzte. Seit dem Mittelalter war er zudem der Ausgangspunkt des so genannten „Königswegs", des Královská cesta (s. u.). Man kann den Turm besteigen, der Ausblick ist aber bei weitem nicht so imposant wie vom Altstädter Rathaus.

Adresse Na příkopě. Ⓜ B Náměstí Republiky. ⌚ April–Okt. tägl. 10–18 Uhr. Eintritt 2,90 €, erm. 2 €.

Královská cesta oder Prag in 90 Minuten

Quer durch die Stadt verläuft der *Královská cesta*, jener Weg, den einst die Könige in einer feierlichen Prozession zu ihrer Krönung im Sankt-Veits-Dom abschritten. Bereits im Mittelalter hatte sich diese Tradition entwickelt, da viele Könige Böhmens aus dem Ausland kamen. Beim Eintreffen in Prag wurden sie vom Bürgermeister am Pulverturm begrüßt, wo man ihnen symbolisch den Schlüssel zu ihrer Residenzstadt aushändigte. Die letzte Krönungsprozession fand 1836 für Ferdinand V. statt, an dem Spektakel nahmen mehrere Tausend Reiter teil, nicht nur auf Pferden, auch auf Kamelen.

Der Weg führt an den schönsten Ecken und Winkeln Prags vorbei und wird von Millionen Touristen jedes Jahr bewusst oder unbewusst begangen. Auch wenn viele Sehenswürdigkeiten der Stadt abseits davon im Gassengewirr versteckt liegen, das viel gerühmte „Goldene Prag" präsentiert sich nirgendwo schöner als auf dieser Meile. Etwa 1½ Std. benötigt man für den Weg. Er verläuft vom Pulverturm über die Celetná zum Staroměstské náměstí und weiter über die Karlova zur Karlsbrücke. Auf der Kleinseite führt er vom Malostranké náměstí schließlich über die Nerudova hinauf zur Prager Burg.

Dům U Černé Matky Boží (Haus zur Schwarzen Madonna): Es wurde 1911 von Josef Gočár erbaut, einem Begründer der modernen tschechischen Architektur und einer der Initiatoren des Kubismus in Prag. Das Gebäude mit seinen facettenartig gebrochenen, breiten Fenstern wurde ursprünglich als Waren- und Wohnhaus entworfen; heute ist darin das sehenswerte *Museum des tschechischen Kubismus* der Nationalgalerie untergebracht. Auf drei Stockwerken werden u. a. Bilder der wichtigsten tschechischen kubistischen Maler wie Antonín Procházka oder Emil Filla, Plastiken und Skulpturen von Otto Gutfreund sowie Plakate von Josef Čapek gezeigt. Zu sehen ist darüber hinaus kubistische Gebrauchskunst: Möbel, Vasen usw. Museumsshop (→ Einkaufen, S. 89) und Café (→ Essen und Trinken) angegliedert.

Adresse Celetná 34. Ⓜ B Náměstí Republiky. ⌚ tägl. (außer Mo) 10–17.30 Uhr. Eintritt 4 €, erm. die Hälfte, Familien 6,30 €.

Noch mehr Kubistisches: Wer weitere kubistische Gebäude Prags besichtigen will, dem seien die Bauten des Architekten Josef Chochol unterhalb der Burg Vyšehrad empfohlen: in der Libušina 3 die kristallartige **Villa Kovařovic**, nicht weit davon in der Neklanova 30 das größte **kubistische Apartmenthaus** Prags oder am Rašínovo nábřeží 6–10 ein **Dreifamilienhaus** (Ⓢ 3, 7, 16, 17, 21 Výtoň; die Villa, das erste Gebäude, liegt gleich hinter der Bahnlinie, die anderen sind nur ein paar Gehminuten davon entfernt). Im Herzen der Neustadt liegt zudem das **Haus Diamant**, das sich 1912/13 ein Apotheker direkt neben eine Barockkirche bauen ließ (Ecke Spálená/Lazarská, Ⓜ B Narodní třída o. Ⓢ 6, 9, 18, 21, 22 Národní třída.). Verantwortlich zeichnete der Architekt Emil Králíček, von dem auch die **kubistische Straßenlaterne** (→ S. 119) nahe dem Wenzelsplatz stammt.

Galerie Jaroslava Fragnera (Jaroslav-Fragner-Galerie): Die 2008 umfangreich restaurierte Galerie präsentiert Entwürfe moderner und zeitgenössischer Architekten. Darunter befindet sich das Kellerrestaurant „Klub architektů“ – fest in Touristenhand.

Adresse Betlémské náměstí 5A. Ⓜ B Národní třída o. Ⓢ 6, 9, 18, 21, 22 Národní třída. ⌚ tägl. (außer Mo) 10–18 Uhr. Kein Eintritt.

Náprstkovo muzeum (Náprstek-Museum): Das Völkerkundemuseum wurde bereits 1873 von Globetrotter Vojta Náprstek (1826–1894) ins Leben gerufen. Es widmet sich den Kulturen Ozeaniens, Australiens, Nord-, Mittel- und Südamerikas. Das hört sich spannender an, als es ist, zumal die Exponate (Mokassins, Bumerangs, Masken, viel Federschmuck usw.) nur in Tschechisch betitelt sind.

Adresse Betlémské náměstí 1. Ⓜ B Národní třída o. Ⓢ 6, 9, 18, 21, 22 Národní třída. ⌚ tägl. (außer Mo) 10–18 Uhr. Eintritt 3,30 €, erm. die Hälfte, Familien 5 €.

Muzeum Bedřicha Smetany (Smetanamuseum): Wo könnte man zum Gedenken an den Komponisten Bedřich Smetana (1824–1884) passender ein kleines Museum einrichten als direkt an der Moldau? Korrespondenz, Zeichnungen, Pressekritiken, Portraits usw. führen in sein Werk und Leben ein. Smetana, der fast den Status eines Nationalheiligen genießt, ertaubte übrigens am Ende seines Lebens – bittere Ironie des Schicksals. Zu seinen größten Werken zählen der Zyklus *Mein Vaterland*, aus dem auch die *Moldau* entspringt, die tragische Oper *Dalibor*, *Libuše* und *Die verkaufte Braut*.

Adresse Novotného lávka. Ⓢ 17, 18 Karlovy lázně. ⌚ tägl. (außer Di) 10–17 Uhr. Eintritt 2 €, erm. die Hälfte.

Karlův most (Karlsbrücke): Sie ist das eigentliche Zentrum Prags, verbindet sie doch Malá Strana mit Staré Město. Und sie ist zweifelsohne das Prager Weltwunder, überstand sie doch trotz der seit langem überfälligen Restaurierung das Augusthochwasser 2002. Seit 2007 wird endlich saniert. Die Arbeiten an der Brücke werden voraussichtlich zehn Jahre andauern, zu einer kompletten Sperrung soll es jedoch nicht kommen. Aber nicht nur am Fundament und an

Einer der schönsten Plätze der Welt: der Staroměstské náměstí

den Pfeilern nagt der Zahn der Zeit, auch an den barocken Statuen, die die Brüstung säumen. Mehrere wurden daher bereits durch Kopien ersetzt. Zudem hält die Polizei die Karlsbrücke mit Überwachungskameras im Blick, um Vandalen den Garaus zu machen. Die Kameras waren nötig geworden, nachdem in jüngerer Zeit etliche Brückenheilige beschädigt worden waren. Das bunte Treiben der Schausteller, Souvenirverkäufer und Musikanten auf der Brücke ist übrigens strikt reglementiert. Kein Straßenmusikant auf Weltreise darf hier auftreten. Die Jazzcombos, die aufspielen, sind seit Jahren die gleichen.

Mit dem Bau der über 500 m langen und 10 m breiten Brücke wurde 1357 begonnen. Karl IV., nach dem sie seit 1870 benannt ist, hatte Peter Parler damit beauftragt. Bis 1741 stellte sie die einzige feste Verbindung zwischen den Stadtteilen rechts und links der Moldau dar. 1683 wurde die erste Statue aufgestellt, es ist die des heiligen Johann Nepomuk (von Staré Město die achte rechts). Das Bronzerelief darunter zeigt den Augenblick seines Brückensturzes (→ S. 93). Ein paar Studenten sollen es einst blank poliert und daraufhin die Geschichte erfunden haben, dass es dem, der es berührt, Glück bringt.

Als letzte der insgesamt 21 Plastiken kam 1938 die der Heiligen Kyrill und Method hinzu (fünfte rechts). Ein wenig aus der Reihe fällt das lebensgroße Kruzifix mit dem vergoldeten hebräischen Schriftzug „Heiliger, heiliger, heiliger Herr" (dritte Plastik rechts). Angeblich hatte man einen Juden dazu verurteilt, diesen anbringen zu lassen, da er vor dem Kreuz gelästert haben soll.

Adresse Křížovnické náměstí. Ⓢ 17, 18 Karlovy lázně.

Staroměstská mostecká věž (Altstädter Brückenturm): Er ist wie die Karlsbrücke ein Werk des schwäbischen Baumeisters Peter Parler und wird vielfach als der schönste gotische Wehrturm Europas bezeichnet. 1357 begann man mit seinem Bau, und als hätte man damals schon geahnt, dass über die Karlsbrücke einmal Straßenbahnen holpern würden (bis 1950), errichtete man ihn mit einem ausreichend großen Durchgang. Etwas klein geraten dagegen – zumindest fürs bloße Auge – ist sein Figurenschmuck auf der Ostseite, auch wenn er als Meisterleistung gepriesen wird. Auf der Westseite des Turms gibt es keine Figuren mehr: Die Schweden schossen sie am Ende des Dreißigjährigen Krieges weg. Tipp: In der Abenddämmerung, wenn die Prager Türme in ihrem schönsten Licht erscheinen, lohnen sich die vielen Stufen nach oben am meisten.

Adresse Křížovnické náměstí. Ⓢ 17, 18 Karlovy lázně. ⏲ Juni–Sept. tägl. 10–22 Uhr, Okt. u. Mai 10–18.30 Uhr, ansonsten 10–16.30 Uhr. Eintritt 2,90 €, erm. 2 €.

Křížovnický kostel (Kreuzherrenkirche): Der Barockbau aus der zweiten Hälfte des 17. Jh. steht auf den Fundamenten einer frühgotischen Kirche, die für den Orden der „Kreuzherren mit dem roten Stern" errichtet worden war. Der Orden besteht heute noch. Imposant ist das monumentale Kuppelfresko *Das Jüngste Gericht* von Wenzel Lorenz Reiner. In der Kirche finden regelmäßig Konzerte statt.

Adresse Křížovnické náměstí 3. Ⓢ 17, 18 Karlovy lázně.

Die Bürger von Velvary – die tschechischen Schildbürger

Im Mittelalter vermengte man bei Bauten, die extremen Belastungen ausgesetzt waren, den Mörtel mit Eiern, um ihn härter und widerstandsfähiger zu machen. Das geschah auch beim Bau der Karlsbrücke. Dafür waren mehrere Tausend Eier vonnöten, die man aus sämtlichen Regionen des Landes anforderte. Zu den Schildbürgern der Tschechen wurden dabei die Bürger von Velvary nordwestlich von Prag, ihre Lieferung war hart gekocht.

Muzeum Karlova Mostu (Karlsbrückenmuseum): Das Museum informiert über die Entstehungsgeschichte der Karlsbrücke und die diversen Restaurierungsarbeiten über die Jahrhunderte hinweg – kein Muss!

Adresse Křížovnické náměstí. Ⓢ 17, 18 Karlovy lázně. ⏲ tägl. 10–20 Uhr. Eintritt 6,30 €, erm. 2,90 €.

Staré Město (Altstadt) Karte S. 136/137

An der Karlsbrücke

Museum of medieval torture instruments: Zu sehen gibt es auf drei Etagen rund 60 mittelalterliche Folterinstrumente, Schandmasken und Keuschheitsgürtel. Alle Objekte werden ausführlich auch in Deutsch erklärt.

Adresse Křížovnické náměstí. Ⓢ 17, 18 Karlovy lázně. ⌚ tägl. 10–22 Uhr. Eintritt 5,80 €, erm. 4 €.

Klementinum: Das Gesamtareal beherbergt sechs Innenhöfe, zwei Kirchen und mehrere Kapellen. Es war Sitz der Prager Jesuiten, die von hier aus nach dem Dreißigjährigen Krieg die Rekatholisierung Böhmens mit aller Härte vorantrieben. Unzählige Menschen beschuldigten sie der Ketzerei und verbrannten sie in gutem katholischen Glauben, allein im Jahr 1651 mehr als 200. Heute teilen sich den Gebäudekomplex mehrere Bibliotheken, die zusammen mehr als 6 Mio. Bände verwalten. Sehenswert ist das *Observatorium*, der einzige Ort der Welt, in dem seit mehr als 200 Jahren täglich Wetterdaten aufgezeichnet werden. Zudem ein barocker *Bibliothekssaal* mit herrlichen Deckenfresken, schweren, in Leder gebundenen Wälzern und alten Globen. Die Kirchen öffnen ihre Pforten meist nur zu den Gottesdiensten. In der *Spiegelkapelle (Zrcadlová kaple)* finden regelmäßig Konzerte statt.

Adresse Karlova 1. Ⓜ A Staroměstská. ⌚ Bibliothekssaal, Spiegelkapelle und Observatorium sind nur im Rahmen einer Führung (50 Min.) zu besichtigen, tägl. 10–18 Uhr zu jeder vollen Std. Eintritt 9 €, erm. 5,80 €.

České muzeum výtvarných umění (Tschechisches Museum der schönen Künste): Das Museum befindet sich in drei zusammenhängenden historischen Gebäuden. In wechselnden Ausstellungen wird moderne Kunst aus Tschechien und dem Rest der Welt präsentiert.

Adresse Husova 19–21. Ⓜ A, B Můstek. ⌚ tägl. (außer Mo) 10–18 Uhr. Der Eintritt hängt von der Ausstellung ab.

Sehenswürdigkeiten abseits des Spaziergangs

Galerie Jana Saudka (Jan-Saudek-Galerie): Eigentlich wollte Jan Saudek (→ Kasten, S. 227) in seiner Heimat, wo er lange Zeit verkannt und verschmäht wurde, nie ausstellen. Doch 2007 hat es sich der berühmteste, noch lebende Fotograf Tschechiens anders überlegt und seine eigene Galerie gegründet. Zu sehen gibt es ein kommerzielles „Best of", das ziemlich lieblos in enge Räume gequetscht wurde: rund 100 Fotos, darunter frühe Landschaftsaufnahmen und die Saudek-typisch inszenierten, erotisch angehauchten Bilder von übergewichtigen und magersüchtigen Frauen. Dazu ein paar (wenig überzeugende) Gemälde. Für 500 Euro gibt es limitierte Drucke mit Autorenzertifikat zu erstehen.

Adresse Celetná 9. Ⓜ B Náměstí Republiky. ⌚ tägl. 10–20 Uhr. Eintritt 5,40 €, erm. 2,50 €.

Kostel sv. Martina Ve zdi (Kirche Sankt Martin in der Mauer): Der Name der Kirche stammt noch aus der Zeit, als die Südwand des romanischen Baus mit der Stadtmauer verbunden war. Hinein kommt man in der Regel nur in Verbindung mit einem Konzertbesuch – „Best of soundso" steht fast täglich auf dem Programm. Ein paar Schritte weiter liegt der kleine Platz Uhelný trh, der einstige Kohlenmarkt – tagsüber ein nettes Plätzchen, wo im Sommer Straßenkünstler ihre Werke zum Verkauf anbieten. Abends ist er in der Hand von schon etwas älteren Damen des horizontalen Gewerbes.

Adresse Martinská 8. Ⓜ B Národní třída o. Ⓢ 6, 9, 18, 21, 22 Národní třída.

Městská knihovna (Stadtbücherei): Ein Teil des Gebäudes der Stadtbücherei dient der Städtischen Galerie (Galerie hlavního města Prahy) für wechselnde Ausstellungen zwischen Malerei, Plastik, Fotografie und Literatur. In der Regel sehenswert – achten Sie auf Plakate.

Adresse Mariánské náměstí 1. Ⓜ A Staroměstská. ⌚ tägl. (außer Mo) 10–18 Uhr. Eintritt abhängig von der Ausstellung.

Galerie Hollar: Die Galerie dient seit 1939 – mit „gewaltsamer" Unterbrechung zwischen 1970 und 1989 – als Ausstellungsraum der Union tschechischer Grafiker. In zwei kleinen, etwas verstaubt wirkenden Räumen wird grafische Kunst aus Tschechien und der Slowakei präsentiert.

Adresse Smetanovo nábřeží 6. Ⓢ 6, 9, 17, 18, 21, 22 Národní divadlo. ⌚ tägl. (außer Mo) 10–13 Uhr und 14–18 Uhr. Eintritt 0,80 €, erm. die Hälfte.

Essen und Trinken

(→ Karte S. 136/137)

In der Altstadt gibt es eine unglaubliche Auswahl an Cafés und Restaurants. Viele, die an den Haupttouristenpfaden liegen, weisen jedoch ein schlechtes Preis-Leistungs-Verhältnis auf. Über eine gute und elegante Foodmeile abseits von McDonald's & Co. verfügt das Shoppingcenter **Palladium** am Náměstí Republiky, wo man in gestyltem Ambiente Pizza, libanesisch, indisch oder Sushi essen kann.

Restaurants

Allegro (23), das dem Hotel Four Seasons angeschlossene Restaurant wurde 2008 mit einem Michelin-Stern ausgezeichnet – dem ersten an der Moldau und dem ersten in ganz Osteuropa. Sehr gediegen, Blick auf Burg und Fluss, Sommerterrasse. Chefkoch Andrea Accordi kredenzt feine internationale Küche mit Schwerpunkt auf der italienischen: Kaninchencannelloni, Filet vom Piemontrind in Rotwein oder Steinbutt mit Brokkoli-Büffelmozzarella-Füllung. Für ein Vier-Gänge-Menü muss man rund 150 € hinlegen. ✆ 221427000. Veleslavínova 2a. Ⓜ A Staroměstská.

Brasileiro (24), Erlebnisgastronomie im Gewölbekeller. Im Stil einer brasilianischen *Churrasqueira* kommen hier in einem fort leckere Riesenspieße (20 Sorten Fleisch!) an Ihren Tisch, dazu Fisch und Meeresfrüchte – bis man zahlt oder platzt. *All you can eat* bis 18 Uhr 21 €, danach teurer. Das exzellente Vorspeisenbüfett kostet rund 12 € extra. Ohne Reservierung hat man am Abend keine Chance. ✆ 22423 4474. U Radnice 8. Ⓜ A Staroměstská. Zweigstelle in der Slovanský-Dům-Passage, Na příkopě 22 (Nové Město).

Bellevue (47), Diners unterm Kronleuchter und mit Moldaublick, jedoch alles etwas bieder. Hummer, Tiger Prawns, Steinbutt, Carpaccio vom neuseeländischen Lamm, auch Trüffel kennt man hier – nichts für den schmalen Geldbeutel! Hg. ab 21 €. Oft Klavierbegleitung, jeden Sonntagabend Live Jazz. Lassen Sie sich im Sommer einen Platz auf der Terrasse reservieren. Brunch am So. ✆ 222221443. Smetanovo nábřeží 18. Ⓢ 17, 18 Karlovy lázně.

La Provence (21), französisches Restaurant „mit Stil, perfektem Service und einem Ambiente, für das man in Paris das Mehrfache bezahlen würde", so ein Leser. Im Erdgeschoss (Brasserie) holzvertäfelt und mit Jugendstiltouch, im Keller (Restaurant) verspielt eingerichtet. *Vichysoisse*, *Foie gras*, Fisch, Kaninchen oder Tournedos. Gute Weinauswahl. Regelmäßig Pianobegleitung. Hg. in der Brasserie 13–29 €, im Restaurant z. T. andere Auswahl und etwas teuerer. ✆ 296826155. Štupartská 9. Ⓜ B Náměstí Republiky.

Dahab (2), orientalische Küche im dazu passenden, stilvollen Ambiente. Hin und wieder Bauchtanz und Livemusik. Gutes *Couscous*, tolle Vorspeisenplatten für Vegetarier. Gehobenere Preisklasse. ✆ 2248 27375. Rybná 28. Ⓜ B Náměstí Republiky.

Red Hot & Blues (13), Nichtraucher-Barrestaurant mit allabendlicher Livemusik (wie der Name schon sagt, meist Blues). Solide Tex-Mex-Küche, dazu ein paar kreolische Spezialitäten (Hg. 7,50–20 €, recht teueres Bier). Super Frühstücksangebote für den größeren Hunger, empfehlenswert ist auch der Brunch am Sa/So. Viel amerikanisches Publikum. ✆ 222323364. Jakubská 12. Ⓜ B Náměstí Republiky.

U Vejvodů (49), gepflegtes, großes Bierrestaurant auf zwei Etagen, Brauereiambiente, viele (manchmal laute) Touristengruppen. Böhmische Standards, Hg. 7–17 € (nur die Riesensteaks sind teuerer).

Warme Küche bis 2 Uhr. ✆ 224219999. Jilská 4. Ⓜ A, B, Můstek.

Orange Moon (7), orangefarbenes, gestyltes Thai-Restaurant, auch indische und burmesische Küche. Hoch gelobt. Hg. 6–15 €. ✆ 222325119. Rámová 5. Ⓜ B Náměstí Republiky.

Století (59), dezent dekoriertes Restaurant mit leicht rustikalem Touch. Gute Fleischgerichte mit fantasievollen Saucen, die schon Sean Connery (!) testete. Besitzer ist übrigens Antonín Kinský aus der gleichnamigen Adelsfamilie. Hg. 4,50–13 €. ✆ 222220008. Karolíny Světlé 21. Ⓢ 17, 18 Karlovy lázně.

Ariana (6), alles andere als stilvoll, aber gut und günstig. Afghanische Spezialitäten, darunter leckere Kebabs und *Mantu*, orientalische Maultaschen. Beliebt bei Arabern und anderen Ausländern. Hg. 6–10 €. ✆ 222 323438. Rámová 6. Ⓜ B Náměstí Republiky.

Lehká hlava (50), Caférestaurant für Vegetarier und Nichtraucher. Gilt als bestes vegetarisches Restaurant der Stadt. Abgefahrenes Interieur, dazu eine sehr gute, internationale Küche: *Quesadilla* mit Auberginen und Spinat, *Burrito* mit Ratatouille oder pfannengerührtes Gemüse für günstige 5–9 €. ✆ 222220665. Boršov 2. Ⓢ 17, 18 Karlovy lázně.

Country Life (35), für Veganer. Öko-Schnellrestaurant mit Biogerichten vom Burger bis zum Risotto, alles ohne Eier oder Milchprodukte. Alternativ eingerichtet, Bioladen angegliedert. ⌚ nur tagsüber. Melantrichova 15 (Zweigstelle in der Neustadt, Jungmannova 1). Ⓜ A, B Můstek.

Pivnices

U medvídků (58), einst waren die Literaten Jan Neruda und Jaroslav Hašek Stammgäste. Heute treffen sich hier Touristengruppen aus aller Welt, aber auch noch viele Prager. In der Bierhalle im Erdgeschoss gibt es gut gezapftes Budweiser und böhmische Standards zu Blasmusik, Hg. 6–15 €. Zudem ein Biershop, ein kleines Museum und im Obergeschoss eine Brauereikneipe, in der das selbst gebraute, halbdunkle, 13-gradige *Oldgott* gezapft wird. Lesern gefiel es gut hier. Am Abend extrem voll, früh kommen oder reservieren. ✆ 224211916. Na Perštýně 7. Ⓜ B Národní třída o. Ⓢ 6, 9, 18, 21, 22 Národní třída.

U zlatého tygra (34), „Zum Goldenen Tiger". Die feuchtwarme Bierhöhle wurde berühmt durch ihren zechfreudigen Stammgast Bohumil Hrabal – er verewigte sie in seiner Erzählung *Eine Wirtshausgeschichte*. Heute hängt der 1997 verstorbene Literat als Riesenporträt an der Wand, umringt von zahlreichen Kneipenmaskottchen in Tigerform. Ruppige Bedienungen. Das Lokal ist schon kurz nach der Öffnung um 15 Uhr überfüllt. Bestellen Sie Bierkäse *(pivní sýr)* zum Pilsner Urquell – er soll hier erfunden worden sein. Husova 17. Ⓜ A Staroměstská.

Traditionsreiche Kaffeehäuser

Kavárna Obecní dům (18), prunkvoller Jugendstilsaal. Gelegentlich Livepianomusik. Stets voller Touristen. Teuer, aber Kaffee und Kuchen in diesem Ambiente sind ihr Geld wert. Náměstí Republiky 5. Ⓜ B Náměstí Republiky.

Café de Paris (15), sehenswertes Café des Jugendstilhotels Paříž, leider oft leer. Kein Wunder bei den Preisen. U Obecního Domu 1. Ⓜ B Náměstí Republiky.

Grand Café Orient (27), 1912 als erstes und einziges kubistisches Kaffeehaus der Welt eröffnet. Dann Jahrzehnte dicht und seit 2005 wieder in Betrieb. Das Interieur wurde fast originalgetreu rekonstruiert, einen Blick wert sind insbesondere die Lampen. Balkon. Baguettes, Sandwichs, Salate und Palatschinken. Celetná 34/1. Stock. Ⓜ B Náměstí Republiky.

Café Montmartre (38), Meyrink, Werfel, Kafka und Brod – das illustre Nachtcafé zog sie einst alle an. Heute präsentiert sich das Montmartre als ruhiges, gemütliches Kaffeehaus, in dem man auch mal alleine ein paar Stunden lesend verbringen kann. Snacks. Řetězová 7. Ⓜ B Národní třída o. Ⓢ 6, 9, 18, 21, 22 Národní třída.

Cafés

Art Café U Irmy (51), Mischung aus Café und Restaurant, gemütlich und hübsch dekoriert. Das Besondere: Die Besitzerin ist Georgierin und so gibt es unter anderem auch einige georgische Spezialitäten. Lecker für alle, die Walnüsse und Koriander mögen. Hg. 4,60–8,50 €. Karoliny Světle 35. Ⓢ 17, 18 Karlovy lázně.

Ebel Coffee House (20), modernes Kaffeehaus im Ungelt-Hof, mehrere Filialen in der Stadt. Flotte Musik, leckere Kuchen, Snacks. Netter Außenbereich. Týn. Ⓜ B Náměstí Republiky.

Káva Káva Káva (60), abseits vom Trubel.

Kunst in den Gassen der Altstadt

Kleines Innenhofcafé, das im Wettbewerb um den „besten Prager Kaffee" schon mehrmals als Gewinner hervorging. Diverse Kuchen. Internetecke. Národní třída 37/ Platýz. Ⓜ B Národní třída o. Ⓢ 6, 9, 18, 21, 22 Národní třída.

Au Gourmand (41), Patisserie, Boulangerie und Café, mittlerweile mehrmals in der Stadt vertreten, hier in einer recht trendigen Version. Leckere Kuchen, Quiches, Baguettes, dazu täglich wechselnde Suppen und Pastagerichte. Rytířská 22. Ⓜ A, B Můstek.

Indigo (25), Studentencafé in einem spärlich dekorierten, luftigen Saal mit breiter Fensterfront. Die Küche richtet sich an den kleinen Geldbeutel und nicht an Gourmets. Platnéřská 11. Ⓜ A Staroměstská.

Bars/Kneipen

Krásne ztráty (48), hier wimmelt es von (alternativen) Politikern und jungen Bohemiens, dazwischen ein paar verirrte Touristen. Geht über mehrere Räume, karg eingerichtet. Im Hinterzimmer wurde die mittlerweile eingestellte, gleichnamige Diskussionssendung („Schöne Verluste") aufgezeichnet. Freundliches Personal, Bücher und Magazine zum Schmökern, nette Musik, kleine Gerichte und Frühstück. Náprstková 10. Ⓢ 17, 18 Karlovy lázně.

Duende (46), ebenfalls eine gemütliche Oase in der Altstadt, mit viel Trödel eingerichtet (Achtung: So manchem Gast brach hier schon der Stuhl unterm Hintern zusammen). Kunterbuntes Publikum – nach ihrem Prager Gig schauten auch die Pixies vorbei. So lange offen, bis die Bedienungen keine Lust mehr haben. Karoliny Světlé 30. Ⓢ 17, 18 Karlovy lázně.

Alternatif Area (30), in der Passage, die man von der Touristenmeile Karlova (Hausnr. 25) betritt, haben in der in den letzten Jahren gleich mehrere „alternative" Kneipen Platz gefunden. Groovige Musik, man kann drinnen und draußen sitzen, die Getränke haben gemäßigte Preise, das Publikum ist tschechisch-international. Mit dabei: ein Tattoo-Shop und ein Laden mit coolen Szeneklamotten. Ⓜ A, B Můstek.

Monarch (55), hübsche, luftige Weinbar samt Weinverkauf hinter großen Fenstern. Neben guten Tropfen gibt es auch französischen Käse und ein paar Gerichte. ⌚ nur Mo–Fr 12–24 Uhr. Na Perštýně 15. Ⓜ B Národní třída o. Ⓢ 6, 9, 18, 21, 22 Národní třída.

Snacks

Culinaria (52), für die leckere Kleinigkeit zwischendurch. → Einkaufen, S. 84.

Die Spanische Synagoge

Josefov (Josefstadt)

Es ist das einstige jüdische Viertel. Außer ein paar Synagogen blieb davon aber nicht viel erhalten – Ende des 19. Jh. riss man es ab. Heute findet man hier herrliche Jugendstilhäuser und die vornehmste Straße Prags: die Pařížská, die Pariser Straße.

Kein Viertel Prags wurde durch die Literatur mehr verewigt als Josefov. Doch das Josefov, von dem dort größtenteils die Rede ist, ist das Josefov der Tagelöhner, der Spieler, der Prostituierten und Zigeuner aus der zweiten Hälfte des 19. Jh. Das Josefov der Juden gab es zu diesem Zeitpunkt bereits nicht mehr. Das Gros der Juden hatte es längst verlassen. Lediglich das alte Ghetto existierte noch. Es entstand im 13. Jh., als man die Siedlung mit einer Mauer umschloss, deren Tore nachts verriegelt wurden. Sechs Jahrhunderte lebten die Prager Juden dort – mal verfolgt, mal toleriert. In schlechten Zeiten wurden sie zu Sündenböcken und Opfern von Pogromen. In guten Zeiten standen sie unter dem Schutz der Krone und verhalfen Prag zu kultureller und wirtschaftlicher Blüte. Eines der größten Probleme im Ghetto war die stets steigende Zahl seiner Einwohner. Anfang des 18. Jh. erließ die jüdische Gemeinde daher ein Gesetz, das vorschrieb, dass nur noch der älteste Sohn einer Familie heiraten durfte, und das erst nach dem Tod des Vaters. Aus der Isolation befreite Kaiser Joseph II. die Prager Juden in der zweiten Hälfte des 18. Jh. Die Mauern ums Ghetto wurden abgerissen, Kleidervorschriften aufgehoben und die Glaubensfreiheit wurde gewährt. Zum Dank benannte man das Viertel nach ihm. Als ab 1796 die Juden auch außerhalb des Ghettos leben durften, verkam es zum Armenviertel der Stadt mit miserabelsten hygienischen Verhältnissen. In den 280 Häusern hausten etwa 10.000 Menschen. Ein Jahrhundert später befahl der städtische Sanitätsrat deswegen die Sanierung des Stadtteils, die einem Abriss gleichkam. Bürgerliche Wohnhäuser mit stolzen Jugendstilfassaden prägen Josefov heute, an das einstige jüdische Viertel erinnern nur noch wenige Gebäude.

Genau genommen liegt Josefov inmitten der Altstadt und erstreckt sich nördlich des Staroměstské náměstí. In diesem Kapitel wird aus Gründen der leichteren Übersicht jedoch nicht nur das einstige jüdische Viertel, sondern das ganze Gebiet nördlich des Staroměstské náměstí bis zur Moldau behandelt.

Spaziergang

Am Altstädter Ring beginnt eine der Prachtstraßen Prags, die **Pařížská (Pariser Straße)**. Sie ist die Adresse edelster Boutiquen und teuerster Cafés und könnte auch getreu ihrem Namen ein vornehmer Boulevard der französischen Hauptstadt sein. Herrliche, reich geschmückte Jugendstilhäuser säumen sie. Das wohl schönste ist das ehemalige, frisch renovierte Haus der Journalisten (Nr. 9). Die Straße führt direkt auf die Moldau und auf das große Metronom am Letná-Hügel zu (→ S. 213). Unterwegs zweigt die Široká ab, an deren Ende hinter einer Kirche die → **Spanische Synagoge (Španělská synagóga)** liegt. Ihr erster Chorleiter František Škroup komponierte die tschechische Nationalhymne *Kde domov můj*, die mit den Worten „Wo ist meine Heimat" beginnt. Die kopflose Skulptur neben der Synagoge wurde 2003 aufgestellt und war das erste **Kafka-Denkmal** der Stadt. Es zeigt eine Szene aus Kafkas Novelle *Beschreibung eines Kampfes*.

Über die Vězenská gelangt man in die U Obecního dvora. In Haus Nr. 5 wurde 1820 Josef Mánes, der bedeutendste tschechische Maler des 19. Jh., geboren. Er reiste um die halbe Welt und hinterließ Portraits, Landschaften und Genrebilder. Das Haus besitzt einen gotischen Kern und ist beispielhaft für viele im Stadtteil: Beim Abriss des jüdischen Viertels wurde zwar für breitere Straßen Platz gemacht, gute Bausubstanz aber ließ man stehen und gestaltete sie lediglich neu. Zwei Häuser weiter lebte übrigens der Wissenschaftler Christian Doppler (1803–1853) – ohne die Doppler-Sonographie wäre die moderne Geburtshilfe undenkbar.

Das kleine Gässchen Anežská führt zum → **Sankt-Agnes-Kloster (Klášter sv. Anežky)**, in dem es mittelalterliche Kunst zu sehen gibt. Gründerin des einstigen Klarissenklosters im 13. Jh. war die heilige Agnes, die ihr Leben in den Dienst der Kranken gestellt hatte. Agnes ist übrigens die Frau auf dem 50-Kronen-Schein.

Ein paar Schritte weiter, im einstigen **Spital der Barmherzigen Brüder (Špitálu Milosrdných Bratří)**, verabreichte ein als Wunderheiler bekannter Herr Opitz 1847 die erste Narkose auf dem Gebiet der k. u. k. Monarchie. In der angrenzenden **Kirche Sankt Simon und Juda (Kostel sv. Šimona a Judy)** übten bereits Mozart und Haydn an der Orgel. Kunst entstand auch in der Bílkova 10, Franz Kafka schrieb hier den *Prozess*. Zum Glück für die lokalen Fremdenführer zog der Dichter häufig um, und

Fast wie in Wien – Kutsche vor dem Rudolfinum

so lassen sich heute mehrstündige Kafka-Führungen durch Prag veranstalten.

Vorbei an einem **kubistischen Gebäudekomplex** (Ecke Bílkova/Elišky Krásnohorské), der zwischen 1919 und 1921 errichtet wurde, gelangt man wieder auf die Pařížská, über die man die → **Altneusynagoge (Staronová synagóga)** erreicht. Die Tickets dazu gibt es gegenüber im Eingangsbereich zur Hohen Synagoge (Vysoká Synagoga). Diese ist jedoch der Öffentlichkeit nicht zugänglich, sie wird wie die Altneusynagoge noch heute von der jüdischen Gemeinde genutzt. Das Eckhaus daneben ist das **alte jüdische Rathaus**. Es lohnt, nach oben zu blicken und die Uhr anzuschauen – nicht die am Turm, sondern die darunter mit hebräischen Ziffern. Die Zeiger bewegen sich entgegen dem Uhrzeigersinn, so wie auch die hebräische Schrift nicht von links nach rechts, sondern von rechts nach links läuft. Finanziert hatte das jüdische Rathaus einst Markus Mordechaj Maisel, der reichste Mann im rudolfinischen Prag. Ein paar Schritte weiter hat er sich mit der nach ihm benannten → **Maiselsynagoge (Maiselova synagóga)** ein Denkmal gesetzt. Am Ende der Straße liegt der **Náměstí Franze Kafky**. Um die Ecke erblickte Kafka das Licht der Welt. In seinem Geburtshaus, von dem nicht viel mehr als das Portal erhalten blieb, befindet sich heute eine Mischung aus Kafkaausstellung und Fanshop – im Vergleich zum Museum auf der Kleinseite (→ S. 172) jedoch die zweite Wahl (🕐 Mo–Fr 10–18 Uhr, Sa 10–17 Uhr, Eintritt 2 €).

Ein paar schöne, zum Teil noch unrenovierte Jugendstilhäuser säumen die Kaprova. Im Haus Nr. 10 befindet sich das **Památník Jaroslava Ježka**, das kleinste Museum Prags. Es erinnert an Jaroslav Ježek. Sein Name sagt heute nur noch wenigen etwas. Der Jazzer galt in der ersten Hälfte des 20. Jh. als der avantgardistischste Komponist Tschechiens. Das so genannte „Blaue Zimmer" seines Apartments – mehr gibt es auch nicht zu sehen – ist ganz im funktionalistischen Stil gehalten (🕐 nur Di 13–18 Uhr, Eintritt 0,40 €, erm. die Hälfte).

Das Jüdische Museum

Das Museum mit einer über 100-jährigen Geschichte besitzt eine einzigartige und umfangreiche Sammlung an jüdischem Kulturgut aus Böhmen und Mähren. Anlass zur Gründung gab die Sanierung der Josefstadt. Das Inventar zum Abriss freigegebener Synagogen, aber auch Gegenstände des häuslichen und religiösen Lebens wurden hier gesammelt. Das Gros des Fundus stammt jedoch aus der Zeit der deutschen Okkupation, als die Nazis die jüdische Bevölkerung nach Theresienstadt und von dort weiter in die Vernichtungslager deportierten. Das Museum war ab 1942 der Leitung des Zentralamtes für die Judenfrage direkt unterstellt und hatte die Aufgabe, das beschlagnahmte Gut zu katalogisieren. Nach dem Krieg fiel das Museum in staatlichen Besitz, seit 1994 ist es Eigentum der jüdischen Gemeinde von Prag. Diese zählt rund 1600 Mitglieder, Tendenz leicht steigend.

Auf mehrere Synagogen verteilt, zeigt das Jüdische Museum nur einen Bruchteil seiner Exponate, in erster Linie Drucke, Bücher, Gegenstände aus Silber, Tapisserien, Teppiche und Thoramäntel. Unter der Verwaltung des Jüdischen Museums stehen die Maiselsynagoge, die Spanische Synagoge mit der Robert-Guttmann-Galerie, die Pinkassynagoge, die Klausensynagoge, der Alte Judenfriedhof und der ehemalige Zeremoniensaal.

Für alle genannten Einrichtungen gelten dieselben Öffnungszeiten: 9–18 Uhr, jeweils tägl. außer Sa und an jüdischen Feiertagen. Bei extrem großem Andrang werden auf der Eintrittskarte Besuchszeiten für die einzelnen Synagogen vermerkt, die vorschreiben, wann man was zu besichtigen hat. Die Eintrittspreise des Jüdischen Museums liegen erheblich über denen anderer Museen (13 €, erm. 8,50 €), da es als nichtstaatliche Institution weitaus weniger Fördermittel erhält. Das Ticket ist für alle oben genannten Einrichtungen gültig. Extra zahlt man für die Altneusynagoge (→ dort). Wer nach 15 Uhr ein Ticket kauft, kann die Synagogen auch am Tag darauf noch besuchen.

Grabsteine auf engstem Raum: der alte jüdische Friedhof

Silberarbeiten in der Maiselsynagoge

Nach **Jan Palach**, dem wohl bekanntesten Märtyrer des Prager Frühlings (→ S. 101 und 115), ist der nächste Platz benannt. Ein kleines Denkmal an der philosophischen Fakultät der Karlsuniversität erinnert an ihn. Stets werden an seinem Todestag Blumen und Kränze niedergelegt.
Die Nordseite des Platzes nimmt das → **Rudolfinum** ein, einer der herausragenden Neorenaissancebauten Prags mit zwei großen Konzertsälen.

Gegenüber, an der Ulice 17. listopadu, liegt das → **Kunstgewerbemuseum (Uměleckoprůmyslové muzeum)**. Hinter dem Gebäude erstreckt sich der → **Alte Jüdische Friedhof (Starý Židovský Hřbitov)**, den man von der Široká betritt. Meist durchquert man ihn im Gänsemarsch. Der Ausgang des Friedhofs befindet sich an der U Starého Hřbitova. Rechter Hand steht dort die → **Klausensynagoge (Klausová synagóga)**, linker Hand der ehemalige → **Zeremoniensaal (Bývalá obřadní síň)**. Die Pařížská führt wieder zurück zum Staroměstské náměstí.

Sehenswertes

Španělská synagóga (Spanische Synagoge) und Galerie Robert Guttmanna (Robert-Guttmann-Galerie): Der Name der Synagoge hat nichts mit den sephardischen Juden zu tun, die 1492 mit dem Ende der Reconquista Spanien verlassen mussten, wenn sie sich nicht taufen lassen wollten, und u. a. auch nach Prag kamen. Die Spanische Synagoge entstand erst in der zweiten Hälfte des 19. Jh. und trägt den Namen aufgrund ihrer pseudomaurischen Stilelemente. Im sehenswerten Innern wird in Vitrinen die Geschichte der Juden Böhmens und Mährens von der Aufklärung bis zur Gegenwart dokumentiert. Von dem Kapitel Holocaust zeugt unter anderem eine Kiste voller Tefilline (Gebetsriemen) der Ermordeten. Abends dient die Synagoge gelegentlich als Konzertsaal. In der *Galerie Robert Guttmanna* ums Eck finden regelmäßig Ausstellungen über das jüdische Leben statt.

Adressen **Synagoge**, Vězeňská 1. **Galerie**, U Staré Školy 3. Ⓜ A Staroměstská. ⌚ und Eintritt → Jüdisches Museum, S. 155.

Klášter sv. Anežky (Sankt-Agnes-Kloster): Im Kloster befindet sich heute die beachtenswerte Sammlung böhmischer Kunst des Mittelalters, die Teil der Nationalgalerie ist. Fast alle Exponate zeigen biblische Motive, das Gros die Muttergottes, mal mit, mal ohne Kind. Jesus wird überwiegend am Kreuz dargestellt, aber auch am Ölberg usw. Die

erschütterndste Darstellung befindet sich im letzten Raum, der Holzschnitt *Christus, der Retter vorm Jüngsten Gericht* aus dem 16. Jh. Den Tod symbolisiert dabei ein Verwesender, der Kopf ist bereits skelettiert, die Eingeweide frisst ein Frosch. Das an Albrecht Dürer erinnernde Werk wurde mit „I. P." signiert, außer diesen Initialen weiß man nicht viel über den Künstler. Ohnehin sind aus der Zeit der Gotik nur die wenigsten realen Namen von Künstlern bekannt. Zu den wenigen identifizierten Künstlern dieser Epoche gehört Meister Theodoricus, von dem sechs große Portraits zu sehen sind, die er mit 121 anderen für die Kreuzkapelle der Burg Karlstein malte.

Adresse Anežská 1. Ⓜ A Staroměstská oder Ⓜ B Náměstí Republiky. ⌚ tägl. (außer Mo) 10–18 Uhr. Eintritt 6,30 €, erm. 3,30 €, Familien 8,50 €.

Staronová synagóga (Altneusynagoge): Der frühgotische Bau aus der zweiten Hälfte des 13. Jh. zählt zu den ältesten Synagogen Europas. Für seinen paradox klingenden Namen gibt es zwei Theorien: Die erste geht davon aus, dass die Synagoge eine an jenem Ort bereits existierende ersetzte, die andere, dass sie ursprünglich nur „Neue Synagoge" hieß, bis im 16. Jh. weitere Synagogen hinzu kamen – sprich: aus „neu" wurde „alt". Tatsache ist auf jeden Fall, dass sie das Zentrum der Juden westlicher Observanz war, die isoliert von den Juden mit östlichem Ritus lebten. Letztere hatten ihr Viertel bei der heutigen Spanischen Synagoge. Das erklärt zudem, warum man in Josefov auch Kirchen findet: Die verschiedenen jüdischen Gemeinden waren bis ins 13. Jh. durch „christliche Streifen" getrennt. Im Inneren der Synagoge, genau in deren Mitte,

Jehuda Liwa ben Bezal'el, genannt Rabbi Löw, und die Legende vom Golem

Polnische Chassiden waren es, die im 18. Jh. die Person des Prager Rabbi Löw mit dem legendären Golem in Verbindung brachten. Der historisch belegte Rabbi war oberster Lehrer einer Talmudschule und als Pädagoge und Theologe bereits zu Lebzeiten überaus angesehen. Die Inschrift des wohl berühmtesten Grabes auf dem Alten Jüdischen Friedhof – Löw starb 1609 – bekundet, dass er vor allem wegen seiner Weisheit geschätzt wurde. Auf die chassidischen Legenden, welche dem Rabbi übernatürliche Fähigkeiten nachsagen, ist der Glaube zurückzuführen, dass ein jeder Wunsch in Erfüllung geht, wenn man ihn in Zettelform auf das Grab des Rabbi legt.

Zu den sagenhaftesten Geschichten aber, die sich um den Rabbi ranken, zählt zweifelsohne die des Golem, einer mächtigen, menschenähnlichen Gestalt. Angeblich hatte der Rabbi diese aus Ton geformt und dann zum Leben erweckt, in dem er ihr ein *Schma* (Zettel mit magischen Formeln) in den Mund legte. Der Golem war fortan ein treuer Diener des Rabbi, stand allen Juden bei und bewahrte sie vor Pogromen. Am Sabbat jedoch musste der Golem ruhen, und so nahm der Rabbi stets am Vorabend des Sabbats das Schma aus dem Mund des Geschöpfs. Doch eines freitags vergaß dies der Rabbi. Der Golem wurde böse, so böse, dass er das Ghetto zu vernichten drohte. In letzter Sekunde gelang es dem Rabbi, den magischen Zettel aus dem Mund des Golems zu ziehen und ihn so wieder in ewigen Schlaf zu versetzen. Seitdem, so heißt es, ruhen dessen Reste auf dem Dachboden der Altneusynagoge. Im Glauben der Menschen jedoch lebte der Golem im Ghetto noch lange fort, in der Literatur bis heute.

Den bekanntesten Golem-Roman schrieb Gustav Meyrink (1868–1932), ein gebürtiger Wiener. Er war Gründer mehrerer okkulter Orden und in seiner Golem-Fassung, einer Reise in das innerste Ich, verarbeitete er zugleich seine Drogenerlebnisse. Auch Egon Erwin Kisch (1885–1948), der rasende Reporter, der unter anderem für das *Prager Tagblatt* schrieb, widmete dem Golem eine Reportage.

befindet sich das Almemor, ein von einem schmiedeeisernen Gitter umgebenes Podium, von dem aus der Thora, den fünf Büchern Mose, vorgelesen wird. Die Thorarollen sind im Schrein hinter einem Vorhang verborgen. Auffallend sind die schießschartenähnlichen Fenster. Sie wurden im 18. Jh. für die Frauen eingefügt, da ihnen der Besuch der Synagoge nicht gestattet war und sie wenigstens so dem Geschehen folgen konnten.

Adresse Červená 2. Ⓜ A Staroměstská. ⌚ tägl. (außer Sa und jüdischen Feiertagen) 9.30–18 Uhr. Eintritt 8,50 €, erm. 5,80 €. Das Ticket gilt auch für die Jerusalemssynagoge in der Neustadt (→ S. 128).

Maiselova synagóga (Maiselsynagoge): Ursprünglich im Stil der Renaissance errichtet, wurde sie nach einem Brand barock wieder aufgebaut. Das gefiel aber nicht, und so erfolgte Ende des 19. Jh. ein schlichterer neugotischer Umbau. Während der deutschen Okkupation machten die Nazis aus der Synagoge ein Lager für beschlagnahmtes jüdisches Vermögen. Auch diese Synagoge wird heute als Museum genutzt und liefert die historische Ergänzung zur Spanischen Synagoge: In ihr wird die Geschichte der böhmischen und mährischen Juden von den Anfängen der jüdischen Besiedelung im 10. Jh. bis zur Aufklärung dokumentiert. Zu sehen sind u. a. hervorragende Silberarbeiten.

Adresse Maiselova 10. Ⓜ A Staroměstská. ⌚ und Eintritt → Jüdisches Museum, S. 155.

Rudolfinum: Das Konzertgebäude entstand in der zweiten Hälfte des 19. Jh. im Zuge der tschechischen Nationalbewegung. Dvořák und Brahms dirigierten hier vor ausverkauftem Haus. Heute residiert hier die Tschechische Philharmonie unter Leitung des Österreichers Manfred Honeck. Das Gebäude beherbergt zudem eine Galerie und ein Café (Eingang auf der Moldauseite).

Adresse Náměstí Jana Palacha 1. Ⓜ A Staroměstská. ⌚ Galerie und Café tägl. (außer Mo) 10–18 Uhr.

Uměleckoprůmyslové muzeum (Kunstgewerbemuseum): Es existiert bereits seit 1885 und besitzt einen riesigen Fundus, für den man eigentlich mehr Platz bräuchte. In schönen Sälen sind künstlerisch wertvolle Exponate aus den verschiedensten Epochen ausgestellt: Glas, Porzellan, Uhren, Festtagskleidung, Möbelstücke, Gobelins, Schmuck, Werbeplakate usw. Zudem finden immer wieder interessante Wechselausstellungen statt.

Adresse Ulice 17. listopadu 2. Ⓜ A Staroměstská. ⌚ tägl. (außer Mo) 10–18 Uhr. Eintritt für die Dauerausstellung 5 €, erm. 2,90 €, Familien 8,50 €.

Starý Židovský Hřbitov (Alter Jüdischer Friedhof) und Pinkassynagoge (Pinkasova Synagóga): Das ummauerte Areal des alten jüdischen Friedhofs umschließt auch die Pinkassynagoge aus dem 15. Jh., die gleich hinter dem Kassenhäuschen steht. Sie ist benannt nach ihrem Stifter, dem Rabbiner Pinkas. Im Inneren erinnert sie heute an die Juden aus Böhmen und Mähren, die dem Holocaust zum Opfer fielen. Das geschieht auf eine schlichte und ergreifende Weise: An den Wänden stehen die Namen der Ermordeten, 77.297 an der Zahl. Im Obergeschoss sind Zeichnungen von Kindern aus Theresienstadt zu sehen (→ S. 248).

Der Friedhof selbst, auf dem Grabstein an Grabstein steht oder lehnt, wurde ebenfalls im 15. Jh. angelegt. Der älteste Stein stammt aus dem Jahr 1439, der jüngste aus dem Jahr 1787. Wie viele Menschen hier beigesetzt wurden, weiß man nicht. In der Sekundärliteratur schwanken die Zahlen erheblich: zwischen 10.000 und 110.000. Tatsache ist, dass der Friedhof, obwohl mehrmals erweitert, stets zu klein war. So begrub man die einen über den anderen.

Viele der Grabsteine tragen Barock- oder Rokokoverzierungen, aber auch Motive, die den Namen oder Beruf des Verstorbenen symbolisieren. Wer Löw, Levy oder Jehuda hieß, bekam nicht selten einen Löwen auf den Grabstein. Eine Maus schmückt die Steine der verstorbenen Maisls und ein Bär den der Dov (hebräisch „Bär“). Als Symbol für den Beruf des Schneiders meißelte man gerne eine Schere ein, für den des Buchdruckers ein Buch usw. Auf ein paar Grabsteinen liegen statt Blumen kleine Steinchen – ein alter jüdischer Brauch als Zeichen der Pietät.

Der Grabstein, auf dem die meisten Steinchen liegen, ist der des Rabbi Löw (1570–1609), an dem der vorgeschriebene Weg durch den Friedhof automatisch vorbeiführt (→ Kasten). Oft sieht man auch Zettel darauf, es sind Bitten und Wünsche.

Adresse Eingang zu Synagoge und Friedhof an der Široká. Ⓜ A Staroměstská. ⌚ und Eintritt → Jüdisches Museum, S. 155. Aufgrund des Besucherandrangs ist es – falls möglich – ratsam, den Friedhof früh am Morgen zu besuchen, ansonsten wird man von den Massen wie auf einer Einbahnstraße vom Eingang zum Ausgang geschoben.

Bestes Eis: In der Cremeria Milano

Klausová synagóga (Klausensynagoge) und Bývalá obřadní síň (Zeremoniensaal): Die beiden benachbarten Gebäude beherbergen die Ausstellung „Jüdische Traditionen und Bräuche". Von der Geburt über die Beschneidung und die Heirat bis zum Tod werden alle Stationen im Leben gläubiger Juden erläutert. Die Ausstellung beginnt in der Klausensynagoge.

Adresse U Starého Hřbitova 1 und 3. Ⓜ A Staroměstská. ⌚ und Eintritt → Jüdisches Museum, S. 155.

Essen und Trinken

(→ Karte S. 157)

Etliche schicke Cafés, Patisserien und Restaurants entlang der Pařížská und ihrer Seitenstraßen. Einfache Adressen gibt es nur noch wenige.

Restaurants

Zlatá Praha (1), vornehmes Restaurant im Obergeschoss des Hotels Intercontinental. Traumhafter Blick über die Dächer Prags, Sommerterrasse. Keine große, dafür erlesene Speisekarte. Hg. 27–40 €. Sonntags toller Brunch mit Livejazz (40 €). ✆ 2966 30914. Náměstí Curieových 43/5. Ⓢ 17 Právnická fakulta.

Angel (17), eine Leserentdeckung. Zeitgemäß-aromatische, thailändische und kambodschanische Küche in ansprechendem Ambiente. Sehr freundliches Personal. Hg. 19–25 €, günstigere Lunchgerichte. ✆ 773222 422 (mobil). V kolkovně 7. Ⓜ A Staroměstská.

Nostress (15), schickes Caférestaurant und Galerie. Man sitzt zwischen duftenden Blumen und Pflanzen und genießt die interessante Fusionküche (viel Fisch). Hg. 9,50–19,50 €. ✆ 222317007. Dušní 10. Ⓜ A Staroměstská.

Dinitz (4), empfehlenswertes koscheres, modern eingerichtetes Lokal mit legerem Ambiente – die Köche brutzeln vor aller Augen hinter der langen Theke. Es gibt leckere *Mezze*, die nahöstlichen Vorspeisen, außerdem Pasta, Sandwichs und Steaks. Hg. 8,50–27 €. Fr abends sowie Sa ganztägig geschl. ✆ 222313308. Bílkova 12. Ⓢ 17 Právnická fakulta.

Shalom (11), die Speisehalle der jüdischen Gemeinde Prags im alten jüdischen Rathaus steht zur Mittagszeit (11.30–14 Uhr) auch Touristen offen. Authentische koschere Küche, die vom Rabbi abgesegnet ist. Vouchers für das Menü (ca. 19 € inkl. kostenlosem Tischwasser) kauft man sich vorher in der Hohen Synagoge nebenan, gleichzeitig der Ticketverkauf für die Altneusynagoge. ✆ 224800806. Maiselova 18. Ⓜ A Staroměstská.

Kolkovna (12), ordentliche böhmische Küche. Lendenbraten, „Mährischer Spatz", *Halušky* (eine Art Spätzle). Zum Nachtisch Buchteln, Strudel oder Palatschinken. Ambiente zwischen rustikal und modern. Hg. 7–17 €. ✆ 224819701. V Kolkovně 8. Ⓜ A Staroměstská.

Pivnices

Josefov erlebte in den letzten Jahren ein wahres „Pivnicesterben" – die gemütlichen Bierstuben des Stadtteils wurden von schicken Cafés und Restaurants verdrängt. Und die, die noch existieren, sind mit Vorsicht zu genießen! Zu beiden hier aufgeführten Pivnices bekamen wir in den letzten zwei Jahren mehrmals Kritik von Lesern, die dort übers Ohr gehauen wurden. Aus Mangel an Alternativen und in der Hoffnung, dass sich die Sitten wieder ändern, sind sie dennoch aufgeführt.

U milosrdných (2), „Zu den Barmherzigen" nennt sich diese dunkel getäfelte Pivnice mit ihren rustikalen Holztischen. Serviert wird in dem derb-urigen Klassiker einfache böhmische Küche. Hauptgerichte dürften nicht mehr als 5,50–8 € kosten. Bestellen Sie nur Gerichte von der Karte, lassen Sie sich nichts empfehlen. Und: Knödelscheiben werden niemals einzeln abgerechnet, wie Ihnen vielleicht der eine oder andere Kellner erzählen will. So geschl. Kozí 21. Ⓜ A Staroměstská.

U Rudolfina (24), verraucht, laut, tschechisch. Von außen unscheinbar, von innen recht groß und auf zwei Etagen. Die Bierstrichlisten mancher Gäste haben Gartenzauncharakter! Böhmische Küche zu 4–8 €. Erfragen Sie auf jeden Fall den Bierpreis im Voraus, sonst zahlen Sie evtl. das Doppelte wie der tschechische Stammgast neben Ihnen. Křížovnická 10. Ⓜ A Staroměstská.

Traditionsreiches Kaffeehaus

Kavárna Rudolfinum (8), Kaffeesaal im gleichnamigen Konzerthaus. Prachtvolle Säulen unterteilen den Raum, hohe Fenster, Parkettboden. Servicemodalitäten jedoch leider auf dem Niveau einer einfachen Kantine. ⌚ tägl. (außer Mo) bis 18 Uhr. Náměstí Jana Palacha. Ⓜ A Staroměstská.

Cafés

Cremeria Milano (9), elegantes Eiscafé mit Kronleuchter und den leckersten Eissorten, dazu Kuchen, Cremes und besten Kaffee. Pařížská 20. Ⓜ A Staroměstská.

Chez Marcel (7), sympathisches Caférestaurant im französischen Stil. Gute französisch-internationale Küche, auch Frühstück, leckere Desserts. Hg. 5,80–17 €. Haštalské náměstí 12. Ⓢ 8, 14, 26 Dlouhá třída.

Au Gourmand (22), französisch ausgerichteter Mix aus Patisserie, Boulangerie und Bistro in feinem Jugendstilambiente. Quiches, Antipasti und Baguettes, gute Tagessuppen. Dlouhá 10. Ⓜ A Staroměstská.

Bakeshop Praha (16), Mischung aus Bäckerei und Stehcafé und eine empfehlenswerte Frühstücksadresse: Pies, Kuchen, Quiches, Brownies, kleine Salatauswahl. Kozí 1. Ⓜ A Staroměstská.

Bars/Kneipen

Sektbar Ponton (14), an der Mánesův-Brücke auf einer schwimmenden Bootsanlegestelle. Nettes, einfaches Plätzchen mit Blick auf die Karlsbrücke. ⌚ nur im Sommer bei gutem Wetter. Ⓜ A Staroměstská.

Potrefena Husa (3), der tschechienweiten Kette zugehörig. Hohe Bartische. Neben Snacks zum Bier auch eine gute Auswahl an böhmisch-internationaler Küche zwischen Krautsuppe, Kaninchen in Rahmsauce und Steaks. Hg. 6,70–19 €, günstiger Mittagstisch. Bílkova 5. Ⓢ 17 Právnická fakulta.

La Casa Blů (5), relaxte, junge Kneipe, unter chilenischer Leitung und deswegen auch Treff der in Prag lebenden Latinos. Günstige Tex-Mex-Küche, Bier und Cocktails, südamerikanische Musik und freundliche Leute. Bílkova 20. Ⓢ 17 Právnická fakulta.

Zentrum der Kleinseite: Malostranské náměstí, der einstige Marktplatz

Malá Strana (Kleinseite)

Malá Strana, der Stadtteil unterhalb der Prager Burg am Ufer der Moldau, ist das malerischste Eck der Stadt – ein großes Schaufenster des Barock, kaum ein Gebäude, das nach dem 18. Jh. errichtet wurde.

Blickt man von der Prager Burg auf Malá Strana hinab, dann sieht man auf ein Meer aus roten Ziegeln, Gauben, Giebeln und Kaminen, auf Antennen, Kirchturmspitzen und -kuppeln. Und spaziert man hindurch unter Arkaden, über kleine Treppen, in verwinkelten Gassen, vorbei an mittelalterlichen, schrägen Gemäuern mit prächtigen Hauszeichen, verwunschenen Gartenanlagen oder barocken Palais, scheint die Zeit stehen geblieben zu sein. Nicht ohne Grund wählte der Regisseur Miloš Forman Malá Strana als Kulisse seines *Amadeus*, da es dem Wien des 18. Jh. näher kommt als die heutige österreichische Hauptstadt.

Doch so malerisch sich Malá Strana auch zeigt – die Kleinseite ist noch mehr als die Altstadt ein Stadtteil, den die Prager räumen und der das Leben aushaucht. Aus den Krämer- und Trödelläden von einst oder den kleinen Handwerksbetrieben wurden Restaurants, Cafés oder Galerien, aus den großen Palais Ministerien, Botschaften oder Hotels. Kinder sieht man nur noch selten spielen, und mit jedem neu restaurierten Gebäude werden sie weniger. In Malá Strana löst nicht mehr eine Generation die nächste ab, sondern eine Gesellschaftsschicht die andere. Zwar strahlt der Stadtteil nun in immer neuerem Glanz, verliert dadurch aber auch etwas von seinem ursprünglichen Charme. Ganz verschwinden wird dieser jedoch nie. Die Kleinseite ist zu groß, als dass man sie so wie die Prager Burg in ein einziges Schmuckkästchen verwandeln könnte – für die Denkmalpflege wird der Stadtteil eine nie enden wollende Herausforderung bleiben. Egal, wie viel Farbe man darüber legt, die Spuren der Vergangenheit lassen sich nicht wegschminken, sie werden immer zu sehen sein.

Spaziergang

Das Zentrum der Kleinseite ist der pittoreske **Malostranské náměstí**, einst der Marktplatz des Viertels, der mit einem kolossalen Radetzky-Denkmal geschmückt war – nur Blumenstand und Kiosk sind übrig geblieben. Denkmalschützer plädieren dafür, das prachtvolle, 10 m hohe Denkmal für den bedeutendsten Habsburger Heerführer wieder aufzubauen. Die antiösterreichisch gesinnten Patrioten des Landes sind jedoch dagegen. Sie versucht man dadurch zu gewinnen, indem man auf Radetzkys böhmische Wurzeln verweist: Der spätere General wurde 1766 im südböhmischen Třebnice (dt. Trzebnitz) geboren.

Heute staut sich am Kleinseitner Ring, wie der Platz zur k.u.k.-Zeit noch hieß, der Verkehr, lediglich die Straßenbahn hält freiwillig. Gleich neben ihrer Haltestelle, in der Malostranská Kavárna, dem **Kleinseitner Kaffeehaus**, trafen sich in den 20er Jahren des letzten Jahrhunderts Kafka, Brod, Werfel und weitere Literaten. In die altehrwürdigen Räumlichkeiten hat sich 2008 eine der insgesamt 15.000 Filialen der amerikanischen *Starbucks*-Kette einquartiert.

Über den Dächern im Nordosten des Platzes erhebt sich ein schmaler, spitz zulaufender Kirchturm. Er gehört zur → **Sankt-Thomas-Kirche (Kostel sv. Tomáše)**, die man über die Letenská betritt. Dabei passiert man den einst berühmtesten Bierausschank der Kleinseite, U Schnellů, der nur noch von seinem großen Namen zehrt.

Die enge, von Arkaden gesäumte Gasse Tomašská führt zum Valdštejnské náměstí, einem kleinen, meist zugeparkten Platz, dessen Ostfront das → **Palais Waldstein (Valdštejnský palác)** einnimmt. Das Palais, in dem heute der Senat tagt, war der erste profane Monumentalbau des Prager Barock und zieht sich entlang der gesamten Valdštejnská bis zur Metrostation Malostranská.

Barocke Architektur unterhalb der Prager Burg

Teuflische Kunst auf der Karlsbrücke

Dort befindet sich auch die einstige **Reitschule** des Palais, die **Valdštejnská jízdárna**, welche die Nationalgalerie für Wechselausstellungen nutzt.

Auf der gegenüberliegenden Seite des Valdštejnský palác stehen weitere feudale Palais, u. a. residieren die Botschaften Belgiens, Polens und Indiens darin. Auch ist hier das → **Pedagogické muzeum Jana Amose Komenského** zu finden (Nr. 20), das sich dem Leben und den Ideen des heutigen „200-Kronen-Mannes" Jan Amos Komenský alias Comenius widmet. Nahebei kann man zu den → **Palastgärten unter der Prager Burg (Palácove zahrady pod Pražským hradem)** aufsteigen.

Oberhalb des Valdštejnské náměstí liegt der **Pětikostelní náměstí**, der **Fünfkirchenplatz**. Fünf Kirchen gab es hier aber nie, jedoch einen Herrn namens Fünfkirchen, der in Haus Nr. 15 wohnte.

An der Sněmovní tagt heute im ehemaligen **Thunschen Palais** (Nr. 4) das Abgeordnetenhaus (Poslanecká sněmovna) – nicht selten herrscht hier Medienrummel, zumal Gesetze im Akkord verabschiedet werden. Dennoch gelingt es der Legislative nicht, den Reformstau abzubauen. Von Arbeitsrecht über Mietrecht bis Zollrecht – was wollte nicht alles nach der Samtenen Revolution und was will noch alles nach dem Beitritt zur EU neu geregelt werden.

Von der ansteigenden, malerischen Thunovská – Churchill blickt vor der englischen Botschaft etwas grimmig drein – zweigt das kleine Gässchen Zámecká wieder zum Malostranské náměstí hinab, diesmal aber zu seinem oberen Abschnitt. Dort liegt der Eingang zur → **Sankt-Nikolaus-Kirche (Kostel svatého Mikuláše)**, die samt dem angrenzenden ehemaligen Klostergebäude den Platz in zwei Hälften trennt. Sie ist die mit Abstand prächtigste Barockkirche Prags, und wer nur eine besichtigen will, sollte sich für sie entscheiden.

Die stets belebte → **Nerudova ulice**, die Nerudagasse, führt hinauf zur Prager Burg. Anfang des 20. Jh. fuhr auch

ein Bus die steile Gasse hinauf, aber die Bremsen waren noch nicht so gut, und so stellte man nach dem ersten Unfall den Betrieb wieder ein.

Über die engen verwinkelten Gassen Jánský Vršek und Šporkova stößt man direkt auf die **Deutsche Botschaft** und damit auf den → **Palais Lobkowitz (Lobkovický palác)** an der Vlašska ulice

(Welsche Gasse), deren Name an das einstige italienische Viertel erinnert. Es waren überwiegend Baumeister, Steinmetze, Stuckateure und Maler, die im 16. und 17. Jh. über die Alpen nach Prag kamen. Schräg gegenüber dem Palais, in einem Gebäudeteil des ehemaligen Welschen Spitals, befindet sich heute auch das Italienische Kulturinstitut.

Etwas tiefer, an der Tržiště, sitzt die **Botschaft der USA** im Palais Schönborn (Schönbornův palác). Videokameras schmücken das Domizil. 1917 hatte Franz Kafka darin eine Zwei-Zimmer-Wohnung im zweiten Stock. Hier erkrankte er an Tuberkulose, und hier entstand auch die Erzählung *Ein Landarzt*. Kurz darauf folgt die **Botschaft Irlands**. Am unteren Ende der Tržiště befindet sich rechter Hand der Eingang zum → **Vrtba-Garten (Vrtbovská zahrada)**.

Um den Spaziergang fortzusetzen, überquert man die Karmelitská. Die Straße (samt ihrer Verlängerung Újezd) kann mit dem Charme anderer Kleinseitner Straßenzüge zwar nicht mithalten, bietet jedoch ein paar Attraktionen wie die → **Wallfahrtskirche Maria zum Siege (Chrám Panny Marie Vítězné)**, Heimat des „Prager Jesuleins“. Die Sehenswürdigkeiten entlang der Straße finden Sie unter der Überschrift „Karmelitská und Újezd“ ab S. 173.

John-Lennon-Gedenkmauer

Über das romantische Gässchen Prokopská gelangt man nun in eine der malerischsten Ecken Prags und direkt auf den **Malteserplatz (Maltézské náměstí)**. Rund um den Schutzpatron des Ordens, Johannes dem Täufer, stehen alte Bürger- und Adelshäuser. Aus ein paar von ihnen wurden Botschaftsgebäude.

Der ockerfarbene **Palais Nostitz** aus der Mitte des 17. Jh. am südlichen Ende des länglichen Platzes (Hausnr. 1) beherbergt heute das Kulturministerium. Ein paar Schritte dahinter erstreckt sich der Park der → **Insel Kampa**. Von der Kleinseite wird sie vom **Teufelsbach (Čertovka)** getrennt, ein Gewässer, um dessen Namen sich mehrere Legenden ranken. Eine erzählt von einem alten Weib, das im Bach die Kleider des Adels wusch. Dabei blickte sie auf ihr Spiegelbild im Wasser und sah plötzlich den Teufel. Gelacht soll er haben und in sie gefahren sein. Das gleiche Schicksal ereilte vermutlich noch andere (→ Foto, S. 164).

Im Park der Insel Kampa, wo Straßenmusikanten ihren Mittagsschlaf halten, Hunde Frisbeescheiben hinterher jagen, Schulklassen ihr Picknick auspacken und Joints ihre Runde drehen, lohnt das neueste Kunstmuseum Prags, das → **Museum Kampa** einen Besuch.

Zweigt man am Platz Na Kampě nach links in die schmale Gasse Hroznová ab, gelangt man – alles andere als geradewegs – zum **Großpriorsplatz (Velkopřevorské náměstí)**, einem Pilgerziel der anderen Art. Eine Graffiti-Gedenkstätte für den 1980 ermordeten Ex-

Beatle **John Lennon** ziert dort die Gartenmauer des Großpriorspalais. Die „Give peace a chance"-Sprüche in sozialistischer Zeit waren Ausdruck politischen Protests, die heutigen „Gustel und Rosmarie waren da" mit Jahreszahl nicht mehr.

Gleich ums Eck liegt die → **Johanniterkirche Maria unter der Kette (Panny Marie pod řetězem)**, die älteste Kirche der Kleinseite. Das **Haus zum Goldenen Einhorn (U Zlatého Jednorožce)** schräg gegenüber (Nr. 11) war im 18. Jh. eines der angesehensten Hotels der Stadt. Ludwig van Beethoven nahm sich hier 1796 ein Zimmer – eine Gedenktafel mit Konterfei erinnert daran. Der Komponist besuchte Prag während seiner Kuraufenthalte in den westböhmischen Bädern übrigens mehrmals.

Zuerst kamen die Kranken – die Anfänge des Tourismus in Prag

Im späten 18. Jh. entwickelte sich Prag zu einem beliebten Reiseziel. Schon damals zählte man in den Sommermonaten bis zu 20.000 Besucher. Die meisten kamen für ein paar Tage aus Teplice (Teplitz), Karlovy Vary (Karlsbad) oder Mariánské Lázně (Marienbad) angereist. Das waren die Badeorte, die en vogue waren, in die es die Leidenden, die Gelangweilten und die Hautevolee aus aller Welt mit ihren heiratsfähigen Töchtern zog. Und der Ausflug nach Prag gehörte dabei zum Programm. Heute zählt die Prager Innenstadt tagtäglich im Schnitt rund 31.000 Besucher aus aller Welt, das ist ein bisschen mehr als das historische Zentrum noch Einwohner hat.

Von der Lázeňská gelangt man über die schmale Gasse Saská und schließlich unter der Karlsbrücke hindurch in jenes Eck, das gerne als Prags **Klein-Venedig** beschrieben wird. Von hier sieht „die Karlsbrücke wie eine lange Wanne aus, durch welche die Fußgänger fahren, eine Räderkonstruktion unterm Hintern", so Bohumil Hrabal.

Den Beginn der Karlsbrücke (→ S. 146) flankieren zwei Türme. Der kleinere stammt aus dem 12. Jh. und diente schon zur Kontrolle der Judithbrücke, der Vorgängerin der Karlsbrücke. Der größere wurde erst im 15. Jh. als Pendant zum gegenüberliegenden Altstädter Brückenturm erbaut. Er ist im Sommer zu besichtigen, doch der Ausblick ist bei weitem nicht so schön wie vom Brückenturm auf der anderen Uferseite.

Den Spaziergang kann man auf der herrlichen Terrasse des Restaurants Hergetova Cihelna (→ Essen und Trinken) ausklingen lassen. Auf dem Areal der alten Ziegelei befinden sich auch drei Museen. Am sehenswertesten ist das → **Franz-Kafka-Museum (Franz Kafka Museum)**, das dem berühmten Literaten gedenkt. In der Nachbarschaft führt die kleine Dauerausstellung → **„Václav Havel – ein tschechischer Mythos" („Václav Havel – český mýtus")** in Leben und Werk des Ex-Präsidenten ein. Über Kafka sagte der übrigens einmal: „Hätte Kafka nicht existiert und wäre ich ein besserer Schriftsteller als ich bin, dann – und davon bin ich überzeugt – hätte ich all seine Werke selbst geschrieben." Weniger intellektuell anspruchsvoll gestaltet sich ein Besuch des dem Café Ebel angeschlossenen → **Kaffeemuseums (Muzeum kávy)**. Den kleinen Platz vor den Museen lockert eine provokante Arbeit des Künstlers David Černý (→ Kasten, S. 118) auf: Zwei sich bewegende Bronzefiguren pinkeln in ein Becken, das der tschechischen Landkarte gleicht.

Sehenswertes

Kostel svatého Tomáše (Sankt-Thomas-Kirche): Sie entstand zusammen mit dem Klostergebäude der Augustiner-Eremiten zwischen 1285 und 1379. Zur Hussitenzeit war sie eine der katholischen Hauptkirchen Prags. Da sich der Adel bevorzugt in ihr bestatten ließ, floss genügend Geld für eine opulente Ausschmückung. Ihr heutiges barockes Aussehen verdankt sie Kilian Ignaz Dientzenhofer, der die Umbauarbeiten in der ersten Hälfte des 18. Jh. leitete. Aus jener Zeit stammen auch die leichten und farbenfrohen Deckenmalereien, eine Bilderfolge über den Hl. Augustinus, für welche die Kirche bis heute überaus berühmt ist. Geschaffen wurde sie von Böhmens bedeutendstem Freskenmaler, Wenzel Lorenz Reiner (1689–1743). Lange war das Kloster zudem für sein Brauhaus bzw. sein schweres, dunkles Bier bekannt. Weder die Brauerei noch die angeschlossene Bierschwemme haben jedoch die Zeiten überlebt.

Adresse Letenská. Ⓢ 12, 20, 22 Malostranské náměstí. ⌚ nur zu Messen.

Valdštejnský palác (Palais Waldstein): Das riesige Palais, das sich um fünf Höfe und eine große Gartenanlage erstreckt, wurde in der ersten Hälfte des 17. Jh. erbaut; knapp 30 Häuser mussten dafür weichen. Sein Bauherr war Albrecht von Waldstein, eine der zentralen Figuren des Dreißigjährigen Krieges. Er stammte aus einer protestantischen böhmischen Adelsfamilie, konvertierte zum Katholizismus und kam durch Heirat zu großem Reichtum. Diesen wusste er geschickt zu vermehren. Er stellte auf eigene Kosten Heere von bis zu 40.000 Mann Stärke auf, denn die Kriegsbeute gehörte stets dem, der die Söldner bezahlte. Mit deren Gewalt vertrieb er nicht-katholische Adelige und eignete sich ihr Vermögen an. Doch sein Glück war nicht von Dauer. 1634 wurde Waldstein ermordet.

Ein paar Räume des Palais sind, wenn der Senat sich ins Wochenende verabschiedet, der Öffentlichkeit zugänglich. Dazu gehört der große, über zwei Etagen gehende Festsaal, der wie die meisten Räume im Stil des Manierismus ausgeschmückt ist. Das Deckengemälde zeigt den einstigen Hausherren als römischen Kriegsgott Mars im Triumphwagen.

Neben wechselnden Ausstellungen in der einstigen *Reithalle (Valdštejnská jízdárna)* kann man noch den frühbarocken *Palaisgarten (Valdštejnská zahrada)* besichtigen. Passenderweise fand hier zu Friedrich Schillers 100. Geburtstag eine Festaufführung statt. Auf dem Programm stand jenes Historiendrama, das Waldstein in der Schreibweise *Wallenstein* unsterblich machte. Noch heute wird die Sala Terrena der Anlage im Sommer für Konzerte und Theateraufführungen genutzt. Das Herzstück der Gartenanlage sind die Bronzestatuen des niederländischen Künstlers Adriaen de Vries. Dabei handelt es sich jedoch um Repliken. Die Originale verschwanden wie so vieles am Ende des Dreißigjährigen Krieges und stehen heute im Park von Schloss Drottingholm in Schweden.

Adresse **Palais** am Valdštejnské náměstí. Ⓢ 12, 20, 22 Malostranské náměstí. Palast ⌚ Sa/So 10–17 Uhr. Eintritt frei. Zugang zum **Garten** über die Letenská. Ⓜ A Malostranská. Garten ⌚ April–Okt. tägl. 7.30–18 Uhr. Ebenfalls Eintritt frei.

Pedagogické Muzeum Jana Amose Komenského (Comenius-Museum): Der Theologe, Pädagoge und Visionär Jan Amos Komenský (1592–1670), international bekannt unter dem Namen Comenius, musste nach der Schlacht vom Weißen Berg fliehen. Später im Exil in Amsterdam formulierte er jenen berühmten Satz, den die Friedensbe-

Das Goldene Prag

wegung während des Kalten Krieges aufgriff: „Es kommt die Zeit, wo Völker ihre Schwerter in Pflüge, ihre Lanzen in Sicheln und ihre Musketen in Hacken umschmieden werden". Bekannt ist er auch für seine Schriften zur Sozial- und Religionspädagogik. Ein Besuch des Museums lohnt jedoch nur für speziell Interessierte.

Adresse Valdštejnská 20. Ⓢ 12, 20, 22 Malostranské náměstí. Das Museum war zum Zeitpunkt der letzten Recherche geschlossen. Die Wiedereröffnung war für Anfang/Mitte 2009 geplant.

Palácové zahrady pod Pražským hradem (Palastgärten unter der Prager Burg): Im Mittelalter dienten die Südhänge der Burg als Weingärten. Erst als der Adel im 17. Jh. die Kleinseite entdeckte, ließ er hier zu seinen Palästen terrassenförmige Gärten anlegen. Im 18. Jh. verzierte man sie mit barocken Statuen, Galerien, Balustraden, Gloriettten und Brunnen. Fünf solcher Gärten wurden zur Jahrtausendwende zu einem einzigen zusammengefasst. Darunter ist auch der *Ledeburská zahrada (Ledebour-Garten)* ganz im Westen der Anlage mit einer herrlichen Sala Terrena, einem offenen Gartensaal – hier finden im Sommer gelegentlich Konzerte statt.

Adresse Valdštejnská (2 Zugänge). Ⓜ A Malostranská. Z. T. mit „Ledeburská zahrada" ausgeschildert. ⌚ April–Okt. tägl. 10–18 Uhr. Eintritt 3,30 €, erm. 2 €. Die Gärten sind auch von den südlichen Wallgärten der Prager Burg zugänglich.

Kostel svatého Mikuláše (Sankt-Nikolaus-Kirche): Sie zählt zu den prachtvollsten Barockbauten Europas, und ihre mächtige Kuppel samt Glockenturm – nach Plänen Kilian Ignaz Dientzenhofers – zu den Wahrzeichen Prags.

Errichtet wurde die Kirche von den Jesuiten im Zuge der Gegenreformation. Der protestantische Vorgängerbau musste dafür weichen. Lediglich der Name wurde beibehalten – schließlich wird der Hl. Nikolaus als Schutzpatron der

Malá Strana (Kleinseite) Karte S. 165

Kaufleute verehrt, und wo steht eine Nikolauskirche besser als inmitten eines (einstigen) Marktplatzes? Viel Freude hatte der Orden an seinem Gotteshaus jedoch nicht, genau 100 Jahre nach der Grundsteinlegung 1673 wurden die Jesuiten des Landes verwiesen.

Im Innern der Kirche ist das Deckengemälde im Langhaus von Johann Lukas Kracker am beeindruckendsten. Mit 1500 m² ist es eines der größten seiner Art. Es zeigt Szenen aus dem Leben des Bischofs Nikolaus von Myra. Ansonsten, so weit das Auge reicht, Barock total – keine Ecke ohne Putte. Lohnenswert ist auch ein Blick über die Dächer Prags vom Kirchturm.

Adresse Malostranské náměstí. Ⓢ 12, 20, 22 Malostranské náměstí. **Kirche** ⌚ tägl. 9–16.45 Uhr. Eintritt (!) 2,90 €, erm. die Hälfte. **Turm** ⌚ im Sommer tägl. 10–18 Uhr (letzter Einlass 17.30 Uhr). Eintritt 2,90 €, erm. 2 €. Zugang zum Turm von der Südseite (außen).

Nerudova ulice (Nerudagasse): Sie ist zweifelsohne eine der schönsten Gassen der Kleinseite, und es gibt wohl keinen Pragreisenden, der darauf nicht mindestens einmal auf- oder abschlendert. Benannt ist sie seit der Vertreibung der Deutschen (zuvor Spornergasse) nach dem Schriftsteller Jan Neruda (1834–1891), der im *Haus zu den Zwei Sonnen* (Nr. 47) lebte und diesen Stadtteil in seinen *Kleinseitner Geschichten* literarisch verewigte. Keine großen Helden aus der Welt des Adels prägen die Handlung, sondern einfache Charaktere aus dem Kleine-Leute-Milieu. Die sozialkritischen Texte Jan Nerudas beeindruckten den chilenischen Schriftsteller Neftalí Ricardo Reyes Basoalto (1904–1973) übrigens so sehr, dass dieser dessen Nachnamen annahm und als Literaturnobelpreisträger Pablo Neruda heute weitaus bekannter ist als sein Namenspatron von der Kleinseite.

Herrliche Palais und Bürgerhäuser säumen die Gasse. Auffallend sind die reizvollen Hauszeichen. Zu den imposantesten Gebäuden gehören das *Thun-Hohenstein-Palais* und das *Palais Czernín-Morzin*. Beide sind leider nicht zugänglich, im ersten residiert die italienische Botschaft, im zweiten die rumänische. Im *Haus zum Goldenen Löwen* (Nr. 32) ist ein kleines, aber schönes *Apothekenmuseum (Expozice historických lékáren)* eingerichtet. Es informiert über die Geschichte der Pharmazie von der Renaissance bis ins 19. Jh. Schräg gegenüber, im *Haus zum Frühling und Sommer* (Nr. 33), waren einmal Wolfgang Amadeus Mozart und Giacomo Casanova zu Gast.

Anfahrt Ⓢ 12, 20, 22 Malostranské náměstí. **Apothekenmuseum** ⌚ April–Sept. tägl. (außer Mo) 11–18 Uhr, Okt.–März tägl. (außer Mo) 10–17 Uhr. Eintritt 1,70 €, erm. die Hälfte.

Lobkovický palác (Palais Lobkowitz): Der hochbarocke Palastbau entstand zu Beginn des 18. Jh. Das Adelswappen der Familie Lobkowitz krönt das mächtige Eingangsportal. Ein vergleichsweise unauffälliges Schild darüber informiert über die heutigen Mieter: die Deutsche Botschaft. Der große Garten des Palais wird als einer der schönsten der Stadt gepriesen. Er ist leider nicht zugänglich. Und als er es einmal war, im Spätsommer '89, schrieb er Geschichte: Tausende DDR-Bürger campierten hier vor ihrer Übersiedlung in die BRD. Ein Trabi auf vier plumpen Menschenbeinen, ein Werk des Pop-Künstlers David Černý (→ S. 118) namens *Quo Vadis* im hinteren Teil des Gartens, erinnert heute daran.

Adresse Vlašská 19. Ⓢ 12, 20, 22 Malostranské náměstí. Um den Trabi im Garten sehen zu können, muss man das Botschaftsgebäude in einem weiteren Bogen umrunden (zuerst bergauf und dann bei einem Spielplatz links ab).

Vrtbovská zahrada (Vrtba-Garten): Der barocke Terrassengarten zählt mit den Gärten unterhalb der Prager Burg zu den reizvollsten zugänglichen Gartenanlagen der Stadt. Ende des 20. Jh. war er jedoch so heruntergekommen, dass er sich von den Obstwiesen dahinter kaum unterschied. Fünf Jahre benötigte man für die Rekonstruktionsarbeiten – genauso lange, wie man zu Anfang des 18. Jh. brauchte, um ihn anzulegen. Von seiner obersten Terrasse genießt man eine herrliche Aussicht über die Kleinseite und auf die Prager Burg. Die antiken Götterstatuen, wie der Atlas mit der Erdkugel, sind das Werk des Tiroler Bildhauers Matthias Bernhard Braun, der auch mehrere Skulpturen der Karlsbrücke geschaffen hat.

Adresse Karmelitská 18. Ⓢ 12, 20, 22 Malostranské náměstí. ⌚ April–Okt. tägl. 10–18 Uhr. Eintritt 1,80 €, erm. 1,30 €.

Insel Kampa: Der Čertovka (Teufelsbach) mit seinen Mühlrädern trennt die Insel von der Kleinseite. Die Kommunisten wollten den Bach eigentlich zuschütten und in eine Straße verwandeln. Zum Glück kam es nie dazu, denn dann wäre es vorbei gewesen mit Prags so genanntem *Klein-Venedig*. Das Zentrum bildet der ovale, baumbestandene Hauptplatz Na Kampě, auf dem einst der Töpfermarkt der Stadt abgehalten wurde. Heute gibt es hier eine Reihe von Straßencafés, und es geht recht beschaulich zu. Das war nicht immer so: Die Bewohner der Insel Kampa hatten häufig unter Moldauhochwassern zu leiden. Seinen bislang höchsten Stand erreichte der Fluss im August 2002. An einem orangefarbenen Haus mit einer Tafel für den Maler Adolf Kašpar (Uferseite, nahe der Karlsbrücke) erinnert eine bronzene Plakette daran – sie prangt fast einen halben Meter über den alten Höchstmarken.

Die südliche Hälfte der Insel nimmt der *Kampa-Park* ein, einer der freundlichsten zentralen Parks der Stadt mit alten Kastanienbäumen und Moldaublick. Hier gibt's keine steif angelegten Beete mit strammstehenden Tulpen, sondern gemütliche Liegewiesen (Vorsicht: Hunde schätzen sie auch). Zum Relaxen in der Sonne einer der besten Plätze.

Anfahrt Ⓢ 12, 20, 22 Hellichova.

Museum Kampa: Das Museum in einer schick umgebauten, alten Wassermühle am Ufer der Moldau wurde 2002 erstmals feierlich eröffnet – und infolge des Hochwassers nochmals im Jahr 2004. Es beherbergt die Kunstsammlung des einst nach Amerika ausgewanderten Ehepaars Jan und Meda Mládek, darunter viele abstrakte Werke des Malers František Kupka (1871–1957) und kubistische Skulpturen von Otto Gutfreund (1889–1927). Auch wird zeitgenössische Kunst, insbesondere der 60er und 70er Jahre, aus den ehemaligen sozialistischen Bruderstaaten von Polen bis Ungarn gezeigt. Durch den Kauf dieser Werke unterstützten die Mládeks Künstler, die staatskonträres Denken in Ländern zum Ausdruck brachten, in denen die schöpferische Freiheit durch die kommunistischen Machthaber stark eingeschränkt war. In einem Nebengebäude werden zudem spannende Wechselausstellungen gezeigt. Angeschlossen ist das Restaurant Sovovy Mlýny mit einer herrlichen Terrasse am Wasser (→ Essen und Trinken).

Adresse U Sovových mlýnů 2. Ⓢ 12, 20, 22 Hellichova. ⌚ tägl. 10–18 Uhr. Eintritt 5 €, erm. die Hälfte, Familien 7,40 €.

Kostel Panny Marie pod řetězem (Johanniterkirche Maria unter der Kette): Bereits im 12. Jh. wurde hier eine Basilika für den Kreuzritterorden errichtet, der die Aufgabe hatte, die Judithbrücke (Vorgängerin der Karlsbrücke) und die Kleinseite zu beschützen. Doch von der einstigen Basilika ist nicht mehr viel zu sehen. Dort, wo deren Hauptschiff lag, befindet sich heute der efeubewachsene Kirchhof. Der ungewöhnliche Name der Kirche ist übrigens darauf zurückzuführen, dass man ihr Tor früher mit einer schweren Eisenkette verschloss. Im Inneren erinnert über dem Hochaltar ein Gemälde an eine der vielen Seeschlachten des Ordens zu jener Zeit, als er von Malta aus das Abendland gegen das Morgenland verteidigte.

Adresse Lázeňská. Ⓢ 12, 20, 22 Malostranské náměstí. ⌚ nur während der Gottesdienste, aber stets einsehbar.

Franz-Kafka-Museum: Kafka und Prag, das ist wie Goethe und Weimar. Kein Buch über die Stadt, das dem deutschjüdischen Versicherungsangestellten und Literaten (1883–1924) nicht die Referenz erweist, kein Souvenirshop, der ihn nicht vermarktet. Gern erzählt wird die Geschichte von der Amerikanerin, die in Prag einen Tschechischkurs belegte, um Kafka mal im Original lesen zu können. Dabei liegt Kafkas gesamtes Werk erst seit 2007 in tschechischer Sprache vor. Und endlich gibt es auch ein Museum über den berühmtesten Sohn der Stadt. Kafkas Welt wird in wahrlich kafkaesker Atmosphäre dokumentiert: beengende, manchmal labyrinthartige Gänge, schwarz gestrichene Wände, niedrige Decken. Spannend sind die vielen Faksimiles: Bewerbungsschreiben, ein Zeugnis der Prager Handels-Akademie, Briefe, der Nachruf seines Freundes und späteren Herausgebers Max Brod, die Todesanzeige der Familie Kafka. Zudem erfährt man Details über die Frauen in Kafkas Leben, über den deutschsprachigen Prager Literatenzirkel und die Symbolik der wichtigsten Kafka-Romane.

Adresse Cihelná 2b. Ⓜ A Malostranská. ⌚ tägl. 10–18 Uhr. Eintritt 5 €, erm. die Hälfte.

Hinweis: Noch mehr über Franz Kafka erfahren Sie auf unserem Josefov-Spaziergang ab S. 154. Das Grab des Literaten befindet sich auf dem Neuen Jüdischen Friedhof im Stadtteil Žižkov (→ S. 219).

„Václav Havel – český mýtus" („Václav Havel – ein tschechischer Mythos"): Die 2007 eröffnete Ausstellung ist Teil des Projekts „Václav-Havel-Bibliothek", das sich bislang noch im Aufbau befindet. Die Bibliothek wird das komplette Werk Havels, dazu Arbeitsunterlagen und Dokumente jeglicher Art der Öffentlichkeit zugänglich machen. Der Jahrzehnte währende Kampf Havels für Demokratie und Menschenrechte sowie die tschechische Geschichte der letzten 50 Jahre sollen damit transparenter werden. Bis die Bibliothek samt angeschlossener Havel-Ausstellung ihre Pforten öffnen wird (angeblich in einem Palais in der Prager Innenstadt), werden voraussichtlich noch ein paar Jahre ins Land ziehen. Bis dahin führt die kleine Exposition auf der Kleinseite ausschnitthaft in Leben und Werk des Literaten, Dissidenten und Ex-Präsidenten (→ Kasten, S. 98) ein. Im Erdgeschoss gibt es etliche markige Havel-Zitate auf labyrinthartig angelegten Glaswänden zu lesen. Im Obergeschoss wurde Havels Präsidentenbüro auf der Prager Burg mit Originalschreibtisch und Bücherwand in Fototapetenform rekonstruiert. Viele Dokumente sind leider nur für Besucher mit Tschechischkenntnissen interessant.

Adresse Cihelná 2b. Ⓜ A Malostranská. ⌚ tägl. (außer Mo) 10–18 Uhr. Eintritt 3,30 €, erm. die Hälfte.

Kaffeemuseum (Muzeum kávy): Welchen Auftrag ein Kaffeemuseum in einem Land hat, das mit Kaffeekultur so ganz und gar nichts am Hut hat, sei dahingestellt. Dokumentiert wird die Tradition des Kaffeeanbaus und -trinkens von ihren Anfängen bis in die Gegenwart. Die Sammlung enthält auch ein paar kuriose Gegenstände zum Zubereiten und Servieren des schwarzen Getränks.

Adresse Cihelná 2b. Ⓜ A Malostranská. ⌚ tägl. 10–18 Uhr. Eintritt 4,20 €, erm. 2,90 €.

Karmelitská und Újezd

Chrám Panny Marie Vítězné (Wallfahrtskirche Maria zum Siege): Von allen Kirchen Prags zählt sie neben dem Dom die meisten Besucher, und darunter sind nicht nur Touristen auf Kulturtour, sondern echte Pilger. Der Grund ist das „Prager Jesulein" (→ Kasten) in einem beleuchteten Glaskasten. Die Kirche selbst wurde 1611 von deutschen Lutheranern erbaut und 1624 im Zuge der Gegenreformation dem Orden der Unbeschuhten Karmeliter übertragen. Der Orden verwaltet das Gotteshaus noch heute. Das Innere, ein riesiger Raum mit eingezogenem Chor, präsentiert sich im reinen Renaissancestil. Den vergoldeten Hochaltar zieren unter anderem Gemälde von Peter Brandl und Dietrich von Dresden.

Adresse Karmelitská. Ⓢ 12, 20, 22 Hellichova. ⌚ tägl. 8.30–19 Uhr.

České Muzeum Hudby (Tschechisches Musikmuseum): Das moderne Museum wurde 2004 in einem ehemaligen Dominikanerkloster aus dem 17. Jh. eingerichtet. Der spannende Rundgang führt von den Hightech-Medien des 21. Jh. „zurück" zu teilweise sehr ungewöhnlichen historischen Musikinstrumenten. Sie werden Flöten sehen, bei denen der Laie nicht weiß, wo vorne und hinten ist, mannshohe Harfen, Pianos mit Perlmutt- und Elfenbeintasten, Violinen (darunter eine *Amati* aus der Mitte des 17. Jh.), Dudelsäcke, Krummhörner, Mandolinen, Glasharmonikas etc.

Adresse Karmelitská 2–4. Ⓢ 12, 20, 22 Hellichova. ⌚ tägl. (außer Di) 10–18 Uhr. Eintritt 4 €, erm. die Hälfte.

Kult und Kitsch und weltberühmt – das Prager Jesulein

In der ganzen katholischen Welt wird das Prager Jesulein verehrt, eine kniehohe Wachsfigur mit einer gigantischen Krone, die aussieht wie ein kleiner König. Im 16. Jh. hatte sie ein spanischer Mönch modelliert, getreu dem Abbild des Jesuskindes, wie es ihm im Traum erschienen war. Die Prinzessin Maria Maximiliana Manriquez de Lara, eine spätere Lobkowitz, brachte die Figur nach Prag, ihre Tochter stiftete sie schließlich den Karmelitern. Und während der Gegenreformation, als Wunder bei der Rekatholisierung ja so nützlich waren, begann das Jesulein, eines nach dem anderen zu vollbringen.

Es bewahrte Prag vor Pestepidemien und dem Siebenjährigen Krieg. Und bald sprach sich auch herum, dass es Kranke heilte, Armen half und sehnsüchtig Liebenden Glück brachte. Zum Dank wurde es reich beschenkt, unter den Gaben befanden sich auch Gewänder, die ihm nun regelmäßig angezogen werden. Eines schneiderte sogar Kaiserin Maria Theresia persönlich aus Samt und Gold. Nachahmungen des Prager Jesulein gibt es überall zu kaufen, groß und klein, aus Glas und Porzellan, einfarbig und handbemalt. Neben Oblaten und Becherovka zählen sie zu den beliebtesten Andenken.

Ateliér Josefa Sudka (Atelier Josef Sudek): Im hintersten Hinterhof der Hausnummer Újezd 30 wurde das Atelier des Prager Fotografen Josef Sudek (1896–1976) wiederaufgebaut und dient heute temporären Ausstellungen. Junge tschechische Fotografen überwiegen. Sudek war einer der bedeutendsten Lichtbildner des Landes. Er bediente sich nahezu aller Genres der Fotografie, machte sich aber vor allem mit Prager Panoramabildern einen Namen.

Adresse Újezd 30. Ⓢ 12, 20, 22, 23 Hellichova. ⌚ tägl. (außer Mo) 12–18 Uhr. Eintritt variabel.

Mahnmal für die Opfer des Kommunismus: Das Mahnmal, das den Opfern des totalitären Regimes zwischen 1948 und 1989 gedenkt, wurde 2002 am Fuß des Petříns enthüllt. Ein über 26 Stufen führendes Schriftband erinnert u. a. daran, dass 248 Menschen aus politischen Gründen hingerichtet wurden und etwa 4500 politische Häftlinge in den Gefängnissen starben. Die sieben Bronzefiguren – nur die erste ist komplett, alle anderen werden nach und nach zu Torsi – sind ein Werk Olbram Zoubeks. Sie demonstrieren die Standhaftigkeit all jener, die durch das System zermürbt wurden, aber nie umfielen.

Adresse Újezd/Ecke Vítězná, nur wenige Meter von der Straßenbahnhaltestelle Újezd (Ⓢ 6, 9, 12, 20, 22) entfernt.

Petřín (Laurenziberg)

Früher baute man am Petřín Wein an, doch das ist Vergangenheit. Heute zieht sich eine steile Wiese voller Obstbäume den Prager Hausberg hinauf, der die Kleinseite von dem südlichen Stadtteil Smíchov trennt. Zwischen den Bäumen stehen mehrere Denkmäler, u. a. eines für den früh verstorbenen Dichter Karel Hynek Mácha (1810–1836). Er schrieb das Epos *Máj*, eine Hommage an den Frühling und die frisch Verliebten, wodurch er so etwas wie deren Schutzheiliger wurde. Jedes Jahr am Abend des 1. Mai pilgern junge Paare an sein Denkmal, küssen sich und legen Veilchensträußchen nieder.

Auf den Petřín gelangt man am einfachsten mit der Standseilbahn von Újezd (s. u.). An der Endstation liegt ein im Sommer wohl duftender Rosengarten. Zudem findet sich dort ein Teil der ehemaligen Stadtbefestigung, die vom Kloster Strahov hinunter nach Újezd verlief. Einer Legende zufolge ließ sie Karl IV. errichten, um der Hunger leidenden Bevölkerung Arbeit zu geben. Daher wird sie auch **Hungermauer** genannt. Verschwiegen wird bei all den glorifizierenden Geschichten über Karl IV. gerne, dass die Mittel dafür aus der Enteignung jüdischer Haushalte kamen. Direkt an die Mauer grenzt die verspielt-barocke **Sankt-Laurentius-Kirche (Kostel sv. Vavřince)**, ursprünglich ein romanischer Bau aus dem 10. Jh. Von der Kirche ist der deutsche Name des Hügels abgeleitet. Sie ist jedoch so gut wie immer verschlossen. An ihrer Stelle lag einst angeblich eine alte heidnische Kultstätte, wo der Legende nach schöne junge Mädchen verbrannt wurden.

Hinter Baumwipfeln lassen sich im Winter ein paar Plattenbauten ausmachen, heute Studentenwohnheime. Zu sozialistischer Zeit waren sie die Quartiere der Spartakiade-Teilnehmer – einem gigantischen, propagandistischen Turnerfest, das im benachbarten **Strahov-Stadion** über die Bühne ging. Auch die Arena selbst ist gigantisch, sie fasst knapp eine Viertelmillion Besucher. Als Fußballstadion taugt das weite Rund aber nicht. Daher soll ein für diese Zwecke taugliches „Nationalstadion“ entstehen, ebenfalls auf dem Petřín.

Lanová dráha (Standseilbahn): Als sie 1891 in Betrieb genommen wurde, funktionierte sie auf eine so einfache wie geniale Weise, die etwas an einen Flaschenzug erinnert: Stets zog die je-

Prager Hundstage: Sommer am Museum Kampa

weils obere Bahn durch ihr höheres Gewicht die untere hinauf. Beide Bahnen hatten große Wassertanks, die stets oben gefüllt und unten geleert wurden. Aufgrund eines Erdrutsches musste der Betrieb 1965 eingestellt werden. 20 Jahre lang war der Petřín nur noch zu Fuß zu besteigen. Heute verkehrt eine elektrifizierte Bahn. In der Mitte der Strecke befindet sich die Haltestelle Nebozízek und daneben das gleichnamige, in fast allen Reiseführern zur Stadt verzeichnete Restaurant. Unser Tipp in Sachen Essen mit Wahnsinnsausblick liegt nur 100 m weiter, auf der anderen Seite der Standseilbahn (→ Essen und Trinken).

Adresse Nur wenige Meter von der Straßenbahnhaltestelle Újezd (Ⓢ 6, 9, 12, 20, 22) entfernt. ⌚ verkehrt im Winter tägl. 9–20.45 Uhr, im Sommer 9–23 Uhr, jeweils alle 10–15 Min. Ticket 1,10 € oder mit einer Zeitfahrkarte des öffentlichen Nahverkehrs.

Štefánikova Hvězdárna (Štefániksternwarte): Als Volkssternwarte wurde sie 1928 errichtet, noch heute ist sie der Öffentlichkeit zugänglich. Ein großer Zeiss-Doppelastrograf in der Hauptkuppel ist auf die Sonne gerichtet, ein kleineres Spiegelteleskop vom Typ Maksutow-Cassegrain auf Mond und Sterne. Sollte der Himmel verhangen sein, gibt's zu Demonstrationszwecken einen Ausschnitt des nahe gelegenen Aussichtsturms im Großformat zu sehen.

Adresse Petřín. Von Újezd mit der Standseilbahn. ⌚ April–Aug. Di–Fr 14–19 und 21–23 Uhr, Sa/So zusätzlich 10–12 Uhr. Sept. Mo–Fr 14–18 und 20–22 Uhr, Sa/So zusätzlich 10–12 Uhr. Okt. u. März Mo–Fr 19–21 Uhr, Sa/So zusätzlich 10–12 Uhr. Nov.–Febr. Mo–Fr 18–20 Uhr, Sa/So 10–12/14–20 Uhr. Mögen die Sterne für einheitliche Öffnungszeiten sorgen! Eintritt 2 €, erm. 1,50 €, Familien 4,40 €.

Rozhledna (Aussichtsturm): Zwei Jahre nach der Errichtung des Pariser Eiffelturms zur Weltausstellung 1889 wollte auch Prag einen haben. Sechseckig und fünfmal so klein (gerade 60 m hoch) wurde die Kopie. Dennoch befindet sich seine oberste Galerie mit 384 m über dem Meeresspiegel auf nahezu gleicher Höhe wie die des Originals und bietet ebenfalls grandiose Ausblicke. An klaren Tagen liegt einem nicht nur die Stadt zu Füßen, auch das ganze Umland (bis zu 150 km). 299 Stufen muss man dafür in Kauf nehmen; kein Lift! Erfrischungen bekommt man danach nebenan in einem netten Biergarten.

Adresse Petřín. Von Újezd mit der Standseilbahn. ⌚ im Sommer tägl. ab 10 Uhr, je nach Monat bis spätestens 22 Uhr, im Sept. u. Okt. bis 18 Uhr, im Winter nur Sa/So 10–17 Uhr. Eintritt Erw. (mit bis zu 3 Kindern) 2,90 €, erm. 2 €.

Zracadlové Bludiště (Spiegellabyrinth): Gleich neben dem Aussichtsturm steht eine hölzerne Ritterburg, in der sich ein kleines Spiegelkabinett befindet, u. a. auch mit verzerrenden Spiegeln. Den Spieglein-Spieglein-Spruch hört man hier in allen Sprachen.

Adresse Petřín. Von Újezd mit der Standseilbahn. ⌚ und Eintritt wie Aussichtsturm.

Auf Geisterjagd in Prag

Die Moldaustadt hält mit der höchsten Anzahl an Geistern und Gespenstern pro Quadratkilometer den Weltrekord. Fast jedes Eck des alten Prag hat seine eigene Legende. Im Stromovka-Park kann man zum Beispiel in mondhellen Nächten einem **Vampir** begegnen. Als Soldat wurde er dort im 19. Jh. hinterrücks erschlagen und in einen Teich geworfen. Schlammbedeckt geht er nun auf Jagd. Mangelnder Fitness wegen konnte er bislang aber nur eine verwirrte Alte tot beißen – so sagt man zumindest. Harmlos ist dagegen der so genannte **Knochenmann**, ein Skelett, das zuweilen in der Nähe des Ständetheaters bettelt. Er verschacherte einst seinen Leib und findet erst wieder Ruhe, wenn er ihn zurückkaufen kann – geben Sie ihm also ein paar Groschen. Ungefährlich wie er sind die meisten Prager Gespenster, manchmal nur ein wenig versoffen wie der grüne **Wassermann Karoubek**, der ab und zu aus dem Teufelsbach auftaucht und um eine Flasche Bier bittet. Im 19. Jh. – als die Menschen vielleicht noch offener gegenüber Fremdlingen waren – war das gutherzige Wesen ein gern gesehener Gast in den Pivnices der Kampa-Halbinsel.

Mittlerweile hat auch die Tourismusbranche die Spukereien entdeckt. Jeden Tag werden Führungen angeboten. Leider gibt's „ohne Gespenst" kein Geld zurück. Dank unseres Literaturtipps (→ S. 36) können Sie selber losziehen. Und wer sich ein Gespenst mit nach Hause nehmen will, bekommt es als Marionette bei Pavel Truhlář (→ Einkaufen, S. 184).

Essen und Trinken

(→ Karte S. 165)

Es gibt viele empfehlenswerte Restaurants der gehobenen Kategorie auf der Kleinseite. Leider trifft das weniger auf die Mittelklasserestaurants zu. Das Gros davon sieht seine Gäste nur einmal und serviert dementsprechend. Einfache, gute Restaurants sind Mangelware.

Restaurants

U malířů (25), teueres Lokal mit romantischem Ambiente in alten Gemäuern aus dem 16. Jh.: Kronleuchter (echte Kerzen) und Deckenmalereien. Der Chef de Cuisine konzentriert sich auf eine kleine, feine Karte, mehr als vier oder fünf Fisch- und Fleischgerichte (köstlich die Fasanenbrust) sind darauf nicht zu finden. Als Vorspeisen

Bootsfahrt auf dem Teufelsbach

gibt es stets Kaviar und *Foie gras*. Hg. 21–38 €, am Wochenende dreigängige Mittagsmenüs zu 40 €. ✆ 257530318. Maltézské náměstí 11. Ⓢ 12, 20, 22 Hellichova.

Terasa (1), das Panoramalokal des Nobelhotels U Zlaté studně (→ Übernachten, S. 58). Wahnsinnsterrasse! Erstklassige Fusionküche vom hoch gelobten Koch Pavel Sapik. Kosten Sie z. B. Ravioli mit Wildfüllung oder Riesengarnelen auf Curryrisotto. Das alles hat seinen Preis: Hg. 18–47 €. ✆ 257533322. U Zlaté Studně 4. Ⓢ 12, 20, 22 Malostranské náměstí.

Pálffy palác (2), der ideale Ort für ein romantisches Abendessen bei Kerzenschein und klassischer Musik. Die Küche ist international und unkonventionell, die Atmosphäre im barocken Saal mit leicht morbidem Charme einmalig. Herrliche Terrasse mit Blick auf Prager Burg und Kleinseite. 1a-Service. Hg. 25–33 €, dreigängiges Mittagsmenü für 19 €. ✆ 257530522. Valdštejnská 14. Ⓜ A Malostranská.

Kampapark (23), schon Lou Reed, Phil Collins und Johnny Depp genossen die zeitgemäße, ausgefallene Küche dieses eleganten Restaurants. Vorspeisen ab 17 €, Hg. ab 25 €. Tipp: Tisch auf der Terrasse mit herrlichem Blick auf die Karlsbrücke reservieren! ✆ 296826112. Na Kampě 8b. Ⓢ 12, 20, 22 Malostranské náměstí.

The Sushi Bar (39), eine der etabliertesten und besten Sushi-Bars der Stadt, zumal der dazugehörige Fischladen für frische Ware sorgt. Sehr klein und alles andere als billig. ✆ 603244882 (mobil). Zborovská 68. Ⓢ 6, 9, 12, 20, 22 Újezd.

Cowboys (6), schickes, junges Clubrestaurant. Innen cooles Design (mit Kuhfell überzogene Stühle und Sofas, viele Spiegel), dazu Terrasse mit Panoramablick über die Stadt (an Sommerabenden unbedingt reservieren). Fleischlastig: gute Burger und dicke Steaks, zu denen man Beilagen und Saucen individuell wählt. Freundliches Personal. Hg. ab 13 €. ✆ 296826105. Nerudova 40. Ⓢ 12, 20, 22 Malostranské náměstí.

Hergetova Cihelna (19), trendiges Lokal in toller Lage direkt an der Moldau und mit Karlsbrückenblick. Große Terrasse, für die man abends ebenfalls reservieren sollte. Sehr gute Pizzen (kosten Sie die mit Ricotta, Birne und Feldsalat!) und japanisch angehauchte Fischgerichte, aber auch Filet Mignon oder Kaiserschmarrn. Hg. 9–33 €. Sonntags Familienbrunch (21 €, Kinder die Hälfte). ✆ 257535534. Cihelná 2b. Ⓜ A Malostranská.

Sovovy Mlýny (29), im Museum Kampa mit idyllischer Terrasse an der Moldau – ein schönes Plätzchen für eine Pause. Innen modern-gediegen eingerichtet. Kleine Auswahl an Gerichten, darunter fein zubereitete Steaks, gute Desserts. Hg. 17–21 €. ✆ 257535900. U Sovových Mlýnů 2. Ⓢ 12, 20, 22 Hellichova.

Petřínské Terasy (30), auf halber Höhe am Petřín, am einfachsten mit der Standseilbahn zu erreichen. Gemütlich-rustikales Restaurant (im Winter mit offenem Feuer). Wahnsinnsterrasse, die traumhafte Ausblicke auf die Stadt bietet. Herkömmliche tschechische Küche auf etwas höherem Niveau, dazu Grillgerichte für 7–14 €. ✆ 257320688. Seminářská zahrada 13. Ⓢ 12, 20, 22 Újezd, weiter mit der Standseilbahn (Mittelstation aussteigen).

Olympia (37), gepflegte Bierschwemme mit gehobener böhmischer Küche. Hg. 6–18 €. Am Abend Reservierung empfehlenswert. ✆ 251511080. Vítězná 7. Ⓢ 6, 9, 12, 20, 22 Újezd.

Cantina (32), etabliertes mexikanisches Restaurant, ein Renner bei amerikanischen *Expats* – ohne Reservierung ist am Abend kaum ein Tisch zu bekommen. Fröhlich-bunt eingerichtet, gemütlich, netter Service und für die Lage günstig. Kosten Sie die *Fajitas*! Hg. 8,50–17 €. ✆ 257317173. Újezd 38. Ⓢ 12, 20, 22 Hellichova.

Bar Bar (31), gemütliches Barrestaurant im Souterrain, gerne von in der Stadt lebenden Ausländern besucht. Zu essen gibt's u. a. süß oder herzhaft gefüllte *Pancakes*, hausgemachte Pasta oder Steaks, Hg. 5–14 €. Všehrdova 17. Ⓢ 6, 9, 12, 20, 22 Újezd.

Baráčnická rychta (13), versteckt gelegene, rustikale Gaststätte. Auf der Speisekarte steht Deftiges wie Mährischer Spatz, Entenbraten oder Schweinelendchen mit Speck, alles in guter Qualität. Hg. 5–10 €. Konzertsaal mit dem Flair eines katholischen Vereinshauses angeschlossen. ✆ 257532461. Tržiště 23. Ⓢ 12, 20, 22 Malostranské náměstí.

Pivnices

U Hrocha (3), nur wenige Touristen verirren sich in diese Oase einheimischer Bierseligkeit. Einfache, verrauchte Bierstube mit deftigen Snacks und günstigem Pilsner Urquell. Wechselgeld besser nachzählen! Thunovská 10. Ⓢ 12, 20, 22 Malostranské náměstí.

Hostinec U Kocoura (9), dunkle Bierstube direkt an der Touristenmeile. Macht nichts. Die Bierpreise halten sich im Rahmen, außerdem gibt es süffiges Ungefiltertes *(kvasnicové)* der böhmischen Brauerei Bernard. Václav Havel soll hier früher ein- und ausgegangen sein. Nerudova 2. Ⓢ 12, 20, 22 Malostranské náměstí.

Cafés

Viele idyllische, aber auch sehr touristische Sommercafés auf dem Platz Na Kampě, am Čertovka-Bach und in Klein-Venedig.

Café Savoy (38), hier war Franz Kafka Stammgast und hier drehte Karel Gott schnulzige Musikvideos. Nach seiner letzten Komplettrenovierung wurde das Savoy als elegantes Kaffeehaus im Stil der Jahrhundertwende wieder eröffnet. Sehr populär. Herrliche klassizistische Stuckdecke, hauseigene Patisserie, Frühstück, man kann aber auch richtig essen. Besonders stolz ist man auf die heiße Schokolade. Vítězná 1. Ⓢ 6, 9, 12, 20, 22 Újezd.

Kavárna V sedmém nebi (40), gleich daneben. Lebhaftes, buntes Café mit ebensolchem Publikum. Viele Pflanzen, Kunst an den Wänden. Snacks und Salate. Preiswert. Zborovská. Ⓢ 6, 9, 12, 20, 22 Újezd.

John & George (26), von Lesern mehrfach hoch gelobtes Café neben der John-Lennon-Gedenkmauer. Frühstück, Salate, Pasta und Antipasti, Kuchen, Quiches und Sandwichs. Nur auf der Terrasse darf geraucht werden. Sehr freundlicher Service. Velkopřevorské náměstí 4. Ⓢ 12, 20, 22, 23 Hellichova.

Kafíčko (18), Nichtraucher-Café mit Wohnzimmeratmosphäre. Míšenská 10. Ⓢ 12, 20, 22 Malostranské náměstí.

Au Gourmand (4), im Zentrum mehrmals vertreten. Freundliche Mischung aus Boulangerie, Patisserie und Restaurant. Ideale Frühstücksadresse. Crêpes, Quiches und Kuchen, mittags kann man sich auch über einen Teller Pasta hermachen. Schönes Ambiente. U Lužického semináře 23. Ⓜ A Malostranská.

Straßenmusikanten am Hradschiner Platz

Hradčany (Hradschin)

Hradčany, das ist nicht nur die Prager Burg, sondern auch die Burgvorstadt, der Stadtteil rund um die böhmische Akropolis. Trotz beeindruckender Palais wirkt dieser Teil der Moldaumetropole verschlafen und an manchen Ecken sogar dörflich.

Viel barocker Glanz liegt heute im Schatten der Prager Burg verborgen. Bis ins 16. Jh. allerdings war die Vorstadt ein ärmliches Viertel, in dem die Burguntertanen (auf Tschechisch „Hradčani") lebten. 1541 brannten deren Hütten ab; das kleine Volk zog hinab nach Malá Strana. Der Adel übernahm den Wiederaufbau, und unzählige Paläste entstanden. Stets aber blieb Hradčany ein Anhängsel der Prager Burg, das nie einen eigenen städtischen Charakter entwickelte. Noch heute ist das so. In vielen der alten Paläste sind Museen und Ministerien untergebracht. Einen Metzger oder Bäcker sucht man hier nahezu vergebens, nicht jedoch Cafés, Restaurants und Souvenirshops, die auf den schnellen Euro aus sind. Schön zum Durchspazieren ist die Burgvorstadt aber allemal: Wie in Malá Strana geht es durch denkmalgeschützte Straßenzüge, über kopfsteingepflasterte Gassen und vorbei an gusseisernen Laternen, von denen manche seit einigen Jahren wieder mit Gas betrieben werden.

Pražský hrad, die Prager Burg, wird aufgrund ihrer vielen Sehenswürdigkeiten in einem eigenen, nachstehenden Kapitel behandelt (ab S. 187). Der im Folgenden beschriebene Spaziergang beschränkt sich auf die Burgvorstadt.

Spaziergang

„Lange Stunden bummelte ich im großen, zeitweise menschenleeren und schweigsamen Stadtviertel Hradčany. Ich fühlte mich verloren in der Pracht barocker Kirchen und versuchte, mein Zuhause darin zu finden". In jungen Jahren schrieb Albert Camus diese Zeilen. Noch immer liegt diese erhabene Stille über dem Viertel, wenn auch nicht am Ausgangspunkt des Spaziergangs, dem **Hradschiner Platz (Hradčanské náměstí)** vor dem Hauptportal zur Prager Burg. Er ist ein großer, aristokratisch anmutender Platz. Keine Stadtführung lässt ihn aus. Ein ideales Arbeitsumfeld also für Straßenmusiker, oft mehrköpfige Jazz- oder Bläsercombos, aber auch Streichquartette.

Eine herrliche Aussicht über die Dächer der Kleinseite genießt man von der Südseite des Hradčanské náměstí. Seine Nordseite dominiert die Rokokofassade des **Erzbischöflichen Palais (Arcibiskupský palác)**. Unter dem linken Balkon des Gebäudes befindet sich ein kleiner Durchgang; er führt zum dahinter verborgen gelegenen → **Palais Sternberg (Šternberský palác)**, das u. a. eine sehenswerte Sammlung alter Meister beherbergt. Schräg gegenüber steht der → **Palais Schwarzenberg (Schwarzenberský palác)**, ein prächtiger Renaissancepalast, der mit venezianischen, dreidimensional wirkenden Sgraffiti in Briefchenform verziert ist. Zwischen 1545 und 1567 ließen ihn die Lobkowitz erbauen. Seit 2008 ist hier die Sammlung „Barock in Böhmen" der Nationalgalerie untergebracht. Und wiederum schräg gegenüber dem Palais Schwarzenberg, ebenfalls noch am Hradschiner Platz, steht ein weiterer Renaissancepalast, der → **Palais Martinic (Martinický palác)**, der historische Möbel und Musikinstrumente präsentiert. An der leicht bergauf führenden Loretánská liegen rechter Hand weitere feudale Bauten, dahinter verbergen sich romantische Gassen. Die Häuserzeile linker Hand ist an einen steilen Abhang gebaut. Bis zu fünf Stockwerke haben die Gebäude, aber nur die obersten sind zu sehen.

Prager Hausdrache

Den Loretánské náměstí beherrscht das monumentale **Palais Czernin (Černínský palác)**. Seine Fassade ist über 150 m lang, 30 kolossale Säulen zieren sie. 1668 wollte sich Graf Humprecht Czernin von Chudenitz mit diesem Prunkbau ein Denkmal setzen. Es ist ihm gelungen, und dass er am Ende pleite war, ist Nebensache. Heute beherbergt das Palais das Außenministerium. Unauffällig dagegen ist der Eingang zu einer der urigsten und gemütlichsten Pivnices der Stadt, dem **Schwarzen Ochsen** – ein Tipp (→ Essen und Trinken).

> Wie Sie zum Hradčanské náměstí, dem Ausgangspunkt des Spaziergangs gelangen → Wege zur Burg, S. 188.

Gegenüber dem Czerninpalais liegt das dem Platz seinen Namen gebende → **Loreto-Heiligtum (Loreta).** Alles andere als christlich ging es bis zur Samtenen Revolution gleich nebenan in dem Gebäude an der Kapucinská Nr. 2 zu. Die Staatssicherheit der ČSSR verhörte, erpresste und folterte darin. Eine kleine Tafel am Eingang erinnert daran.

Weiter führt der Weg durch das nordwestlichste Eck Hradčanys, **Nový svět (Neue Welt)**. Dörflicher als hier kann eine Großstadt kaum sein: enge, verwinkelte Gassen mit teils winzigen Häusern, die Ähnlichkeit mit denen des Goldenen Gässchens haben. Auch beider Geschichte gleicht sich: einst Armenviertel, im 19. Jh. dann restauriert. Im Gegensatz zum Goldenen Gässchen bleibt Nový Svět jedoch vom Massenandrang verschont und ist so um einiges romantischer. In der Černinská (Hausnr. 5) findet man die **Galerie Gambra**. Sie präsentiert in zwei winzigen, leicht chaotisch eingerichteten Räumen tschechischen Surrealismus: eine zusammengewürfelte Sammlung von Bildern, Fotografien und Keramiken (🕐 März–Okt. Mi–So 12–17.30 Uhr, Nov.–Febr. nur Sa/So).

Wieder am Palais Czernin vorbei und ein paar Schritte weiter bergauf erreicht man den **Pohořelec**. Der deutsche Name des Platzes war **Brandstätte**. Mehrmals gingen die Gebäude drum herum in Flammen auf, daher der Name. Wo heute die Statuengruppe mit dem heiligen Johann von Nepomuk steht, wurden einst öffentliche Hinrichtungen vollzogen. Die Kosten dafür hatten die Familien des Verurteilten zu tragen. Inmitten der Häuserzeile auf der Südseite des Platzes befindet sich ein leicht zu übersehender Durchgang (Nr. 147/8, rosa-weiße Fassade) zum sehenswerten → **Kloster Strahov (Strahovský klášter)** hoch über der Stadt.

Ein ausgeschilderter Spazierweg (Hinwiesschilder „Bludiště“) führt vom Kloster weiter zum Petřín-Berg (→ S. 174) und bietet grandiose Ausblicke auf Prag. Genauso schön ist der Weg über die Gassen Úvoz und Nerudova (→ S. 170) hinab zum Malostranské náměstí. Dabei passiert man die kleine **Galerie Josefa Sudka** (Úvoz 24, Mi–So 11–17 Uhr, Eintritt variabel) mit wechselnden, oft auch internationalen Fotoausstellungen. Die Galerie ist benannt nach dem Prager Fotografen Josef Sudek, dessen einstiges Atelier in Malá Strana besichtigt werden kann (→ S. 174).

Sehenswertes

Šternberský palác (Palais Sternberg): Er zählt zu den bedeutendsten hochbarocken Palastbauten Prags. Graf Wenzel Adalbert von Sternberg ließ ihn Anfang des 18. Jh. errichten. Heute wird das Gebäude von der Nationalgalerie verwaltet. Im Erdgeschoss zeigt sie ihre Sammlung alter Meister aus

den deutschen Landen und Österreich. Wertvollstes Exponat darunter ist Albrecht Dürers *Rosenkranzfest*, das er 1506 für die San-Bartolomeo-Kirche in Venedig geschaffen hatte und das durch die Sammelleidenschaft Rudolfs II. im 17. Jh. nach Prag gelangte.

Im ersten Stock sieht man eine kleine Ausstellung antiker Kunst aus römischer und hellenistischer Zeit, zudem eine umfangreiche italienische Ikonensammlung aus dem 14. und 15. Jh. Den Rest des Stockwerks sowie die darüber liegende Etage beherrschen niederländische, italienische, spanische, französische und flämische Maler des 15.–18. Jh. Darunter sind Werke von El Greco, van Dyck, Rubens, Goya, Tintoretto und Rembrandt. Im Innenhof des Palais lädt ein gemütliches Café auf eine Pause ein.

Adresse Hradčanské náměstí 15. Ⓢ22 Pražský hrad. Zugang über den Erzbischöflichen Palast (→ Spaziergang). ⌚ tägl. (außer Mo) 10–18 Uhr. Eintritt 6,20 €, erm. 3,30 €.

Schwarzenberský palác (Palais Schwarzenberg): Fünf Jahre dauerten die Restaurierungsarbeiten, bis aus dem heruntergekommenen Palais, in dem vorher das Militärgeschichtliche Museum untergebracht war, ein würdiger Ort für die Barocksammlung der Nationalgalerie wurde. Auf rund 4000 m² werden in teils herrlich ausgeschmückten Sälen rund 260 Gemälde und 160 Skulpturen präsentiert. Schwerpunkt des Erdgeschosses sind beeindruckende Monumentalstatuen, insbesondere von Matthias Bernhard Braun und Ferdinand Maximilian Brokoff. Zudem sieht man Skizzen und Modelle aus der Atelierpraxis des 18. Jh. Im Mittelpunkt des ersten Stocks stehen Gemälde der bedeutendsten böhmischen Barockmaler wie Wenzel Lorenz Reiner, Karel Škreta und Peter Brandl. Letzterer war ab 1697 Hofkünstler unter Graf Adalbert von Sternberg und bekannt für seine Unzuverlässigkeit. Im zweiten Stock wird u. a. die adelige Kabinettkultur dokumentiert. Fülle und Wert der zusammengetragenen Alltagsgegenstände und Kuriositäten zeigten den Status des Sammlers an. Zu den typischen Exponaten eines Kabinetts gehörten Uhren, Figürchen und astronomische Apparaturen.

Adresse Hradčanské náměstí 22. Ⓢ22 Pražský hrad. ⌚ tägl. (außer Mo) 10–18 Uhr. Eintritt 6,30 €, erm. 3,30 €.

Martinický palác (Palais Martinic): Das vierflügelige Palais, das im späten 16. Jh. die Adelsfamilie Martinic bewohnte, führt in die Wohnkultur im Zeitalter der Renaissance ein. Bei einer Führung durchläuft man diverse Säle und Zimmer mit teils schönen Balkendecken und herrlichen Wandfresken. Im ehemaligen Pferdestall ist zudem ein *Museum für historische Musikinstrumente und -automaten* untergebracht – zu sehen und hören sind u. a. Orchestrione, Phonographen, Grammophone, Polyphone und Leierkästen.

Adresse Hradčanské náměstí 67/8. Ⓢ22 Pražský hrad. ⌚ tägl. 10–18 Uhr. Eintritt Palast und Museum 6,30 €, erm. 2,90 €, Palast oder Museum 4,20 €, erm. die Hälfte.

Loreta (Loreto-Heiligtum): Der Name des Heiligtums geht auf eine Legende zurück, die vom Wunder der Santa

Casa, des Hauses der Jungfrau Maria, erzählt. Der Überlieferung nach wurde es Ende des 13. Jh. von Engeln aus Nazareth ausgeflogen, um es vor einem Sarazeneneinfall in Sicherheit zu bringen. Über Umwege gelangte das heilige Häuschen schließlich in einen Lorbeerhain bei Ancona. Dort entwickelte es sich zu einem berühmten Wallfahrtsort, der kurzerhand Loreto genannt wurde. Später, während der Gegenreformation, verkaufte die katholische Kirche das Wunder als – heute würde man sagen – PR-Gag. So entstanden überall in Böhmen und anderswo Loreto-Heiligtümer (das in Prag zwischen 1626 und 1631). Sie sind eine Kopie des Originals, und wer sie besichtigt, kann sich eine Fahrt nach Ancona sparen. Im Kreuzgang rund um die Santa Casa ist die wundersame Geschichte des Häuschens auf 47 Deckengemälden festgehalten. Die Schatzkammer des Heiligtums beherbergt ein paar liturgische Gegenstände. Der wertvollste ist eine Monstranz mit über 6000 Diamanten. Zuvor zierten die Steine übrigens das Hochzeitskleid einer Gräfin.

Nicht sehens-, aber hörenswert sind die Ende des 17. Jh. in Amsterdam gegossenen 24 Glocken im Turm über dem Eingang – dieser Trakt ist übrigens ein Werk von Christoph und Kilian Ignaz Dientzenhofer. Die Glocken können ähnlich wie ein Klavier gespielt bzw. in Gang gesetzt werden. Unter anderem improvisierte Franz Liszt auf ihnen. Zu jeder vollen Stunde erklingt heute das Lied *Sei tausend mal gegrüßt, Maria.*

Das Loreta ist durch einen Brückengang mit dem Klostergebäude des Kapuzinerordens verbunden, der das Heiligtum verwaltet. Während des Zweiten Weltkrieges wurde das Kloster von der SS als Gefängnis genutzt. Erst 1990, nach dem Untergang des Kommunismus, bekam es der Orden zurück. Die Fassade der Klosterkirche ist gespickt mit Kanonenkugeln. Sie landeten 1757 im Klosterareal, abgeschossen von der preußischen Artillerie.

Adresse Loretánské náměstí 5. Ⓢ 22 Pohořelec. Ⓞ tägl. (außer Mo) 9–12.15 und 13–16.30 Uhr. Eintritt 4,60 €, erm. 3,70 €.

Strahovský klášter (Kloster Strahov): Seit 1989 ist das Kloster wieder im Besitz des Prämonstratenserordens. Man muss kein Ungläubiger sein, wenn man den Namen zweimal liest. Die Blütezeit des Ordens ist heute zwar vorüber, im Mittelalter war er jedoch sehr populär und nahm eine zentrale Rolle bei der Christianisierung des Landes ein.
Der Name des Ordens stammt von dessen erstem Kloster im Tal Prémontré in Frankreich. Gegründet hatte es Norbert von Xanten, nachdem er, vom Blitz getroffen, vom Pferd fiel und dazu eine Stimme flüsterte, er solle von der Hurerei ablassen und nur noch Anständiges tun. Das war 1115, schon fünf Jahre später gab es das Kloster in Frankreich und bereits 1140 entstand der Prager Ableger. Seit 1627 befinden sich sogar Norberts sterbliche Überreste hier in der *Abteikirche Mariä Himmelfahrt;* sie ist zugleich die größte und schönste Kirche des Klosters. In ihr liegt übrigens auch der kaiserliche Feldmarschall Gottfried Heinrich Graf zu Pappenheim begraben. Seine Popularität verdankt er Friedrich Schiller, der ihm im *Wallenstein* die geflügelten Worte „Ich kenne meine Pappenheimer“ in den Mund legte.

Gleich nebenan befindet sich der Eingang zur *Bibliothek*, deren Bestand auf knapp eine Million Bände geschätzt wird. Der Blick in die zwei imposanten Lesesäle beeindruckt und lässt das Kloster ins Prager Pflichtprogramm aufrücken. Im ersten, dem so genannten Philosophischen Saal, reichen die Bücherschränke, übrigens aus Nussbaum, bis an die Decke. Diese ist mit Fresken verziert, die der österreichische Maler

Bibliothek im Kloster Strahov

Anton Maulpertsch 1870 schuf und welche den Drang der Menschheit nach dem wahren Wissen darstellen. Der zweite Saal, der so genannte Theologische Saal, ist mit Globen bestückt. Die dortigen Fresken malte ein Ordensbruder; sie zeigen die Liebe zur Bildung und zur Wissenschaft. Auf dem Gang zwischen beiden Sälen befindet sich in Glasvitrinen eine kleine Kuriositätensammlung: Muscheln, Skorpione, Seesterne usw., dazwischen auch das Geschlechtsteil eines Wals.

Kurios ist auch das *Museum Miniatur* (beim Durchgang zum Pohořelec), das millimetergroße Arbeiten des sibirischen Künstlers Anatolij Konjenko zeigt. Durch Vergrößerungsgläser sieht man ein Kamel im Haarnadelöhr, ein Beethovenporträt im Mohnkorn usw.

Im eigentlichen Klostergebäude ist die *Strahover Bildergalerie (Strahovská obrazárna)* untergebracht. Malerei von der Gotik bis zur Romantik wird gezeigt, darunter auch Werke von Lucas Cranach (1472–1553). Wer sich schon andere Kunstsammlungen in und nahe der Prager Burg angesehen hat, weiß, was auf ihn wartet.

Adresse Strahovské nádvoří. Ⓢ 22 Pohořelec. **Abteikirche**, ⌚ nur zu Messen (tägl. um 18 Uhr, So auch um 10 Uhr). **Bibliothek**, ⌚ tägl. 9–12 und 13–17 Uhr. Eintritt 3,30 €, erm. 2 €. **Miniaturmuseum**, ⌚ tägl. 10–17 Uhr. Eintritt 2 €, erm. 1,30 €. **Bildergalerie**, ⌚ tägl. (außer Mo) 9–12 und 12.30–17 Uhr. Eintritt mit Besichtigung der Klosterräume 2,50 €, erm. die Hälfte.

Sehenswürdigkeiten abseits des Spaziergangs

Bílkova vila (Bílekvilla): Die Villa, ein mit ährenförmigen Säulen verzierter roter Backsteinbau, wurde 1911 nach Plänen des tschechischen Bildhauers František Bílek (1872–1941) errichtet, einem Vertreter des symbolistischen Jugendstils. Sein Wohn- und Atelierhaus sollte eine „Kathedrale der Kunst" sein, und in der Tat erinnert das Innere stark an eine Kirche. Die Villa beherbergt eine kleine, interessante Sammlung von Bíleks Arbeiten, dazu einen Teil des Originalmobiliars. Zu Bíleks Bewunderern gehörten u. a. Franz Kafka und Julius Zeyer (1841–1901). Letzterem, einem der angesehensten Dichter der tschechischen Neuromantik, ist schräg gegenüber der Villa im Chotkovy sady, dem ältesten öffentlichen Park Prags, ein Denkmal aus hellem Marmor gesetzt worden.

Adresse Mickiewiczova 1. Ⓢ 22 Královský letohradek. Das Museum war zum Zeitpunkt der letzten Recherche geschlossen.

Essen und Trinken

(→ Karte S. 182/183)

Restaurants

U zlaté hrušky (2), gediegenes Restaurant, in dem schon Margaret Thatcher speiste. Kalbsrücken auf Salbei, Hummer mit Knoblauchbutter oder Katalanische Fischsuppe, Hg. 17–38 €. Angegliedert ein gemütliches Gartenrestaurant. ☏ 220941244. Nový Svět 3. Ⓢ 22 Brusnice.

Bellavista (13), Terrassenrestaurant mit traumhafter Aussicht auf Burg und Kleinseite. Mediterrane Küche (Gazpacho mit Ziegenkäse, Lammkoteletts mit Rosmarin oder Risotto mit Mascarpone). Hg. 9–21 €. Innen modern-gediegen eingerichtet. ☏ 220 517274. Strahovské nádvoří 1. Ⓢ 22 Pohořelec.

Klášterní Pivovar Strahov & Restaurace (12), Brauereigaststätte auf dem Klosterareal, nicht zu verwechseln mit dem Velká Klášterní Restaurace nebenan. Leckeres 13- und 14-gradiges Svatý-Norbert-Bier, hinzu kommen je nach Saison verschiedene andere Bierspezialitäten. Böhmische Braten- und Steakküche zu 5–20 €. Viel Touristenrummel, Blasmusik, Außenbestuhlung. ☏ 23 3353155. Strahovské nádvoří 10. Ⓢ 22 Pohořelec.

Malý Buddha (9), Teehaus und Restaurant. Räucherstäbchen, Buddha – sämtlicher Asia-Kitsch vorhanden. Kredenzt wird fernöstliche Küche vom einfachen Fried Rice bis zum ausgefallenen Tintenfischcurry. Viel amerikanisches Publikum. Hg. 5–11 €. Rauchen verboten. Mo geschl. ☏ 220513894. Úvoz 46. Ⓢ 22 Pohořelec.

Café

U zavěšenýho kafe (5), gemütliche, von Pragern gern besuchte Mischung aus Café und Bierstube mit dem originellen Namen „Zum aufgehängten Kaffee". Der Tipp für den preiswerten Imbiss zwischendurch, man kann aber auch richtig essen. Für die Lage sehr faire Preise. Úvoz 6. Ⓢ 22 Pohořelec.

Pivnice

U černého vola („Zum Schwarzen Ochsen", 8), traditionsreiche Bierstube, eine der urigsten der Stadt. Die hübschesten Mädchen soll es einem tschechischen Schlager nach hier geben – auf jeden Fall aber gutes Bier: *Velkopopovický kozel*, frisch gezapft, dazu deftige Snacks. Und zudem heißt es: trinken für einen guten Zweck – alle Erlöse fließen einer Blindenschule zu. Einziger Haken: Nach dem Besuch riechen Sie zuweilen wie der Besitzer einer Frittenbude. Loretánské náměstí 1. Ⓢ 22 Pohořelec.

Hradčany im Spiegel

Die Prager Burg

Pražský hrad (Prager Burg)

Die Prager Burg ist das Wahrzeichen der Stadt, der Nabel des Landes und das seit eh und je. Tausend Jahre Geschichte treffen hier auf Millionen Besucher. Paläste, Kirchen, Museen, Klöster – es gibt viel zu sehen, mehr als genug.

Zu später Stunde von der Karlsbrücke, wenn sich die Fassade der Burg gebieterisch im Scheinwerferlicht erhebt, wirkt sie am schönsten. Die Tschechen blickten über die Jahrhunderte hinweg mit Angst und Verachtung, aber auch mit Stolz und Anerkennung nach oben. Dunkle und goldene Zeiten wurden hier eingeläutet. Die Burg war Sitz von Fürsten, Königen, Kaisern, von Bischöfen und Erzbischöfen und damit stets ein Symbol weltlicher und geistlicher Macht. Heute empfängt hier der Präsident des Landes, Václav Klaus, Staatsgäste aus aller Herren Länder.

Am Beginn der über 1000-jährigen Geschichte der Prager Burg steht Herzog Bořivoj I., der in der zweiten Hälfte des 9. Jh. seinen Fürstensitz von Levý Hradec hierher verlegte. Anfangs waren die Befestigungen noch aus Holz errichtet, doch als man sah, dass diese bei Belagerungen keinen Schutz boten, da man sie kurzerhand in Brand setzen konnte, umgab man die Burganlage in der Mitte des 11. Jh. mit einem steinernen Wall. Danach ging es mit der Burg Schlag auf Schlag voran, es folgte Herrscher auf Herrscher und mit jedem ein neuer An- oder Umbau, die meisten unter Karl IV. im 14. Jh. und Rudolf II. Anfang des 17. Jh. Ein gnadenloses Nebeneinander verschiedenster Baustile war das Resultat. Das Kunterbunt versuchte erstmals Nicolo Pacassi, Hofarchitekt Maria Theresias im 18. Jh., zu vereinheitlichen. Die plastische Ausschmückung und Umgestaltung überließ er dem böhmischen Bildhauer Ignaz Platzer. Anfang des 20. Jh. unternahm schließlich der Slowene Jože Plečnik einen weiteren Versuch, die Burg zu modernisieren. Diese beiden Architekten prägten am meisten das heutige Erscheinungsbild der Burg, das einem gigantischen Freilichtmuseum gleicht.

Wege zur Burg

Die beiden schönsten Fußwege von Malá Strana hinauf zur Prager Burg verlaufen über die Nerudova (→ S. 170) und über die Zámecke schody (viele Treppen). Beide Wege enden am Hradčanské náměstí, von wo sich ein herrlicher Blick über Prag auftut. Wer es bequemer haben will, nimmt die Ⓢ 22 von der Metrostation Malostranská bis zur Haltestelle Pražský hrad.

Spaziergang

Mit einer Fläche von 7,28 ha ist die Prager Burg die größte der Welt. Das Areal ist voll gestopft mit bedeutenden kulturhistorischen Gebäuden und Denkmälern. Spaziert man hindurch, braucht man sich nur umzudrehen, und man steht vor einer neuen Sehenswürdigkeit, die man in so manchen Städten ausführlichst beschreiben würde, die hier aber regelrecht untergeht. Kein Wunder also, dass es Kunstführer gibt, die allein der Burg Hunderte von Seiten widmen. Wer nach dem Spaziergang noch Appetit auf mehr hat, findet in den Burgläden unseren Literaturtipp dazu (→ S. 36).

Die Prager Burg war bis ins 18. Jh. durch einen Graben vom **Hradschiner Platz (Hradčanské náměstí)** getrennt. Doch mit dem Bau des aristokratischen, repräsentativen ersten Burghofs, auch **Ehrenhof** genannt, verlor sie ihren Festungscharakter nach Westen hin. Die regungslos dastehende Burgwache hat ebenfalls nur noch repräsentative Funktion. Einst trug sie paramilitärisches Khaki, heute blaue Uniformen, die Theodor Pištěk, Kostümausstatter des Forman-Films *Amadeus*, entworfen hat. Stets eine Stunde müssen die Soldaten ausharren, dann werden sie abgelöst. Mittags um zwölf wird daraus ein Spektakel gemacht: Fanfarenmusik erklingt dann zum Stechschritt und zur Übergabe der Standarte des Präsidenten im Blitzlichtgewitter. Das Tor, vor dem sie stehen, ziert ein Rokokogitter mit den Monogrammen der Kaiserin Maria Theresia und ihres Sohnes Josephs II. Die furchteinflößenden, todbringenden Giganten rechts und links davon schuf Ignaz Platzer. So verrußt wie sie sind, könnte man glauben, es seien noch die Originale, dabei handelt es sich um Kopien.

Zwei hohe Flaggenmasten flankieren das barocke **Matthiastor**. Es war einst ein frei stehender Triumphbogen. An den Gebäudekomplex darüber schließen mehrere prunkvolle Räumlichkeiten an. Die beeindruckendsten wären der **Spanische Saal** und die **Rudolfsgalerie**, doch sind sie – außer zu kulturellen Veranstaltungen – der Öffentlichkeit nicht zugänglich.

Den etwas nüchtern wirkenden **zweiten Burghof** lockert ein barocker Sandsteinbrunnen auf. Links davon, also nördlich, blickt man auf das so genannte **Pacassitor**, nichts anderes als eine Durchfahrt. Zu beiden Seiten befanden sich früher Pferdestallungen. Heute wird dort Kunst gezeigt: Links liegt der Eingang zur → **Obrazárna Pražského hradu**, der Gemäldegalerie der Prager Burg, rechter Hand der zu

Fotoshooting vor der Burg

den **Císařská konírna**, den „Königlichen Stallungen“, wo wechselnde Ausstellungen gezeigt werden.

Schräg gegenüber, ins hinterste Eck des Hofes gedrängt, steht die **Kapelle des Heiligen Kreuzes** aus der zweiten Hälfte des 18. Jh. Sie ersetzte eine dort für die Krönungsfeier Karls VI. im Jahr 1723 erbaute Großküche. Heute befindet sich im Eingangsbereich der Kapelle ein Audioguide-Verleih. Das Innere des Gotteshauses steht leer – die Deckenmalereien darin mit den alttestamentarischen Motiven sind eher etwas für speziell Interessierte. Noch vor der Kapelle fällt ein Portal mit einem kupfernen Baldachin über einem goldenen, geflügelten Leoparden ins Auge – dieser ziert den Eingang zur Kanzlei des Präsidenten.

Tickets und Öffnungszeiten

Um nur das Burggelände zu betreten, brauchen Sie kein Ticket. Es ist von April–Okt. von 5–24 Uhr zugänglich, von Nov.–März von 6–23 Uhr. Für die Sehenswürdigkeiten innerhalb des Burggeländes gibt zwei verschiedene Kombitickets, keines jedoch, das alle Attraktionen einschließt. Mit dem Ticket „**Große Tour**“ (15 €, erm. die Hälfte, Familien 21 €) darf man die Gemäldegalerie der Prager Burg, den Königspalast, die Ausstellung „Geschichte der Prager Burg“, die Sankt-Georgs-Basilika, das Georgs-Kloster samt Ausstellung und das Goldene Gässchen besichtigen. Das Ticket „**Kleine Tour**“ (11 €, erm. die Hälfte, Familien 13 €) erlaubt nur den Zutritt zum Königspalast, zur Sankt-Georgs-Basilika und zum Goldenen Gässchen. Einzeltickets gibt es nur für die Sehenswürdigkeiten (Preise → dort), die nicht im Ticket „Kurze Tour“ inbegriffen sind. Den Dom darf man umsonst betreten.

Die Kombitickets bekommt man u. a. bei den Infoschaltern im zweiten und dritten Burghof (im Winter 9–16 Uhr, im Sommer 9–18 Uhr). Die Tickets sind zwei Tage gültig.

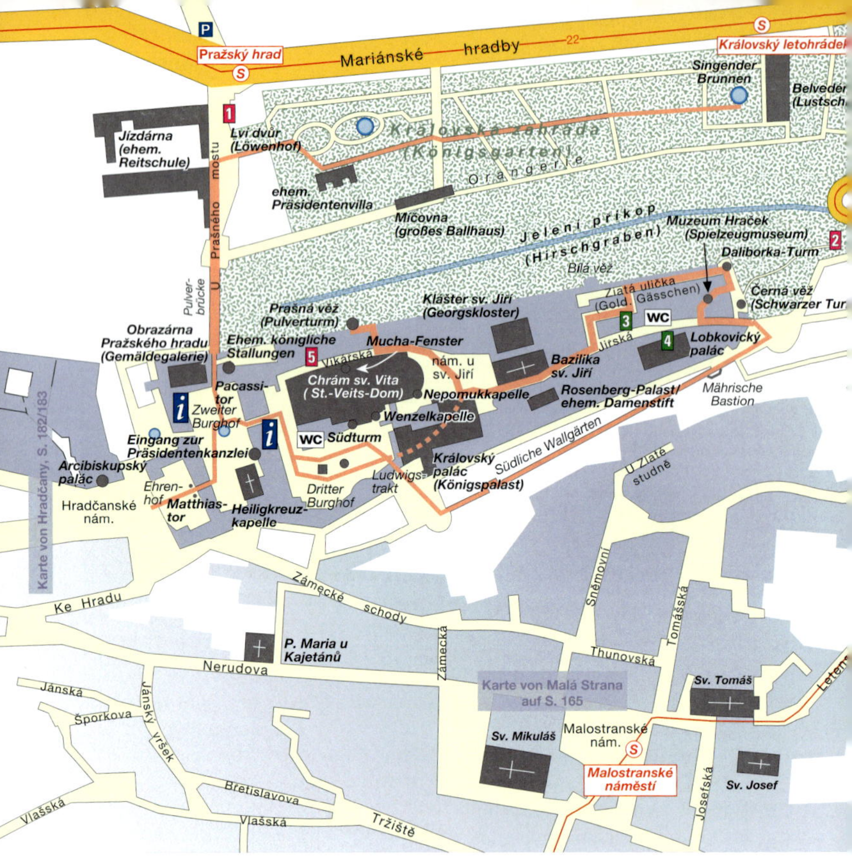

Der links davon gelegene Durchgang führt in den Dritten Burghof zum kollektiven Kopf-in-den-Nacken, direkt auf die mächtige Stirnwand des → **Sankt-Veits-Doms (Chrám sv. Vita)** zu. Die ein wenig zu groß geratene, dreischiffige Kathedrale (124 m lang und bis zu 60 m breit) kommt vom südwestlichen Eck des Burghofes am besten zur Geltung. Eine kleine vergoldete Mädchenkopfplastik grüßt Sie dort.

Der auffällige, 16 m hohe **Monolith** aus Mrakotiner Granit vor der **Propstei** der Kathedrale wurde 1928 zum 10. Jahrestag der Republik aufgestellt. Wenige Meter weiter kämpft der heilige Georg zu Pferd mit dem Drachen. Das Original (im Lapidarium in Holešovice, → S. 209; eine weitere Kopie in der Ausstellung „Geschichte der Prager Burg") stammt aus dem 14. Jh. und gehört zu den ältesten freistehenden Reiterstandbildern der Welt.

Gegenüber der Propstei und dem Dom belebt ein Säulenportikus die Fassade des Südflügels, auf dessen Balkon sich zu besonderen Anlässen der Präsident zeigt. Die Ostseite des dritten Hofs beherrschte einst der → **Königspalast (Královský palác)**. Dass sich das Gebäude heute äußerlich nicht vom Südflügel abhebt, ist dem Burgumbau durch Niccolo Pacassi zuzuschreiben. In den unteren Räumlichkeiten des Königspalastes gibt es die Ausstellung → **Geschichte der Prager Burg (Příběh Pražského Hradu)** zu sehen.

Gegenüber dem Chor des Sankt-Veits-Doms blickt man auf die barocke Fassade der → **Sankt-Georgs-Basilika (Bazilika sv. Jiří)**, hinter der sich zwei romanische Türme erheben. An sie schließt linker Hand das → **Georgskloster (Klášter sv. Jiří)** an, das heute eine Sammlung alter böhmischer Kunst beherbergt. Zu ihrer Rechten ist die Basilika mit einer kleinen barocken Kapelle verbunden, die dem heiligen Johann von Nepomuk geweiht ist.

Über die enge Gasse Vikářská gelangt man von hier zum versteckt liegenden **Pulverturm (Prašná věž)**, einem Wehrturm, der im Jahr 1485 errichtet wurde und 1649 in die Luft flog, nicht durch feindlichen Beschuss, sondern durch das darin eingerichtete Munitionslager – daher auch der Name. Böse Zungen behaupten jedoch, die Turmbezeichnung rühre aus jener Zeit, als Alchemisten darin für Rudolf II. Blei zu Gold verwandeln sollten und nichts anderes als irgendwelche Pülverchen hervorbrachten. 2008 war der Turm zwecks Restaurierungsarbeiten geschlossen, danach soll er wieder für temporäre Ausstellungen genutzt werden.

In die andere Richtung führt von der Sankt-Georgs-Basilika die **Jiřská** oder Georgsgasse zum östlichen Burgtor. Der Straßenname wird an der Nepomukkapelle in Deutsch und Tschechisch angegeben – wie es in Prag bis zum Ende des Zweiten Weltkrieges überall üblich war. Der Gebäudekomplex rechter Hand ist der **Rosenberg-Palast (Rožmberský palác)**. Der 1574 fertig gestellte Renaissancepalast diente seinen Erbauern und Namengebern, dem südböhmischen Geschlecht der Rosenberger, jedoch nur für rund 60 Jahre als Prager Residenz. Aus Geldnot mussten sie ihn verkaufen. Ab dem 18. Jh. wurde das Gebäude als Damenstift genutzt. Dabei handelte es sich um eine Art „Adeligenwohlfahrt". Verarmte von Soundso bekamen hier ein Bett und eine Suppe. Später wurde das Gebäude vom tschechoslowakischen Innenministerium übernommen. 2008 schließlich, nach 13-jähriger Restaurierungsarbeit, ging das Palais an die Kanzlei des Präsidenten über. Die dazugehörige Kapelle soll für Konzerte genutzt werden, auch sind ein paar Säle für kulturelle Veranstaltungen reserviert.

Hält man sich bei der nächsten Möglichkeit links, gelangt man in die → **Zlatá ulička**, das berühmte **Goldene Gässchen** mit seinen bunten, verschachtelten Häuschen. Frühmorgens oder spätabends ist es malerisch, tagsüber aber herrscht ein nicht endendes Gedränge. Die Gasse sieht aus wie eine

Sackgasse, ist jedoch keine. Am unteren Ende führen Treppen auf eine Terrasse der spätgotischen Befestigungen. Linker Hand steht dort der **Daliborka**, der bekannteste Wehrturm der Burg. Er ist nach seinem ersten Gefangenen benannt, dem Adeligen Dalibor von Kozojed, der sich Ende des 15. Jh. unrechtmäßig Leibeigene zugelegt hatte. Einer Legende nach – zugleich der Stoff von Smetanas Oper *Dalibor* (1868) – lernte er während seiner Gefangenschaft das Geigenspiel, und sein süß-schauriges Gefiedel schallte bis zu seiner Hinrichtung über das gesamte Burgareal. In Wirklichkeit aber war zu diesem Zeitpunkt die Geige in Böhmen noch unbekannt.

Auf dem Innenhof gleich ums Eck, wo Tische und Stühle der umliegenden Cafés zu einer Pause einladen, steht die Statue eines nackten Jungen von Miloš Zet mit dem Titel *Jugend*. Den Anblick seiner Genitalien empfanden die Genossen als zu frivol und ließen sie entfernen. Der Einfluss der westlichen Dekadenz brachte sie wieder zurück.

In dem Renaissancegebäude hinter der Plastik residierte einst der oberste Burggraf, der den König in seiner Abwesenheit vertrat. Heute befindet sich darin das → **Muzeum Hraček**, ein Spielzeugmuseum.

Ein paar Schritte weiter, an der Jiřská, steht das → **Palais Lobkowitz (Lobkovický palác)** mit einer sehenswerten Kunstsammlung.

Das Osttor der Prager Burg dominiert der **Schwarze Turm (Černá věž)**. Einst hieß er Goldener Turm, da er ein vergoldetes Dach trug. Doch er brannte aus und zurück blieb sein verkohltes Mauerwerk. Heute, frisch restauriert, könnte er wieder einen neuen Namen vertragen.

Dahinter liegt eine Aussichtsplattform, an der der Spaziergang im Winter endet. Über die Staré zámecké schody, vorbei an Souvenirständen, gelangt man dann hinab zur Metro- und Straßenbahnhaltestelle Malostranská. Im Sommer führt der Weg weiter durch die **südlichen Wallgärten** der Prager Burg (⌚ April–Okt. 10–18 Uhr), einer schmalen, gepflegten Parkanlage mit Obelisken, Brunnen und Pavillons, dazu gemütlichen Bänken und herrlichen Ausblicken. Das war nicht immer so. Bis ins 18. Jh. wimmelte es hier nur so von Ratten, da die Burgbewohner ihren Dreck stets aus den Fenstern warfen. Von der so genannten Mährischen Bastion aus kann man zudem die terrassenförmig angelegten Gärten unterhalb der Prager Burg besichtigen, die **Palácové zahrady pod Pražským hradem** (→ Malá Strana, S. 169).

Um zum → **Königsgarten (Královská zahrada)**, zu gelangen, muss man erst noch einmal die Burg durchqueren. Unmittelbar hinter dem Ludwigstrakt des Königspalastes führt ein Treppendurchgang in den dritten Burghof (s. o.). Über das Pacassitor und die Pulverbrücke, einst eine Holzkonstruktion, heute ein aufgeschütteter Wall über dem Hirschgraben, verlässt man das Burgareal wieder. Dahinter liegt linker Hand die **Jízdárna**, die ehemalige Reitschule der Prager Burg. In ihr werden heute wechselnde Ausstellungen insbesondere zu tschechischer Kunst des 20. Jh. gezeigt. Schräg gegenüber befindet sich der Eingang zum Königsgarten. Das Gebäude gleich links davon ist der ehemalige **Löwenhof**, der Name Lví Dvůr des vornehmen Restaurants darin erinnert noch daran. Rudolf II. (1552–1612), der als „kaiserlicher Faustus“ und „verrückter Alchimist“ in die Geschichte einging, hielt hier seinen Lieblingslöwen Mohammed. Der König, der kaum Interesse für Politik, umso mehr aber für Kunst, Kultur und Sternenkunde zeigte, hatte seinen Hofastronomen Johannes Kepler mit der Erstellung eines Horoskops für sich und den

Löwen beauftragt. Erstaunlicherweise war die Sternenkonstellation zur Geburt Rudolfs und Mohammeds identisch. Beide starben schließlich auch in der gleichen Woche.

Vorbei an der Präsidentenvilla – nicht alle amtierenden Präsidenten bewohnen sie – gelangt man zu dem im 16. Jh. entstandenen **Großen Ballhaus (Míčovna)** mit einer üppigen figuralen und ornamentalen Ausschmückung. Während des Zweiten Weltkrieges brannte es aus und wurde kurz darauf restauriert. Seitdem findet man unter den allegorischen Figuren neben den Fenstern auch zwei Mädchen mit Hammer und Sichel (drittes Fenster von rechts). Gegenwärtig dient der Bau für Ausstellungen, Konzerte und feierliche Anlässe. Auf der Ostseite des Gebäudes schließt die **Orangerie** an, wo bereits zu Zeiten Rudolfs II. exotische Früchte gezüchtet wurden. Am östlichen Ende des Königsgartens steht der → **Singende Brunnen** vor dem königlichen Lustschloss, dem → **Belvedér**.

Sehenswertes

Obrazárna Pražského hradu (Gemäldegalerie der Prager Burg): Sie beherbergt eine kleine, aber feine Sammlung deutscher, italienischer, flämischer, niederländischer und böhmischer Meister der Renaissance- und Barockmalerei. Die Bilder gehörten einst zu einer der imposantesten Kunstsammlungen weltweit, die unter Rudolf II. und Ferdinand II. begonnen wurde. Doch das Gros der Gemälde ging durch Plünderungen, insbesondere während des Dreißigjährigen Krieges, verloren. Glücklicherweise wussten nicht alle Diebe Gutes von Schlechtem zu unterscheiden und so blieben so wertvolle Originale wie Rubens *Versammlung olympischer Götter*, Tizians *Junge Frau bei der Toilette* oder Tintorettos *Geißelung Christi* erhalten. Des Weiteren begeistern Werke von Bernaert de Rijekere, Hans von Aachen, Bartholomäus Spranger, Domenico Fetti, Paolo Veronese, Hans Holbein, Cranach dem Älteren und vielen mehr.

Adresse Zweiter Burghof. ⌚ im Sommer tägl. 10–18 Uhr, im Winter bis 16 Uhr. Eintritt 6,30 €, erm. 3,30 €, oder mit Kombiticket „Lange Tour" (→ Kasten, S. 189). Zudem stets Mo von 16–18 Uhr umsonst.

Chrám sv. Vita (Sankt-Veits-Dom): Von außen wirkt der Dom wie ein steinernes Tohuwabohu aus Strebe- und Tragpfeilern, Krabben und Kreuzblumen und riesigen Maßwerken. Statuen von Heiligen wechseln mit figürlichen, dämonenhaften Wasserspeiern ab, die, so der Glaube von einst, den Dom vor bösen Geistern bewahren, da diese beim Anblick ihres Ebenbildes die Flucht ergreifen. Da sich der Smog und der Ruß der Stadt über all dem niedergesetzt und das Bauwerk in ein einheitliches Graubraun getaucht haben, lassen sich auf den ersten Blick die einzelnen Bauabschnitte der Kathedrale nicht mehr unterscheiden.

1344 erfolgte unter Johann von Luxemburg und Kronprinz Karl die Grundsteinsetzung. Erster Baumeister war Matthias von Arras, der zuvor in Avignon tätig war. Er sollte jetzt auch in Böhmen den Idealtypus einer französischen Kathedrale realisieren. Ansätze davon zeigt jedoch lediglich das Chorhaupt, denn schon 1352 starb der Baumeister. Zu seinem Nachfolger berief Karl, der inzwischen zum Kaiser des Heiligen Römischen Reiches gekrönt worden war, den damals gerade erst 23-jährigen Peter Parler aus Schwäbisch Gmünd. Dieser überarbeitete die Entwürfe seines Vorgängers und ließ den bis dato in Ansätzen fertig gestellten Chor vollenden. Damit die Kathedrale auch schon als Gotteshaus genutzt

Das Goldene Tor am Sankt-Veits-Dom

werden konnte, schloss er den Chor dort, wo heute das Querschiff verläuft, mit einer „provisorischen" Fassade ab. Nach Parlers Tod 1399 schmückten seine Söhne die Kathedrale weiter aus. Am Grundriss sollte sich aber für die nächsten 450 Jahre nicht mehr viel ändern. Die Kathedrale war also lange Zeit nur halb so groß wie heute, und der Zutritt erfolgte über das beeindruckende *Goldene Tor* an der südlichen Längsseite, das mit einem Mosaikbild des Jüngsten Gerichts verziert ist.

Erst als 1859 ein Förderverein zur Vollendung des Doms gegründet wurde, begann man mit dem Bau der westlichen Domhälfte, deren feierliche Einweihung 1929 erfolgte. An die lange Geschichte des Dombaus erinnern die bronzenen Reliefs an der mittleren Tür des reich verzierten Eintrittsportals der westlichen Stirnseite.

Die große, kreisförmige Rosette darüber schaut man sich am besten von innen an. Die lebendig-bunte Bilderfolge zeigt die Genesis – 27.000 Glasstücke wurden dafür verarbeitet. Lebendig geht es allgemein im Innern zu. Eine Reisegruppe folgt auf die andere, und da die Hälfte der Teilnehmer an ihrer Führung nicht interessiert ist, unterhält man sich eben – wo auch passender – über Gott und die Welt. Lange Hosen sind keine Vorschrift, ein Mini tut's auch.

Eines der farbenfrohsten Fenster in der westlichen Hälfte des Doms ist das der *Neuen Erzbischöflichen Kapelle* (dritte links), die als letzte Ruhestätte der Prager Bischöfe dient. Im Auftrag der Banka Slavie gestaltete es Alfons Mucha im späten Jugendstil mit Szenen aus dem Leben der heiligen Slawenapostel Kyrill und Method.

Kurz bevor man das Querschiff mit Orgel (6500 Pfeifen) betritt, führt rechter Hand eine Wendeltreppe auf die Aussichtsplattform des südlichen Domturms (96,5 m). Kein anderer Turm der Stadt bietet einen faszinierenderen Ausblick über Prag, kaum ein anderer Aufstieg ist aber auch so mühselig: 287 Stufen!

Heiliger oder Lebemann – Wenzel und kein Ende

Die Geschichte des tschechischen Nationalheiligen begann im Jahr 924: Fürst Václav (auf Deutsch „Wenzel") war jetzt verantwortlich für die Geschicke Böhmens. 11 Jahre lang regierte er, dann war er tot, umgebracht von seinem eifersüchtigen Bruder. Manchen Quellen zufolge soll seine Ermordung überflüssig gewesen sein, da er ohnehin die Macht an seinen Bruder abgeben wollte. Nach Rom plante Wenzel zu reisen, dort die Weihen zu empfangen, um als erster Bischof nach Böhmen zurückzukehren. Andere Quellen jedoch behaupten, dass der Fürst gar nicht so ein Heiliger war. Mit Heiden soll er gezecht und sich nachts mit hübschen Frauen vergnügt haben.

Sei es, wie es will, Wenzels großer Verdienst war die Christianisierung des Landes. Darauf fußen auch die Wenzellegenden, die den Herrscher zum Märtyrer und zur Heiligengestalt aufsteigen ließen. Noch im 10. Jh. wurde er heilig gesprochen. Unter Kaiser Karl IV. – er ließ die Wenzelskapelle im Dom bauen – wurde er schließlich zur Ikone, zum Landesheiligen. Es folgten Wenzelsfresken, Wenzelsdenkmäler, Wenzelsstatuen und der Wenzelsplatz. Und schließlich wurde Wenzel zum Symbol der Einheit und Unabhängigkeit des Landes, zum Schutzpatron aller Tschechen. In Prag kafkat, brodelt und kischt es also nicht nur, es wenzelt noch viel mehr. Sogar Popkünstler David Černý widmete dem großen Fürsten ein kultiges Denkmal (→ S. 115). Und dass die Wenzelmanie kein Ende nimmt, dafür sorgt allein schon die Präsidentenfolge der jetzigen Republik: Václav „Wenzel" Havel wurde abgelöst von Václav Klaus.

Ein paar Schritte weiter befindet sich die prunkvollste der insgesamt 22 Seitenkapellen des Sankt-Veits-Doms, die *Kapelle des heiligen Wenzel*. Durch ihre reiche Ausschmückung mit weit über 1000 Halbedelsteinen, violetten Amethysten, roten Jaspissen und grünen Chrysoprasen, zum Teil in Gold eingefasst, wirkt sie wie ein riesiges Schmuckkästchen. Bereits 1372 wurde der Passionszyklus, der über dem Altar mit der Kreuzigungsszene seinen Höhepunkt erreicht, geschaffen; der Künstler ist unbekannt. Ein weiterer Zyklus mit Szenen aus dem Leben des heiligen Wenzel verläuft auf Fensterhöhe. Der frei stehende Altar darin ist zugleich das Grab des Heiligen. Hinter dem kleinen Portal auf der Südseite führt eine Treppe zu der über der Kapelle liegenden Krönungskammer. Dort sind – der Öffentlichkeit verborgen – die böhmischen Krönungskleinodien aufbewahrt, darunter die berühmte goldene *Wenzelskrone*. Sie soll übrigens jedem den Tod bringen, der sie ungebührlich aufsetzt. Ein Aberglaube? Der Letzte, der dies als Humbug abtat und sich zum Spaß mit der Krone im Spiegel anschaute, war Reichsprotektor Reinhard Heydrich. Kurz darauf fiel er einem Attentat zum Opfer (→ S. 99). Die kleine Tür zur Krönungskammer ist mit sieben Schlössern versehen, deren sieben Schlüssel auf sieben Persönlichkeiten der Stadt und des Staates verteilt sind. Das barocke Gegenstück zur mittelalterlichen Wenzelskapelle ist die des heiligen Johann von Nepomuk (fünf Kapellen weiter). Vor ihr steht das silberne Grabmal des Heiligen, heute ein hoch gepriesenes Werk von Johann Bernhard Fischer von Erlach (u. a. Baumeister von Schloss Schönbrunn). 1882 war über das Grabmal im *Baedecker* noch zu lesen: „1736 verfertigt, ohne Kunstwerth, aber reich an Silber (30 Centner)." Irgendwie kann man sich des Eindrucks nicht erwehren, dass man es einfach im Chorgang stehen ließ, als man merkte, dass es für die Kapelle zu groß geraten war.

Im Chor des Doms ist vor dem Hauptaltar noch das königliche Mausoleum sehenswert, ein großer Sarkophag aus hellem Marmor, der von einem Renaissancegitter umgeben ist. Rudolf II. stiftete ihn für seinen Großvater Ferdinand I., dessen Gemahlin und deren Sohn. Die Putten drum herum scheinen sich über die drei fast lustig zu machen. Rudolf selbst ruht etwas tiefer in der Krypta. Sein Sarg ist aus Zinn und hat das Aussehen eines kleinen Brauereikessels. Mehrere Könige und Königinnen leisten ihm Gesellschaft.

Adresse Dritter Burghof. ⌚ April–Okt. Mo–Sa 9–18 Uhr, So 12–18 Uhr, im Winter bis 16 Uhr. Der **Domturm** ist nur im Sommer geöffnet. Eintritt frei. **Hinweis**: Selbst wenn die Besucherschlange vor dem Dom rund 50 m lang ist – mehr als 30 Minuten wartet man i. d. R. nicht.

Prager Fensterstürze – eine lange Tradition

Die Premiere der Prager Fensterstürze fand am 30. Juli 1419 statt. Aufgebrachte Hussiten katapultierten damals zwei katholische Ratsherren aus den Fenstern des Neustädter Rathauses. Diese Tat markiert heute den Beginn der Hussitenkriege.

1483 rückte dann das Altstädter Rathaus in den Mittelpunkt. Der katholische Bürgermeister musste dieses Mal dran glauben. Der Wurf, den die Protestanten nun landeten, blieb aber für die europäische Geschichte ohne Folgen, und so wird dieser in der offiziellen Fenstersturzchronik nicht mitgezählt.

Der berühmte zweite Prager Fenstersturz fand am 23. Mai 1618 statt. Die Spannungen zwischen Protestanten und Katholiken waren erneut eskaliert. Radikale Protestanten warfen zwei Statthalter samt deren Sekretär aus der Böhmischen Kanzlei auf der Prager Burg. Alle drei überlebten den 16 m tiefen Sturz, sie landeten weich auf einem Misthaufen. Für die erlittene Schmach wurden sie übrigens von den Habsburgern reich entschädigt. Auch ihr Sekretär: Er wurde in den Adelsstand erhoben und durfte sich von nun an „von Hohenfall" nennen.

Humorvoll stellte der englische Schriftsteller Jerome Klapka Jerome fest, dass die Geschichte Europas vielleicht anders verlaufen wäre, „wenn die Prager Fenster kleiner gewesen wären und zu solchen Taten nicht verlockt hätten". Er gab den Ratschlag, öfter mal im Keller zu verhandeln.

Die Kette der Fensterstürze reißt bis heute nicht ab. Zum Glück lösen sie keine Kriege mehr aus. Der letzte Politiker, der aus dem Fenster fiel, war 1948 der einstige Außenminister Jan Masaryk kurz nach der kommunistischen Machtübernahme. Sein Tod ist bis heute nicht geklärt. Ebenso wenig der des Literaten Bohumil Hrabal, der 1997 angeblich beim Vogelfüttern (tatsächlich aber eher aus eigenen Stücken) aus dem Fenster gefallen war.

Královský palác (Königspalast): In ihm residierten vom 11. bis zum 16. Jh. die Regenten Böhmens. Vom dritten Burghof betritt man ihn im dritten und zugleich obersten Stockwerk. Dort befindet sich der berühmte *Vladislav-Saal,* der 62 m lang, 16 m breit und 13 m hoch ist. Er wurde in den Jahren 1492–

1502 nach Plänen des Architekten Benedikt Ried gebaut. Die Gewölberippen haben nur zum Teil eine tragende Funktion und dienen mehr der Ästhetik. Krönungsfeierlichkeiten und Hofbälle fanden darin statt, aber auch Turniere, bei denen die Ritter zu Pferd über die Reitertreppe im Nordflügel (heute der Ausgang) hereinkamen. Seit 1918 wird hier der Präsident des Landes vereidigt.

Von der südwestlichen Ecke des Vladislav-Saals (rechter Hand des Besucherzugangs) gelangt man in den *Ludwigstrakt*, an sich nicht besonders sehenswert, dafür geschichtsträchtig: Hier war der Ort des zweiten Prager Fenstersturzes, der zum Dreißigjährigen Krieg führte (→ Kasten).

Im Osten des Vladislav-Saals führen Stufen auf die Empore der Allerheiligenkirche, spannender ist aber ein Blick von der nahe gelegenen Aussichtsplattform über Prag.

Der Sitzungssaal des Landtags grenzt im Nordosten an den Vladislav-Saal an. Das Mobiliar ist zwar nicht original – es stammt aus dem 19. Jh. –, wurde aber in der historischen Anordnung nachgestellt. Auf der Renaissancetribüne linker Hand saßen die Landesschreiber, rechts vom Thron der Bischof, auf den Bänken gegenüber die Adels- und Ritterstände.

Etwas weiter führt eine Wendeltreppe zu Räumen, in denen die so genannten Landtafeln aufbewahrt wurden. Darin verzeichnete man Beschlüsse des Landtags, zugleich waren sie auch eine Art Grundbuch. Die Wappen an den Wänden und Decken sind die der Beamten, die die Kanzlei leiteten.

Adresse Dritter Burghof. ⌚ April–Okt. tägl. 9–18 Uhr, im Winter 9–16 Uhr. Zutritt nur in Verbindung mit einem Kombiticket, → Kasten, S. 189.

Příběh Pražského Hradu (Geschichte der Prager Burg): Die Ausstellung in den unteren Etagen des Königspalastes ist eine Art Parforceritt durch die Historie der Prager Burg. Sie ist chronologisch aufgebaut und liefert Burgmodelle zu jeder Epoche. Doch die Fülle der behandelten Aspekte (Baugeschichte, Katastrophen, Begräbniskult etc.) geht in den verwinkelten Räumlichkeiten auf Kosten der Übersichtlichkeit. Erläuterungen gibt es zudem nur in Englisch und Tschechisch. Zu den sehenswertesten Exponaten gehören ein Drahtmantel und ein silberner Helm – beide soll der heilige Wenzel getragen haben –, das gotische Tympanon *Thronende Madonna* aus der Georgsbasilika, diverse Kronjuwelen und die Grabbeigaben Rudolfs I. Die vielen Urkunden sind hingegen längst nicht so wertvoll, wie ihre dicken Siegel glauben machen: Es handelt sich durchwegs um Imitate.

Adresse Zugang zwischen drittem Burghof und Náměstí sv. Jiří. ⌚ wie Königspalast. Eintritt 5,80 €, erm. 2,90 €, Familien 6,30 €, oder mit Kombiticket „Lange Tour" (→ Kasten, S. 189).

Die Georgsbasilika, eine der ältesten Kirchen Prags

Bazilika sv. Jiří (Georgsbasilika): Sie ist der bedeutendste und schönste romanische Sakralbau Prags und zugleich die zweitälteste Kirche der Stadt, wenn man dies von außen auch gar nicht vermuten mag. Bereits im Jahr 925 wurde die Kirche, damals noch einschiffig, der Fürstin Ludmila geweiht. Sie wurde als erste Märtyrerin Böhmens heilig gesprochen. Ihre Schwiegertochter hatte sie aufgrund von Machtstreitigkeiten erdrosselt. Die sterblichen Überreste Ludmilas befinden sich heute in der Kapelle, die sich an die Südseite des Chors anschließt. Die im Chor erhalten gebliebenen Fresken stammen aus dem 13. Jh. und lassen das himmlische Jerusalem nur noch erahnen. Neben Ludmila haben noch weitere Fürsten aus dem Geschlecht der Přemysliden hier ihre Grabstätte. So befinden sich zu Füßen des Chors in der hölzernen Tumba die Gebeine Vratislavs I. Gegenüber ruht Boleslav II. unter dem von einem schmiedeeisernen Gitter umgebenen Grabstein. Dahinter, in der Krypta unter dem Chor, steht rechter Hand die Grauen erregende, dunkle Plastik *Vanitas* aus der Mitte des 16. Jh. Sie stellt den Verfall bzw. die Vergänglichkeit des menschlichen Körpers dar. Einer Sage nach schuf sie ein Bildhauer, der aus Eifersucht seine Geliebte ermordet hatte und vor seiner Hinrichtung als letzte Bitte geäußert hatte, zum Beweis seiner Reue ihren verwesenden Körper darstellen zu dürfen.

Adresse Náměstí sv. Jiří. ⌚ April–Okt. tägl. 9–18 Uhr, im Winter 9–16 Uhr. Zutritt nur in Verbindung mit einem Kombiticket (→ Kasten, S. 189).

Klášter sv. Jiří (Georgskloster): Das Benediktinerinnenkloster wurde 973 als erstes Kloster Prags gegründet. Im Mittelalter war es durch seine illuminierten Handschriften aus dem klostereigenen Skriptorium weit über die Grenzen Böhmens hinaus bekannt. Von den vielen Um- und Anbauten erlebte es den letzten großen in der zweiten Hälfte des 17. Jh. Ende des 18. Jh. wurde es aufgelöst und in eine Artilleriekaserne verwandelt. Heute beherbergt es die Sammlung „Böhmische Kunst des 19. Jh.“, die Bestandteil der Nationalgalerie ist. Für den einen ein Genuss, für den anderen alte Schinken – das Verhältnis zwischen Besuchern und Aufsehern hält sich meist die Waage. Zu sehen bekommt man Werke des Neoklassizismus und der Romantik –Landschaftsgemälde und Porträts überwiegen, dazu gibt es aber auch ein paar Skulpturen und Möbel. Zu den bedeutendsten Künstlern, deren Werke hier gezeigt werden, gehören Christian Seckel (1725–1811), August Piepenhagen (1791–1868), Josef Mánes (1820–1871), Emil Jan Lauffer (1837–1909), Mikoláš Aleš (1852–1913) und Josef Václav Myslbek (1848–1922), dessen mächtige Heiligenskulpturen einst den Wenzelsplatz schmückten. In der Zukunft sollen weitere Räumlichkeiten des Klosters für wechselnde Ausstellungen eröffnet werden.

Adresse Náměstí sv. Jiří. ⌚ im Sommer tägl. 9–18 Uhr, im Winter bis 16 Uhr. Eintritt 6,30 €, erm. 3,30 €, oder mit Kombiticket (→ Kasten, S. 189).

Zlatá ulička (Goldenes Gässchen): Einst wohnten hier die Ärmsten der Armen in einfachen Verschlägen rechts und links der Gasse, die gerade 1 m breit war. Für alle gab es nur eine Toilette, und die düngte den Hirschgraben. Nach einem Umbau der Burgmauern im 16. Jh. wurden aus den Hütten kleine Häuschen, und vorübergehend zog die Burgwache ein. Danach lebten hier ein paar Goldschmiede – daher der Name des Gässchens. Im 19. Jh. begannen sich Wahrsager, Handwerker und Künstler einzumieten. Berühmtester Anwohner sollte Franz Kafka werden. In Haus Nr. 22 verfasste er im Winter 1917 mehrere Prosatexte. In Haus Nr. 12 lebte ein weiterer Schriftsteller: Jiří Mařánek, Autor mehrerer historischer Romane.

Ewiger Rummel im berühmten Goldenen Gässchen

Madame de Thebes, eine damals bekannte Hellseherin, bewohnte das Haus Nr. 14. Nachdem sie den Untergang des Dritten Reiches prophezeit hatte, wurde sie von der Gestapo totgeschlagen. Heute wohnt niemand mehr hier – aus all den kleinen Häuschen sind Souvenirshops geworden. Und da es in ihnen u. a. auch Goldschmuck zu kaufen gibt, trägt die Gasse ihren Namen wieder zu Recht.

Über der Häuserzeile des Goldenen Gässchens verläuft ein Verteidigungsgang, Zutritt z. B. bei Haus Nr. 24. Im Gang selbst sind Ritterrüstungen ausgestellt, zudem wird mittelalterliches Zielschießen mit der Armbrust angeboten – ein Spaß für Kinder. Im Westen mündet der Verteidigungsgang in den *Weißen Turm (Bílá věž)*. Dort kann man all das erstehen, für das das Mittelalter berühmt war, selbst Keuschheitsgürtel. Des Weiteren befinden sich im Turm eine spätgotische Toilette (nur zu besichtigen) und ein kleiner Raum mit Folterwerkzeugen – lange Zeit diente der Turm auch als Verlies.

Eintritt Zutritt nur in Verbindung mit einem Kombiticket (→ Kasten, S. 189).

Muzeum Hraček (Spielzeugmuseum): Es sorgt für Abwechslung im Standardkulturprogramm zwischen Gotik und Barock, und das nicht nur bei Kindern. Auf zwei Etagen werden bis zu 150 Jahre alte Spielsachen präsentiert – Dampfmaschinen, Eisenbahnen, Teddys und so fort, Exponate, die größtenteils aus Deutschland, Frankreich und den USA stammen. Sie sind Teil der großen Spielzeugsammlung des Filmemachers und Karikaturisten Ivan Steiger. Für viele ist die umfangreiche Barbie-Revue am spannendsten – mehrere hundert Modelle und Kostüme, darunter auch solche von namhaften Designern. Mütter, die hier ihre Barbiekleidchen aus den 70ern wieder entdecken, begeistert die Sammlung nicht selten mehr als ihre Töchter. Lesen Sie auch den Aushang über die Geschichte des Püppchens – wer weiß schon, dass Barbie ihre Wurzeln bei der „Bild-Zeitung" hat.

Adresse Jiřská 6. ⌚ tägl. 9.30–17.30 Uhr. Eintritt 2,90 €, erm. 1,30 €, Familien 5 €.

Lobkovický palác (Palais Lobkowitz): Das frühbarocke Palais, ursprünglich ein Renaissanceanwesen, wurde im Jahr 2003 der Adelsfamilie Lobkowitz restituiert, die Kommunisten hatten es 1952 konfisziert. Neben dem Palais bekam die Familie auch ihre Landschlösser und Güter zurück, dazu ihre Kunstsammlung, eine der größten Mitteleuropas. Die kostbarsten Exponate zeigt die Adelsfamilie heute im frisch restaurierten Palais Lobkowitz auf der Prager Burg, darunter Gemälde von Cranach d. Ä., Brueghel d. Ä. und Canaletto. Darüber hinaus werden Waffen und Rüstungen, Familienporträts, Beethovens Originalpartitur der 4. und 5. Symphonie und vieles mehr präsentiert. Auch beherbergt das Palais ein nettes Café, zudem werden im kleinen Festsaal stets mittags um 13 Uhr Klavierkonzerte geboten.

Der Singende Brunnen

Adresse Jiřská 1. ⌚ tägl. 10.30–18 Uhr. Eintritt 10,80 €, erm. 7 €, Familien 28 €. Sehr informativ ist der Audioguide. Tickets für Konzerte 16 € – was wann geboten wird, erfahren Sie unter www.praguecastleconcert.cz.

Královská zahrada (Königsgarten): Er wurde einst vielfach als der schönste Renaissancegarten nördlich der Alpen gepriesen. 1534 ließ ihn Ferdinand I. anlegen. Erstmals in Europa wurden darin Tulpen gezüchtet; die Zwiebeln stammten aus Konstantinopel. Während des Dreißigjährigen Krieges verwüsteten Schweden und Sachsen den Garten, und vorbei war es vorerst mit dem herrschaftlichen Lustwandeln. Als man ihn im 18. Jh. als Barockgarten gerade neu angelegt hatte, kamen die Franzosen. Zum Glück konnte man sie durch eine Zahlung von 30 Ananas davon abhalten, dem oben erwähnten Beispiel zu folgen. Seine ursprüngliche Renaissanceform stellte man nach dem Ersten Weltkrieg wieder her. Sehens- bzw. hörenswert sind insbesondere das Königliche Lustschloss und der Singende Brunnen (s. u.).

Adresse U prašného mostu. ⌚ April u. Okt. tägl. 10–18 Uhr, Mai u. Sept. 10–19 Uhr, August 10–20 Uhr, Juni u. Juli 10–21 Uhr.

Belvedér (Königliches Lustschloss und Singender Brunnen): Den Grundstein für den Renaissancebau mit seinem auffälligen Dach in Form eines kieloben schwimmenden Schiffrumpfs ließ Ferdinand I. 1538 legen; seiner geliebten Gemahlin wollte er das Schlösschen schenken. Es sollte dem Vergnügen und der Erholung dienen, auch ein Tanzsaal war geplant. Letztendlich zogen sich die Bauarbeiten jedoch bis 1564 hin. Während der Regierungszeit Rudolfs II. wurde das Schloss als astronomisches Observatorium zweckentfremdet. Heute wird es überwiegend für Ausstellungszwecke genutzt.

Der berühmte *Singende Brunnen* davor stammt aus der Mitte des 16. Jh. Das

Modell, einem römischen Brunnen gleich, schuf Francesco Terzio. Für den Guss war ein Glockengießer namens Thomas Jaroš verantwortlich. Vielleicht klingen deshalb die herabfallenden Wassertropfen auf der untersten Metallschüssel wie ein nie enden wollendes Glockenspiel, das am besten zu hören ist, wenn man den Kopf unter (nicht in) das untere Brunnenbecken hält.

Adresse Královská zahrada. ⌚ Das Schloss ist nur zu Ausstellungen geöffnet.

Essen und Trinken

(→ Karte S. 190/191)

Die Restaurants und Cafés im Burgbereich werden ausschließlich von Touristen aufgesucht. Dementsprechend stimmen Qualität und Service größtenteils nicht mit den Preisen überein.

Restaurants

Lví Dvůr (1), beim Königsgarten. Sehr gepflegt, stilvoll-rustikal eingerichtet. Große Uhren an der Wand. Schöne Terrasse, auf der man Spanferkelspezialitäten probieren kann. Hg. 7–25 €. ✆ 224372361. U prašného mostu.

Vikárka (5), das berühmteste Restaurant im Burgareal und in vielen Geschichten verewigt. Auch Picasso aß schon hier, und Václav Havel verbrachte im Vikárka nach seiner Wahl zum Präsidenten gerne seine Pausen. Leicht rustikales Ambiente, etwas eng bestuhlt. Böhmische Küche, Hg. 8,50–18 €. ✆ 233311962. Vikářská 39.

Villa Richter (2), nicht direkt auf dem Burggelände, sondern im 2008 neu angelegten St.-Wenzels-Weinberg. Traumhafte Aussichtsterrasse. Serviert wird neben tschechischer Küche italienisch Angehauchtes. Dazu gibt es gute Tropfen aus Mähren. Hg. 9–13 €. ✆ 257219079. Staré zámecke schody 6 (Zugang gegenüber dem Schwarzen Turm).

Café/Snackbar

Lobkowicz Palace Café (4), die Location mit der schönsten Terrasse im Burgbereich – herrlicher Blick über die Stadt. Dazu netter Innenhof. Gute Salate und Snacks, Miniauswahl an Hauptgerichten (9–11 €). Dazu süffiges Lobkowicz-Bier – nur selten in Prag zu bekommen, ein Genuss! Jiřská 3.

Bistro Zlatá Ulička (3), zwischen Jiřská und Zlatá Ulička. Stehcafé mit einigermaßen preiswerten Snacks und Sandwichs. Im Sommer ein paar Tische davor.

Entenbraten – ein Nationalgericht

Shoppingcenter Zlatý Anděl in Smíchov

Smíchov

Südlich von Malá Strana erstreckt sich Smíchov, ein Stadtteil zwischen marod und mondän mit bröckelnden Fassaden, heruntergekommenen Fabrikanlagen und futuristischer Glas- und Stahlarchitektur.

Smíchov (dt. „Lachende Au") entdeckte der böhmische Adel im 18. Jh. In sicherem Abstand zu den Ufern der Moldau ließ er sich Lustschlösser bauen und blühende Gärten anlegen. An jene Zeit erinnern noch heute die → **Villa Bertramka**, in der Wolfgang Amadeus Mozart des Öfteren zu Besuch weilte, und das → **Sommerpalais Kinský (Letohrádek Kinských)** inmitten der friedlichen, gleichnamigen Parkanlage. Im Gefolge der Industrialisierung verflog jedoch die Sommerfrische über Smíchov. Rußende Fabrikanlagen kamen und mit ihnen das Proletariat und die Mietskasernen. Ende des 20. Jh. hörten die Schornsteine auf zu rauchen. Der Untergang des Kommunismus war auch der Untergang unzähliger Betriebe. Heute werden die alten Fabrikhallen teils als Lagerhallen genutzt oder abgerissen und machen so Platz für das neue Smíchov mit modernen Hotels, Büro- und Einkaufszentren.

Am attraktivsten ist jener Part von Smíchov, der südlich an Malá Strana anschließt und ohne weiteres zu Fuß zu erkunden ist. Das Moldauufer dominieren mondäne, frisch restaurierte Jugendstilfassaden, in zweiter und dritter Reihe bröckelt zuweilen noch der Putz. Smíchov hat hier nichts vom musealen Charakter der historischen Stadtteile, ist aber dennoch reizvoll – vielleicht genau deswegen. Prager Alltag ist hier zu Hause, und mit dem → **Centrum Futura** eine der innovativsten Galerien der Stadt. Die Avantgarde trifft sich auch im neuen Kunstzentrum → **Meet Factory** ganz im Süden von Smíchov – dort, wo noch abgewirtschaftete Industrietristesse und düstere Straßenzüge gegenwärtig sind. Wer mit Kunst weniger am Hut hat, geht einfach ein Bier trinken – am besten in der Kneipe der hiesigen → **Brauerei Staropramen**. Ganz nebenbei: Das Brauwasser von Staropramen entspringt keiner berühmten Quelle, es kommt aus der Moldau!

Sehenswertes

Villa Bertramka (Mozartmuseum): Die kleine Ausstellung in den Räumlichkeiten der Rokokovilla Bertramka erinnert an Mozarts Zeit in Prag (→ Kasten, S. 204). Zu sehen gibt es alte Zeitungsausschnitte, historische Musikinstrumente und ein paar persönliche Gegenstände des Komponisten. Ab und zu finden auch klassische Konzerte statt, im Sommer im Freien. Nebenan ein nettes Café.

Adresse Mozartova 169. Ⓢ 4, 6, 9, 10 Bertramka. Von dort ausgeschildert. ⌚ April–Okt. tägl. 9–18 Uhr, im Winter 9.30–16 Uhr. Eintritt 4,60 €, erm. 2 €.

Letohrádek Kinských (Sommerpalais Kinský): Das auch „Musaion" genannte Empirepalais beherbergt ein meist besucherfreies Ethnographiemuseum, das nicht unbedingt zum Pflichtprogramm gehört: Trachten, Keramik, Heiligenfiguren, Bauernmöbel etc. Angeschlossen ein Café mit Sommerterrasse.

Adresse Kinského zahrada. Ⓢ 6, 9, 12, 20 Švandovo divadlo. Okt.–April tägl. (außer Mo) 9–17 Uhr, sonst 10–18 Uhr. Eintritt 3,30 €, erm. die Hälfte, Familien 4 €.

Centrum Futura: Die Hinterhofgalerie präsentiert schräge, meist konzeptuelle Kunst aus dem In- und Ausland auf rund 800 m². Was gerade gezeigt wird, erfährt man auf www.futuraproject.cz. Es lohnt auch ein Blick in den Garten: Dort stehen zwei riesige, nach vorn gebeugte Figuren, denen man über Leitern in den Allerwertesten blicken kann. Sie sind eine Arbeit David Černýs (→ Kasten, S. 118), übrigens einer der Mitinitiatoren der Meet Factory (s. u.).

Adresse Holečkova 49. Ⓢ 6, 9, 12, 20 Švandovo divadlo, weiter mit Ⓑ 176 Holečkova. Mi–So 11–18 Uhr. Eintritt frei.

Meet Factory: In einer ehemaligen Fleischfabrik, auf die – unübersehbar – zwei leuchtend rot lackierte Autos an der Fassade aufmerksam machen, entstand 2007 eines der innovativsten Kunstprojekte der Stadt. Die Meet Factory versteht sich als multikulturelles Zentrum für moderne Kunst, in dem Künstler aus aller Welt für kürzer oder länger leben, arbeiten und ausstellen können. Neben den 15 Wohnateliers für die kreativen Residenten gibt es Galerieräume, einen Filmklub für originelle Streifen, ein Theater und immer wieder aus der Reihe fallende Konzerte. Über die aktuellen Events informiert die Seite www.meetfactory.cz.

Adresse Ke Skále 5. Ⓢ 12, 13, 14, 20 Lihovar. Auf dem Weg dahin rechter Hand Ausschau halten.

Brauerei Staropramen: Die 1869 gegründete Brauerei, die heute der belgischen Unternehmensgruppe *InBev* angehört, liefert ihrer trinkfreudigen Kundschaft jährlich rund 2,6 Mio. Hektoliter Bier. Bei einer Führung erfährt man allerlei Interessantes über die Bierherstellung und deren Geschichte – zu viel erwarten sollte man aufgrund automatisierter Produktionsabläufe allerdings nicht. Der Brauerei ist ein beliebtes Kneipenrestaurant angeschlossen (→ Essen und Trinken). Ein Staropramen-T-Shirt kann man als Andenken erstehen.

Adresse Nádražní. Ⓜ B Anděl. Wann Führungen (4,20 € pro Person inkl. 1 Glas Bier) in deutscher oder englischer Sprache stattfinden, erfährt man unter ✆ 257191111, auch werden die Zeiten am Eingang zur Brauerei an der Pivovarská angeschlagen.

Essen und Trinken

(→ Karte S. 205)

Restaurants

Jeskynní Restaurant Pravěk (10), an den Wänden Mammutstoßzähne, Tropfsteine und Höhlenmalereien. Auf dem Teller Kängurubraten und Straußensteaks. Ein Erlebnis für Kinder. Hg. 6,70–19,50 €. Freundlicher Service. ✆ 257326908. Na Bělidle 40. Ⓜ B Anděl.

Jet Set (11), luftiges, minimalistisches Loungerestaurant: Leder und Chrom vor weißer Wand. Einsehbare Küche (von der Plzeňská). Pasta, Sandwichs oder Entenbrust mit Honigsauce zu 6–14 €. Oft legen DJs auf. ✆ 257327251. Radlická 1c. Ⓜ B Anděl.

Hospoda Na Verandách/Potrefená Husa (13), großräumige, der *Staropramen*-Brauerei angeschlossene, rustikal-modern eingerichtete Restaurantkneipe mit vornehmlich jungem tschechischem Publikum. Gute böhmische Küche zu fairen Preisen. Neun Sorten Bier im Ausschank, unbedingt kosten: das naturtrübe *Kvasníčové pivo*. ✆ 257191200. Nádražní 43/84. Ⓜ B Anděl.

Pivnice

Pivnice U Dělového Křížé (4), verzweigte Kellerpivnice, in der man nicht nur Snacks zum Bier bekommt, sondern auch richtig or-dentlich essen kann. Super Ente, auch ansonsten kommt viel Fleisch auf den Teller. Wer des Tschechischen mächtig ist, kann aus der kleinen, sehr günstigen Mittagskarte wählen. Hg. ansonsten 4–16 €. Rockmusik aus den Boxen, viel junges Publikum. Štefánikova 48. Ⓢ 6, 9, 12, 20 Švandovo divadlo.

Cafés

Káva Káva Káva (9), ein Ableger des Cafés in der Altstadt (→ dort). Sehr beliebtes Schnellcafé. Kaffee und Kuchen, Suppen und Frühstück den ganzen Tag. Lidická 42. Ⓜ B Anděl.

Švandovo Divadelní Kavárna (3), nette Cafébar mit großen Fenstern, die zum gleichnamigen Theater gehört. Štefánikova 57. Ⓢ 6, 9, 12, 20 Švandovo divadlo.

Wigwam Café (1), farbenfrohes, rustikalgemütliches Kneipencafé mit jungem Publikum und günstigem Bier. Hinterhofterrasse. Man kann auch essen. Zborovská 54. Ⓢ 6, 9, 12, 20, 22 Újezd.

Sie nannten ihn „Mozard"

In Wien war er mit seinem *Figaro* kläglich gescheitert. In Prag pfiff man Melodien daraus auf der Straße, als Wolfgang Amadeus Mozart im Januar 1787 erstmals in der Moldaustadt eintraf. Im Gegensatz zu seinen Opern oder Sinfonien, klang der Name des Urhebers aber noch fremd – die Zeitungen druckten ihn „Mozard". (Die Deutschen Böhmens unterschieden das D phonetisch nicht vom T, hinzu kam das rollende R.) Noch im gleichen Jahr entschloss sich Mozart, seinen *Don Giovanni* in Prag uraufführen zu lassen. Die Oper beendete er in der Villa Bertramka als Gast des Pianisten František Dušek. In den arbeitsamen Nächten hielt ihn seine Frau Constanze mit Kaffee wach, angeblich aber auch die Hausherrin Josefa Dušek... Sei es, wie es will: Die Premiere am 29. Oktober 1787 im Ständetheater wurde ein Erfolg. „Meine Prager verstehen mich", resümierte Mozart – wohl zu Recht. In Wien wurde er später in einem anonymen Massengrab beigesetzt. In Prag aber kamen 4000 Menschen zu einem Gedenkgottesdienst in die Sankt-Nikolaus-Kirche nach Malá Strana.

bernachten
2 Hotel Residence Malá Strana (S. 67)
Arbes (S. 62)
Riverside (S. 62)
2 Botel Admirál (S. 62)
4 Akát (S. 64)
5 Caravan Park Praha (S. 68)
ssen & Trinken (S. 204)
4 Pivnice U Dělevého Křížé
0 Jeskynní Restaurant Pravěk
1 Jet Set
3 Hospoda Na Verandách/ Potrefená Husa
afés (S. 204)
1 Wigwam Café
Švandovo Divadelní Kavárna
Káva Káva Káva
achtleben
5 Shadow Azyl (S. 80)
Futurum (S. 76)
inkaufen
4 Starožitnosti Pod Kinskou (S. 88)
Petřín
Malá Strana
Halbinsel-Kampa
Střelecký ostrov
Lanovka
Anschlusskarte Malá Strana/ Kleinseite auf S. 165
Anschlusskarte Nové Město/ Neustadt auf S. 116/117
Újezd
Vítězná
most Legií
Národní
Smetanovo nábř.
Mahnmal für die Opfer des Kommunismus
(Laurenziberg)
Černýs rosa Panzer
Kinského nam.
Švandovo divadlo
Kinského zahrada
Dětský ostrov
Slovanský ostrov
Letohrádek Kinský (Musaion)
Švandovo divadlo (Theater)
Österreichische Botschaft
Arbesovo náměstí
Jiráskův most
Masarykovo nábřeží
V Botanice
Matoušova
Centrum Futura
Strahovský tunel
sv. Václav
Nový Smíchov
Palackého náměstí
Palackého most
Plzeňská
Bertramka
Duškova
Hotel Mövenpick
Village Cinemas Anděl
Zlatý anděl
Anděl
Villa Bertramka (Mozartmuseum)
Smíchov
Busbahnhof
Na Knížecí
Brauerei Staropramen
Pražská pláž na Smíchově (Moldaustrandbad)
Vltava (Moldau)
Radlická
Nádražní
Strakonická
Plzeňka
Smíchovské nádraží
Bahnhof
Meet Factory
200 m
Smíchov

Die ethnische Minderheit der Roma

Rund 17.000 Roma leben in Prag, viele davon in Smíchov. Sie werden mehr verachtet als respektiert. Die Roma erreichten im 14. Jh. Mitteleuropa. Rund sechs Jahrhunderte vorher hatten sie ihre ursprüngliche Heimat in Nordindien verlassen. Zunächst begegnete man ihnen freundlich, vor allem der Adel erfreute sich an ihren künstlerisch-artistischen Darbietungen, ihrem exotischen Erscheinungsbild, ihren außerordentlichen Handwerkskünsten und ihrer fremdartigen Lebensweise. Sie erhielten besondere Privilegien, und der böhmische König Sigismund (1368–1437) stattete sie gar mit Schutzbriefen aus.

Doch schon zu Mitte des 15. Jh. änderte sich die Situation. Die Kirche begann gegen die Roma zu hetzen. Ihre Privilegien wurden aufgehoben, 1697 wurden sie in Böhmen gar für vogelfrei erklärt. Damit begann die bis heute andauernde Phase der Diskriminierung. Immer wieder, vor allem in schlechten Zeiten, machte man die Roma zu Sündenböcken, und immer wieder kam es zu Verfolgungs- und Vergeltungsmaßnahmen. Die größte Tragödie führten die Nazis herbei: Von den rund 8000 Roma Böhmens und Mährens überlebten nur etwa 600 – die anderen wurden in Auschwitz ermordet.

Infolge der Vertreibung der Deutschen nach dem Krieg mussten ganze Landstriche neu besiedelt werden. So holte die Tschechoslowakei zahlreiche Roma, vor allem aus Ungarn und Rumänien, ins Land. Billige Arbeitskräfte sollten sie sein. Bildungspolitische Maßnahmen wurden nicht ergriffen, die *Cikáni* (Zigeuner) sollten „unten“ bleiben. Nach dem Zusammenbruch des Kommunismus erhielten die rund 300.000 Roma in Tschechien den Status einer nationalen Minderheit und damit das Recht auf Förderung der eigenen Kultur sowie auf Gründung von Vereinen, Organisationen und Parteien. Im Endeffekt aber waren die Roma zugleich Wendeverlierer: Der Verlust der sozialen Sicherheit und mangelnde Qualifikation führten zu hoher Arbeitslosigkeit (rund 80 % der tschechischen Roma sind arbeitslos). Infolge des Beitritts zur EU, die auf Minderheitenschutz Wert legt, hat sich die Situation der Roma im Land ein wenig gebessert: In so genannten Nullklassen z. B. versucht man, Romakindern schon vor dem ersten Schuljahr soziale und sprachliche Fertigkeiten beizubringen, die sie vor dem Eintritt in die Sonderschule bewahren sollen. Sterilisationen von Romafrauen ohne deren Zustimmung (noch bis 2001 sind Fälle bekannt!) kommen nicht mehr vor. Und bei Krawallen wie z. B. noch im November 2008 im nordböhmischen Litvínov, wo unter dem Beifall der Anwohner 600 Rechtsradikale eine Romasiedlung verwüsten wollten, schaut die Polizei nicht mehr weg. Gleichzeitig aber machen sich manche Politiker im Land die vorherrschende Romafeindlichkeit zu eigen und gehen mit rassistischen Äußerungen auf Wählerfang. Traurigerweise gilt das nicht nur für ein paar wenige Politiker der Randparteien: Vize-Premier Jiří Čunek z. B. verdankte seine Popularität der Tatsache, dass er Romas aus dem Zentrum der nordmährischen Stadt Vsetín in abgelegene Containerwohnheime umsiedeln ließ. Sein Kommentar dazu: „Ich entferne nur Geschwüre, Ärzte tun das auch.“

Dukelských hrdinů, eine der Hauptadern Holešovices

Holešovice und Bubeneč

U-förmig zieht sich die Moldau um die zwei Stadtteile Holešovice und Bubeneč. Prager Alltagstristesse und Prager Glanzlichter liegen hier eng beieinander.

Die beiden Stadtteile im Norden Prags haben viel zu bieten, wenn auch erst auf den zweiten Blick. Wer sich für Kunst interessiert, kann allein im → **Veletržní palác**, dem einstigen Messepalast und heutigen Museum moderner und zeitgenössischer Kunst, einen Tag verbringen. Hier ist alles vertreten, was Rang und Namen hat. Zudem besitzt Holešovice mit der neuen → **DOX Galerie** ein spannendes Zentrum für Gegenwartskunst. Auch das → **Technische Nationalmuseum (Národní technické muzeum)** wird nach seiner Restaurierung wieder einen verregneten Tag lang begeistern können. Das → **Lapidárium**, ein weiteres gutes Museum, voll mit alten Statuen und Architekturfragmenten, liegt im → **Výstaviště**, dem größten Freizeitpark der Stadt. Bierfreunde werden an der → **Biergalerie** (**Pivní galerie**) ihre schaumbekrönte Freude haben. Und wer einfach Ruhe sucht, geht in den → **Letná-Park** oder den → **Stromovka-Park**.

Zum gemütlichen Schlendern durch das Prag der Prager sollte man Vinohrady oder Žižkov den Vorzug geben. Holešovice ist dafür zu zerrissen. Zwar besitzt der Stadtteil einige Straßenzüge mit Bauten aus der Gründerzeit. Daneben aber auch welche, bei denen man den Eindruck hat, als würden die Gebäude ihre tristen Hinterhoffassaden zur Straße kehren. Vorbei geht es dann an grauen Mietskasernen, trostlosen Saure-Gurken-Auslagen kleiner Lebensmittelläden, an Bekleidungsgeschäften mit der Mode längst vergilbter Burdahefte und an immer vollen Herna-Bars, in denen Arbeiter vor der Frühschicht ihr erstes Bier trinken. Dazwischen erinnern alte Industrieanlagen an den Ruin der Planwirtschaft. Überaus adrette Viertel hingegen besitzt Bubeneč, darunter eine vornehme Villengegend mit Botschaftsgebäuden (ganz im Westen des Stadtteils). Neben Žižkov entwickelt sich auch Bubeneč mehr und mehr zur bevorzugten Adresse der jungen Prager Szene, und so ist es kein Wunder, dass sich hier eine eigene kleine Kneipenszene aufgetan hat – werfen Sie beispielsweise einen Blick in die Šmeralova.

Sehenswertes

Veletržní palác – Muzeum moderního a současného umění (Messepalast – Museum moderner und zeitgenössischer Kunst): Das Museum begeistert in zweierlei Hinsicht, aufgrund seiner Architektur und aufgrund seiner Exponate. Als der ehemalige Messepalast 1928 eröffnet wurde, war er das erste Bauwerk Europas im funktionalistischen Stil und zugleich das größte Messegebäude der Welt. Heute hat sich das Auge an solche Bauten gewöhnt, von außen nimmt man sie gar nicht mehr als etwas Besonderes wahr. Von innen jedoch ist der Palast noch immer überwältigend. Den Kern des Gebäudes bildet eine imposante Halle mit verglastem Dach, die von den offenen Galerien der sechs Stockwerke umgeben wird. Die Architekten Oldřich Tyl und Josef Fuchs schufen dadurch ein Bauwerk von solcher Leichtigkeit, dass sich Le Corbusier bei dessen Anblick wie ein Dilettant vorgekommen sein soll.

Das Gros des Gebäudes belegt heute die Nationalgalerie. Im 1. Stock werden Werke internationaler Künstler des 20. Jh. gezeigt (u. a. Miró, Klee, Kokoschka, Schiele und Klimt), im 2. Stock tschechische Kunst von 1930 bis heute (Surrealismus, Aktionskunst, sozialistischer Realismus etc.) und im 3. Stock tschechische Kunst von 1900 bis 1930 (große Sammlung kubistischer Werke) sowie französische Kunst des 19. und 20. Jh. (u. a. Delacroix, Ro-

Moderne Kunst im Veletržní palác

din, Gaugin und Monet). Die restlichen Stockwerke dienten zuletzt wechselnden Ausstellungen.

Adresse Dukelských hrdinů 47. Ⓜ C Nádraží Holešovice, weiter mit Ⓢ 12, 14, 17 Veletržní. ⌚ tägl. (außer Mo) 10–18 Uhr. Eintritt 6,70 €, erm. 3,30 €.

Dox Galerie: Der Name der erst 2008 eröffneten, megaschicken Galerie für moderne Kunst – der größten auf tschechischem Boden – leitet sich ab vom griechischen Wort „Dóxa" (Meinung). Sie ist untergebracht in einer ehemals Metall verarbeitenden Fabrik und bietet insgesamt sechs Ausstellungshallen. Zwei bis drei große sowie bis zu acht kleinere Expositionen werden darin künftig pro Jahr zu sehen sein – alles ist dabei möglich. Angeschlossen sind ein Designshop und ein schönes Café mit großer Terrasse. Ein Restaurant soll folgen.

Adresse Osádní 34. Ⓜ C Nádraží Holešovice, weiter mit Ⓢ 5, 12 Ortenovo náměstí. ⌚ Mo und Sa/So 10–18 Uhr, Mi–Fr 11–19 Uhr, Di geschl. Der Eintritt variiert je nach Ausstellung. Infos auf www.doxprague.org.

Národní technické muzeum (Technisches Nationalmuseum): Wegen Restaurierungsarbeiten wird das Museum voraussichtlich nicht vor Ende 2009 wieder eröffnet. Dann aber erwarten Sie u. a. eine gigantische Sammlung an fotografischen und kinematografischen Apparaten (mit annähernd 18.000 Exponaten aus über 50 Ländern eine der größten der Welt), eine astronomische Abteilung mit Instrumenten, mit denen schon Tycho Brahe und Johannes Kepler Sonne, Mond und Sterne studiert haben, eine Verkehrshalle mit alten Škodas, Tatras und Bugattis, ein über 1 km langer Nachbau einer Erz- und Kohlengrube im Untergeschoss und und und. Ein Erlebnis für Groß und Klein.

Adresse Kostelní 42. Ⓜ C Vltavská, weiter mit Ⓢ 25 Letenské náměstí.

Lapidárium: Es beherbergt überwiegend Originale der Bildhauerarbeiten, die vielerorts in der Stadt aufgrund von Verwitterung oder einfach zum Schutz durch Kopien ersetzt wurden. Darunter befinden sich z. B. Originalskulpturen von der Karlsbrücke oder die Reiterstatue des heiligen Georg von der Prager Burg. Die Sammlung umfasst über 400 Exponate vom 11. bis zum 19. Jh., die in acht Sälen ausgestellt sind.

Adresse Výstaviště 442. Ⓜ C Nádraží Holešovice, weiter mit Ⓢ 5, 12, 15 Výstaviště. ⌚ Di–Fr 12–18 Uhr, Sa/So 10–18 Uhr. Zum Zeitpunkt der letzten Recherche war das Museum aus „technischen Gründen" geschlossen.

Výstaviště (Ausstellungsgelände): Herz des Ausstellungsgeländes ist der 1891 eröffnete *Industriepalast (Průmyslový palác)* im Jugendstil, der bis Herbst 2008 ununterbrochen als Messegelände

Uhr an den alten Jugendstil-Messehallen

genutzt wurde. Dann zerstörte ein Feuer – der größte Brand in der Geschichte Tschechiens – den kompletten linken Flügel. Die Schäden wurden auf 40 Millionen Euro beziffert. Nach alten Plänen soll der Flügel wieder aufgebaut werden, gleichzeitig soll eine Komplettrestaurierung sämtlicher Hallen des Industriepalastes erfolgen.

Drum herum erstreckt sich ein etwas schäbiges Freizeitgelände – dementsprechend der Andrang. Es gibt u. a. ei-

nen *Lunapark* mit Riesenrad, eine multimediale, kitschige *Springbrunnenshow* (Křižíkova fontána, nur im Sommer, www.krizikovafontana.cz), einige Terrassenlokale und Imbissstände. Im *Seaworld* (Morský svět) kann man Korallen und Meeresfische – darunter auch Haie in einem viel zu kleinen Aquarium – besichtigen. Außerdem steht auf dem Gelände ein 1898 errichteter Rundbau *(Maroldovo panorama)*. Das gigantische Panoramabild in seinem Inneren ist ein

Brückenpanorama von der Letná-Höhe

Werk des Malers Ludvík Marold und zeigt die Hussitenschlacht bei Lipany (1434). Im Osten grenzt die *Tesla Arena*, in der Sparta Prag Eishockey spielt und musikalische Großevents stattfinden, das Gelände ab.

Adresse Výstaviště 442. Ⓜ C Nádraží Holešovice, weiter mit Ⓢ 5, 12, 14, 17 Výstaviště. Das Gelände ist, sofern keine Veranstaltungen stattfinden, frei zugänglich. **Seaworld**, ⌚ tägl. 10–19 Uhr. Eintritt 10 €, erm. 7,90 €. **Maroldovo panorama**, ⌚ tägl. 10–17 Uhr. Eintritt 0,80 €.

Pivní galerie (Biergalerie): Die originelle Mischung aus Laden, Museum und Kneipe betreibt der auskunftsfreudige Petr Vaněk (englischsprachig) als Plattform für kleinere tschechische Brauhäuser. Noch vor rund 100 Jahren gab es davon 1200 im Land, heute sind es nur noch rund 50. Mindestens 180 Sorten Bier hat die Galerie auf Lager, darunter so fremd klingende Namen wie „Černá horá", „Bohemia Regent", „Pernštejn" oder „Primátor" (die dunkle Variante mit 10 % Alkohol!). Dazu kann man Krüge, Gläser, T-Shirts usw. erstehen oder in der angeschlossenen Bierstube mit ein paar alten Emailleschildern und Fotos an den Wänden degustieren – täglich sind zwei andere Sorten im Ausschank.

Adresse U Průhonu 9. ⌚ Mo–Fr 12–21 Uhr. Ⓜ C Nádraží Holešovice, weiter mit Ⓢ 5, 12 U Průhonu.

Letenské sady (Letná-Park): Hoch über der Moldau gelegen, bietet er herrliche Ausblicke über die Stadt. Auf Bierbänken sitzt man beim Letenský zámeček, einem kleinen Beinaheschlösschen, etwas gediegener im Westen der Parkanlage auf der Aussichtsterrasse des Hanavský pavilón (→ Essen und Trinken). Dieser Jugendstilpavillon erinnert an eine russisch-orthodoxe Kirche, besitzt eine Stahlkonstruktion und wurde 1891 zur Landesjubiläumsausstellung gebaut. Ganz im Osten liegt der *Expo-Praha-58-Pavillon*. Der nahezu vollständig verglaste Pavillon gewann die Goldmedaille bei der Weltausstellung in Brüssel und fand danach auf der Letná einen neuen Standort. Einst befand sich ein nobles Restaurant mit Aussichtsterrasse darin, heute wird der Pavillon als Bürogebäude genutzt – schade. Pläne, die Letná-Höhe mit einem weiteren architektonischen Hingucker in Form einer Krake zu bereichern, liegen gerade auf Eis. Der gewagte Entwurf für den Neubau der *Nationalbibliothek* des tschechischen Architekten Jan Kaplický (2009 verstorben) geht den momentan regierenden konservativen Stadtvätern zu weit.

Noch zu sozialistischer Zeit wurden auf der Rückseite des Parks, beim Sparta-Stadion, die Maiparaden abgenommen. Aber das ist Vergangenheit. An die wechselvolle Geschichte des Landes erinnert heute das große *Metronom* des Popkünstlers David Černý (→ Kasten unten und S. 118). Es ist jedoch von überall in der Stadt interessanter anzusehen als vor Ort. Könnte man die Frequenz steigern, wäre der Platz davor die geniale Kulisse für eine Technoparty.

Anfahrt Ⓜ C Vltavská, weiter mit Ⓢ 25 Sparta.

Stromovka (Stromovka-Park): Er ist nicht nur der größte, sondern auch der schönste Park der Stadt. Hunde, Jogger und Inlineskater finden genügend Auslauf. Bereits im 13. Jh. wurde der Stromovka-Park als Jagdgehege angelegt. Im 17. Jh., unter Rudolf II., grub man einen 1 km langen *Stollen (Rudolfa štola)* durch den Letná-Park bis zur Moldau. Die tiefer als der Fluss gelegenen Parkabschnitte konnten so geflutet werden. Zuviel des Guten brachte das Augusthochwasser 2002, der ganze Park verwandelte sich in einen See. Seitdem ist der Stollen, der zuvor begehbar war, geschlossen.

Ein beschilderter Spazierweg führt durch den Stromovka-Park bis zum Schloss Troja. Das Planetarium am Eingang des Parks beim Ausstellungsgelände Výstaviště kann man sich sparen, sofern man des Tschechischen nicht mächtig ist.

Anfahrt Ⓜ C Nádraží Holešovice, weiter mit Ⓢ 5, 12, 14, 17 Výstaviště.

Das „Auf und Ab" in der Geschichte

Auf der Letná hoch über Prag erinnert heute der Pendelschlag eines gigantischen Metronoms an die wechselvolle Geschichte des Landes und der Stadt. Es befindet sich an jener Stelle, an der 1955 das größte Stalinmonument der Welt stand: eine 30 m hohe, 14.000 t schwere kolossale Skulptur mit dem Diktator an der Spitze, hinter ihm eine Schar seiner Anhänger. Der Volksmund nannte es „tlačenice" (das Gedränge), da es stark dem Schlangestehen vor den Geschäften ähnelte. Der Entwurf dazu stammte von Otakar Švec. Kurz darauf beging er Selbstmord und stiftete sein Vermögen bezeichnenderweise einer Blindenschule. Ein Jahr nach der Einweihung des Monuments verurteilte Chruschtschow Stalin. Stück für Stück jagte man die 7000 Kubikmeter Granit daraufhin in die Luft, an der zuvor 600 Arbeiter über eineinhalb Jahre geklopft hatten.

Essen und Trinken

(→ Karte S. 210/211)

In den Straßen **Šmeralova, Čechova** und **Keramická** (nördlich des Letenské náměstí) reihen sich Cafés, Kneipen und Restaurants aneinander, viele mit hübschen Gartenterrassen. In Holešovice und Bubeneč gibt es zudem noch eine Vielzahl einfacher Pivnices.

Restaurants

Hanavský pavilon (21), delikates Dinieren mit Blick über die Moldaubrücken. Kanadischer Lobster, Lachskaviar, bretonische Bouillabaisse, Wildpilzrisotto oder ein argentinisches Sirloin-Steak? Die adretten Kellner verbuchen die Hg. mit 15–30 €. ✆ 233323641. Letenské sady 173. Ⓜ C Vltavská, weiter mit Ⓢ 25 Sparta.

Letenský zámeček (20), beherbergt zwei Lokalitäten. Im EG befindet sich die modern eingerichtete **Brasserie Ullmann**. Internationale Küche zu 7–16 €. Vornehmer und teurer ist das **Restaurant Belcredi** darüber. Schöne große Gartenterrasse. ✆ 233378208. Letenské sady 341. Ⓜ C Vltavská, weiter mit Ⓢ 25 Letenské náměstí.

Pizzeria Capua (18), empfehlenswerte Pizzeria mit Steinofen. Pizza 3,70–6,30 €. ✆ 2333 82659. Milady Horákové 9. Ⓢ 1, 12, 14, 17, 25, 26 Strossmayerovo náměstí.

Domažlická jizba (16), böhmische Küche etwas abseits des Mainstreams. Spieß- und Grillvariationen, auch Lamm oder Kalb. Mittags billige Knödelküche (nur tschechische Tageskarte). Einfache, rustikale Gaststube, im Sommer mit Terrasse. Hg. 6,30–11,30 €. ✆ 220879083. Strossmayerovo náměstí 2. Ⓢ 1, 12, 14, 17, 25, 26 Strossmayerovo náměstí.

Cafés/Kneipen

La Creperie (19), gemütliches Café. Leckere Crêpes in süßen und pikanten Varianten, ideal für Vegetarier. Janovského 4. Ⓜ C Vltavská.

Na staré kovárně (17), beliebtes Kneipenrestaurant mit Lenin und Trotzki an der Wand. Ordentliche Küche mit Riesenportionen – auf der Speisekarte stehen Gerichte wie „Risotto Kursk", „Truthahn Bill Gates" oder „Schweinesteaks Mussolini", dazu mexikanisch Angehauchtes. Hg. 5,40–11,30 €. Kamenická 17. Ⓜ C Vltavská, weiter mit Ⓢ 25 Kamenická.

Fraktal (10), lustig-bunt dekorierte Szenekneipe mit netter Musik und alternativem Publikum (darunter viele in Prag lebende Amerikaner). Kleiner Außenbereich. Tex-Mex-Küche zwischen Burgern und Burritos, Sa/So Brunch (kein Büfett). Šmeralova 1. Ⓜ C Vltavská, weiter mit Ⓢ 25 Letenské náměstí.

První Holešovická kavárna (6), Mischung aus Kneipe, Café und Restaurant, ein beliebter Treffpunkt im Viertel. Luftig, viele Pflanzen, kleine Tische. Deftige, günstige Küche. Komunardů 30. Ⓜ C Vltavská, weiter mit Ⓢ 1, 3, 5, 25 Dělnická.

Duky Douky (14), hier sitzt man mitten im Antiquariat! Nettes Café mit Snacks und einem jungen, angenehmen Völkchen. Janovského 14. Ⓢ 1, 12, 14, 17, 25, 26 Strossmayerovo náměstí.

Erhart Café (13), die *Erhartová Cukrárna*, der Konditoreiklassiker aus der Ersten Republik, wurde 2007 wieder eröffnet. Das Besondere heute wie damals: riesige Auswahl exzellenter Kuchen. Nur tagsüber geöffnet. Milady Horákové 56. Ⓜ C Vltavská, weiter mit Ⓢ 25 Letenské náměstí.

Außerhalb **Staročeská krčma Fontána**, im Stadtteil Dejvice, der sich im Westen an Bubeneč anschließt. Urig-romantische Gaststätte im Stil einer altböhmischen Wirtsstube. Kerzenlicht, gestapelte Holzscheite, rustikale Bänke, z. T. mit Fellen belegt. Vom offenen Feuer (im Raum) kommen herzhafte Fleischstücke, für Vegetarier gibt es zumindest gegrillten Käse. Hg. 7–11 €. ✆ 22432 1505. Anfahrt: Mit Ⓜ A bis Dejvická, dann der Straße Dejvická folgen, bis es nach links in die V. P. Čkalova 15 abgeht. Dort Hnr. 15.

Biergarten

Im gemütlichen, schattigen **Biergarten** vor dem **Letenský zámeček** genießt man eine herrliche Aussicht über die Stadt. Bier gibt es in Plastikbechern, oft wird gegrillt. Viel junges Publikum. Letenské sady 341. Ⓜ C Vltavská, weiter mit Ⓢ 25 Letenské náměstí.

Szeneviertel Žižkov

Žižkov

Eingebettet zwischen Hügeln erstreckt sich Žižkov nordöstlich von Vinohrady. „Rot“ war der Stadtteil früher, „ungezähmt“ ist er heute – wenn auch erst auf den zweiten Blick.

Zu Beginn des 19. Jh. war Žižkov nur ein Ausläufer von Vinohrady. Als im Zuge der Industrialisierung große Fabrikanlagen im benachbarten Karlín entstanden, entwickelte sich Žižkov zum Arbeitervorort und wurde schließlich ein eigener Stadtteil. Schon in den ersten Jahrzehnten des 20. Jh. war er die Hochburg der Kommunisten, laut dem Dichter Jan Martinec „der ärmste Stadtteil Prags, mit düsteren Mietshäusern und uneleganten Ausdünstungen“. In den 1980ern wollten die Kommunisten dieses „alte Žižkov“ im Zuge einer Stadterneuerung fast vollständig dem Erdboden gleich machen und mit Plattenbauten bestücken. Zum Glück wurde dieses Vorhaben nur in Ansätzen in die Tat umgesetzt.

Die Republik Žižkov

Kein Stadtteil Prags pflegt einen solchen Lokalpatriotismus wie Žižkov. Von offizieller Seite – dem Rathaus von Prag 3 nämlich – wurde sogar schon spaßeshalber die „Unabhängige Republik Žižkov“ ausgerufen und eine große Party veranstaltet, bei der Stadtbeamte Žižkover Reisepässe verteilten. Im April 2002 initiierte das Rathaus ein Referendum zur Abspaltung Žižkovs von Prag: 91 % der Einwohner votierten dafür.

Karte S. 216/217

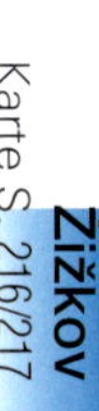

Noch heute gilt Žižkov als Arbeiterviertel, zudem ist es die Heimat vieler Roma. Mittlerweile entdecken auch die neue Prager Mittelschicht und die Tourismusbranche den Stadtteil. Viele Hotels und Pensionen sind entstanden. Man findet sie hauptsächlich zwischen den Straßen Husitská und Bořivojová.

Dazwischen, an der Seifertova, liegt das Stadion des lokalen Fußballclubs „Viktoria", dem „FC St. Pauli" Prags. Dieses Eck bis hinauf zur Metrostation Flora ist zugleich das lebendigste und schönste des Stadtteils. Auch kann man hier einen Streifzug durch die vielen berühmt-berüchtigten Žižkover Bierkneipen unternehmen – angeblich bot der Stadtteil während der Ersten Republik die weltweit höchste Anzahl an Gasthäusern pro Quadratkilometer. In den Kneipen geht es teils zu, als würde man noch immer den Sieg des Hussitenfüh-

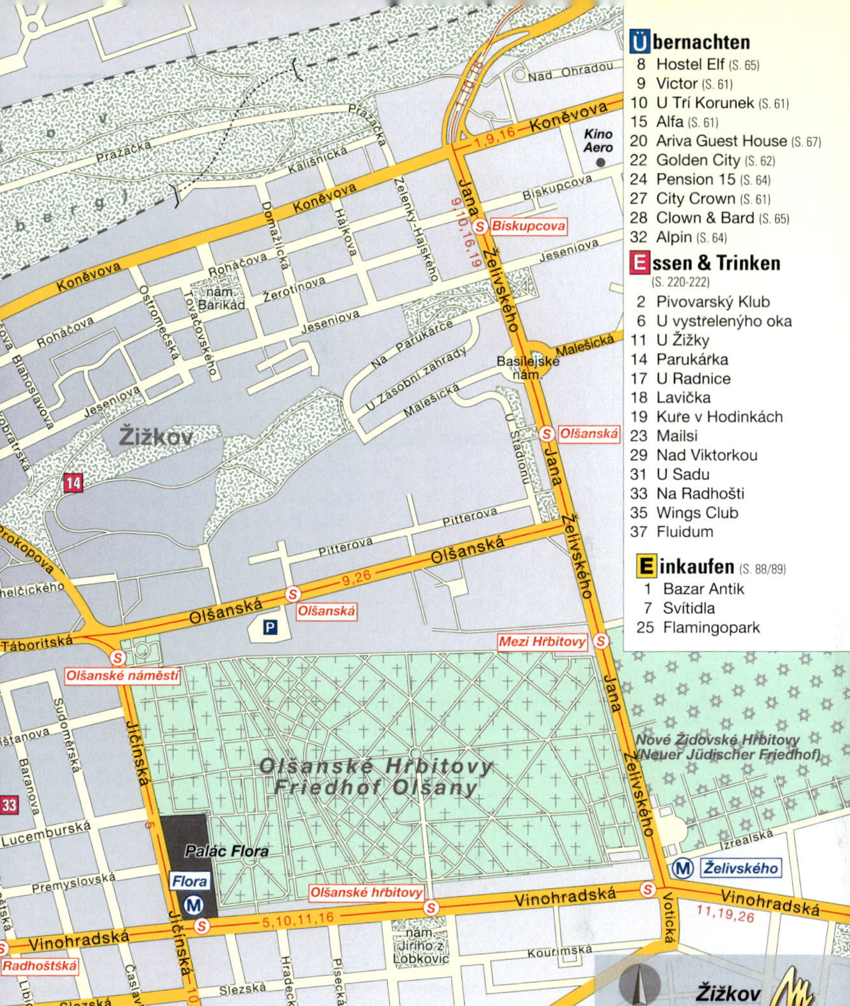

rers Jan Žižka, dem Namensgeber des Stadtteils, über das Kreuzfahrerheer begießen. Und nirgendwo in Prag ist das Publikum bunter. In intimen Clubs wird ausgiebig getanzt, und die Schwulen- und Lesbenszene trifft sich zwischen unscheinbaren Mietshäusern und kleinen Geschäften.

Abseits davon geht es erheblich ruhiger zu, zumal viele Winkel Žižkovs bislang nur schlecht mit öffentlichen Verkehrsmitteln zu erreichen sind. Das wird sich jedoch ändern: Die künftige Metrolinie D, mit deren Bau in den kommenden Jahren begonnen werden soll, wird angeblich auch durch Žižkov führen.

Das Gros der Touristen lässt Žižkov links liegen, und die wenigen, die kommen, besuchen vorrangig den → **Nové Židovské Hřbitovy,** den Neuen Jüdischen Friedhof, oder den → **Televizní Vysílač Praha,** den die ganze Stadt überragenden Fernsehturm. Zu besichtigen gäbe es außerdem noch das → **Armádní muzeum**, ein Armeemuseum, und das Jan-Žižka-Denkmal auf dem → **Vítkov**, einem länglichen Hügel, der die beiden Viertel Žižkov und Karlín voneinander trennt. Allzu viel sollte man von letzteren beiden Attraktionen bislang aber nicht erwarten. Wer jedoch das andere Prag kennen lernen will, kann sich hier einen Nachmittag oder eine Nacht lang treiben lassen.

Nobelpreisträger und Persona non grata – Jaroslav Seifert

Žizkovs berühmtester Sohn und, für den Stadtteil typisch, Sprössling einer Arbeiterfamilie heißt Jaroslav Seifert (1901–1986). 1920 gründete er mit befreundeten Schriftstellern den provokanten Künstlerbund „Devětsil" (dt. „Pestwurz"), eine surrealistische Avantgardegruppierung, die eine „neue proletarische Kunst" schaffen wollte. Kurz darauf trat er der Kommunistischen Partei bei. Den Genossen war er jedoch zu bürgerlichliberal, nach ein paar Jahren warfen sie ihn hinaus. Während des Zweiten Weltkriegs stieg Seifert zum populärsten Lyriker des Landes auf. Als seine einstige Partei nach dem Krieg die Macht übernahm, durfte er nur noch unter Auflagen publizieren. Seifert aber ließ sich nicht einschüchtern und prangerte auf dem 2. Prager Schriftstellerkongress 1956 die Verbrechen Stalins an. Im Ausland erhielt er in den folgenden Jahren unzählige Literaturpreise, und als sich die politische Situation während des Prager Frühlings vorübergehend lockerte, auch im Inland. In den 70er Jahren, als jegliche Liberalität wieder verflogen war, verhängte man über Seifert ein Publikationsverbot, er wurde zur Persona non grata. Doch der Literat verstummte nicht und schloss sich einige Jahre später der Bürgerrechtsbewegung „Charta 77" an. Zwei Jahre vor seinem Tod erhielt er als erster und bislang einziger tschechischer Schriftsteller den Literaturnobelpreis. Zu seinen bekanntesten und vielfach übersetzten Werken gehören *Morový sloup* (*Die Pestsäule*, 1977) und *Deštník z Piccadilly* (*Der Regenschirm vom Piccadilly*, 1979).

Sehenswertes

Vítkov (Veitsberg): Hoch über Prag hat man hier Jan Žižka ein Denkmal gesetzt, so gigantisch, als hätte der einäugige Hussitenführer nicht nur ein Kreuzfahrerheer besiegt (→ S. 94), sondern die Erde auch noch vor einem Überfall der Klingonen bewahrt. Das Denkmal ist das größte bronzene Reiterstandbild der Welt. Aus der Nähe betrachtet, wirkt es aber gar nicht so imposant. Hinter ihm liegt die *Nationale Gedenkstätte (Národní památník)*, ein riesiger konstruktivistischer Würfel aus den 1920er Jahren, der zum Ruhm der neuen Republik errichtet wurde. Die Kommunisten zweckentfremdeten das Bauwerk und machten daraus ein Mausoleum. Unter anderen fand darin auch der einstige Präsident Klement Gottwald seine Ruhestätte, aber nicht die letzte: 1990 bettete man ihn schließlich um auf den Friedhof Olšany (s. u.). Der Arme erlag übrigens einer Grippe, die er sich beim Begräbnis Stalins geholt hatte. Die Gedenkstätte gehört heute zum Nationalmuseum, das darin nach Abschluss der Restaurierungsarbeiten (Ende 2009) ein Museum über die Ge-

Auf dem Neuen Jüdischen Friedhof

schichte des modernen tschechischen Staates einrichten wird. Auch ein Café mit Panoramablick über die Stadt soll dann entstehen.

Anfahrt Ⓜ B, C Florenc, weiter mit Ⓑ133 U Památníku, von dort führen Spazierwege nach oben.

Armádní muzeum (Armeemuseum): Das Museum, untergebracht in einem tristen Kasten am Fuß des Vítkovs, diente einst der Glorifizierung des tschechoslowakischen Militärs und der gesamten Streitkräfte des Warschauer Paktes. Heute beschränkt man sich mehr oder weniger auf die Militärgeschichte des Landes vom Ersten Weltkrieg bis 1945. Zu sehen gibt es in erster Linie Uniformen, Waffen und Orden aus den Weltkriegen sowie einen Panzer. Zudem wird die Geschichte der deutschen Besetzung beleuchtet und an den tschechischen Widerstand und die Befreiung des Landes durch Russen und Amerikaner erinnert.

Adresse U Památníku 2. Anfahrt → Vítkov. ⏲ tägl. (außer Mo) 9.30–18 Uhr. Eintritt frei.

Nové Židovské Hřbitovy (Neuer Jüdischer Friedhof): Er ist ein bizarr-idyllischer Ort und nicht weniger besuchenswert als der Alte Jüdische Friedhof in Josefov, zumal hier kein Gedränge herrscht. Das Gros der Grabsteine stammt aus dem 19. Jh. und der ersten Hälfte des 20. Jh. Das bekannteste Grab ist das Franz Kafkas, der 1924 im Alter von knapp 41 Jahren an Tuberkulose starb. Er liegt zusammen mit seinen Eltern an der Südmauer bestattet. An seine drei Schwestern, die in den Vernichtungslagern der Nationalsozialisten umkamen, erinnert eine Steintafel. Kafkas Fangemeinde legt hier Briefe, Blumen und Steinchen nieder.

Adresse Izraelská 1. Ⓜ A Želivského. Das Kafkagrab ist ab dem Eingang ausgeschildert. ⏲ April–Sept. So–Do 9–17 Uhr, im Winter bis 16 Uhr, Fr 9–14 Uhr.

Der riesige und ebenfalls überaus interessante **Friedhof Olšany (Olšanské hřbitovy)** nebenan wurde ursprünglich für die Toten der Pestepidemie des Jahres 1680 angelegt. Groteskerweise teilen sich hier heute der Protestler Jan

Žižkov Karte S. 216/217

Palach (→ S. 101, Sektion 9/2) und Klement Gottwald, der „tschechische Stalin“ (Sektion 5/20), dieselbe Erde.

Adresse Vinohradská 294/212. Ⓢ 5, 10, 11, 16 Olšanské hřbitovy. ⌚ Mai–Sept. tägl. 8–19 Uhr, Okt., März u. April bis 18 Uhr, Nov.–Febr. bis 17 Uhr.

Televizní Vysílač Praha (Fernsehturm): Nach siebenjähriger Arbeitszeit wurde 1992 das letzte sozialistische Bauwerk Prags vollendet. Mehr als 100 m ragt es in den Himmel. Daneben liegen noch die kümmerlichen Überreste eines jüdischen Friedhofs aus dem 19. Jh., der dem Giganten weichen musste. Ursprünglich sollte der Turm v. a. die Frequenzen westlicher Sender stören. Heute dient er der Übertragung von Radio- und Fernsehprogrammen. Der Panoramablick von der Aussichtsplattform wäre schöner, würde man öfters mal die Fenster putzen. Auf 70 m befinden sich ein Café und ein Restaurant mit satten Preisen. Die Metallbabys, die den Turm hinaufklettern, sind ein Projekt des Prager Popkünstlers David Černý (→ Kasten, S. 118).

Adresse Mahlerovy sady. Ⓜ A Jiřího z Poděbrad. ⌚ tägl. 10–23 Uhr. Eintritt 6,30 €, erm. 5 €.

Ostalgie-Tipps

An die kommunistische Ära erinnert im Zentrum Prags heute so gut wie nichts mehr. Die Symbole des Sozialismus sind verschwunden wie Spuren im Sand. Teils wurden sie abmontiert, teils hat man sie einfach übertüncht wie z. B. den großen roten Stern über dem ehemaligen Hotel International, der mittlerweile grün ist. Der ideologisch markante Schmuck mit Arbeitern und Bauern, Hammer, Sichel und Sternen, der die Fassade ziert, blieb bislang jedoch erhalten. Das Gebäude selbst, eine Art Prototyp des sozialistischen Realismus, das in Anlehnung an die Lomonossow-Universität in Moskau entstand, beherbergt heute das Crowne Plaza Hotel (Podbabská, Dejvice). Auch Namensänderungen wurden vielfach durchgeführt. So benannte man z. B. die Metrostation Gottwaldova in Vyšehrad um, aus Leninova wurde Dejvická und aus Moskevská („Moskauer“) Anděl. In Letzterer finden sich noch Reliefs mit Hammer und Sichel, Arbeitern, Bauern, Fahnen und Kosmonauten, genauso an der Nationalen Gedenkstätte am Vítkov.

Essen und Trinken

(→ Karte S. 216/217)

Restaurants

Mailsi (23), pakistanisches Restaurant. Leckere Vorspeisen, scharfe Currys, Tandoori-Gerichte, auch Vegetarisches. Die Portionen sind leider nicht die größten, und der Beilagenreis wird extra berechnet. Nur mittags und abends. Hg. 11–21 €. ✆ 222717783. Lipanská 1. Ⓢ 5, 9, 26 Lipanská.

Fluidum (37), etwas gediegeneres Lokal mit Stoffservietten auf nett dekorierten Tischen. Verfeinerte tschechische Küche mit frischen Kräutern und mediterranen Einflüssen. Lohnenswert zur Mittagszeit: Suppe, Hauptspeise und Getränk 6 €. Hg. am Abend 11–20 €. ✆ 222211702. Lucemburská 6. Ⓜ A Jiřího z Poděbrad.

Wings Club (35), das Restaurant ist zugleich ein Museum über den Luftkampf im Zweiten Weltkrieg. An der Wand vor der Bar hat Besitzer Mirek Petrů z. B. das Cockpit der Spitfire angebracht, die Regisseur Jan Svěrák in seinem Film *Dark Blue World* nutzte. Neben den tschechischen Klassikern und Steaks auch Experimente mit der mexikanischen Küche (Enchiladas, Tostas, Tacos). Hg. 4,60–15,50 €. ✆ 222713151. Lucemburská 11. Ⓜ A Jiřího z Poděbrad.

Lavička (18), ein Lesertipp. Neueres, etwas nüchternes Wintergartenrestaurant mit

Spacig: der Žižkover Fernsehturm

Raucher- und Nichtraucherbereich. Altböhmische Spezialitäten (gutes Gulasch, Entenbraten etc.) und internationale Küche (Entenbrust mit Zucchini und Pilzsauce, Zanderfilet mit Paprikasauce, Pasta, große Salate). Hg. 7–16 €. ✆ 222221349. Seifertova 77. Ⓢ 5, 9, 26 Lipanská.

Kuře v Hodinkách (19), benannt nach dem Debütalbum (dt. „Huhn in der Uhr") der tschechischen Jazzrockband Flamengo. Angenehmes Barrestaurant auf zwei Etagen, gute Musik. Pasta, Steaks und Burger, z. T. aus Biofleisch. Gutes Preis-Leistungs-Verhältnis. Hg. 4–13 €. So nur am Abend. ✆ 222 734212. Seifertova 26. Ⓢ 5, 9, 26 Husinecká.

Pivnices

U vystřelenýho oka (6), was für ein Name: „Zum ausgeschossenen Auge"! Hinter dem alteingesessenen Lokal ganz im Zeichen des einäugigen Hussitenführers verbirgt sich eine nette Mischung aus rustikaler Pivnice, verrauchter Musikkneipe und Studententreff. Kleiner Biergarten. ⌚ tägl. außer So. U božích bojovníků 3. Ⓜ B, C Florenc, weiter mit Ⓑ 133 U Památniku.

Nad Viktorkou (29), simpel-nette Musik-Pivnice mit viel Althippie-Publikum – ein Žižkover Urgestein. Fernseher für Fußballfans und Bilder von nackten Frauen an den Wänden. Günstiges Essen. Ab und zu kleine Konzerte. Bořivojová 79. Ⓢ 5, 9, 26, 55, 58 Lipanská.

U Sadu (31), typische Žižkover Pivnice mit dunkel getäfelten Wänden und Trödel an der Decke. Dazu Kellerbar und überdachter Außenbereich. Tischfußball und Billardtisch. Man kann auch essen und seinen Alkoholspiegel messen. Weizenbier der nordböhmischen *Primátor*-Brauerei im Ausschank. Škroupovo nám. 5. Ⓜ A Jiřího z Poděbrad.

Na Radhošti (33), das Bier der Kozel-Brauerei fließt hier in rauen Mengen. Viele Altmännerstammtische, UNESCO-trinkschutzwürdig. Billigste böhmische Tagesgerichte. Radhošťská 15. Ⓢ 11 Radhošťská.

U Žižky (11), kleine, fast urige Pivnice mit bildbandreifem Publikum. Ebenfalls sehr günstige Tagesgerichte. Chlumova 22. Ⓢ 5, 9, 26 Lipanská.

U Radnice (17), kleine, gekachelte Bierhalle, die stets süffiges *Krakonoš*-Bier aus dem Riesengebirge im Ausschank hat, dazu noch ein paar andere Sorten, die auf einer Tafel angeschrieben sind. Noch vor 20 Jahren prägten Bierstuben wie diese die gesamte Prager Innenstadt. Mittagsgerichte um die 4,20 €. Havlíčkovo náměstí 7. Ⓢ 5, 9, 26 Lipanská.

Žižkov Karte S. 216/217

Bars/Kneipen

Pivovarský Klub (2), im Viertel Karlín nördlich von Žižkov. Über 100 Biere aus dem In- und Ausland werden hier ausgeschenkt – darunter gar Bamberger Rauchbier, zuckerfreies Bier und Biersekt. 0,5 l ab 1,30 €. Man kann auch essen. Im EG die Bierstube, im Keller das Restaurant. Modern-rustikal eingerichtet, aber etwas steril. Křižikova 17. Ⓜ B, C Florenc.

Hapu (36), kleine, abgeschrammte Cocktailbar mit Teppichboden und bunten Wänden. Die Cocktails zählen zu den besten der Stadt. Viele Amerikaner, stets voll. Orlická 10. Ⓜ A Jiřího z Poděbrad.

Vobejvák (13), das niedliche, rot gestrichene „Wohnzimmer" sieht aus, wie es heißt. Im plüschigen Ambiente trifft sich die Szene zu Cocktails oder Pilsner. Nette Musik. Stítného 8. Ⓢ 5, 9, 26, 55, 58 Husinecká.

Planeta Žižkov (4), lebendige American-Style-Kneipe mit lauter Musik. Überladen eingerichtet: an den bunten Wänden alte Radios, mexikanische Sombreros und jede Menge Emailleschilder. Man kann auch essen. Tachovské náměstí. Ⓜ B, C Florenc, weiter mit Ⓑ133 Tachovské náměstí.

Biergarten

Parukářka (14), auf dem Hügel zwischen Friedhof Olšany und Vítkov. Zu Panoramablicken über die Stadt gibt es eine Bar, eine Würstchenbude, einen Stehausschank, ein paar Sitzgelegenheiten und drum herum Wiese, über der in lauen Sommernächten zuweilen eine mächtige Graswolke schwebt. Ein Hauch von Festivalatmosphäre (auch ohne Musik) unter dem Motto: Je wärmer der Tag, desto lauer das Bier. Junges Publikum, viele Hunde. Ⓢ 5, 9, 26, 55 Olšanské náměstí, von dort bereits zu sehen.

Der Prager Wohnungsmarkt – zwei Welten

In Europa gibt es nur wenige Städte, die so extreme Mietpreisspannen aufweisen wie Prag. In ein und demselben Gebäude kann es durchaus vorkommen, dass die erste Etage rund 100 Euro Miete bezahlt, die zweite für die gleiche Wohnung 600 Euro. Die billigen Mieten bezahlen jene, die noch einen vorrevolutionären, regulierten Mietvertrag haben, die hohen all die, die auf dem freien Wohnungsmarkt suchen müssen. Dabei beziehen Letztere oft sogar eine Wohnung mit einer regulierten Miete. Denn kein Mieter, der einen alten Vertrag in der Tasche hat, kündigt seine Wohnung, wenn er diese nicht mehr braucht, sondern vermietet sie unter. Aufgrund der allgemeinen Wohnungsnot und des Mangels an Büroflächen im Zentrum lässt sich damit gutes Geld verdienen. Dies geht oft so weit, dass nicht mehr nur untervermietet wird, sondern unterunterunter... Man schätzt, dass rund 30.000 Wohnungen in Prag schwarz untervermietet sind. Die hohen Mieten haben zur Folge, dass Jobsuchende aus den wirtschaftlich schwachen Regionen des Landes in Prag keine Arbeit annehmen können, da die hiesigen Löhne oft nicht einmal mehr die Miete decken. Gleichzeitig klagen Wohnungseigentümer, dass die Einnahmen aus regulierten Mietverhältnissen oft nicht für die Unterhaltskosten eines Gebäudes ausreichen, geschweige denn für nötige Modernisierungen. Im Jahr 2007 durften daher – erstmals seit dem Niedergang des Sozialismus – die Mieten angehoben werden, fortan schrittweise jährlich um bis zu 14 %. 2011 soll es schließlich zu einer völligen Freigabe der Mieten kommen. Man erhofft sich dadurch eine Entspannung auf dem Wohnungsmarkt, zumal es nun auch für Spekulanten lukrativ ist, die rund 20.000 leer stehenden Wohnungen zu sanieren.

Wo einst Weinberge standen, fährt heute die Straßenbahn

Vinohrady

Südöstlich von Nové Město erstreckt sich Vinohrady, ein Stadtteil für Fortgeschrittene. In vielen Reiseführern ist er noch nicht einmal erwähnt, da bedeutende Sehenswürdigkeiten hier nicht zu finden sind. Dennoch zählt Vinohrady zu den schönsten Vierteln der Stadt, nicht zuletzt deshalb, weil es den Pragern gehört.

Bis ins 18. Jh. war Vinohrady das, was es übersetzt auch heißt: ein Weinberg. Doch dann kam die Bourgeoisie, ließ sich vornehme Bürgerhäuser bauen, und Vinohrady entwickelte sich bis zur Jahrhundertwende zu einem der nobelsten Vororte Prags. Bis in die zweite Hälfte des 20. Jh. sollte sich daran nichts ändern. Dann aber färbte das sozialistische Einheitsgrau den Stadtteil. Die Fassaden begannen zu bröckeln. Heute erstrahlen sie teils in neuem Glanz, teils bröckeln sie noch immer. Allmählich mausert sich Vinohrady aber wieder zu dem, was es einst war, zu einem der begehrtesten Wohngebiete der Metropole mit teils horrenden Mieten.

Vinohrady ist ein Stadtteil mit überaus viel Flair, mit versteckten Weinstuben, Cafés und Bars, mit Trödelläden und gewöhnlichen Geschäften – ganz anders als das touristische Zentrum, das „Goldene Prag". Um Vinohrady nicht wie ausgestorben zu erleben, sollten Sie den Stadtteil unter der Woche erkunden – die Wochenenden verbringen viele Prager in ihren Datschen auf dem Land. Dabei ist es ganz egal, ob Sie tagsüber über belebte Straßen schlendern oder eine abendliche Kneipentour unternehmen.

Spaziergang

Das Zentrum Vinohradys ist der **Náměstí Míru**, ein weiter runder Platz, in dessen Mitte eine neugotische Backsteinkirche (Kostel sv. Ludmily) steht. Daneben befindet sich der Eingang zur gleichnamigen Metrostation. Wer gerne Rolltreppe fährt, kann dort an die zwei Minuten lang nach unten tuckern – sie soll die längste Rolltreppe Europas sein.

Das beeindruckendste Gebäude am Platz ist das **Vinohradské divadlo**, ein herrliches Jugendstiltheater und zugleich eine der Bühnen des deutsch-tschechischen Theaterfestivals im Spätherbst. Weiter östlich steht das **Národní dům**, das einstige Nationale Casino, dessen Repräsentationssäle heute Tanzkurse, klassische Konzerte, feudale Banketts und so fort beleben.

Der Náměstí Míru war schon mehrmals Ausgangspunkt größerer Demonstrationen. NATO-Gipfel, Weltwährungsfond-Tagung – gegen was hat man sich hier nicht alles versammelt. Die Demonstranten ziehen für gewöhnlich die

Jugoslávská hinab, wo sich dann die ansässigen Banken hinter meterhohen Holzverschalungen verbarrikadieren.

Von der Jugoslávská geht es links ab in die **Bělehradská**. Im dortigen Hotel Beránek, gleich linker Hand, wohnte einst Maxim Gorki, heute steigen hier Busgruppen ab. Die Bělehradská ist eine belebte Einkaufsstraße. Bäcker, Drogerien und einfache Bekleidungsgeschäfte säumen sie, dazu Metzger mit Stehtischen, an denen Hartgesottene schon um 10 Uhr morgens Braten und Bier frühstücken. In den Hinterhöfen findet man kleine Märkte. Vietnamesen verkaufen dort Zigaretten, Obst, Gemüse, T-Shirts mit vielen Streifen und beim Waschen einlaufende Unterhosen.

Einen kurzen Besuch wert ist **Príma Chlebíčky** (Nr. 75): Die mit viel Liebe garnierten, belegten Brötchen gehören zu den besten der Stadt, allein ihr Anblick macht Appetit. Vormittags ist die Auswahl am größten!

Sobald man in die **Bruselská** abbiegt, wird es ruhiger. Es geht nun durch ein hübsches Wohngebiet mit einigen Bars und Restaurants, die meisten mit gemütlicher Außenbestuhlung im Sommer. Dieses Eck ist bei in Prag lebenden Ausländern sehr beliebt, insbesondere bei US-Amerikanern (→ Kasten, S. 228).

Zwischen den Villen an der **Jana Masaryka** kann man gelegentlich auf das Nusle-Tal blicken. Die Gebäude auf der gegenüberliegenden Hangseite gehören schon zum Stadtteil Vyšehrad. In der eher unscheinbaren **Villa Osvěta** (Nr. 22) lebte der erste tschechische Präsident Tomás Garrigue Masaryk. Nach seinem Sohn Jan ist heute die Straße benannt. Dieser brachte es bis zum Außenminister der tschechoslowakischen Exilregierung (ab 1940). 1948 starb er auf ungeklärte Weise (→ Kasten, S. 196).

Prager Cafékultur

Jan Saudek – vom Buhmann zum Aushängeschild

Fettleibige, alte Frauen mit weit auseinander gespreizten Beinen, verkrüppelte Nackte, runzelige Brüste im Russ-Meyer-Format: Gewalt und Traum, verbunden mit Erotik und Obsession in oft surrealen Welten, das sind Jan Saudeks Motive. Diese nachkolorierten Akte machen sein Werk unverwechselbar. Weniger provokant hingegen sind seine früheren Schwarzweißfotografien wie das oft kopierte Werk *Mann mit Kind*, das er übrigens selbst in den Armen wiegt. Saudek bezeichnet seine Bilder, die so faszinierend wie absurd sind, als „Theater des Lebens". Das hat er auch erlebt. 1935 geboren, verbrachte er die Kriegsmonate aufgrund seiner jüdischen Abstammung im KZ. Die Kommunisten steckten ihn später ins Gefängnis, seine Arbeiten galten als „subversive Propaganda". Während Saudeks Werk im Ausland schon früh Anerkennung fand, wurden die Arbeiten des bekanntesten tschechischen Fotografen im Heimatland erstmals – man mag es kaum glauben – 1996 gezeigt. Mittlerweile jedoch ist das Enfant terrible nicht nur akzeptiert, sondern gar zu einem Aushängeschild des Landes geworden. Seit 2007 gibt es auch eine Jan-Saudek-Galerie in der Altstadt (→ S. 148).

Durch baumbestandene Straßenzüge und vorbei an der dänischen Botschaft gelangt man zum **Havlíčkovy sady**, einem Park, in dem noch heute ein kleiner Weinberg (mit hübschem Weinlokal, → Essen und Trinken) existiert. In der unübersehbaren, Neorenaissancevilla im Park wohnte vorübergehend Rainer Maria Rilke. Die Villa, nach ihrem Bauherrn Moritz Gröbe *Gröbovka* genannt, beherbergt heute das *Ceeli Institute*, eine Non-Profit-Organisation, die sich mit der Reform des Rechtssystems in exkommunistischen Ländern

„The Praguen dream" – Amerikaner in Prag

Anfang der 90er Jahre erschienen in diversen US-Magazinen Reportagen über Prag. Die Stadt wurde darin mit dem Paris der 20er Jahre verglichen. Viele junge Amerikaner horchten auf. Sie glaubten, in Prag das exaltierte Leben führen zu können, das Henry Miller und Anaïs Nin rund um die Bars und Cafés von Montparnasse oder Clichy so lustvoll beschrieben hatten. Und so kamen sie zu Tausenden – mit Frank Zappa als Kulturattaché. Ein neues Mekka noch unentdeckter Künstler und Literaten war geboren. Manche blieben für ein paar Monate, andere bis heute. Noch immer zieht es junge Collegeabsolventen nach Prag, die meisten bleiben aber nicht mehr länger als ein Jahr. Die Zahl der gegenwärtig in der Moldaustadt lebenden US-Amerikaner schätzt man auf 10.000–20.000, Mitte der 90er sollen es noch bis zu 50.000 gewesen sein. Konkrete Zahlen gibt es nicht, da sich kaum einer offiziell registrieren lässt.

befasst. Den Park selbst suchte Max Brod des Öfteren auf und widmete ihm ein Gedicht. Zusammen mit Franz Kafka, Franz Werfel, Felix Welsch und Otto Baum bildete er einen Literatenzirkel, den er später als den „Prager Kreis" titulierte. Brod ist es zu verdanken, dass Kafkas Werke überhaupt in die Literatur eingehen konnten. Entgegen dem letzten Willen seines Freundes entschloss sich Brod nach dessen Tod, die Manuskripte nicht zu vernichten, sondern in Druck zu geben.

Heute drehen im Park Hundebesitzer ihre Runden. Ein Hund gehört zu jeder tschechischen Familie. Dabei gilt der Grundsatz, je kleiner die Wohnung, desto größer der Hund.

Das nächste Ziel – über die **Voroněžská** und dann über einen steilen Treppenweg zu erreichen – ist die erste konstruktivistische Kirche Prags, die **Kostel sv. Václava ve Vršovicích** aus den Jahren 1932–35. Mit ihrem hohen Turm samt Korkenziehertreppe entspricht sie alles andere als dem herkömmlichen Schema sakraler Bauten.

Der Kirche zu Füßen beginnt die Dykova, eine von prächtigen Villen gesäumte Straße. In Hausnummer 20 (heute eine Pension) war während der deutschen Okkupation ein Heim für schwangere tschechische Mädchen untergebracht. Die Kinder, die sie auf die Welt brachten, ließ die Gestapo zur „Germanisierung" nach Deutschland bringen.

An einem Wasserturm aus dem 19. Jh. vorbei führt der Spaziergang weiter zum Náměstí Jiřího z Poděbrad. Die dortige **Herz-Jesu-Kirche** (**Kostel Srdce Páně**) inmitten einer weiten Grünanlage entstand zwischen 1928 und 1932. Sie hat etwas von einem gestrandeten Öltanker, dem Bug und Heck abgebrochen sind, und ist das Werk des Architekten Jože Plečnik, der zu Beginn des 20. Jh. auch die Umbauarbeiten an der Prager Burg leitete. Sollte sie zufällig einmal offen sein, gehen Sie hinein. Ihr Inneres ist sehenswert. Den Kirchenbau wollen die Stadtväter übrigens auf die UNESCO-Welterbeliste setzen lassen.

Hinter dem Platz ragt der mächtige **Fernsehturm** empor (→ S. 220), der sich bereits im Stadtteil Žižkov befindet. In der Nähe liegt das Atelier des wohl bekanntesten lebenden tschechischen Fotografen, Jan Saudek (→ Kasten, S. 227).

Die **Mánesova** säumen Jugendstilhäuser, aber auch Bauten des Historismus.

Empfehlenswert ist ein Abstecher über die Třebizského zum **Rieger-Park (Riegrovy sady)**, vor allem im Sommer. Der Park bietet nicht nur tolle Ausblicke über die Stadt – ein idealer Ort fürs Picknick – sondern auch einen gemütlichen Biergarten (→ Essen und Trinken).

Südlich der Mánesova verläuft die **Vinohradská**. Einst hieß sie Stalinova. Auf ihr fanden während des Prager Frühlings jene Straßenschlachten statt, deren Bilder um die Welt gingen. Die dortige alte **Markthalle** (Vinohradský Pavilon, Nr. 50) hat man zu einem kleinen Einkaufszentrum umgebaut. Davor bringt Sie die Straßenbahnlinie 11 zur Metrostation Muzeum.

Essen und Trinken

(→ Karte S. 224/225)

Restaurants

U bílé krávy (7), die „Weiße Kuh". Gehobene burgundische Küche, vorzüglich die saftigen Steaks der hellen Charolaix-Rinder mit feinen Saucen. Auch Fisch und Geflügel. Gute Weine. Ländlich-rustikale Einrichtung mit alten Wagenrädern und karierten Tischdecken. Sehr freundlicher Service. Hg. 9–19 €. ✆ 224239570. Rubešova 10. Ⓜ A, C Muzeum.

Aromi (6), sehr guter Italiener, einer unser Favoriten. Kleine, aber feine Karte (Schwerpunkt ist die Küche Markens), wechselnde Tagesgerichte. Köstliche Pasta- und Fleischgerichte sowie frischester Fisch, den man vorm Verzehr begutachten kann. Aufmerksamer Service. Etwas dekadent die Fruchtscheiben in den Herrenpissoirs. Hg. 11–23 €, sehr gute Weinauswahl (Flasche ab 25 €). Günstige Lunchangebote. Schräg gegenüber in Hausnr. 83 eigener Feinkostladen. ✆ 222713222. Mánesova 78. Ⓜ A Jiřího z Poděbrad.

Passepartout (24), niedliches Restaurant mit ein paar Tischen zwischen großer Theke und großen Fenstern. Kleine Karte, gut ist der Schwertfisch in Weißweinsoße oder das Rumpsteak mit Sauce Béarnaise. Hg. 9–18 €. ✆ 222513340. Ecke Americká/Záhřebská. Ⓜ A Náměstí Míru.

Mozaika (13), modernes Souterrainlokal mit guter internationaler Küche zu fairen Preisen. Kosten Sie den Burger. Leckere Nachspeisen. Hg. ab 8 €. ✆ 224253011. Nitranská 13. Ⓜ A Jiřího z Poděbrad.

Zvonařka (33), Barrestaurant mit toller, baumbestandener Terrasse, die einen Blick auf das Nusle-Tal bietet. Junges Publikum. Pächter und Köche wechseln des Öfteren – dementsprechend große Schwankungen, was die Qualität der Küche angeht. Gut sind aber seit eh und je die Steaks, die im Sommer auf der Terrasse gegrillt werden. Hg. 6,70–15,50 €. ✆ 224251990. Šafaříkova 1. Ⓢ 6, 11, 56 Bruselská.

Deminka (10), geschichtsträchtiges Kaffeehaus, dessen schöne Räumlichkeiten seit 2007 ein gutbürgerliches Restaurant mit Braukesselambiente belegt. Böhmische Küche von guter Qualität. Als Vorspeise leckeres Brot mit Pastete, danach große Auswahl von den böhmischen Klassikern wie Schweine- oder Lendenbraten bis hin zu Pasta oder Steaks. Hg. 6–14,50 €. ✆ 224224915. Škretova 1. Ⓜ A, C Muzeum.

Vinohrady Karte S. 224/225

Im Delikatessenladen

Radost FX (15) → Danceclubs, S. 76. Schick gestyltes, vegetarisches Restaurant, beliebter Treffpunkt der in Prag lebenden US-Amerikaner. Sa/So Brunch. Hg. 5–9 €. ✆ 603181500 (mobil).

Grosseto (20), gute Pizzen, dazu Pasta und Steaks. Sehr beliebt, nicht selten muss man auf einen Tisch warten. Hinterhofterrasse, im Inneren Schnellrestaurant-Atmosphäre. Pizzen 5,40–8,50 €. ✆ 22 4252778. Francouská 2. Ⓜ A Náměstí Míru.

Ein paar Straßen weiter, an der Londýnská, liegt mit der **Romantica (25)** eine weitere Pizzeria – gemütlichere Terrasse, nur die Pizzen können nicht ganz mithalten.

Pizzeria Buongiorno (3), und nochmal eine Pizzeria, hier aber nicht aufgeführt wegen der Pizzen, denn die sind zweitklassig. Hervorragend sind jedoch die superzarten Steaks mit Saucen nach Wunsch, die am Tisch auf einem heißen Stein "durch" gebraten werden können. Freundliches Personal. Einrichtung alles andere als geschmackssicher: dicker Teppichboden und an der Wand ein gemaltes Seepferdchen. Hg. 5–17 € (500-Gramm-Steak). Von Lesern entdeckt. ✆ 222727697. Slavíkova 6. Ⓜ A Jiřího z Poděbrad.

Thrakia (5), bulgarisches Lokal mit grässlicher Einrichtung, aber recht authentischer Balkanküche. Kosten Sie die kalte Gurkensuppe *Tarator* oder die bulgarischen Frikadellen *Kjufteta*. Teuerstes Hg. 9 €. ✆ 222240030. Rubešova/Ecke Římská. Ⓜ A, C Muzeum.

Chudoba (11), eine freundliche und zu Recht sehr beliebte Adresse. Rustikales Ambiente, breite Fensterfront. Mittags Braten-und-Knödel-Küche, abends Kurzgebratenes (gute Steaks). Flinker Service, für den Abend sollte man reservieren. Hg. 5–14 €, lediglich die Riesensteaks und das Fondue sind teurer. ✆ 222250624. Vinohradská 67. Ⓜ A Jiřího z Poděbrad.

V Korunní (16), einfaches Restaurant mit böhmischer Hausmannskost (Knödelküche nur mittags). Empfehlenswert: Gulasch Radegast oder Ente mit Kraut. Tagesgerichte 3,30–8 €, abends etwas teurer. Nur tschechische Karte. Korunní 39. Ⓢ 10, 16 Šumavská.

Pivnice

U Bohouše (4), angeblich soll man nirgends schneller Tschechisch lernen können als hier. Typische, immer volle Pivnice. Man kann auch günstig essen. Polská 34. Ⓜ A Jiřího z Poděbrad.

Cafés

Retro (21), weitläufiges, modern eingerichtetes Caférestaurant. Frühstück, internationale Küche zu fairen Preisen. Sommerterrasse auf dem Gehweg davor. Musikclub im Keller. Francouská 4. Ⓜ A Náměstí Míru.

Kavárna Medůza (26), verspielt eingerichtete Räumlichkeiten mit vielen Spiegeln, alten Gemälden und schweren, gemütlichen Sofas. Viel junges, amerikanisches Publikum. Belgická 17. Ⓜ A Náměstí Míru.

Shakespeare and Sons (31), angenehmes Literaturcafé und Kneipe mit angeschlossenem, kleinem Buchladen. Viele *Expats*, hin und wieder schauen aber auch Mitglieder der *Plastic People of the Universe* (→ S. 239) vorbei. Ab und zu Lesungen. Krymská 12. Ⓢ 4, 22 Krymská.

Weinstube/Kneipe

Viniční Altán (35), ein hübsches Plätzchen für den Sommer. Terrassenbar in einem romantischen Holzpavillon, drum herum ein Weinberg. Das kleine Innere ist weniger reizvoll. Über 80 Sorten Wein, darunter der selbst gekelterte *Gröbovka*. Nicht teuer, kleine Snacks. Havlíčkovy sady. Ⓢ 4, 22 Krymská.

Žlutá Pumpa (28), fröhlich-laute Kneipe mit eher alternativem Publikum und guter Musik. Man kann auch essen (günstige Mittagsmenüs). Rotes Haus mit gelber Pumpe (*žlutá* = gelb) davor. Belgická 11. Ⓜ A Náměstí Míru.

Biergarten

Park Café (1), kein Café, sondern ein einfacher Biergarten im Rieger-Park. Viel Schatten, das Bier fließt in Strömen und Würste werden gegrillt. Vornehmlich junges, freakiges Publikum. Natürlich nur im Sommer geöffnet. Riegrovy sady. Ⓜ A Jiřího z Poděbrad.

Wo bleibt Rapunzel? Märchenschloss in Průhonice

Ziele rund um die Innenstadt

Rund um das alte Prag zieht sich ein breiter Gürtel von tristen Plattenbausiedlungen, schmucken Neubauvierteln, brachliegendem Bauland, Parks und Industriegebieten. Dazwischen verstecken sich aber auch einige interessante Ziele.

Die deprimierendsten Prager Vororte sind die gewaltigen Plattenbausiedlungen. Mit deren Bau begann man in den 50er Jahren des 20. Jh. – und das sehr erfolgreich. Heute lebt fast jeder dritte Tscheche in einem Plattenbau. Die Retortenstädte gehören genauso zu Prag wie die museale Innenstadt, und wer sich ein Gesamtbild von Prag verschaffen will, sollte sich eine davon anschauen. Manche Anfahrten zu den unten aufgeführten Zielen in der Peripherie passieren die Retortenstädte. Falls Sie eine direkt ansteuern wollen, fahren Sie z. B. mit der Metrolinie C in die **Jižní město**, die Prager **Südstadt** (Station Háje), eine der größten Plattenbausiedlungen der Metropole.

Ein Ausflug ins Grüne hingegen bedeutet der Besuch der weitläufigen Parkanlage von → **Průhonice** ganz im Osten der Stadt. Auf der anderen Seite, im Westen Prags, lädt → **Divoká Šárka**, ein herrliches Tal, zum Baden und Spazieren ein. Nicht arg weit davon entfernt steht das → **Lustschloss Stern (Letohrádek Hvězda)** – der Name klingt viel versprechend, die Visite lohnt aber nur für speziell Interessierte. Gleiches gilt für den geschichtsträchtigen, höchsten Berg Prags → **Bílá hora (Weißer Berg)**, der sich vor Ort aber eher als ein Hügel entpuppt.

Mit Kindern ist ein Tiergartenbesuch im → **Zoologická zahrada** ein Erlebnis. Er liegt im Norden Prags, unmittelbar

Leben zwischen Plattenbau und Datscha

Jižní město, die Prager Südstadt, gehört zu den imposantesten Beispielen sozialistischer Wohnungsbaupolitik. Allein 100.000 Menschen leben hier in *Paneláky* – so nennen die Tschechen die aus Betonplatten zusammengeschraubten Blocks. Sie ähneln sich wie ein Ei dem anderen. Und damit das Kind nach der Schule auch wieder nach Hause findet, versah man die Fassaden mit verschiedenen Symbolen. Der Zustand der Gebäude ist heute größtenteils miserabel. Auf 50 Jahre wird die „Lebenserwartung" eines Plattenbaus angesetzt, Jahr für Jahr überschreiten immer mehr dieses Alter. Vielerorts hat man zwar damit begonnen, die einst einheitsgrauen Fassaden zu verschalen und zu streichen, doch im Innern lebt der Geruch des Sozialismus noch heute fort: ein eigenartiger Dreiklang aus Bohnerwachs, Küchenmief und dem in jeder Betonritze festsitzenden Gestank verheizter Braunkohle. Die Gänge erinnern an Flure von Krankenhäusern, in denen man niemals gesund wird. Bis zu 120 Familien wohnen in einem einzigen Block, in winzigen Apartments mit Minibädern und oft schon vorgebohrten Löchern für Wandbilder. Die Klospülung im 10. Stock ist auch im Keller noch zu hören und der Streit des jungen Ehepaars im Erdgeschoss durch die ganze Etage – als Mega-Reality-Soap entpuppt sich schließlich das Leben. Die Enge der Wohnung ist bedrückend, aus dem Weg kann man sich kaum gehen – kein Wunder also, dass die Prager Kneipen immer voll sind. Die Raumknappheit führte auch dazu, dass die Tschechen überaus früh heirateten, eine Tradition, die bis heute, wenn auch in abgeschwächter Form, noch fortbesteht. Es war die einzige Möglichkeit, den erdrückenden vier Wänden bei Mama und Papa zu entgehen.

Einen Ausgleich zur Anonymität der Trabantenstädte finden die Prager in ihren Datschen. Sie sind ebenfalls ein Relikt aus sozialistischer Zeit. Unzählige große Laubenkolonien liegen rund um den Großraum Prag. Fast jede Familie besitzt ein Wochenendhäuschen. Dort vergisst man Arbeitsstress und grauen Beton, grillt stattdessen Würstchen und plaudert mit dem Nachbarn am Gartenzaun. Wie die Zukunft der Plattenbauten liegt aber auch die der Datscha-Kultur im Ungewissen – für viele Prager ist mittlerweile ein Badeurlaub an der türkischen Riviera attraktiver als ein Schrebergarten an der Moldau.

neben dem → **Zámek Troja**, einem Schloss, in dem u. a. tschechische Malerei des 19. Jh. gezeigt wird. Wer sich für Kutschen interessiert, kann sich zu einem weiteren Schloss aufmachen, nämlich dem → **Zámek Čtenice** am nordöstlichen Stadtrand. Und wie ein Schloss sieht schließlich auch das → **Kloster Zbraslav** im Süden der Stadt aus – heute befindet sich darin ein Museum asiatischer Kunst. In dem westlich des Zentrums gelegenen → **Břevnovský klášter** leben dagegen noch immer Mönche.

Funktionalistische Villen prägen die → **Baba-Kolonie**. Ein besonderes Highlight dieser Architektur stellt die → **Müllervilla (Müllerova vila)** im Stadtteil Střešovice dar. Aber nicht nur Bauten der Pioniere moderner Architektur sind im Norden Prags zu sehen, die alten Propellermaschinen der Pioniere der Lüfte ebenfalls. Sie sind im → **Letecké muzeum**, dem Museum des Flugwesens zu besichtigen. Im Süden der Stadt wartet noch eine Burg auf Ihren Besuch: → **Vyšehrad**. Zu allen beschriebenen Orten gelangt man problemlos mit Straßenbahn oder Bus. Wer sich übrigens über die Geschichte des öffentlichen Nahverkehrs informieren will, kann das → **Verkehrsmuseum (Muzeum Městské Hrmadné Dopravy)** im Nordwesten Prags besuchen.

Hinweis: Das Gros der hier aufgeführten Ziele ist nur für all jene interessant, die mehr als 3 oder 4 Tage in Prag verbringen oder an irgendeinem Ziel ein besonderes Interesse haben. Die Prager Innenstadt ist für Kurzurlauber sehenswerter.

Sehenswertes

Průhonice: Das aufgeräumte Dorf Průhonice, ein Vorort im Südosten Prags, ist bekannt für seine weitläufige Parkanlage mit über 40 km Spazierwegen. Im Mai und Juni ist der Ausflug dahin am bezauberndsten, dann blühen hier Tausende von Rhododendren, Azaleen und Rosen. Der Park mit einem See zum Enten- und Schwänefüttern erstreckt sich vor einem märchenhaften Renaissanceschloss aus dem 14. Jh. Es wird heute für botanische Studien genutzt, außerdem ist darin eine kleine Ausstellung zur Geschichte von Schloss und Park untergebracht. Am zentralen Platz im Ort schenkt die Minibrauerei *U Bezoušků* süffiges Bier aus.

Anfahrt Ⓜ C Opatov, weiter mit Ⓑ 324, 325, 363 oder 385 bis Haltestelle Průhonice, von der Bushaltestelle ist das Schloss zu sehen. ⌚ Parkanlage April–Okt. tägl. 7–19 Uhr, Nov.–März tägl. 8–17 Uhr. Eintritt 1,70 €, erm. die Hälfte.

Divoká Šárka (Šarka-Tal): Die wohl schönste wildwüchsige Grünfläche innerhalb der Stadtgrenzen. Das in weiten

Burg Vyšehrad

Abseits der barocken Vorzeigegassen

Teilen schluchtartige Tal mit einer Länge von knapp 7 km beeindruckt durch bizarre Kalksteinformationen rechts und links des Baches Šárecký potok. Im Sommer lädt dort ein kleines, aber feines Naturbad zum Schwimmen und Sonnen ein. In einem schattigen, idyllischen Biergarten (gleich hinter dem Bad) werden kühle Getränke serviert, ein Picknickkorb ist also nicht erforderlich. Leider ist das Tal an heißen Tagen oft überlaufen. An sonnigen Wintertagen, im Frühling und Herbst hingegen geht es verhältnismäßig ruhig zu, lediglich Spaziergänger sind dann noch anzutreffen. Übrigens ist es nahezu egal, welchen Weg Sie dort einschlagen. Wo Sie auch herauskommen, ein Bus oder eine Straßenbahn bringt Sie ins Zentrum zurück. Namengeberin des Tals war übrigens die legendäre Šarka, eine Art böhmische Jeanne d'Arc, die hier im vorletzten Jahrtausend aus Liebeskummer Selbstmord begangen haben soll.

Anfahrt Ⓜ A Dejvice, weiter mit Ⓢ 8, 36 Šárka (Endstation). Etwa 50 m weiter beginnt – kurz vor dem McDonald's-Restaurant – der Weg (weiß-rot-weiß markiert) hinab ins Tal.

Letohrádek Hvězda (Lustschloss Stern): Nicht weit vom Weißen Berg (s. u.) ließ Kaiser Ferdinand I. im Jahre 1530 ein Wildgehege für die Jagd anlegen, heute ein bewaldeter Park mit breiten Spazierwegen. An dessen östlichem Ende gab er für seine Familie ein außergewöhnliches Schlösschen mit dem Grundriss eines sechszackigen Sterns (auf Tschechisch „hvězda") in Auftrag. Stuckateure aus Italien sorgten für eine ansprechende Innenausschmückung. Heute präsentiert darin das Museum der Tschechischen Literatur eine zusammengewürfelte Ausstellung: Dokumente zur Schlacht am Weißen Berg (im Untergeschoss auch ein Modell davon), Renaissance- und Barockstühle, Musikinstrumente, Drucke und Werke tschechischer Künstler usw. Das Obergeschoss ist wechselnden (oft interessanten) Ausstellungen zur Literatur und Druckkunst vorbehalten.

Anfahrt Ⓜ A Hradčanská, weiter mit Ⓢ 1, 18 Petřiny, von dort ist der Weg zum Parkeingang mit „Obora Hvězda" ausgeschildert. Lustschloss ⌚ tägl. (außer Mo) Mai–Sept. 10–18 Uhr, April u. Okt. 10–17 Uhr. Eintritt 1,30 €, erm. die Hälfte.

Bílá hora (Weißer Berg): Am höchsten Punkt der Moldaustadt (383 m) fand 1620 jene denkwürdige Schlacht statt, durch die Prag und Böhmen für die nächsten 300 Jahre unter die Herrschaft der katholischen Habsburger geraten sollten (→ S. 95). Auf einem Rasenhügel inmitten eines Ackers erinnert ein Denkmal in Form einer steinernen Pyramide daran – die Pläne dafür stammen von Josef Gočár, dem bekannten Prager Kubisten, der sich hier allerdings alles andere als selbst übertraf. Unmittelbar nach der Schlacht wurde gleich in der Nähe die Wallfahrtsstätte *Panna Maria Vítězná (Maria vom Siege)* errichtet, die Teil eines Servitenklosters wurde. Die hübsche, Anfang des 18. Jh. barockisierte Anlage ist leider so gut wie immer geschlossen.

Anfahrt Ⓢ22 Bílá hora (Endstation). Die Wallfahrtskirche ist von dort bereits zu sehen, das Denkmal liegt keine 200 m weiter in einem Acker rechter Hand dahinter.

Zoologická zahrada (Zoo): Neben dem Schloss Troja (s. u.) erstreckt sich auf felsigem Terrain der 1931 eröffnete Prager Zoo mit einer Fläche von 45 ha und einem Wegenetz von mehr als 10 km Länge. Auf dem weiten Gelände befinden sich zudem Restaurants, Kioske und eine Seilbahn. Bekannt wurde der Zoo durch die Zucht des Prschewalski-Wildpferds, das in der Natur schon als ausgestorben galt. Die meisten Tiere kommen aus ehemaligen sozialistischen Bruderstaaten, so z. B. der Tiger aus Sibirien, nicht aus Malaysia. Schwere Schäden und Verluste erlitt der Zoo durch das Hochwasser im Sommer 2002. Ein Elefant musste erschossen werden, als ihm das Wasser buchstäblich bis zum Hals stand und eine Rettung per Helikopter nicht mehr in Betracht kam. Nach dem Hochwasser wurden diverse neue Pavillons erbaut, am spektakulärsten ist davon der 2000 m^2 große „Indonesische Dschungel". 2008 wurde der Prager Zoo vom *Forbes Magazin* unter die zehn besten Tiergärten der Welt gewählt.

Adresse U Trojského zámku 3. Anfahrt → Zámek Troja. Ⓞ tägl. April/Mai u. Sept./Okt. 9–18 Uhr, Juni–Aug. 9–19 Uhr, Nov.–Febr. 9–16 Uhr, März 9–17 Uhr. Eintritt 6,30 €, erm. 4 €, Familien 19 €.

Zámek Troja (Schloss Troja): Die ehemalige Sommerresidenz des Grafen Wenzel Adalbert von Sternberg befindet sich im Stadtteil Troja, eingebettet zwischen Moldau und ein paar Weinbergen. Das Schloss, im Stil frühbarocker italienischer Villen Ende des 17. Jh. erbaut, gilt als eines der bemerkenswertesten Schlösser Böhmens. Heute zeigt die Städtische Galerie Prag hier tschechische Malerei mit Schwerpunkt auf dem 19. Jh., darunter Porträts und Landschaftsmalereien (u. a. von Josef Navrátil, Augustin Piepenhagen, Mikoláš Aleš und Jakub Schikaneder) sowie etliche Tierporträts aus adeligen Sammlungen. Außerdem kann man die so genannten „Chinesischen Kammern" besichtigen, zwei durch einen Korridor miteinander verbundene Räume, die von einem unbekannten Maler über und über mit chinesischen Landschaftsszenerien dekoriert wurden. Sie zeugen vom Faible des barocken Adels für den fernen Osten.

In den alten Weinkellern ist eine wenig spannende Ausstellung zum tschechischen Weinanbau untergebracht. Die ehemaligen Wirtschaftsgebäude werden für wechselnde Ausstellungen genutzt. In der gepflegten barocken Gartenanlage, die nach französischen Vorbildern angelegt wurde, treffen sich zwischen Fontänen und Terrakottavasen Verliebte zum nachmittäglichen Rendezvous oder Rentner auf ein Schwätzchen.

Adresse U Trojského zámku 4–6. Ⓜ C Nádraží Holešovice, weiter mit Ⓑ112 Zoologická zahrada. Ⓞ April–Okt. tägl. Di/Mi/Do u. So 10–18 Uhr, Fr 13–19 Uhr, Sa 10–19 Uhr. Nov.–März nur Sa/So 10–17 Uhr. Eintritt 5 €, erm. die Hälfte, Familien 10,40 €.

Břevnovský klášter (Kloster Břevnov): Im Jahre 993 wurde das Benediktinerkloster von Fürst Boleslav II. im Westen des heutigen Stadtgebiets gegründet, ein blühendes Gemeinwesen entstand alsbald drum herum. Der heute nach dem Kloster benannte Stadtteil zählt somit zu den ältesten Siedlungsgebieten der Hauptstadt. Wer hier aber Häuser wie in Staré Město vermutet, wird enttäuscht sein. Das ursprünglich romanische Kloster, dem die Barockarchitekten Christian und Kilian Ignaz Dientzenhofer sein jetziges Aussehen gaben, ist dennoch sehenswert. Die Klosterkirche besticht durch herrliche Deckenmalereien von Johann Steinfels. In ihr fand 1986 die Totenmesse für den Literaturnobelpreisträger Jaroslav Seifert statt (→ S. 218). Fast jedem Trauernden stand damals ein Spitzel der Geheimpolizei zur Seite. Die Krypta aus dem 10. Jh. wurde übrigens erst 1964 wieder entdeckt.

Im Kloster, dem eine beliebte Schenke und ein Hotel angeschlossen sind, leben heute noch 12 Mönche. Führungen werden leider nur auf Tschechisch angeboten.

Adresse Bělohorská 1. Ⓢ 22 Břevnovský klášter. ⏱ nur zu Führungen durch die Kirche, Krypta und die Prälatur von April–Sept. Sa/So um 10, 14 und 16 Uhr, von Okt.–März nur 10 und 14 Uhr. Eintritt 2 €, erm. 1,30 €.

Zámek Čtenice (Schloss Čtenice): Das an einen weitläufigen Gutshof erinnernde Schlösschen beim nordöstlichen Vorort Vinoř wurde erst 2005 der Öffentlichkeit zugänglich gemacht. Sein heutiges Aussehen erhielt es an der Wende vom 18. zum 19. Jh., als es das Adelsgeschlecht Windischgrätz bewohnte. Im Inneren kann man die Ausstellung „Die Habsburger in den böhmischen Ländern“ (nur mit Führung und leider meist nur in tschechischer Sprache) besichtigen. Ohne Führer darf man die Kutschensammlung in den Nebengebäuden mit rund 20 Exponaten durchlaufen. Schmuckstück ist dort der Zeremonienwagen des Prager Erzbischofs von 1720 – er war schon in Miloš Formans Film *Amadeus* zu sehen. Auf dem Gelände gibt es ein nettes Sommercafé.

Anfahrt Bohdanečská 1. Ⓜ C Letňany, weiter mit Ⓑ 302 Čtenice. ⏱ Mai–Aug. tägl. 10–18 Uhr, April, Sept. u. Okt. tägl. (außer Mo) 10–18 Uhr. Nov.–März geschl. Eintritt pro Ausstellung 2,90 €, erm. 2 €.

Baba-Kolonie (funktionalistische Villen): Beeinflusst von der Weißenhofsiedlung in Stuttgart entstand zwischen den Weltkriegen unter Leitung des funktionalistischen Architekten Pavel Janák ein ähnliches Projekt auf einer Anhöhe im Norden des Stadtteils Dejvice. Dabei handelt es sich um über 30 eigenartige und für die damalige Zeit recht provokante würfelförmige Villen mit breiten Fensterfronten und verschachtelten Aussichtsterrassen. Ihren luxuriösen Charakter erhielten die Häuser nicht durch die Verwendung wertvoller Materialien, sondern durch großzügige Raumgestaltung. Zugänglich ist leider keines der Gebäude, doch Blicke über die Gartenzäune lohnen für Architekturinteressierte in den Straßen Na ostrohu, Na Babě, Nad Pat'ankou und Průhledová.

Anfahrt Ⓜ A Hradčanská, weiter mit Ⓑ 131 U Matěje.

Müllerova vila (Müllervilla): Das eigenwillige funktionalistische Wohnhaus, errichtet 1928, entwarf der österreichische Architekt Adolf Loos (1870–1933). Benannt wurde das Gebäude nach den Auftraggebern František Müller und dessen Ehefrau Milada. Nach den Grundsätzen seines Architekten sollte ein Gebäude von außen schmucklos und schlicht sein und erst im Inneren seinen Reichtum entfalten. So besticht das

Schloss Troja

Innere des weißen Würfels mit gelben Fensterrahmen durch eine grandiose, offene Raumgestaltung und erstklassige Materialien wie Marmor, Mahagoni oder Zitronenbaum. Der größte Teil der Originalmöbelstücke blieb erhalten. Eine kleine Ausstellung informiert zudem über Leben und Werk des Architekten, der durch seinen Einsatz für ein ornamentfreies Bauen einer radikal neuen Baukunst den Weg ebnete. Aufgrund seiner einzigartigen Architektur wurde das Gebäude 1995 zum nationalen Kulturdenkmal erhoben.

Adresse Nad hradním vodojemem 14, Střesovice. Ⓢ 1, 2, 18 Ořechovka. Führungen von April–Okt. Di, Do, Sa u. So um 9, 11, 13, 15 und 17 Uhr. Von Nov.–März nur um 10, 12, 14 und 16 Uhr. Voranmeldung vonnöten, unter ✆ 224312012 oder www.mullerovavila.cz erfahren Sie, wann Sie sich einer deutsch- oder englischsprachigen Tour anschließen können. Eintritt 13 €, erm. 8,50 €.

Zbraslav: Etwa 10 km südlich von Prag, nahe dem Zusammenfluss von Berounka und Moldau, liegt Zbraslav, ein Vorort in der Peripherie. Nur wenige Meter vom Hauptplatz entfernt, befindet sich das ehemalige gleichnamige, schlossartige Zisterzienserkloster, das die sehenswerte *Sammlung asiatischer Kunst der Nationalgalerie* beherbergt. Präsentiert wird Kunst aus Japan, China, Südostasien, Tibet, aber auch aus der islamischen Welt und Indien. Der Klosterpark zeigt tschechische Bildhauerarbeiten.

Anfahrt Ⓜ B Smíchovské nádraží, weiter mit Ⓑ 129, 241, 243, 255 Zbraslavské náměstí. ⌚ tägl. (außer Mo) 10–18 Uhr. Eintritt 3,30 €, erm. die Hälfte.

Hinweis: Es gibt Planungen der Nationalgalerie, die Sammlung asiatischer Kunst in den nächsten Jahren in ein Gebäude in der Innenstadt zu verlegen. Erkundigen Sie sich daher, bevor Sie sich auf den Weg nach Zbraslav aufmachen, bei der Touristeninformation, ob die Ausstellung dort noch zu sehen ist.

Ehrenfriedhof auf dem Burggelände Vyšehrad

Milan Hlavsa – eine Legende des Underground

In der Klosterkirche von Zbraslav fand im Januar 2001 unter großer Anteilnahme der Trauergottesdienst für Milan Hlavsa statt, dem einstigen Mitbegründer der legendären Undergroundband „The Plastic People of the Universe" (→ Geschichte, S. 101). Der abgekürzte Bandname PPU war das Geheimsymbol des Widerstands zu sozialistischer Zeit. Schräg, schrill und schreiend kämpfte die Band gegen das rockfeindliche System an. Dafür wurde Hlavsa wegen „öffentlicher Ruhestörung, grob unsittlichen Verhaltens und Verbreitung einer dekadenten Weltanschauung" zu mehreren Jahren Haft verurteilt. Zu den großen Verehrern der Plastic People und Milan Hlavsas zählte u. a. Václav Havel. Auf eine Einladung Bill Clintons reisten die zwei 1998 ins Weiße Haus. Zusammen mit Lou Reed, einem Velvet-Underground-Gründungsmitglied, veranstalteten sie dort eine Session. Der grauhaarige Rest der Plastic People gibt in Prag noch heute hin und wieder Konzerte vor einer immer noch großen Fangemeinde – achten Sie auf Plakate.

Ganz nebenbei: Die Bezeichnung „Samtene Revolution" für den Novemberumsturz von 1989 geht auf die Begeisterung vieler Bürgerrechtler für die Musik von Velvet Underground (Velvet = Samt) zurück.

Letecké muzeum (Museum des Flugwesens): Es liegt im nordöstlichen Stadtteil Kbely. Zu sehen sind über 250 Flugzeuge, darunter eine Spitfire aus dem Zweiten Weltkrieg, Flugzeugmotoren, Raketen und eine Weltraumkapsel.

Bei vielen der jüngeren Maschinen hat man den Eindruck, sie stehen einfach da, weil man sich die Verschrottung sparen wollte. Lediglich die alten Flieger sind wirklich sehenswert.

Adresse Letiště (Flugplatz) Kbely. Ⓜ C Letňany, weiter mit Ⓑ259, 302 Letecké muzeum. ⌚ Mai–Okt. tägl. (außer Mo) 9.30–18 Uhr. Eintritt frei.

Burg Vyšehrad (Wyschehrad): Zahlreiche Legenden ranken sich um die südlich von Nové Město gelegene Burg Vyšehrad auf einem Felsen hoch über der Moldau. Angeblich war sie die erste Residenz böhmischer Könige, und Prinzessin Libuše soll – wie vielfach in der Literatur beschrieben – von hier die glorreiche Zukunft Prags prophezeit haben (→ Kasten). Leider alles Humbug – Vyšehrad entstand erst um das Jahr 930 und damit später als die Prager Burg.

Von der ursprünglichen Burganlage ist heute außer den ziegelroten Festungsmauern und ein paar Toren kaum mehr etwas erhalten. Dort, wo Herzog Vratislav II. im frühen 12. Jh. residierte, erstrecken sich Grünflächen mit Spazierwegen. Wirklich sehenswert ist lediglich der im 19. Jh. errichtete *Ehrenfriedhof*. Auf ihm ruht die Crème de la Crème der tschechischen Kunstszene unter reich verzierten Arkaden in prachtvollen Gräbern, darunter Antonín Dvořák, Božena Němcová und

Libušes Liebe und Visionen

Erstmals berichtete Domdechant Cosmas Anfang des 12. Jh. von Libuše, der Thronfolgerin des slawischen Königs Crocco. Er beschrieb sie als „liebenswürdig zu jedermann" und als „die Zierde und Pracht der Weiblichkeit, die mit klugen Urteil sich der Geschäfte der Männer annahm". Doch sei sie laut Cosmas eben eine Frau gewesen und habe folglich nicht ordentlich von einem Thron aus regiert, sondern von „einem hoch getürmten Haufen weicher und bestickter Kissen, wie es der wollüstigen Weichlichkeit der Frauen entspricht". Das konnte selbstverständlich nicht gut gehen. Das Volk verlangte nach einem Herzog. Libuše entschied sich für einen jungen, kräftigen Ackersmann, genannt „Přemysl der Pflüger", der von seinem Glück nichts wusste, bis ihn Libuše zu sich bringen ließ. Er wurde ihr Gemahl und damit auch Fürst, der erste des Geschlechts der Přemysliden. Und an seiner Seite prophezeite Libuše, dass dort, wo ein Mann eine Schwelle (auf Tschechisch „prah") zimmert, man eine Burg bauen wird, die den Namen Praha trägt. Und mit Worten, die an Vergil erinnern, lässt Cosmas Libuše fortfahren: „Siehe, ich sehe eine große Stadt, deren Ruhm bis an die Sterne reichen wird".

Cosmas Zeilen inspirierten unzählige Autoren und Komponisten, u. a. Herder, Grillparzer, Brentano, Smetana, Mahler usw. Bis in die Gegenwart lebt Libuše in Kunst und Literatur fort.

Bedřich Smetana. Ein Plan am Eingang weist auf die wichtigsten Gräber hin. Der Friedhof liegt direkt neben der *Peter-und-Paul-Kirche* (Kapitulní Chram sv. Petra a Pavla), deren Zwillingstürme die Burg dominieren. Ihre Fundamente reichen bis ins 11. Jh. zurück. Zu sehen gibt es ansonsten noch eine romanische *Rotunde*, auf der 1776 Prags erster Blitzableiter installiert wurde, eine Kunstgalerie (meist geschlossen), die spärlichen Überreste einer Basilika aus dem 11. Jh. und die *Kasematten*, unterirdische Gewölbegänge des Befestigungswalls am nördlichen Ziegeltor. Sie münden in einen großen Saal, in dem einige Originalstatuen der Karlsbrücke aufbewahrt werden. Auf eine Pause lädt das Café Citadela mit einem gemütlichen Biergarten ein.

Anfahrt Ⓜ C Vyšehrad, von dort ausgeschildert. Informationsbüro wenige Meter hinter dem Eingang, hier gibt es auch einen Plan zur Burganlage. ⌚ Infobüro, tägl. 9.30–17 Uhr, im Winter bis 18 Uhr. Führungen durch die Kasematten (Eintritt 1,30 €, Dauer 20 Min.) tägl. 10–17 Uhr zu jeder vollen Stunde. Kirche (Eintritt 1,30 €!), tägl. (außer Di ganztags und Fr nachmittags) 9–12 und 13–17 Uhr. Friedhof Nov.–März tägl. 8–17 Uhr, im März, April und Okt. bis 18 Uhr, Mai–Sept. bis 19 Uhr.

Muzeum Městské Hromadné Dopravy (Verkehrsmuseum): Zu sehen gibt es alte Busse und Straßenbahnen, die einst in Prag unterwegs waren. Darunter auch eine Pferdebahn aus dem Jahr 1886. Hinein darf man aber in kaum ein Gefährt. Übrigens werden in einem hier ausliegenden Prospekt „Besucher, die mit langfingrigen Kindern ohne Sitzfleisch kommen", gebeten, „diese an der Hand zu halten".

Adresse Patočkova 4, Střešovice. ⌚ Mitte März bis Mitte Nov. Sa/So und feiertags 9–17 Uhr. Eintritt 1,60 €, erm. 0,80 €. Ⓜ A Hradčanská, weiter mit Ⓢ 1, 18 Vozovna.

Marktplatz von Mělník

Ziele rund um Prag

Rund um Prag liegt der Hund begraben – so sagt man in Tschechien, und das stimmt auch zum Teil. Dennoch gibt es einiges zu entdecken, und zwar nicht nur böhmische Dörfer.

Die Tourenveranstalter in Prag werben mit etlichen Zielen, darunter auch weiter entfernten wie dem 150 km westlich gelegenen Kurort **Karlsbad** (Karlovy Vary) oder dem 180 km südlich gelegenen Städtchen **Böhmisch Krumau** (Český Krumlov), dessen historisches Zentrum wie das von Prag Weltkulturerbe ist. Diese Ziele sind aber eine eigene Reise wert, z. B. übers Wochenende. Wer nur ein paar Tage in Prag verweilt, findet genügend Interessantes in der Stadt. Wahrgenommen werden solche größeren Touren i. d. R. von Überseetouristen, die längere Zeit in Prag verweilen.

Die hier aufgeführten Ausflugsziele lassen sich relativ einfach von Prag aus erreichen und erfordern keine Übernachtung. Sie müssen sich dafür keiner organisierten Tour (die Preise bewegen sich dann zwischen 38 und 70 €, für Tourenveranstalter → S. 45) anschließen. Auch mit öffentlichen Verkehrsmitteln gelangen Sie zu allen hier aufgeführten Zielen.

Mělník (Melnik)

Etwa 35 km nördlich von Prag liegt das 20.000-Seelen-Städtchen pittoresk auf einem Hügel über dem Zusammenfluss von Elbe und Moldau. Mělník ist das Zentrum des winzigen böhmischen Weinbaugebietes. Bekanntester Tropfen der Gegend ist der trockene *Ludmila*, der aus der gleichnamigen Rebsorte gekeltert wird. Er trägt den Namen der Fürstin Ludmila, der Großmutter des heiligen Wenzel. Angeblich hatte sie bereits im 9. Jh. den Weinbau

Von böhmischen Dörfern und der Boheme

„Ich sag' ihm das bei meiner Ehren, mir das böhmisch' Dörfer wären" – im didaktischen Tierepos *Froschmeuseler* von Georg Rollenhagen, das im Jahr 1595 erschien, tauchte die Redewendung erstmals auf. Viele Ortsnamen Böhmens klangen für deutsche Reisende schon damals fremd und unaussprechbar – was nach und nach dazu führte, dass der Ausdruck „böhmische Dörfer" für Unverständliches bzw. Unverstandenes im Allgemeinen verwendet wurde. Die Tschechen benutzen übrigens eine ganz ähnliche Wendung, nur sind es dort keine böhmischen, sondern spanische Dörfer, mit denen sich der Ahnungslose konfrontiert sieht. Kommt Ihnen das etwa spanisch vor?

Der Böhme steckt auch im Wort Boheme (frz. bohème), das zunächst für die Pariser Künstleravantgarde vom Anfang des 19. Jh. stand und schon bald ungezwungenes (Lebens-)Künstler-Dasein schlechthin bezeichnete. Nun ist offenkundig nicht jeder Böhme ein Bohemien, aber das ist auch gar nicht gemeint. Die Wortgeschichte fußt auf einer früheren Verwendungsweise von *Böhme*, als auch noch Zigeuner so genannt wurden – weil sie über Böhmen nach Westeuropa eingewandert waren. Populär wurde das Wort *bohème* durch Henri Murgers Roman *Scènes de la bohème* (1851), der literarischen Vorlage von Puccinis Oper *La Bohème* (1896).

hier angeregt. Wer zufällig am letzten Septemberwochenende nach Mělník kommt, kann das traditionsreiche Weinfest erleben.

Mělník besitzt einen kleinen, kompakten Altstadtkern, dessen Marktplatz Náměstí Míru von einfachen Bürgerhäusern aus dem 16. Jh. gesäumt wird. Darüber wacht das restituierte **Schloss** der Familie Lobkowitz, ein eigenartiges Durcheinander aus Renaissance und frühem Barock. Die Schlosstour führt durch diverse farbenfrohe Räumlichkeiten vom Schlafzimmer bis zum Speisesaal, außerdem durch die Schlosskapelle. Von der Schlossterrasse genießt man Panoramablicke über das fruchtbare Elbetiefland. Den Ortsrand jedoch verschandeln, wie bei nahezu jeder tschechischen Stadt, triste Plattenbauten.

Zu besichtigen gibt es neben dem Schloss das **Beinhaus der Pfarrkirche Kostel sv. Petra a Pavla**, in dem Knochen von rund 15.000 Pestopfern aus der Mitte des 16. Jh. zu bizarren Formen gestapelt sind, außerdem eine Kinderwagensammlung im **Kreismuseum** am Marktplatz. Der gotische Gewölbekeller darunter lädt zur Degustation der lokalen Weine ein.

• *Information* Náměstí Míru 11, ✆ /℻ 315627503, www.melnik.cz. ⌚ April–Okt. tägl. 9–17 Uhr, sonst Mo–Fr 9–17 Uhr.

• *Öffnungszeiten/Eintritt* **Schloss**, tägl. 10–17 Uhr. Eintritt 3,30 €, erm. 2,50 €, Familien 4,60 €. **Beinhaus**, Di–Fr 9.30–16 Uhr, Sa/So 10–16 Uhr. Eintritt 1,30 €, erm. 0,80 €. **Kreismuseum**, tägl. (außer Mo) 9–12 und 13–17 Uhr. Eintritt 1 €, erm. 0,60 €, Familien 2 €.

• *Anfahrt* **Bus**, regelmäßige Verbindung vom Prager Busbahnhof Holešovice (Ⓜ C). **Auto**, von Prag die Autobahn D 8 Richtung Teplice/Dresden nehmen. Nach ca. 10 km ausgeschildert.

Nelahozeves (Mühlhausen an der Moldau)

25 km nördlich von Prag liegt das unscheinbare 1800-Seelen-Städtchen Nelahozeves. Darüber thront seit dem 16. Jh. jedoch ein alles andere als unscheinbares **Renaissanceschloss**, ein prächtiger, u-förmiger Bau mit einer

Ziele rund um Prag
5 km
Terezín
Medonosy
Štěti
Chodouny
Mšeno
Kokořín
Brozany
Počeplice
Želízy
Roudnice
Bechlín
Liběchov
Dušníky
Krabčice
Nebužely
Zamachy
Cítov
Vražkov
Hor. Berkovice
Mělník
Mělnické Vtelno
Bříza
Brozánky
Byšice-Liblice
Vraňany
Vltava
Obříství
Budeničky
Černuc
Podhořany
Tišice
Všetaty
Sudovo-Hlavno
Velvary
Neratovice
Drisy
Veltrusy
Nelahozeves
Zelevčice
Ješín
Kralupy
Odolena Voda
Kostelec
Labe
Podbrahy
Slaný
Brandýs-St. Boleslav
Čelákovice
Knovíz
Libčice
Klecany
Drevčice
Zápy
Olšany
Zdiby
Roztoky
Čakovice
Schloss Čtenice
Suchdol
Bohnice
Vinoř
Buštěhrad
Jirny
Kbely
Tuchoměřice
Prag
Troja
E 67/D11
Hostouň
Dejvice
Úvaly
Střešovice/Brevnov
Dubeč
Unhošť
Koloděje
Škvorec
Háje
Petrovice
Nedvězi
Rudná
Hodkovičky
E 50/D5
Libuš
Šeberov
Říčany
Lochkov
Nučice
Průhonice
Železná
Cholupice
E 60/D1
Loděnice
Radotín
Kuchařík
Osnice
Strančice
Černošice
Zbraslav
Jesenice
Lipence
Bubovice
Vel. Popovice
Zvole
Karlštejn
Beroun
Vrané
Dobřichovice
Štiřín
Senohraby
Okrouhlo
Radlík
Berounka
Všenory
Jílové
Kamenice
Pyšely
Řevnice
Davle
Svinaře
Petrov
Kamenný-Přívoz
Sázava
Mnísek
Týnec
Podbrdy
Štěchovíce
N. Ves p. Pleší
Vltava
vodní nadrž Slapy
Netvořice
Konopiště
Hostomice
Slapy
Benešov
Kutna Hora, Jevany (Karel-Gott-Museum)
Brünn
Jizera
Ohře
Labe

Von weitem imposant: Burg Karlštejn

schönen Sgraffitifassade und auffälligen Schornsteinen. Das Schloss gehört wie das von Mělník der Adelsfamilie Lobkowitz – 1623 fiel es in ihre Hände, 1950 wurde es von den Kommunisten konfisziert, 1993 restituiert. Bis 2007 präsentierten die Lobkowitz hier ihre wertvolle Kunstsammlung, die dann jedoch zum Großteil in den Palais Lobkowitz auf die Prager Burg (→ S. 199) wanderte. Auf Schloss Nelahozeves zeigt man seitdem die Dauerausstellung „Eine Adelsfamilie zu Hause", die Einblicke in das Privatleben der Lobkowitz gibt. Man durchläuft u. a. den Speisesaal, diverse Schlafzimmer, das Raucherzimmer, die Familienkapelle und die Bibliothek.

Im Schatten des monumentalen Schlossbaus verbrachte Antonín Dvořák (1841–1904, → S. 127) die ersten elf Jahre seines Lebens. Das nur 100 m vom Schlossparkplatz entfernt gelegene **Geburtshaus Dvořáks** kann besichtigt werden. Zu sehen gibt es hier u. a. den Schaukelstuhl des großen Meisters.

• *Öffnungszeiten/Eintritt* **Schloss**, tägl. (außer Mo) 9–17 Uhr. Eintritt je nach Tour (2 Touren sind im Angebot) 6,30–8,30 €, erm. 3,80–6,70 €. **Dvořák-Geburtshaus**, 1. und 3. Woche im Monat Mi–Sa 9.30–12 und 13–17 Uhr, 2. und 4. Woche selbe Zeit, jedoch nur Mi–Fr; Nov.–Febr. nur bis 16 Uhr. Eintritt 1,30 €, erm. die Hälfte.

• *Anfahrt* **Zug**, bis zu 12-mal tägl. Direktzüge vom Masarykovo nádraží (Ⓜ B Náměstí Republiky). **Auto**, von Prag die Autobahn D 8 Richtung Teplice/Dresden nehmen. Bei Ausfahrt Nr. 9 abfahren und weiter Richtung Kralupy nad Vltavou, dann ausgeschildert.

Hrad Karlštejn (Burg Karlstein)

Kaiser Karl IV. ließ die Burg Karlštejn, 28 km südwestlich von Prag, im 14. Jh. zur Aufbewahrung seiner Kronjuwelen und Reliquiensammlung errichten. Heute zählt sie zu den berühmtesten Baudenkmälern Tschechiens. Wenn man sie aus der Ferne sieht, mächtig auf einem Kalksteinfelsen thronend, wirkt sie äußerst imposant. Aus der Nähe jedoch sieht der Sachverhalt anders aus:

Zum einen geht es auf und rund um das Burggelände zu, als würde man eine Plastikburg in Eurodisney besuchen, zum anderen lassen die Ende des 19. Jh. ohne Feingefühl vorgenommenen Restaurierungsarbeiten den ursprünglichen Burgcharakter nur noch erahnen. Mittlerweile ist man daran, die alten Restaurierungsarbeiten wieder wegzurestaurieren.

Eine Führung durch die Burg ist im Ganzen ebenfalls eine Enttäuschung, da die größte Attraktion, die Heilig-Kreuz-Kapelle, nur nach vorheriger Reservierung zugänglich ist. In ihr wurden einst die Kronjuwelen aufbewahrt, hinter meterdicken Mauern, deren Wände mit 2200 Halbedelsteinen und Tafelbildern des Meisters Theodoricus verziert sind. So spaziert man durch ein paar kärglich möblierte Räume, lediglich der holzvertäfelte Audienzsaal beeindruckt ein wenig.

Durch das gleichnamige Dorf unterhalb der Burg am Flüsschen Berounka laufen etwa eine Million Touristen jährlich. Kaum ein Haus, das nicht an ihnen zu verdienen versucht. Neben etlichen Restaurants gibt es auch ein nettes **Krippenmuseum**, das Muzeum Betlémů, und ein **Wachsfigurenkabinett**. Letzteres ist ein wenig spannender Ableger aus Prag und präsentiert 40 Wachsfiguren aus verschiedenen Epochen.

• *Öffnungszeiten* Tägl. (außer Mo) Nov.–März 9–15 Uhr, April u. Okt. 9–16 Uhr, Mai, Juni u. Sept. 9–17 Uhr, Juli/Aug. 9–18 Uhr, Mittagspause. Febr. und manchmal auch Jan. geschl. (Details auf www.hradkarlstejn.cz). Nur mit Führung (stündl., Dauer ca. 50 Min.) zu besichtigen, Fotografierverbot.

• *Eintritt* 9,20 €, erm. 5 €. Unter ✆ 274008154 oder rezervace@stc.npu.cz kann man eine ausgedehntere Führung inkl. Heilig-Kreuz-Kapelle buchen (mindestens einen Monat vorher!). Pro Person 12,50 €, erm. die Hälfte.

• *Anfahrt* **Zug**, stündl. vom Prager Hauptbahnhof. Vom Bahnhof in Karlštejn sind es noch ca. 35 Min. zu Fuß bis zur Burg, der Beschilderung „Hrad" folgen.

Auto, vom westlichen Moldauufer im Prager Süden nimmt man die Landstraße 4 Richtung Dobříš, dann ausgeschildert. Großer, gebührenpflichtiger Parkplatz nahe dem Dorf Karlštejn (teuer!). Von dort sind es ca. 15 Min. zu Fuß steil bergauf auf einer Straße, die für Autos gesperrt ist.

Taxi, hinauf zur Burg fährt es wegen der oben genannten Straßensperrung einen weiten Umweg (ca. 8 km), 3,50 € pro Person.

Schloss Konopiště

Ein weiteres beliebtes Ausflugsziel ist Schloss Konopiště, 40 km südöstlich von Prag. Es entstand im 13. Jh. als gotische Burg, wurde jedoch im frühen 17. Jh. zu einem Renaissancepalast umgebaut.

1887 gelangte es in den Besitz des Erzherzogs und österreichischen Thronfolgers Franz Ferdinand d'Este, dessen Ermordung in Sarajewo 1914 den Ersten Weltkrieg ins Rollen brachte. Franz Ferdinand war ein begeisterter Jäger. Angeblich soll er auf alles geschossen haben, was kreuchte und fleuchte. Bis 1906 erlegte er allein über 171.000 Tiere; dies zumindest verkündet die Abschussliste im Schloss.

Für Besucher stehen drei geführte Touren zur Auswahl: Tour 1 führt durch die Empfangssäle Franz Ferdinands mit einer großen Sammlung präparierter Tiere, Tour 2 durch Waffenkammer, Bibliothek und Rauchsalon, Tour 3 durch die Privatgemächer der Familie. Zu sehen gibt es da jede Menge Renaissancemöbel und Meißner Porzellan.

Kleine Extragebühren zahlt man für das Treibhaus, den Schießstand aus dem Jahr 1900 und das St.-Georgs-Museum (Muzeum sv. Jiří): Der Erzherzog sammelte nämlich nicht nur Jagdtrophäen, sondern auch alles, was mit dem heiligen Drachentöter zusammenhing. Lohnenswert ist zudem ein Spaziergang durch den weitläufigen Schlosspark, in dem sich mehrere Teiche und ein Rosengarten befinden.

Karte S. 243

Im Karel-Gott-Museum

• *Öffnungszeiten* April u. Okt. Di–Fr 9–15 Uhr Sa/So 9–16 Uhr, Mai–Aug. tägl. (außer Mo) 9–17 Uhr, Sept. Di–Fr 9–16 Uhr, Sa/So 9–17 Uhr, Nov. nur Sa/So 9–15 Uhr. Dez.–März geschl. Eintritt je nach Tour (fremdsprachig) 7,90–12,50 €, erm. 4,60–8,30 €.

• *Anfahrt* **Züge** nahezu alle 30 Min. vom Prager Hauptbahnhof nach Benešov, regelmäßig auch **Busse** vom Busbahnhof Florenc (Ⓜ B, C) nach Benešov. Bus- und Zugbahnhof liegen in Benešov nahe beieinander, von dort mehrmals tägl. Busse zum Schloss (Entfernung ca. 2,5 km).

Auto, Autobahn D 1 Richtung Brünn/Benešov nehmen, ab Benešov ausgeschildert. Großer gebührenpflichtiger Parkplatz mit Souvenirläden unterhalb des Schlosses.

Karel-Gott-Museum in Jevany

Rund 15 Millionen Platten und CDs gingen allein in seinem Heimatland über den Ladentisch, mindestens genauso viele im Rest der Welt. 50 diamantene und goldene Schallplatten bekam der erfolgreichste tschechische Sänger aller Zeiten. In sozialistischer Zeit stand er den Genossen nahe und stellte sich gegen die *Charta 77*. Doch das tat Karel Gotts Popularität auch später nie einen Abbruch.

Der Karel-Gott-Schrein mit dem etwas einfallslosen Namen **Gottland** befindet sich in dessen ehemaliger Villa (200 m², fünf Toiletten, Sauna, Pool), die wiederum im von Teichen und Wäldern umgebenen Promidorf Jevany rund 25 km südöstlich von Prag steht. Besucher können die Karriere des 1939 in Pilsen geborenen, gelernten Elektrikers nachverfolgen, seine selbst gemalten Bilder mit viel nacktem Busen bewundern, seine glitzernden Bühnenkostüme im Schlafzimmer befühlen und, und, und...

• *Öffnungszeiten* Do–So 10–18 Uhr. Eintritt 5,40 €, erm. 2,50 €, Familien 13,30 €. Nur mit Führung.

• *Anfahrt* Von Prag/DEPO Hostivař (Ⓜ A) und Skalka (Ⓜ A) werktags fast stündl. **Busse** nach Vyžlovka, von dort bis zum Museum noch ca. 1 km.

Auto, das Museum ist bereits von der Straße Nr. 2 Prag–Kutná Hora in Vyžlovka ausgeschildert.

Kutná Hora (Kuttenberg)

Sieben Jahrhunderte ist es her, da war die königliche Bergbaustadt Kuttenberg reich an Silber und Kupfer und nach Prag das bedeutendste Zentrum Böhmens. Heute ist Kutná Hora ein beschauliches Städtchen mit rund 20.000 Einwohnern 60 km östlich von Prag. An den Glanz alter Tage erinnern aber noch immer prächtige Bauten, so wertvoll, dass das charmante historische Zentrum und zwei monumentale Kirchen in die UNESCO-Welterbeliste aufgenommen wurden. Eine der UNESCO-Welterbekirchen ist die **St.-Barbara-Kathedrale** (Chrám sv. Barbory) aus der zweiten Hälfte des 14. Jh. Als Architekten beauftragte man den aus Schwaben kommenden Peter Parler, der auch für die Prager Karlsbrücke verantwortlich zeichnete. Beachtenswert sind die bemalten Fenster und Fresken der Kapellen im Chor, die Statue eines Bergknappen in der Tracht um 1700 und die gotische Kanzel – halb Holz, halb Stein –, die sich an einer tragenden Säulen emporrankt.

Eine weitere Sehenswürdigkeit ist das so genannte **Steinerne Haus** (Kamenný dům) am Václavské náměstí. Es ist zugleich das schönste gotische Patrizierhaus der Stadt und beherbergt heute eine Dauerausstellung zum Thema „Bürgerliches Leben und Kultur vom 17. bis zum 19. Jh.“. Das **Böhmische Silbermuseum** ist im **Kastell** (Hrádek) untergebracht, einer kleinen, einst freistehenden Burganlage an der Barborská. Das Museum verwaltet auch ein mittelalterliches Bergwerk, in das man hinabsteigen kann. Schließlich kann man am Havlíčkovo náměstí noch einen Blick in den **Welschen Hof** (Vlašský dvůr) werfen, die ehemalige königliche Münze, die bis 1727 in Betrieb war. Zu sehen gibt es dort eine kleine Münzausstellung und ein Foltermuseum. Bevor man sich in den Vorort Sedlec aufmacht, ist Zeit für ein Bier: Am besten schmeckt es in der urigen **Brauereigaststätte Dačický pivnice** an der Rakova, wo man auch deftig-gut essen kann.

Im 3 km östlich gelegenen Sedlec steht die zweite UNESCO-Welterbekirche Kutná Horas. Die fünfschiffige **Mariä-Himmelfahrts-Kirche** (Chrám Panny Marie) wurde zwischen 1290 und 1330 im Grundriss eines lateinischen Kreuzes gebaut. Pracht besitzt sie nur ansatzweise, da die Zisterzienser Schlichtheit forderten, so fehlen z. B. auch die Türme. Den beachtenswerten Umbau im Stil der Barockgotik führte Anfang des 18. Jh. Giovanni Santini durch. Ca. 400 m nördlich der Kirche kann man Kutná Horas heimliche Hauptattraktion besuchen: die ziemlich schief stehende, ursprünglich gotische **Knochenkapelle** (Kostnice) von Sedlec. Ein kaum bekannter „Künstler“ machte sich um 1870 daran, die hier eingelagerten Knochen von rund 40.000 Menschen so zu drapieren, wie sie heute noch zu sehen sind: da ein Kronleuchter aus Oberschenkelknochen und Rippen, dort Schädelketten...

• *Information* Palackého nám. 377, ✆/℡ 327512 378, www.kh.cz. April–Sept. tägl. 9–18 Uhr, Okt.–März Mo–Fr 9–17 Uhr, Sa/So 10–16 Uhr.

• *Öffnungszeiten/Eintritt* **St.-Barbara-Kathedrale**, Nov.–März tägl. 10–16 Uhr, sonst 9–18 Uhr. Eintritt 1,70 €, erm. die Hälfte. **Mariä-Himmelfahrt-Kirche**, nur April–Okt. Mo–Sa 9–12 u. 13–17 Uhr, So 12–17 Uhr. Eintritt 1,30 €, erm. 0,80 €. **Knochenkapelle**, April–Sept. tägl. 8–18 Uhr, März u. Okt. bis 17 Uhr, sonst bis 16 Uhr. Eintritt 2 €, erm. 1,30 €. **Steinernes Haus**, Mai, Juni u. Sept. tägl. (außer Mo) 9–18 Uhr, Juli u. Aug. 10–18 Uhr, April u. Okt. 9–17 Uhr, Nov. 10–16 Uhr. Eintritt 1,70 €, erm. die Hälfte. **Böhmisches Silbermuseum**, Mai, Juni u. Sept. tägl. (außer Mo) 9–18 Uhr, Juli u. Aug. 10–18 Uhr, April u. Okt. 9–17 Uhr. Eintritt je nach Rundgang 2,50–4,60 €, erm. 1,30–2,90 €. **Welscher Hof**, Febr. u. Nov. tägl. 9–12 u. 13–16 Uhr, April–Sept. 8–18 Uhr, Okt. u. März 9–12 u. 13–17 Uhr.

Theresienstadt: Eingang zur Kleinen Festung

• *Anfahrt* Ab Prag regelmäßig **Busse** (vom Busbahnhof Florenc, Ⓜ B, C) und **Züge** (vom Hauptbahnhof oder Masaryk-Bahnhof in der Neustadt). Busbahnhof ca. 10 Fußmin. nördlich des Zentrums, Bahnhof ca. 3 km nordöstlich des Zentrums im Vorort Sedlec (Stadtbusverbindungen).

Auto, von Prags Südtangente (E 55) zweigt die Nationalstraße 2 nach Kutná Hora ab.

Terezín (Theresienstadt)

Die Festungsstadt Terezín – benannt nach der österreichischen Kaiserin Maria Theresia – wurde Ende des 18. Jh. von den Habsburgern zur Verteidigung der nördlichen Grenze gegen die Preußen gebaut. Sie besteht aus der **Großen Festung** (Hlavní pevnost) – mit der schachbrettförmig angelegten Kasernenstadt Terezín in ihrem Inneren – und der einen Kilometer südlich davon gelegenen **Kleinen Festung** (Malá pevnost).

Im Oktober 1941 entschieden sich die Nazis für die Errichtung eines Ghettos in der Großen Festung. Ab Juni 1942 entwickelte sich Theresienstadt zu einem Sammel- und Durchgangslager auf dem Weg in die osteuropäischen Vernichtungslager. Die Zahl der Gefangenen stieg rapide an, und die Lebensverhältnisse verschlechterten sich drastisch. Dort, wo in Vor-Ghetto-Zeiten gerade mal etwa 7000 Menschen gelebt hatten, fristeten nun zeitweise bis zu 60.000 Inhaftierte ihr Dasein.

Im Jahr 1944 nutzten die Nazis Theresienstadt für einen großen Propagandacoup: Am 23. Juni öffneten sie einer Delegation des Internationalen Roten Kreuzes die Ghetto-Tore und kamen damit den schon lange erhobenen Forderungen nach einer von unabhängiger Seite durchzuführenden Inspektion der deutschen Konzentrationslager nach. Was der Delegation präsentiert wurde, war aber nichts weiter als eine von langer Hand vorbereitete Inszenierung, bei der man die Festung in eine kurortähnliche Anlage mit Parks, Musikpavillons und gar einem „Gesellschaftshaus“ verwandelt hatte. Dass für die Propagandaaktion viele Kranke und unterernährte Häftlinge, die das Bild der Sommerfrische getrübt hätten, nach Auschwitz abtransportiert worden waren, konnten die Inspekteure nicht wissen. Kurz vor Kriegsende wurde Theresienstadt schließlich zu einem reinen Durchgangslager auf dem Weg nach Auschwitz. Bis Mai 1945 hatten etwa 150.000 Juden das Ghetto durchlaufen, davon starben 33.000 Menschen bereits vor Ort, 87.000 bestiegen die Züge in die todbringenden Vernichtungslager.

Heute wirkt die Stadt unheimlich und seelenlos, nur 1500 Menschen leben noch hier, überwiegend Rentner und Roma. Zwei hervorragende Museen konfrontieren auf erschütternde Weise mit dem dunkelsten Kapitel deutscher Vergangenheit. Das zentral am Hauptplatz gelegene **Ghetto-Museum** informiert über das Schicksal der Juden und die Lebensverhältnisse im Ghetto von 1941 bis 1945 – absolut sehenswert, nehmen Sie sich Zeit dafür. In der ehemaligen **Magdeburger Kaserne** (Magdeburská kasárna, etwa 350 m südlich des Ghetto-Museums, ausgeschildert), einst Sitz der eingeschränkten jüdischen Selbstverwaltung, widmet man sich dem kulturellen Leben im Ghetto: dem literarischen Schaffen, den Theateraufführungen, der Musik und der Bildenden Kunst. Zudem wurde hier eine Häftlingsunterkunft aus der Ghettozeit rekonstruiert.

Besichtigen kann man auch die **Kleine Festung** (Malá pevnost), die die Prager Gestapo ab 1940 als Gefängnis für Oppositionelle nutzte. Etwa 32.000 Häftlinge wurden während des Krieges darin interniert. Die Gemeinschaftszellen waren mit bis zu 600 Mann belegt. Es wurde gefoltert und gemordet. Dazwischen, im so genannten „Herrenhaus", wohnten die Aufseher mit ihren Familien. Der zynische Nazi-Slogan „Arbeit macht frei" ist über einem Tor links nach dem Eingang noch zu sehen. Auf dem Friedhof vor dem Eingang liegen über 10.000 Menschen begraben.

In Verbindung mit Terezín lohnt ein Besuch des nur 3 km nördlich gelegenen 25.000-Einwohner-Städtchens **Litoměřice** (Leitmeritz). Die Bistumsstadt besitzt eine sehr schöne denkmalgeschützte Altstadt. Zentrum ist der kopfsteingepflasterte Mírové náměstí, der zu den größten Marktplätzen Böhmens gehört. Drum herum gibt es ein Labyrinth an geschäftigen oder verwunschen-einsamen Gassen und einige sehenswerte Kirchen zu entdecken.

• *Öffnungszeiten* **Ghetto-Museum und Magdeburger Kaserne**, April–Okt. tägl. 9–18 Uhr, sonst 9–17.30 Uhr. **Kleine Festung**, April–Okt. tägl. 8–18 Uhr, sonst 8–16.30 Uhr. Ticket für alle Museen 8,30 €, erm. 6,30 €.

• *Anfahrt* **Bus**, nahezu stündl. ab Busbahnhof Florenc (Ⓜ B, C). **Auto,** Autobahn D 8 Richtung Teplice/Dresden nehmen, etwa 30 km vor Teplice ausgeschildert. Stadtbusverbindungen zwischen Terezín und Litoměřice.

Was haben Sie entdeckt ?

Haben Sie ein ausgefallenes Restaurant gefunden, eine urige Pivnice, ein romantisches Hotel?

Wenn Sie Tipps, Anregungen oder Verbesserungsvorschläge zum Buch haben, lassen Sie es uns bitte wissen. Auch für Kritik sind wir dankbar.

Michael Bussmann & Gabriele Tröger
Stichwort „Prag"
c/o Michael Müller Verlag GmbH
Gerberei 19
D-91054 Erlangen
michael.bussmann@michael-mueller-verlag.de

Kleines Sprachlexikon

Aussprache

Grundsätzlich gilt, dass alle Vokale ohne Längenzeichen kurz gesprochen werden, alle mit gedehnt werden. Die Betonung liegt stets auf der ersten Silbe. **Hier nur die Abweichungen von der deutschen Aussprache:**

á	langes A wie in Vater
é	langes Ä wie in Hände
C, c	wie Ts (nie wie K!)
d'	erweichtes D wie Dj
Ě, ě	wie Je, erweicht zudem vorangehendes D, T und N
H, h	wenn es zwischen zwei Vokalen steht, wie das deutsche H, ansonsten wird es zum Teil leicht angehaucht ausgesprochen, also fast wie unser Ch
í, ý	langes I wie in Liebe
ch	wie das Ch in Ach
K, k	K, unbehaucht
Ň, ň	erweichtes N wie Nj in Sonja
ó	langes O wie in Mode
R, r	gerolltes R
Ř, ř	in etwa Rsch
S, s	wie Ss
Š, š	wie Sch
t'	erweichtes T wie Tj
ů, ú	langes U
V, v	wie W
Z, z	stimmhaftes S (nie Tz)
Ž, ž	wie J in Journal

Grundlegende Wörter und Sätze

Ano/Ne	Ja/Nein
Děkuju/Prosím	Danke/Bitte
Pardon, prominťe	Entschuldigung
Ahoj	Hallo/Tschüs
Na shledanou	Auf Wiedersehen
Dobré jitro	Guten Morgen
Dobrý den	Guten Tag
Dobrý večer	Guten Abend
Dobrou noc	Gute Nacht
Jak se máte?	Wie geht es Ihnen?
Prosím vás, můžete mi pomoci?	Können Sie mir bitte helfen?
Máte ...?	Haben Sie ...?
Kolik je hodin?	Wie viel Uhr ist es?
Pomoc!	Hilfe!
Velké/Malé	groß/klein
Dobře/Špatně	gut/schlecht
S/Bez	mit/ohne

Unterwegs

Ortsbezeichnungen

Nádraží	Bahnhof
Zámek	Schloss
Ulice	Straße/Gasse
Třída	Boulevard
Náměstí	Platz
Klášter	Kloster
Hrad	Burg
Zahrada	Garten
Kostel	Kirche
Banka	Bank
Směnárna	Wechselstube
Nemocnice	Krankenhaus
Most	Brücke
Starožitnictví	Antiquitätengeschäft
Knihkupectví	Buchhandlung
Lékárna	Apotheke
Lahůdky	Feinkostladen
Obchodní dům	Kaufhaus
Potraviny	Lebensmittelgeschäft
Trh	Markt
Pošta	Postamt
Cestovní kancelář	Reisebüro

Zur Orientierung

Kde je...?	Wo ist ...?
Jak je to daleko?	Wie weit ist das?
Jak se dostanu k ...?	Wie komme ich zu...?
Kdy?	Wann?
Nalevo	Links
Napravo	Rechts
Rovně	Geradeaus
Autobusem	Mit dem Bus
Vlakem	Mit dem Zug
Příjezd/Odjezd	Ankunft/Abfahrt
Musím přestupovat?	Muss ich umsteigen?
Musím mít místenku?	Muss ich reservieren?
Autem	Mit dem Auto
Pěšky	Zu Fuß
Taxíkem	Mit dem Taxi
Jízdenka	Fahrkarte
Autobusová stanice	Busbahnhof

Mit dem Auto unterwegs

Měl/-a jsem poruchu	Ich habe eine Panne
Můžete se na to podívat?	Können Sie mal nachsehen?
Je tady někde blízko autoopravna?	Wo ist hier in der Nähe eine Werkstatt?
Stala se nehoda	Es ist ein Unfall passiert
Zavolejte prosím rychle policii	Rufen Sie bitte schnell die Polizei
Plnou prosím	Voll tanken, bitte

Verständigung

Rozumím	Ich verstehe
Nerozumím	Ich verstehe nicht
Co?	Was?
Mluvíte anglicky/německy?	Sprechen Sie Englisch/Deutsch?
Mluvím jen málo ...	Ich spreche nur wenig ...
Jak se to řekne česky?	Wie sagt man das auf Tschechisch?
Jmenuji se ...	Ich heiße ...

Hinweise

Vchod	Eingang	Pozor!	Gefahr!
Východ	Ausgang	Policie	Polizei
Záchod	Toilette	Kouření zakázáno	Rauchen verboten
Muži	Männer	Koupání zakázáno	Baden verboten
Ženy	Frauen	Vstup zakázán	Eintritt verboten
Otevřeno/Zavřeno	Offen/Geschlossen		

Zahlen

Jeden	1	Dvacetjedna	21
Dva	2	Třicet	30
Tři	3	Čtyřicet	40
Čtyři	4	Padesát	50
Pět	5	Šedesát	60
Šest	6	Sedmdesát	70
Sedm	7	Osmdesát	80
Osm	8	Devadesát	90
Devět	9	Sto	100
Deset	10	Sto jedna	101
Jedenáct	11	Dvě stě	200
Dvanáct	12	Tři sta	300
Třináct	13	Čtyři sta	400
Čtrnáct	14	Pět set	500
Patnáct	15	Šest set	600
Šestnáct	16	Sedm set	700
Sedmnáct	17	Osm set	800
Osmnáct	18	Devět set	900
Devatenáct	19	Tisíc	1000
Dvacet	20		

Wochentage

Pondělí	Montag	Pátek	Freitag
Úterý	Dienstag	Sobota	Samstag
Středa	Mittwoch	Neděle	Sonntag
Čtvrtek	Donnerstag		

Monatsnamen

Leden	Januar	Červenec	Juli
Únor	Februar	Srpen	August
Březen	März	Září	September
Duben	April	Říjen	Oktober
Květen	Mai	Listopad	November
Červen	Juni	Prosinec	Dezember

Übernachten

Můžete mi prosím doporučit nějaký dobrý hotel?	Können Sie mir bitte ein gutes Hotel empfehlen?
Máte ještě volné pokoje?	Haben Sie noch Zimmer frei?
Jednolůžkový	Einzelzimmer
Dvoulůžkový	Doppelzimmer
Se sprchou/s koupelnou	Mit Dusche/Bad
Na jednu noc	Für eine Nacht
Kolik stojí pokoj se snídaní?	Was kostet ein Zimmer mit Frühstück?
Máme bohužel všechno obsazené	Wir sind leider voll belegt.
Mám reservaci	Ich habe reserviert
Nosič	Portier
Klíč	Schlüssel

Essen und Trinken

Allgemein

Kde je tady nějaká dobrá restaurace?	Wo gibt es hier ein gutes Restaurant?
Dobrou chuť	Guten Appetit
Na zdraví!	Prost!
Jsou tyto místa volná?	Sind diese Plätze frei?
To jsem si neobjednal/-a	Das habe ich nicht bestellt
Nejím maso	Ich esse kein Fleisch
Zaplatím prosím	Die Rechnung bitte
Snídaně	Frühstück
Oběd/večeře	Mittag-/Abendessen
Bylo to výborné	Das Essen war ausgezeichnet

Frühstück

Chléb	Brot
Houska	Rundes Brötchen
Rohlík	Längliches Brötchen
Máslo	Butter
Vejce	Eier
Vajíčko na měkko	Weiches Ei
Míchaná vejce	Rühreier
Vejce na slanině	Eier mit Speck
Med	Honig
Džem	Marmelade
Šunka	Schinken
Salám	Wurst
Sýr	Käse
Uzený sýr	Räucherkäse
Cukr	Zucker
Sůl	Salz
Pepř	Pfeffer

Getränke

Pivo	Bier
Budvar	Budweiser
Plzeňský prazdroj	Pilsner Urquell
Černé pivo	Dunkles Bier
Nealkoholické pivo	Alkoholfreies Bier
Bílé víno	Weißwein
Ryzlink	Riesling
Červené víno	Rotwein
Frankovka	Blaufränkischer (trockener, beliebter Rotwein)
Svařené vino	Glühwein
Džus	Saft
Minerální voda	Mineralwasser
Čaj	Tee
Káva	Kaffee
Káva překapávaná	Filterkaffee
Černá káva	Schwarzer Kaffee
Bílá káva	Kaffee mit Milch
Káva bez kofeinu	Koffeinfreier Kaffee
Vídeňská káva	Wiener Kaffee (mit Sahnehaube)
Mléko	Milch
Čokoláda	Schokolade

Zum Auftakt

Předkrmy	Vorspeisen
Pražská šunka	Prager Schinken
Polévka	Suppe
Bramborová polévka	Kartoffelsuppe
Čočková	Linsensuppe
Hovězí vývar	Rinderbrühe

Žampionový krém	Champignoncremesuppe
Hrachová	Erbsensuppe
Rajská	Tomatensuppe
Zeleninová	Gemüsesuppe

Das Beste zum Bier

Nabídka dne	Tagesgericht
Hlavní jídlo	Hauptgericht
Maso	Fleisch
Vepřové	Schweinefleisch
Vepřový řízek	Schweineschnitzel
Vepřový steak	Schweinesteak
Kotleta	Kotelett
Žebírko	Rippchen
Uzená krkovice	Rauchfleisch
Hovězí	Rindfleisch
Telecí	Kalbfleisch
Guláš	Gulasch
Svíčková na smetaně	Lendenbraten mit Sahnesoße
Španělský ptáček	Gefüllte Rinderroulade
Sekaná	Hackbraten
Biftek	Beefsteak
Skopové	Lammfleisch
Játra	Leber
Ledvinky	Nieren
Jazyk	Zunge
Kuře	Hähnchen
Kachna	Ente
Pečená husa	Gänsebraten
Ryby	Fisch
Pstruh	Forelle
Kapr	Karpfen
Zavináč	Hering
Tuňák	Tunfisch
Krevety	Krabben
Na roštu	gegrillt

Und dazu

Přílohy	Beilagen
Houskové knedlíky	Semmelknödel
Špekové knedlíky	Speckknödel
Bramborové knedlíky	Kartoffelknödel
Brambory	Kartoffeln
Bramborový salát	Kartoffelsalat
Hranolky	Pommes frites
Rýže	Reis
Zelí	Sauerkraut
Červené zelí	Rotkraut
Špenát	Spinat
Zelenina	Gemüse
Cibule	Zwiebeln
Česnek	Knoblauch
Fazole	Bohnen
Hrášek	Erbsen
Květák	Blumenkohl
Mrkev	Karotten
Chřest	Spargel
Houby	Pilze
Salát	Salat
Okurka	Gurke
Rajčata	Tomaten
Ocet	Essig
Tatarská omáčka	Remouladensoße

Zum Abschluss

Zákusky	Nachspeisen
Kompot	Kompott
Zmrzlina	Speiseeis
Ovocné knedlíky	Obstknödel
Palačinky	Palatschinke
Vdolečky se šlehačkou	böhmisches Hefegebäck mit Sahne
Sýrový talíř	Käseplatte
Dort	Kuchen

Zwischendurch

Chlebíček	Belegtes Brötchen
Pečivo	Gebäck
Klobásy	Würste
Párek	Würstchen
Slanina	Speck
Hořčice	Senf
Oříšky	Erdnüsse

Obst

Ovoce	Obst
Banán	Banane
Hrozny	Weintrauben
Hruška	Birne
Jablko	Apfel
Jahody	Erdbeeren
Maliny	Himbeeren
Pomeranč	Orange

Brandneu: MM-Wandern
Die Wanderführer aus dem Michael Müller Verlag

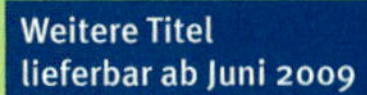

- Gardasee
- Korsika
- Kreta
- La Palma
- Sizilien
- Teneriffa

Verlagsprogramm

• Abruzzen • Ägypten • Algarve • Allgäu • Altmühltal & Fränk. Seenland • Amsterdam *MM-City* • Andalusien • Apulien • Athen & Attika • Australien – der Osten • Azoren • Baltische Länder • Barcelona *MM-City* • Berlin *MM-City* • Berlin & Umgebung • Bodensee • Bretagne • Brüssel *MM-City* • Budapest *MM-City* • Bulgarien – Schwarzmeerküste • Chalkidiki • Chianti – Florenz, Siena • Cilento • Cornwall & Devon • Dublin *MM-City* • Costa Brava • Costa de la Luz • Côte d'Azur • Cuba • Dolomiten – Südtirol Ost • Dominikanische Republik • Dresden *MM-City* • Ecuador • Elba • Elsass • Elsass *MM-Wandern* • England • Fehmarn • Franken • Fränkische Schweiz • Friaul-Julisch Venetien • Gardasee • Genferseeregion • Golf von Neapel • Gomera • Gomera *MM-Wandern* • Gran Canaria • Gran Canaria *MM-Touring* • Graubünden • Griechenland • Griechische Inseln • Hamburg *MM-City* • Haute-Provence • Havanna *MM-City* • Ibiza • Irland • Island • Istanbul *MM-City* • Istrien • Italien • Italienische Adriaküste • Kalabrien & Basilikata • Kanada – der Osten • Kanada – der Westen • Karpathos • Katalonien • Kefalonia & Ithaka • Kopenhagen *MM-City* • Korfu • Korsika • Kos • Krakau *MM-City* • Kreta • Kroatische Inseln & Küste • Kykladen • Lago Maggiore • La Palma • La Palma *MM-Touring* • Languedoc-Roussillon • Lanzarote • Lesbos • Ligurien – Italienische Riviera, Genua, Cinque Terre • Liparische Inseln • Lissabon & Umgebung • Lissabon *MM-City* • London *MM-City* • Madeira • Madeira *MM-Wandern* • Madrid *MM-City* • Madrid & Umgebung • Mainfranken • Mallorca • Mallorca *MM-Wandern* • Malta, Gozo, Comino • Marken • Mecklenburgische Seenplatte • Mecklenburg-Vorpommern • Mittel- und Süddalmatien • Mittelitalien • Montenegro • München *MM-City* • Münchner Ausflugsberge *MM-Wandern* • Naxos • Neuseeland • New York *MM-City* • Niederlande • Nord- u. Mittelgriechenland • Nordkroatien – Kvarner Bucht • Nordportugal • Nordspanien • Norwegen • Nürnberg, Fürth, Erlangen • Oberbayerische Seen • Oberitalien • Oberitalienische Seen • Ostfriesland & Ostfriesische Inseln • Ostseeküste – Mecklenburg-Vorpommern • Ostseeküste – von Lübeck bis Kiel • Paris *MM-City* • Peloponnes • Pfalz • Piemont & Aostatal • Polnische Ostseeküste • Portugal • Prag *MM-City* • Provence & Côte d'Azur • Provence *MM-Wandern* • Rhodos • Rom & Latium • Rom *MM-City* • Rügen, Stralsund, Hiddensee • Salzburg & Salzkammergut • Samos • Santorini • Sardinien • Sardinien *MM-Wandern* • Schottland • Schwäbische Alb • Shanghai *MM-City* • Sinai & Rotes Meer • Sizilien • Skiathos, Skopelos, Alonnisos, Skyros – Nördl. Sporaden • Slowakei • Slowenien • Spanien • St. Petersburg *MM-City* • Südböhmen • Südengland • Südfrankreich • Südmarokko • Südnorwegen • Südschwarzwald • Südschweden • Südtirol • Südtoscana • Südwestfrankreich • Teneriffa • Teneriffa *MM-Touring* • Tessin • Thassos, Samothraki • Toscana • Tschechien • Tunesien • Türkei • Türkei – Lykische Küste • Türkei – Mittelmeerküste • Türkei – Südägäis • Türkische Riviera – Kappadokien • Umbrien • Usedom • Venedig *MM-City* • Venetien • Wachau, Wald- u. Weinviertel • Westböhmen & Bäderdreieck • Warschau *MM-City* • Westallgäu und Kleinwalsertal *MM-Wandern* • Westungarn, Budapest, Pécs, Plattensee • Wien *MM-City* • Zakynthos • Zypern

Aktuelle Informationen
zu allen Reiseführern finden Sie im Internet unter
www.michael-mueller-verlag.de

Michael Müller Verlag GmbH, Gerberei 19, 91054 Erlangen
Tel. 0 91 31 / 81 28 08-0; Fax 0 91 31 / 20 75 41;

Register

Die (in Klammern gesetzten) Koordinaten verweisen auf die beigefügte Prag-Karte.